本书是

上海市社会科学创新研究基地"上海贸易中心建设"方向、

上海市人民政府决策咨询研究基地"石良平工作室"的研究成果

及

上海社会科学院创新型智库"上海国际贸易中心建设研究"

团队的研究成果

2015年上海国际贸易中心建设蓝皮书

Trade Security and
Trade Regulation

经济大国的
贸易安全与贸易监管

石良平 等 著

上海交通大学出版社
SHANGHAI JIAO TONG UNIVERSITY PRESS

图书在版编目(CIP)数据

经济大国的贸易安全与贸易监管/石良平等著.—上海：
上海交通大学出版社,2015
ISBN 978-7-313-14019-7

Ⅰ.①经…　Ⅱ.①石…　Ⅲ.①国际贸易－监管制度－研究
Ⅳ.①F741.1

中国版本图书馆 CIP 数据核字(2015)第 256328 号

经济大国的贸易安全与贸易监管

著　　者：石良平　等
出版发行：上海交通大学出版社　　　　　　　地　　址：上海市番禺路 951 号
邮政编码：200030　　　　　　　　　　　　　电　　话：021 - 64071208
出 版 人：韩建民
印　　制：常熟市文化印刷有限公司　　　　　经　　销：全国新华书店
开　　本：710mm×1000mm　1/16　　　　　印　　张：23
字　　数：356 千字
版　　次：2015 年 11 月第 1 版　　　　　　　印　　次：2015 年 11 月第 1 次印刷
书　　号：ISBN 978 - 7 - 313 - 14019 - 7/F
定　　价：68.00 元

目 录

Contents

导论 ⋯⋯⋯⋯⋯⋯⋯⋯⋯⋯⋯⋯⋯⋯⋯⋯⋯⋯⋯⋯⋯⋯⋯⋯ 1

  一、贸易安全概念的起源 ⋯⋯⋯⋯⋯⋯⋯⋯⋯⋯⋯⋯⋯ 2

  二、贸易安全的内容 ⋯⋯⋯⋯⋯⋯⋯⋯⋯⋯⋯⋯⋯⋯⋯ 3

  三、贸易安全与经济安全、产业安全的关系 ⋯⋯⋯⋯ 6

  四、贸易安全与贸易便利化 ⋯⋯⋯⋯⋯⋯⋯⋯⋯⋯⋯ 9

  五、贸易安全与服务业开放 ⋯⋯⋯⋯⋯⋯⋯⋯⋯⋯⋯ 11

第一篇　贸易安全与监管理论

第一章　贸易安全的基本理论 ⋯⋯⋯⋯⋯⋯⋯⋯⋯⋯⋯ 17

  一、贸易安全问题产生和发展的国际背景 ⋯⋯⋯⋯ 17

  二、贸易安全界定 ⋯⋯⋯⋯⋯⋯⋯⋯⋯⋯⋯⋯⋯⋯⋯ 19

  三、贸易安全相关理论 ⋯⋯⋯⋯⋯⋯⋯⋯⋯⋯⋯⋯⋯ 21

  四、贸易安全的性质与特点 ⋯⋯⋯⋯⋯⋯⋯⋯⋯⋯⋯ 25

  五、贸易安全分类 ⋯⋯⋯⋯⋯⋯⋯⋯⋯⋯⋯⋯⋯⋯⋯ 28

  六、影响贸易安全因素分析 ⋯⋯⋯⋯⋯⋯⋯⋯⋯⋯⋯ 29

第二章　贸易安全评价指标体系的构建 ⋯⋯⋯⋯⋯⋯⋯ 35

  一、贸易安全评价体系构建的基本原则 ⋯⋯⋯⋯⋯ 35

二、贸易安全指标体系的构建 ························· 36

三、中国贸易安全情况分析 ························· 37

第三章　贸易监管的理论基础与框架体系 ················· 46

一、贸易监管的基本范畴和发展阶段 ················· 46

二、新时期贸易监管的背景 ······················· 49

三、贸易监管体系的构成 ························· 54

四、贸易监管的核心机制 ························· 60

第二篇　贸易安全与监管的国际经验

第四章　美国贸易安全的发展与特点 ··················· 69

一、美国贸易安全的发展阶段 ····················· 70

二、美国贸易安全发展的特点 ····················· 84

第五章　日本贸易安全制度的发展及其机制 ··············· 92

一、日本贸易安全的由来 ························· 92

二、贸易立国战略与贸易安全的展开 ················· 94

三、多边贸易体制下的日本贸易安全 ················· 98

四、日本的贸易安全规制 ························· 99

五、关于海外资源及贸易海路的贸易安全机制 ··········· 104

第六章　俄罗斯的贸易安全与监管 ··················· 107

一、贸易安全与俄罗斯的经济安全 ················· 107

二、俄罗斯贸易安全面临的主要问题 ················· 109

三、俄罗斯的贸易监管法律、制度与政策 ·············· 119

四、结论 ·································· 129

第三篇　中国贸易安全与监管的实践

第七章　中国贸易安全与监管的现状分析 135
　一、中国对外贸易发展现状 135
　二、中国贸易安全状态 139
　三、中国贸易监管机构及其监管措施 149

第八章　中国粮食产业贸易安全与监管 156
　一、粮食贸易安全 156
　二、中国粮食贸易现状 160
　三、其他国家保障粮食安全的措施 168
　四、中国粮食贸易安全的策略 174

第九章　中国能源产业贸易安全与监管 177
　一、全球能源格局和中国能源消费结构的国际比较 177
　二、中国能源安全现状 180
　三、目前中国能源安全存在的风险点 189
　四、中国能源监管体系重构的相关想法和建议 196

第十章　中国国际航运产业的安全与监管 201
　一、问题的提出 201
　二、中国政府监管航运安全的标准 203
　三、未来中国政府监管航运安全的防范重点及对策 216

第十一章　中国信息产业贸易安全与监管 222
　一、信息产业贸易安全的定义 223
　二、贸易安全视角下上海信息产业安全模型构建和评价 224
　三、贸易安全视角下上海信息产业贸易失衡的实证分析 229

四、国外针对信息产业贸易安全的措施 ……………………… 253

五、中国针对信息产业贸易安全保障的手段和建议 ………… 256

第十二章　中国跨境电子商务贸易安全与监管 ……………… 261

一、中国跨境电子商务现状 …………………………………… 261

二、中国跨境电子商务的试点情况分析 ……………………… 265

三、中国跨境电子商务的发展趋势 …………………………… 274

四、跨境电子商务贸易安全与监管的主要问题 ……………… 274

第十三章　服务业全面开放条件下的中国贸易安全与监管 …… 287

一、服务业全面开放条件下贸易安全的特点与变化 ………… 287

二、服务业全面开放条件下中国贸易安全面临的挑战 ……… 291

三、服务业全面开放条件下中国贸易安全与监管的对策 …… 295

第十四章　中国贸易安全与贸易管制执法 …………………… 302

一、贸易管制执法对保障贸易安全的价值分析 ……………… 302

二、贸易安全视角下中国贸易管制执法的风险审视 ………… 305

三、基于贸易安全的贸易管制执法改革:以上海为例 ……… 316

第十五章　整体性治理观下的中国贸易安全监管体系重构 …… 323

一、第一层面:重构监管体系 ………………………………… 324

二、第二层面:提高监管效能 ………………………………… 332

三、第三层面:优化贸易管理体制 …………………………… 340

参考文献 ………………………………………………………… 349

后记 …………………………………………………………… 360

导　论

　　随着我国改革开放的深入和经济的迅速发展,我国在世界上的国际贸易地位快速上升,目前货物贸易总量已稳居世界第一。这一成就的取得,主要源于三方面的有利条件:一是改革开放政策的全面贯彻与实施,为国际贸易构建了经济制度基础;二是加入了WTO,为国际贸易打开了通道和窗口;三是丰裕的资源要素禀赋,为国际贸易迅速切入全球分工体系提供了条件。毫无疑问,中国已经成为这一轮全球经济一体化的赢家,充分享受到了国际贸易带来的巨大利益。然而,2008年全球金融危机以后,中国面临的国际贸易环境发生了重大变化。全球经济增速的减缓,国际贸易总量的萎缩,以及以美国为代表的发达国家为自救,也为重构世界经济贸易版图而提出了一整套新的贸易投资规则,都在考验着刚刚融入全球经济一体化的中国。为适应这种变化,中国的经济与贸易政策正在经历着一系列重大变革:经济减速以促进经济结构的调整;建立中国(上海)自由贸易试验区以适应国际贸易投资新规则的要求;加大改革力度以寻找未来的制度红利;提出"一带一路"战略以面对新一轮的全球化大分工;成立"金砖国家新开发银行"和"亚洲基础设施投资银行"以寻求国际组织的新平衡。所有这些举措,都意味着世界第二大经济体正面临着进一步融入世界、引领世界的重任。在进一步强化以开放促改革的进程中,贸易安全问题开始提上议事日程。近年来,我国在贸易安全方面出现了一系列的问题,迫切需要我们进行全面梳理和分析。本书将就这一问题展开深入研究。

一、贸易安全概念的起源

贸易安全概念的最早提出可以追溯到第一次世界大战以后,欧洲国家联合成立了煤钢体联盟,目的在于以贸易联盟形式限制煤钢等战略物资的自由贸易,减少其用于战争用途的可能性。第二次世界大战以后,美国依仗其强大的经济实力,毫无争议地成为世界第一贸易大国。为实现自身的贸易利益,美国开始寻求建立全球开放性经济体系促进自由贸易发展。1944 年,由世界银行、世界货币基金组织和关税与贸易总协定为基础组成的布雷顿森林体系正式成立,推动了国际贸易的大发展。1979 年,为控制军民"两用物项"的出口行为,美国制定了《出口管理法》(EAA)。尽管现在《出口管理法》本身已失效,但其中与军民"两用"产品和技术出口管制相关的规定事实上仍然有效。为执行该法,美国商务部颁布了《出口管理条例》(EAR),具体规定原产于美国的产品、软件和技术的出口和再出口管制制度。《1974 年贸易法》是一部规范贸易行为、保障贸易安全的重要法律,详细规定了美国在遭遇贸易壁垒时的应对措施。其中,著名的"301"条款规定,对于损害美国贸易利益的行为,可以通过制裁维护贸易安全。随着冷战结束后国际安全环境的变化,1993 年克林顿政府将贸易安全提升到国家安全战略的高度,将经济贸易利益确立为国家核心利益。"9·11"事件以后,美国将贸易的重心从推动贸易开放转向确保贸易安全。布什政府积极推动全球贸易安全体系建设,在 WCO(世界海关组织)和 APEC(亚太经济合作组织)等国际组织层面以各种方法为维护国际贸易安全制定规则。为应对发展中国家在国际贸易中的崛起,奥巴马政府不惜抛开多边贸易体系协商途径,以 TPP(跨太平洋伙伴关系协议)、TTIP(跨大西洋贸易与投资伙伴关系协议)、TISA(国际服务贸易协定)等区域性贸易投资协定谈判为切入口,提出了重构全球贸易投资规则战略,以确保美国在全球贸易中的核心地位。可以看出,贸易安全思想及其重要性在贸易发展历程中不断得到完善和提升。

关于贸易安全的概念,目前在理论界尚未达成共识,但大致可以归纳为两种观点:一种观点从能力角度出发,认为贸易安全体现在对外贸易发展面临风险或受到冲击时,一国的对外贸易具有足够的抵御能力和抗风险能力,最终实现自身

经济的良性发展;另一种观点从状态角度出发,认为贸易安全表现为在贸易自由化条件下一国对外贸易的生存和发展不受到国内外负面因素的破坏和威胁的状态。虽然这两种观点出发的角度有所区别,但是其核心思想在本质上是相通的,重点强调风险抗击能力,目的是维护国家经济利益。

二、贸易安全的内容

贸易安全的内容基本上可以分为两个方面:贸易活动内部因素的安全和贸易环境的安全。而贸易安全指标体系作为预警机制的重要组成部分也备受关注。

贸易活动内部因素的安全,包括贸易方式、贸易对象和贸易流程等方面的安全,例如信息传递安全、货物运输安全、货款结算安全、通关和操作规范等。在贸易方式方面,近年来结合信息技术的应用和创新,跨境电子商务发展飞速,成为引人关注的焦点。商务部 2014 年数据显示,我国跨境电子商务平台企业已经超过 5 000 家,境内通过各类平台开展跨境电子商务的企业已经超过 20 万家。艾瑞咨询的数据显示,2014 年我国跨境电子商务贸易额达 4 万亿元,同比增长 30.6%,占进出口总额的 14.8%,增长速度远超同期国际贸易增长速度。伴随着跨境电子商务的蓬勃发展,其在通关方式、物流方式、支付方式、检验检疫、结汇与退税等方面都对我国传统的贸易监管模式形成了巨大挑战。为此,国家发改委和海关总署牵头启动国家跨境电子商务服务试点工作,已有上海等 14 座城市获取试点服务资格。2015 年 3 月杭州正式获准设立中国(杭州)电子商务综合试验区,将在业务流程、监管模式等方面先行先试,旨在打造一套引领全球的跨境电子商务贸易的制度和规范。这些举措将为促进我国跨境电子商务发展,保障贸易安全,提供重要经验。

在贸易对象方面,由于能源、粮食和信息等三大战略资源在经济安全中的关键性地位,成为国际贸易的重点关注对象。随着经济迅速增长,我国能源消耗总量大幅攀升,能源对经济的制约作用更加明显。在 2015 年 7 月公布的《国家安全法》第二十一条指出:"国家合理利用和保护资源能源,有效管控战略资源能源的开发,加强战略资源能源储备,完善资源能源运输战略通道建设和安全保护措

施,加强国际资源能源合作,全面提升应急保障能力,保障经济社会发展所需的资源能源持续、可靠和有效供给",从而更加明确了战略资源能源贸易安全的重要性。2014年的《BP世界能源统计年鉴》显示,中国一次能源消费位居世界第一,达到28.52亿吨油当量。虽然能源贸易量逐年稳步提升,但是也出现了对外依存度较高、航运线路存在隐患、储备不足等问题。鉴于能源贸易的政治敏感性及其战略地位,实施制度创新重构能源监管体系,维护能源贸易安全,对保障经济安全来说尤为重要。

粮食与国民生活息息相关,粮食贸易直接关系到社会稳定和国家安全。此次新公布的《国家安全法》第二十二条就涉及粮食安全问题,"国家健全粮食安全保障体系,保护和提高粮食综合生产能力,完善粮食储备制度、流通体系和市场调控机制,健全粮食安全预警制度,保障粮食供给和质量安全。"据估计,到2030年,我国人口将接近15亿,伴随着新型城镇化建设和工业化生产水平提高,国内对于生活用粮和工业用粮的需求都将持续上升,粮食供给压力较大。粮食贸易的特殊性在于除了经济因素以外,还需要考虑政治因素和国际市场供求变化等情况。为解决粮食供求矛盾,开展粮食贸易,抵御粮价波动、粮食禁运等风险,保障粮食安全就成为贸易安全的重要领域之一。

信息产业是国民经济的先导性产业,也是国家信息化建设的技术支撑,成为保障国家安全的基石。《国家安全法》第二十五条涉及信息安全的内容:"国家建设网络与信息安全保障体系,提升网络与信息安全保护能力,加强网络和信息技术的创新研究和开发应用,实现网络和信息核心技术、关键基础设施和重要领域信息系统及数据的安全可控。"在信息无处不在的时代中,尤其是在信息业面临不断开放的条件下,无论是信息制造业还是信息服务业,信息安全问题日益重要。随着信息技术在社会各个领域的广泛应用,信息制造业科技含量不断提高,信息服务业贸易形式呈现多元化趋势,导致信息产业贸易的安全性要求越来越高。建立我国信息产业及信息贸易安全保障与监管体系,已成为贸易安全的核心任务之一。

在贸易运输方式方面,航运占据绝对的主导地位,是实现国际贸易的主要途径。从国际贸易的角度而言,航运是基于国际贸易的需求而存在的。航运将世界各个国家联系在一起,实现技术、经济、贸易的互动,它将全球范围内的生产

者、经营者与消费者连接起来组成一个大市场,带动世界经济循环体系的运转。航运安全作为贸易安全的组成部分,一旦受到冲击,将直接影响货物进出境的效率,导致整个国际贸易供应链的断裂。未来,从航运工具(主要是船舶)、航运企业、贸易货物等角度实施监管,有效应对和防范影响航运安全的各类风险性因素,将对维护我国贸易安全起到重要作用。

在贸易环境的安全方面,可以从国内和国际两方面来考察。从国内贸易环境看,有以下几方面的制约因素:第一,国内生产要素成本迅速提高,资源环境承载力逼近极限,以加工贸易为主的产业发展模式日益遭遇瓶颈,转型升级迫在眉睫,需要尽快在全球价值链中向高附加值领域迈进;同时,面对产能过剩较为严重的情况,需要加大对外投资力度,拓展国际市场;第二,国际贸易结构中诸如外贸依存度偏高、贸易摩擦加剧、技术性贸易壁垒增多、货物贸易与服务贸易结构不合理、服务贸易中知识密集型领域竞争力偏弱等缺陷逐渐扩散和加深;第三,在服务业开始全面主导国际贸易发展的趋势下,扩大服务业开放已经成为大势所趋,这对国内经济体制改革提出了新要求,带来了贸易安全与监管的新内容。

从国际贸易环境看,存在着以下几方面的制约:第一,金融危机以后,美国重点推行"再工业化"战略,吸引实体资金回归,并积极发展新能源、新材料等新兴产业,力图通过制造业能级提升来增强本国产品的国际市场竞争力,扩大贸易出口额,将原先布局于发展中国家的产品制造环节经过升级换代重新实现本土化生产;第二,美国正联合其盟友发起新一轮高标准贸易投资协定谈判,力图掌握国际贸易规则制定主导权,重构贸易利益分配格局,为自身谋求更多利益,对金砖国家等新兴经济体产生的制约作用较为明显;第三,在国际分工体系的低端环节,诸如越南等越来越多的发展中国家开始激烈竞争,希望在全球价值链中占据一席之地,争取更多国际市场份额。

在贸易安全指标体系方面,重点在于构筑贸易安全预警机制。《国家安全法》第五十六条指出:"国家建立国家安全风险评估机制,定期开展各领域国家安全风险调查评估。有关部门应当定期向中央国家安全领导机构提交国家安全风险评估报告"、第五十七条指出:"国家健全国家安全风险监测预警制度,根据国家安全风险程度,及时发布相应风险预警"。这两个条款内容从国家安全层面提出了风险评估机制和风险监测预警制度的要求,对贸易安全预警机制的建设具

有指导性作用。我国当前应对贸易风险发生时的预警机制尚不健全,在发生贸易摩擦时,无法及时采取补救措施,导致贸易利益的严重流失。在这种情况下,需要通过建立贸易安全预警系统,掌握贸易安全实情,在安全指标偏离正常状态时马上提醒决策者采取应对措施。本专著将主要从贸易效益评价、贸易控制力评价、贸易依存度评价、贸易地理方向评价和贸易环境等五个方面入手,试图建立一套较为完整的贸易安全指标体系。通过对贸易安全指标体系的动态跟踪,确保贸易安全状态处于可控范围内,维护我国贸易安全。

三、贸易安全与经济安全、产业安全的关系

关于贸易安全、经济安全、产业安全等概念及其关系,有许多表述,但大多数人对这些概念都比较模糊,甚至混用。这里需要梳理一下。

关于经济安全的概念,大致可以有两种观点。一种是将经济安全视为抵御经济冲击的一种能力或在外部冲击下稳定状态的维持;另一种是将经济安全与某个国民经济基本概念相联系,定义为一国的基本经济制度与经济主权不受损害、经济危机可控的状态。在《国家安全法》中涉及经济安全的条款为第十九条:"国家维护国家基本经济制度和社会主义市场经济秩序,健全预防和化解经济安全风险的制度机制,保障关系国民经济命脉的重要行业和关键领域、重点产业、重大基础设施和重大建设项目以及其他重大经济利益安全",此条款内容将为经济安全定义提供重要的参考和借鉴。我们认为,经济安全是一国通过完善经济体制建设,加强外来风险防御能力,维护国民经济的稳定健康发展。

贸易安全与经济安全之间的关系既是一种从属关系,又是一种互动关系。贸易安全是经济安全的重要组成部分,贸易安全必须服从经济安全的整体利益。同时,贸易安全一旦受到影响,经济安全必然受到冲击。

在全球经济一体化时代,资金、知识、商品、服务、人力资源、信息等均可通过国际市场完成交易,贸易将各个经济体紧密联系在一起,谁也离不开谁。经济全球化既推动了各个国家的经济开放,促进了世界经济发展,同时也增大了经济运行的风险系数,国家的经济安全更易受到世界经济波动的影响。作为发展中大国,如何在国际市场激烈的竞争中防范各类风险,维护我国贸易利益,成为贸易

安全的重要任务。当前,我国在开放经济条件下要实现贸易安全所面临的挑战十分艰巨,但如果就此关闭国门,贸易安全问题则会更加严重。只有不断地通过扩大开放以倒逼国内经济体制改革,转变政府职能,激发市场经济更大活力,才能更好地应对贸易安全问题。可以认为,一个融入全球一体化且占据价值链重要环节的开放型经济体系,无疑将最大限度地实现贸易安全与经济安全。

在贸易安全与经济安全的关系上,有一个现象值得关注:一个国家会随着开放度的扩大,将关注重点从经济安全向贸易安全逐渐转移。这种现象在中美两国表现得尤为明显。美国是世界上经济开放度比较高的国家,因此特别注重贸易安全问题,将贸易安全列为国家安全的三大要素之一;我国作为发展中国家,经济开放度相对较低,因此比较重视经济安全问题。自改革开放以来,特别是加入 WTO 以后,我国开始逐渐重视贸易安全,而随着服务业对外开放力度的不断扩大,贸易安全问题越来越显示出其重要性。其背后的缘由,可以归纳为以下几个方面:第一,从发展机遇来看,开放度越大,一国经济融入全球化的程度越深。一方面可以更有效地在全球范围内进行资源配置,在国际竞争与合作中找到发展机遇,另一方面也会面临来自国际方面的贸易安全问题,开放度越大,贸易安全问题就越显得重要。而开放度较低的国家,经济发展与全球经济接触面小,以扶持国内幼稚产业和培育经济发展动力为主,其安全问题也主要来自于国内,因此会将经济安全视为关键。第二,从经济波动传导性来看,开放度扩大后,一国贸易水平必然提高,而随着贸易程度的提高,各国经济相关度加深,一国经济受国际因素的影响更加显著。尤其是如今产品内贸易代替产品间贸易成为世界主流贸易模式,更是加剧了经济波动性的传导。这种情况下,贸易安全成为经济安全的前端要素,使得一国关注的重点从经济安全转向贸易安全成为理性选择。第三,从制度完善角度看,一国随着开放度扩大,构建的开放型经济管理体系更加完善,在应对风险冲击方面抵御能力更强,从而将重点转移至贸易安全,谋求更多贸易利益。因而,开放度高的国家都主张自由贸易,并争取贸易规则制定权,将贸易安全视为核心利益。相反,对于一个开放度较低的国家来说,经济具有封闭性,制度建设与开放型经济体系的要求存在一定差距,抵御风险的能力较差。这种情况下,国内的经济安全问题较为突出,贸易安全不会成为重要因素。

关于产业安全的概念,目前形成了几种具有代表性的观点。第一种观点认

为,只要外资进入损害了东道国国民的权益,均可视为危害了该国的产业安全;第二种观点认为,在面临外部冲击时,如果一个实体具有可重塑性,那么这个实体就是安全的;第三种观点认为,一国在开放竞争的条件下,拥有或保持着对民族产业发展的控制,并且在动态的发展过程中,这一控制力具有一定的持续性;第四种观点较为普遍,认为产业安全主要在于开放经济条件下本国资本是否具有足够的竞争力,能否抵御潜在的外来威胁,能否控制产业的发展。我们比较赞同第四种观点,即在开放经济条件下,一国产业能够体现出足够的竞争力,具备风险抗击能力,并对本国产业的良性发展具有控制权。

贸易安全与产业安全是一种前后连接的关系,具有联动性。产业安全为贸易安全提供前端支撑。贸易安全与一国产业竞争力直接相关,强大的产业实力将在国际市场的激烈争夺中起到决定性作用,对贸易产生正面推动力,贸易安全得以巩固。贸易安全又会反作用于产业安全,通过技术溢出效应、规模效应等途径带动产业发展和转型升级,实现贸易安全是促进产业安全的重要途径。在全球化背景下,产业安全与贸易安全的联系更加紧密,以国际价值链为纽带的产业发展模式为产品内贸易奠定了基础,导致各个国家的产业结构关联性大幅提高,一个国家的产业结构必须在与其他国家产业结构的融合中实现动态化调整和升级。如果产业安全先受到影响,不仅直接影响贸易安全,而且会渗透到就业、社会稳定等方面,动摇经济发展的根基。如果贸易安全先受到影响,对国际贸易投资关系带来冲击,产业的价值链发展模式将可能被截断,从而使经济陷入困境。

在贸易安全与产业安全方面,有3个新特点值得重视。第一个特点是产业安全伴随着贸易发展,已经延伸为全球产业价值链。一方面,在制造业领域,我国部分产业出现产能过剩,需要通过"一带一路"等战略,加大对外投资力度,争取将部分劳动密集型产业在全球重新布局。另一方面,需要扩大服务业开放,通过引入高端服务业提升制造业附加值,通过人力资本和技术溢出等途径带动服务业的整体发展。这两个方面齐头并进,将有助于提高产业安全和贸易安全的能级。第二个特点是跨国公司的地位越来越重要,拥有更多跨国公司成为实现产业安全的重要保障。以跨国公司为主构建的价值链中,公司内贸易迅速增加并成为国际贸易新动向。未来的国际贸易将是跨国公司之间的竞争。跨国公司对一国贸易活动的掌控能力逐渐增强,只有真正拥有具备全球资源调配能力的

跨国公司,才能增加在国际贸易中的话语权,否则缺少跨国公司就等于缺少全球资源整合能力,只会在各国激烈的贸易竞争中陷入被动,产业安全和贸易安全也就无法充分实现。第三个特点是尖端技术和研发能力成为产业安全和贸易安全的至高点。当前我国在掌握核心技术方面较为薄弱,通过提升研发能力,实现尖端技术领域的创新,不仅将成为产业发展的核心竞争力,而且由知识产权保护带来的技术垄断优势将成为在国际贸易中获取高额回报的保证。加强研发能力建设,攻坚尖端技术领域,将是加强产业安全和贸易安全的必然选择。

四、贸易安全与贸易便利化

所谓贸易便利化,主要是指通过简化和协调各种程序,以减少贸易扭曲,加快贸易要素的跨境流动,促进国际贸易高效发展。贸易安全与贸易便利化两者之间的关系,是指在有效保障贸易安全的前提下实现贸易便利化。以往有一种误解,认为两者存在一定的对立关系,加强贸易安全就会对贸易便利化造成阻碍。其实贸易安全与贸易便利化并不矛盾,贸易安全的实现,将为贸易便利化措施带来更大的施展空间,而贸易便利化的实现,将在贸易安全方面提出更高要求,贸易监管措施将更加精炼和高效;另一方面,也要注意不能为了贸易便利化而弱化贸易安全等级。因此,贸易安全与贸易便利化是一种相互促进的关系。

从贸易安全与贸易便利化发展历程来看,在美国发生"9·11"事件以后,世界海关组织(WCO)在贸易便利化基础上,针对贸易安全提出了 3 个实现形式:加强风险管理能力、运用高科技管理工具和强化国际间合作。2004 年 12 月,世界海关组织政策委员会以此为基础初步制定了《全球贸易安全与便利标准框架》,并且于 2005 年 6 月,在世界海关组织年会上作为 WCO 成员必须实现的最低标准而通过了该文件。这是到目前为止国际社会关于贸易安全与便利的最具引领性和权威性的合作框架。

《全球贸易安全与便利化标准框架》包括六大目标和原则:一是制定全球范围供应链安全与便利的标准,促进稳定性和预见性;二是形成对所有运输方式适用的一体化供应链管理;三是增强海关应对 21 世纪挑战和机遇的作用和能力,这些挑战和机遇主要包括经济全球化和区域化的趋势、利用国际规则的能力、应

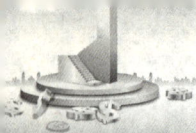

对恐怖主义和分裂主义对贸易安全的威胁、世界各国在反腐和打击毒品走私等方面的合作;四是加强成员国海关之间的合作,提高甄别高风险货物的能力,要求加入《全球贸易安全与便利化标准框架》的国家都应针对安全威胁采取一致的风险管理手段;五是加强海关与商界的合作,要求成员国海关向满足供应链安全的最低标准并参照最佳做法的商界提供相应便利,并为经认证的经营者(Authorized Economic Operator,AEO)提供多种便利措施,赋予 AEO 更大的权力;六是通过保护国际贸易供应链安全,确保货物畅通无阻。

《全球贸易安全与便利化标准框架》提出了 4 个核心要素,包括:①协调对进口、出口和转运货物提前递交电子货物信息的要求;②加入《全球贸易安全与便利标准框架》的国家都应针对安全威胁采取一致的风险管理手段;③应进口国的合理要求,出口国海关基于可比的风险布控手段,应对出口的高风险集装箱和货物进行检验;④成员国海关应向满足供应链安全的最低标准并参照最佳做法的商界提供相应的便利。《全球贸易安全与便利化标准框架》还包括两大支柱,即各国海关与海关之间的合作安排及海关与商界之间的伙伴关系。只有确立了这种合作与伙伴关系,才能在安全的基础上完成便利化的承诺。

可以看到,《全球贸易安全与便利化标准框架》通过加强海关与海关之间以及海关与商界之间的信息共享,规范贸易企业作业流程,进一步实现提高监管效率和防范监管风险的目的,加快了货物进出口的速度,将贸易安全与贸易便利化两大框架有机融合在一起。

中国海关作为世界海关组织的重要成员,积极参与了《全球贸易安全与便利化标准框架》的制定与磋商工作,并提交了实施意向书。随着我国成为世界货物贸易第一大国,很有必要推进各项措施加快实现贸易安全与贸易便利化的协同发展。过去,中国海关对贸易安全问题比较关注,建立了一整套保证贸易安全的监管体系。在中国经济进一步开放的条件下,贸易便利化问题已经提上了议事日程。中国海关通过提升技术水平,创新监管制度,建设了一套新的更为安全与便利的贸易管理体系。自 2013 年 9 月,中国(上海)自由贸易试验区(以下简称"上海自贸区")正式设立以来,上海海关连同检验检疫等部门,推动贸易监管制度变革,已经在贸易便利化方面采取了多种创新举措,大大减少了货物入库时间,简化了监管手续,降低了企业物流成本,促进了货物的高效流动。两大监管

部门联动实施的"一次申报、一次查验、一次放行"监管试点,提高了通关效率,催生出一批跨境电子商务、文化贸易等新型贸易业态,一批成功经验已经在全国推广。2014年,上海自贸区有27项试验经验成功推广,其中贸易便利化措施10项,包括先进区后报关等;2015年2月,国务院印发《关于推广中国(上海)自由贸易试验区可复制改革试点经验的通知》,正式向全国推广包括贸易便利化在内的28项制度创新成果。另外,还有海关和检验检疫部门的6项措施。

五、贸易安全与服务业开放

随着国际分工体系从产品间分工向产品内分工转化,贸易模式由传统贸易模式向以价值链为纽带的贸易模式转化,服务业就成为这种转化过程中最为关键的产业。要在竞争激烈的贸易格局中占据有利地位,扩大服务业开放、发展服务贸易已经成为大势所趋。

上海自贸区作为肩负国家重大使命的改革开放试验区,扩大服务业开放是核心任务之一。根据总体方案的要求,上海自贸区将在金融服务、航运服务、商贸服务、专业服务、文化服务和社会服务等6个领域扩大开放,涉及18个行业,2013年共采取了23项开放措施,表现在暂停或取消投资者资质要求、股比限制、经营范围限制等准入限制措施(银行业机构、信息通信服务除外)。2014年7月结合2014版上海自贸区负面清单,进一步推出了扩大开放的新31条措施,其中涉及服务业领域14条。据上海市商务委数据显示,工程设计、旅行社、增值电信、游戏游艺设备生产销售、演出经纪、船舶管理等行业的扩大开放措施取得明显成效,并积极向上海全市推广。融资租赁、资信调查、游戏游艺设备生产和销售等领域的开放措施已在黄埔、徐汇等区落地。

随着服务业的开放,贸易安全的内涵也发生了新的变化。第一,贸易安全具有了外扩性特点。一方面贸易安全的范围随着加大对外投资力度而向外延伸,加强对外投资,获取更多生产资源和要素将成为贸易安全的重要内容;另一方面,以服务业开放为核心的区域经济一体化正在兴起,包括美国倡导的TPP、TTIP、TISA等区域性贸易投资谈判,这些谈判已经成为各国在全球贸易格局中维护自身贸易安全的重要平台。第二,贸易安全具有了内延性特点。全球贸易

规则开始由边境措施渗透到各国边境内层面,包括行政透明度、劳工标准、环境标准、竞争中立原则等,这些规则的正面影响是促使各国对阻碍服务业和服务贸易发展的制度进行改革,负面影响是对发展中国家来说实施难度较大,容易失控,形成贸易安全隐患。第三,贸易安全具有平衡性特点。在服务业全面开放下,贸易结构中的不平衡问题有望得到部分改善。一方面,贸易安全的目标将从出口导向转向进出口平衡,另一方面,通过进口服务贸易和高新技术,有助于国内的产业转型、产品升级,进而有利于在资源环境约束条件下开拓贸易安全新渠道。第四,贸易安全具有动态性特点。尤其值得关注的是制造业和服务业不断融合的动态趋势,这一趋势的结果是越来越多的制造业开始被服务业所整合,而这一过程,实际上改变了传统的贸易模式,从而增加了贸易安全的新内容。

在服务业不断开放条件下的贸易安全,应当包含以下 4 个方面的新内容:

第一,要敢于争夺国际贸易投资规则的话语权。一方面,要积极参与美国主导的区域性自由贸易与投资的协定谈判,通过谈判对规则制定施加影响,化解被动局面。谈判必定充斥着两国贸易利益的博弈,重点是在开放我国服务业的同时,要求对方实施对等开放,特别是我国急需的高新技术等方面,最终实现双方互惠共赢;另一方面,随着我国经济实力的增强,使我们在全球贸易治理及规则制定中的地位有所提升。应该发挥规则制定的主动性,完善我国自贸区谈判的战略布局,制定既符合国际贸易发展趋势,又顺应我国与贸易伙伴实际发展需要的贸易投资规则。在规则制定层面应在维护我国贸易安全的基础上,最大程度获取贸易利益。

第二,以开放促改革,勇于按国际规则改革国内贸易体制。首要任务是改革并调整与服务业开放有关的法律法规体系,为服务贸易的大发展做好准备。对涉及服务行业的法律法规按照最新签署的双边或区域贸易协定(例如中韩自由贸易协定等)进行系统整理,废除过时条款,修订妨碍贸易自由化的条款,增加预警和监管条款,为贸易安全建设一个透明公正的法律支持体系。其次,尽快建立一个保障贸易安全的管理体系。按照"权力清单""负面清单""责任清单"的相关要求,在国内探索形成与高标准规则相衔接的管理体系。促进外商投资和对外投资管理制度由审批制转为备案制,推动政府管理由事前审批向事中事后监管转变,创造一个最大限度保证贸易自由化措施公正运行的体系。最后,可以考虑

建立针对性更强的服务贸易促进体系。货物贸易在促进体系建设方面已经积累了很多成功经验，完全可以为服务贸易促进体系提供借鉴。还可以通过在海外设立专门的服务贸易机构以及开展专项展销会等措施，促进服务贸易出口。

第三，制订产业体系优化措施，以建立贸易安全的产业基础。只有促进产业发展，培育产业竞争力，才能为贸易安全提供保障。①加快产业转型升级。在制造业领域，全面实施《中国制造2025》行动纲要，争取在第三次工业革命来临之际占据一席之地。在服务业领域，可以引导更多资源流向现代服务业，通过知识溢出效应带动服务企业的发展，形成有利于整个国民经济的服务业结构。②推进产业转移。抓住"一带一路"战略契机，加强与周边国家的互联互通，以优质的软硬件设施为中西部地区贸易快速发展创造有利条件。促进东部劳动密集型企业向中西部转移，优化国内产业布局，形成东部与西部区域之间的分工体系。③稳步实施服务业开放。在服务业开放上，必须按照行业特性及其对贸易安全造成的影响，采取有区别的开放策略。对于有利于激发市场经济活力的行业要优先开放，对于能提高制造业生产水平的生产性服务业要重点开放，对于涉及国家战略安全的领域要谨慎开放。

第四，大力推动跨国公司发展壮大。企业是实现贸易安全的实体。要推动中国的跨国公司在全球布局，而不仅仅是购买国外的资源，只要有了在全球配置资源的能力，就能进一步保障我国的贸易安全。①组建各类跨国公司，形成自己的国际分工体系，从参与价值链向主导价值链迈进，力求最大限度地吸收和利用全球生产要素，发展和延长国内价值链。②为民营企业提供平等发展机遇。在服务业全面开放的背景下，要给民营企业提供同等机会，提前尝试竞争中立原则，对内资外资都要采取统一的市场准入制度和标准，保证内资企业平等进入开放领域，避免以往外资享受超国民待遇的情况。只有内资企业通过和外资的竞争与合作逐渐成长起来，才能在企业层面为贸易安全构筑牢固基础。③激发中小企业的潜力。中小企业是国际贸易的重要力量，是一国"金字塔"形企业整体结构的基础部分。应该充分挖掘资本市场功能，发挥股权融资作用，支持中小型企业上市，培育一批具有创新能力的中坚力量，促进中小企业以"抱团出海"的形式抢占世界市场。

第一篇
贸易安全与监管理论

自我国加入 WTO 以来,国际贸易地位迅速提升,已位居世界货物贸易第一大国。从我国在全球经济地位的角度看,服务业的不断开放,服务贸易的不断发展是一个必然趋势。如此深入地融入全球化,对中国经济来说,所面临的新课题会一个接着一个,而贸易安全问题就是一个新问题。关于这个问题,目前研究不多,研究的面不广。本书将从理论视角切入,力图较为全面地阐述和研究中国所面临的贸易安全与监管问题。本篇主要包括 3 个部分:贸易安全的基本理论,贸易安全评价指标体系的构建,贸易监管的理论基础与框架体系。

第一章
贸易安全的基本理论

　　改革开放 30 多年特别是加入世贸组织以来,我国实行对外开放的基本国策,积极参与经济全球化进程,不断深化外贸体制改革,逐步建立起统一、开放、符合多边贸易规则的对外贸易制度,贸易规模不断扩大,对外贸易已成为推动经济社会发展的最活跃力量。据世界贸易组织发布,2013 年我国货物进出口总额达 4.16 万亿美元,跃居世界第一货物贸易大国。在我国对外贸易取得令世人瞩目成就的同时,我们需要冷静清醒地认识到在经济全球化深入发展的新的国际环境下,贸易安全在一国中的战略地位。因此,研究贸易安全的性质与特点,树立正确的贸易安全观,探索维护贸易安全的战略,实现我国对外贸易的科学发展,是摆在我们面前的一项十分重大而紧迫的理论性战略性问题。这一研究将使我们在科学发展观的指导思想下,在开放型经济的背景下从更新的高度和更广阔的视野上更深入、更系统、更有针对性地剖析贸易安全问题,提出系统、完整的贸易安全理论体系,从而使我国以更加积极开放的姿态深层次融入全球化、与世界各国实现互利共赢。

一、贸易安全问题产生和发展的国际背景

　　当今世界,以开放型经济为特征的经济全球化呈现出新的发展趋势:生产要素在全球范围内加速自由流动和优化配置,以信息技术为主导的高科技推动世界经济进入知识经济发展阶段,国际经济制度和国际组织在国际经济协调中起

着越来越重要的作用。对于世界各国来说，经济全球化是一柄"双刃剑"，在给世界各国贸易发展带来前所未有的利益的同时，也增大了各国贸易运行的风险，使得各国所面临的世界经济变动、跨国贸易冲击和国际金融风险所造成的贸易不安全性增强，给各国贸易安全带来严峻的挑战，甚至造成危害。因此，对世界各国特别是在全球贸易中处于弱势地位的发展中国家而言，在融入经济全球化的同时，如何积极化解参与国际市场竞争的国内外风险，为国民经济发展提供良好的国内外环境，通过提高竞争能力和加强国际合作保持国家贸易的可持续发展，扩大国际市场的竞争优势、提高国家经济地位和人民的生活水平，成为国际社会普遍关注的问题。

最早将贸易安全纳入国家安全战略的是美国克林顿政府。1993年，克林顿刚担任美国总统，即对国家安全战略进行重大调整。当年2月他在美利坚大学演讲时明确提出："把贸易作为美国安全的首要因素的时机已经到来"，[①]并要求他的政府"要像激光束一样地瞄准经济目标"，认为"在世界经济中的竞争力维系着美国未来的安全"。1995年2月，在题为"国家安全战略保证与扩大"（*A National Security Strategy of Engagement and Enlargement*）的报告中，白宫再次强调通过对外经济贸易促进国内经济复苏是美国安全战略的三大目标之一。[②] 1999年12月，美国白宫新闻总署发表的《新世纪的国家安全战略》中，更是直接把保障美国的经济繁荣列为国家安全战略的三个核心目标之一。至此，美国正式形成了对内以自由市场原则为基础，对外实行经济扩张的经济安全观。进入新世纪，布什政府上台后不久，便遭遇了人类历史上规模空前的"9·11"恐怖袭击事件，美国为应对国际恐怖主义安全威胁，进一步将贸易安全的职能进行了强化。美国为了整合边境执法力量，确保美国领土的绝对安全，于2003年专门成立了国土安全部，收编了包括原隶属于财政部的海关署在内23个联邦机构的23万大军，原海关署被分为CBP和ICE（移民海关执法局）两个机构。其中CBP由原海关署、海岸警卫队、移民规划局和农业部的边境巡逻、动植物卫生检验检疫机构等部门组成，统管边境执法，这是美国对边境执法和口岸管理体制的

① 威尔·马歇尔：《克林顿变革方略》，新华出版社1993年版。
② 何传添：《加入WTO有利于中国的贸易安全》，《国际经贸探索》2002年第1期。

重要改革,首次实现了由一个机构统一管理进入美国口岸的人员与货物。实现了管理的"一口对外"。CBP 的组建旨在整合口岸执法部门的管理资源和管理技能,提高管理效能和效率,在利用一切可支配的资源保护和防御美国免遭侵害的同时便利合法贸易与合法旅行。同时,美国海关为落实贸易安全的要求,实施了一系列具有代表性和影响力的措施,包括"集装箱安全倡议计划"(Container Security Initiative,CSI)、"海关—商界反恐伙伴计划"(Customs-Trade Partnership Against Terrorism,C-TPAT)以及"24 小时提前申报规则"(24-Hour Rules)。以上这些措施相互补充,构成了美国的反恐对策框架,保证了美国的贸易安全。

2001 年"9·11"恐怖事件后,以美国为首的西方发达国家为了维护国家的安全利益,打着"反恐"和"安全"的旗号,将单边和双边实行的政策扩散到世界各国,并将世界海关组织(WCO)改革与研究的重心调整到贸易安全方向上来。WCO 于 2002 年通过了《国际贸易供应链安全与便利化决议》。两年之后,又通过了《关于实施国际贸易供应链安全与便利措施的新决议》。2005 年 6 月,WCO 第 105/106 届年会通过了《全球贸易安全与便利化标准框架》一揽子文件。2010 年,WCO 将涉及贸易安全与便利的标准和工具整理成《标准框架工具包》,供成员海关和商界参考使用,使 WCO 原先一直所倡导的偏重于便利的价值主张扭转到以安全为重心的方向上。[1] 与此同时,APEC 部长级会议也发表了保护贸易安全的反恐宣言。世界贸易组织、世界经济合作组织、八国集团以及其他国际组织或区域组织都以各种形式、各种方法为维护国际贸易安全制定了一系列的措施和规则。[2] 至此,反对恐怖主义、维护国际贸易安全已成为当前各国瞩目的焦点,并引起了国际社会广泛关注和共同行动。

二、贸易安全界定

虽然目前学术界对贸易安全的含义尚未形成一致的认识,但国内一些学者

---

[1] 匡增杰:《贸易安全与便利视角下提升我国海关估价水平的对策建议》,《世界贸易组织动态与研究》2013 年第 5 期。

[2] 王自立:《国家贸易安全提出的三个阶段》,《求索》2008 年第 11 期。

在研究中已谈到了自己的看法,尽管在具体的表述上略有差异,但归纳起来,主要有两类代表性的观点:一类是强调能力的贸易安全,另一类是强调状态的贸易安全。

强调能力的贸易安全说认为贸易安全体现为一种能力,即在对外贸易发展面临风险或受到冲击时,一国的对外贸易具有足够的抵御和抗衡风险并实现自身健康发展的能力。夏兴园(2001)认为贸易安全是指一国的对外贸易在受到来自国内外不利因素的冲击时,依然能够保持较强的竞争力或具有足够的抗衡和抵抗能力[1]。苗迎春(2002)认为贸易安全是指一个国家的对外贸易在面临来自国内外不利因素的冲击时,通过参与国际竞争和加强国际合作牢固地控制或占有国内外市场,使本国产品拥有较强的抵御或抗风险能力,从而为本国经济的发展提供良好的国内外生存环境[2]。何传添(2002)认为贸易安全是指一个国家的国际贸易发展所面临的国内外环境、参与国际竞争促进本国经济发展和提高本国人民生活水平的能力及其为本国带来的相应的国际经济和政治地位[3]。同时,其后(2009)又进一步指出我国的贸易安全是指我国发展国际贸易能面临较为有利的国内外环境,通过新观念、新技术、新管理和其他技能等手段,推动外贸的发展,以提升我国的国际竞争力,带动生产效率的提高,促进经济又好又快发展,提高人民生活水平以及为我国带来相应的国际政治经济地位[4]。

强调状态的贸易安全说认为贸易安全表现为一种状态,即在贸易自由化的条件下一国对外贸易的生存和发展不受国内外不利因素的破坏和威胁的状态。如郑通汉(1999)从经济安全的定义加以引申,认为贸易安全即一国的贸易利益不受侵犯,比较优势能充分体现,有能力抗御其他国家对本国对外贸易的侵犯和打击,本国在世界市场上占有份额不断增加,对外贸易体系正常运转、不受破坏和威胁的状态[5]。邹时荣(2007)指出,贸易产业安全是指一国能够抵御内外冲击,保持市场秩序和贸易体系正常运行与发展的状态,以及维持这种状态所需的

---

① 夏兴园、王瑛:《论经济全球化下的国家贸易安全》,《经济评论》2001 年第 6 期。

② 苗银春:《贸易安全—国际反恐新领域》,《国际金融报》2002 年 11 月 4 日。

③ 何传添:《加入 WTO 有利于中国的贸易安全》,《国际经贸探索》2002 年第 1 期。

④ 何传添:《开放经济下的贸易安全:内涵、挑战与应对思路》,《国际经贸探索》2009 年第 3 期。

⑤ 郑通汉:《经济全球化中的国家经济安全问题》,国防大学出版社 1999 年版。

贸易制度、市场运行规制及竞争力①。吴英娜（2008）认为贸易安全是在贸易自由化的条件下，一国的国际贸易交易得以顺利进行，国际贸易对本国经济的发展可起到积极的推动作用，国际经济波动的影响可得到有效控制的状态②。

本书认为贸易安全包括两个层面，一是生存安全层面，即一国对外贸易不受内部和外部不利因素的威胁和侵害，并获得良好的国内、国际环境，这是贸易安全的"对外"特性；二是发展安全层面，这是贸易安全的"对内"特性，即一国在国际分工中应不断提升自己的竞争能力，在国际交换中能获得和提高国家贸易利益，实现对外贸易的可持续发展，发展是最高境界的安全。因此，"生存"是贸易安全追求的基本目标，"发展"才是贸易安全追求的最终目标。归纳起来，在经济全球化的条件下贸易安全是指一国抵御国内外风险、参与国际市场竞争并获得贸易利益，保持经济的可持续发展，从而维护和巩固其国际政治和经济地位的能力。该定义强调贸易安全主要体现为一种能力。

三、贸易安全相关理论

（一）亚当·斯密关于贸易安全的理论

现代经济学鼻祖英国经济学家亚当·斯密（Adam Smith）在其代表作《国民财富的性质和原因的研究》（也译为《国富论》）一书中，对贸易安全进行了分析。斯密认为英国之所以在18～19世纪崛起于欧洲，就在于能够大规模生产具有强大的国际竞争力的工业品并出口到欧洲大陆的各国市场。斯密尽管反对以关税对贸易进行保护，但仍然注意到了廉价外国产品对民族工业的冲击，以及由此带来的政治、经济后果。如果国内制造业不具备国际竞争力，受到大量外国进口工业品的冲击，可能导致一国贸易不安全，这可能直接表现为人民的大量失业和生活资料的丧失，以致发生严重的社会混乱。因此，斯密主张必须"小心翼翼地恢复自由贸易"。③ 此外，斯密还在其著作中提到了他对国防工业和贸易安全之间

---

① 邹时荣：《中国市场全面开放后的贸易产业安全思考》，《商品储运与养护》2008年第2期。
② 吴英娜：《国家贸易安全评价体系构建》，《商业时代》2008年第7期。
③ 亚当·斯密：《国民财富的性质和原因的研究》（下卷），商务印书馆1979年版。

关系的认识，表现出了他对贸易安全问题的远见卓识。他认为如果一个国家没有具备国际竞争力的国防工业及相关产业，就不会有稳固的大国地位，就不会有维护国家安全的最重要手段——强大的军队。其经济利益的拓展与贸易安全的维护也就无法实现，正如斯密所言"国防比国富重要得多"。[①]

（二）弗里德里希·李斯特关于贸易安全的理论

19世纪有重大影响的德国经济学家弗里德里希·李斯特（Friedrich List）的学说集中反映了后起资本主义国家发展民族经济的要求，他的学说对贸易安全以及政府对产业发展的支持和保护给予了更多的注意。李斯特在其代表作《政治经济学的国民体系》一书中，站在后起资本主义国家资产阶级的立场，挑战以亚当·斯密为代表的古典经济学家提倡的自由放任的贸易政策。他通过对意大利、汉撒商业同盟、荷兰、英国、美国、西班牙、葡萄牙、法国、德国等国家近代经济发展史的考查得出结论：一个国家不能在工业尚未充分发达前，就采取自由贸易的政策，如果盲目执行自由贸易的政策，就会使国家的工业衰弱甚至消亡，最终导致这一国家政治、经济地位的衰落。李斯特以英国为例说明。只有对本国的工业进行保护、扶持，待本国的幼稚产业具有一定的国际竞争力时再开放市场，才能真正提高一个国家的经济实力和确保国家的贸易安全，才能使一个国家最终富强起来。

（三）与贸易安全有关的一些重要的贸易理论

1. 比较利益理论和要素禀赋理论

大卫·李嘉图（David Ricardo）在他的《政治经济学与赋税原理》一书中提出了比较利益理论。李嘉图认为，决定国际分工和国际贸易的一般基础是比较利益而不是绝对利益。一个国家在国际贸易中提供或生产某种商品，比提供或生产其他商品相对来说更加便宜或合算，那就是比较优势。按照大卫·李嘉图的比较利益理论的国际分工原则，每个国家都可能在某些产品上具有比较优势。只要按照比较利益原则参与分工和贸易，贸易双方就能从分工和贸易中获得

[①] 亚当·斯密：《国民财富的性质和原因的研究》（下卷），商务印书馆1979年版。

好处。

　　要素禀赋理论包括要素禀赋比率理论和要素价格均等化理论。要素禀赋比率理论的最早创立者是瑞典经济学家赫克歇尔(Eil Filip Heckscher)，他的学生俄林(Bertil Ohlin)师承其观点，于1933年出版了《区域贸易和国际贸易》一书，形成了完整的要素禀赋比率理论体系，故该理论体系又常被称为"赫—俄"理论或"H-O"理论。该理论的要点是：商品价格的国际绝对差异是国际贸易产生的直接原因；各国国内的商品价格比率差异是国际贸易产生的充分必要条件，即比较利益仍是贸易的基础；各国商品的价格比率差异是由各国的要素价格差异造成的；要素价格比率差异是由各国要素的禀赋比率差异造成的。

　　1948年，美国著名经济学家萨缪尔森(Paul A. Samuelson)针对"H-O"理论做了进一步推论，提出：国际贸易将会导致不同国家间同质的生产要素的相对和绝对价格均等化。这种均等化不仅仅是一种趋势，而是一种必然，这一定理被称为"要素价格均等化定理"。由于它是"H-O"理论的引申，也被称为"H-O-S"理论。

　　简单的李嘉图理论和要素禀赋理论建立在两个假设之上：存在固定收益和完全竞争机制。这些传统的贸易理论忽略了与外部因素、研究开发、经济规模、知识曲线和市场发育有关的问题。此外，比较优势理论是一种静态的理论，它没有考虑比较优势随时间推移而发生的变化，也没有考虑积极的贸易政策改变比较优势的可能性。

　　布鲁斯·斯科特(Bruce Scott)曾经直截了当地指出了一个问题："首先向传统理论提出挑战的是有些国家的确显著地改变了它们的比较优势这一事实。""事后人们才认识到，在原来的李嘉图模型中，生产布匹和生产酒的短期变化和长期发展前景截然不同。对于葡萄牙来说，短期优势来自酒的专业化生产，而长期优势则在于纺织业的成功。当时，纺织业是高增长、飞速发展的'高技术'产业。""总之，不管葡萄牙生产布匹的成本是否高于当时英国的成本，它都应该选择专业化地生产布匹而不是酒。"

　　如果要素禀赋是固定不变的，而技术是外部因素，并假定收益固定，那么，古典理论就无法解释新的比较优势的创造这一问题。除了"最佳关税"之外，传统理论没有认识到贸易政策其实是维护国家利益的重要手段。

2. 战略贸易政策理论

传统经济学的缺点促使人们重新评价现存的国际贸易理论。随之出现的战略贸易政策学派,在价值转移的假设前提下,使重商主义者限制进口、鼓励出口的论点合理化了。这种新贸易理论强调,收益是不断增长的,竞争是不完全竞争,战略贸易政策学派对传统李嘉图理论的比较优势能否解释当前的国际贸易提出了质疑。专业化生产和国际贸易将增加收益,这并不是一个新概念,但它是在最近才被引入到市场结构模型中。

公司的技术投资,即外部因素的来源,不符合完全竞争模型,古典贸易理论不能解释模型中外部因素如技术投资。这是因为,半导体产业公司的大部分成本都是研究开发的前端投资,公司生产的商品越多,单位产品的成本就越低。由于直接技术投资必须通过更低的单位生产成本得到补偿,不断扩大的规模经济,也就是动态规模经济就必然会打破完全竞争的格局。最先将新产品推向市场的公司就能最先降低生产成本,于是规模经济就可以使先进入的公司以较低的价格击败迟到的竞争对手。而传统的贸易理论并没有将这一"外部因素"考虑在内。

"创造外部经济效果的产业能受益于贸易保护"这一概念,是贸易政策的传统理论的一部分。但保守主义者认为,首先应该纠正国内市场的错误,因此,贸易保护不是首选政策。而新贸易理论却建议政府进行更多的干预,以促进外部利益的增长。这种新模型认为应该限制进口,促进出口,将利润转移带给本国生产者。

这种新理论的主要结果就是引起了一种忧虑。有人担心,竞争对手的国家可以通过给每个产业以扶持而使其获得永久的优势。新模型对"不断增长的收益是贸易的动力"这一观点做出了更清晰准确的解释。此时国际贸易理论已经与产业组织的概念融合在一起了。

对于很多产业(如半导体、航空航天)来说,规模经济和不完全竞争不是例外现象而是一种必然。产业的外部性与研究开发投资有关,政府干预那些具有高度外部性的产业的行为不会损害外国竞争者的利益,这就是政府产业政策与传统的战略性贸易政策的区别之所在。

新贸易理论认为,与自由贸易相比,积极的政府干预更有利于一国的经济发

展。政府政策可能会确保更高的利润,政府干预也会促进更多外部经济利益的积累。如果大规模生产和成本的大幅度下降能够形成优势,那么,即使原有公司正在获得高额利润,新进入产业的公司似乎也还是无利可图。所以,政府的补贴或保护的确有可能提高本国公司的利润,而减少外国竞争者的利润。

自由贸易和战略性贸易政策的倡导者都将国民利益的最大化作为首要目标。战略性贸易政策通过牺牲外国竞争者的利益来获取本国国家优势。实现这一目标的前提是,一国经济中存在战略部门,这些部门的资本和劳动力的收益率高于其他部门。而传统经济理论则认为不存在战略部门,竞争将消除可能形成的战略部门的一切因素,只有引导资源配置的市场价格才反映了真实价值。

四、贸易安全的性质与特点

从贸易安全的概念出发,我们需要把握以下几个问题:贸易安全与贸易便利的关系是什么? 贸易安全具有什么样的性质? 贸易安全与经济安全、产业安全、金融安全、信息安全之间存在着什么样的区别和联系?

(一) 贸易安全与贸易便利的关系

贸易安全与贸易便利作为一对矛盾出现,既呈现冲突,又趋于统一。中国海关总署前署长牟新生在谈到便利与安全的关系时说过:"在国际贸易供应链中,安全是实现便利的保证,便利是安全保证的升华。没有安全保证,贸易便利就无法真正实现,没有贸易便利,安全也就失去意义。过度强调安全,就可能影响正常的贸易便利,过度强调便利,安全就可能存在隐患,最终也会失去贸易便利。安全与便利这两者之间是相辅相成、缺一不可的,是一个有机统一的整体。"[①]处理好贸易安全和贸易便利化的关系,其价值本质就是处理安全和发展的关系。浙江大学非传统安全与和平发展研究中心主任余潇枫教授认为,安全是发展的前提,安全是发展的核心。但在开放型经济中,既要改革口岸现存的体制中闭

---

① 世界海关组织召开第 101/102 届年会:中国海关与各国海关共商国际贸易安全与便利 http://www. people. com. cn/GB/shizheng/1027/1937727. html,2003-06-26。

锁、手段落后的"旧式安全",也要防止出于利益不要安全约束的"随意便利"。安全是"制度伦理的底线",在一定程度上应成为政府考虑发展决策时的某种自觉。贸易安全与贸易便利事关改革大局、发展大局、安全大局,因此应予以高度重视。

(二)贸易安全的性质

1. 突发性

在经济全球化不断深入发展的开放时代背景下,贸易安全问题具有显著的突发性。显著突发性的形成在于经济全球化使得世界各国之间的贸易以及投资的关联性增强,每个国家所面临的世界经济波动、跨国贸易冲击造成的贸易不安全性增强。近年来美国金融危机以及欧洲债务危机的爆发以及因各种突发性事件而引起的全球贸易的不断波动,给世界各国的贸易安全敲响了警钟。

2. 紧迫性

国际贸易安全问题又具有强烈的紧迫性。这主要在于国际社会至今对贸易安全问题未形成可靠的危机防范机制,这一局面构成了对一个国家来说的强烈的紧迫性。目前,还没有一个国际组织有如此强大的能力来治理全球贸易安全问题,因此各国现只能首先依靠自己的力量和谨慎来捍卫贸易安全,无疑处于一种十分紧迫而严峻的地位。

3. 广泛性

一个国家的贸易安全不是孤立的,具有广泛性。在经济全球化时代,一国的贸易安全是和产业安全、金融安全、信息安全紧密相联的,共同构成了经济安全的重要内容。因此,我们可以看出,贸易安全是经济安全的一项重要组成部分,贸易安全必须服从于经济安全的整体利益,同时,贸易安全又是经济安全的基础,贸易安全受到冲击,经济安全必然要受到威胁。

4. 复杂性

贸易安全涉及贸易生存和贸易发展的诸多问题,既有一国的内部因素,也包括一国的外部因素。同时,影响产业安全的因素也是复杂多样的,包括各种经济因素、政治因素,甚至社会因素等,这些因素相互影响,相互作用,不断变化。

5. 战略性

作为一国经济安全的重要组成部分,贸易安全关系到一国经济发展和国家

发展,它是维护一国经济利益和政治地位的重要保证。因此,我们要以战略的、长远的眼光去看待和重视贸易安全,把贸易安全纳入到国家战略中去,以确保在对外开放的过程中,一国的贸易能够实现可持续发展。

(三)贸易安全与经济安全、产业安全、金融安全、信息安全之间的内在联系

所谓经济安全,就是指一国最为根本的经济利益不受危害和威胁。其主要内容包括:一国经济在整体上主权独立、基础稳固、运行健康、增长稳定、发展持续;在国际经济生活中具有一定的自主性、防卫力和竞争力;不会因为某些问题的演化而使整个经济受到过大的打击和遭受过多的损失;能够避免或化解可能发生的局部性或全局性的危机。[①] 总体而言,"经济安全"的内涵主要包括如下两方面内容:一是就内部机制而言,国内要有一个良性的经济运行机制,能够保证国民经济健康有效地运行,杜绝发生经济危机或崩溃的危险;二是从外部环境看,能够保证本国的经济运行过程不受来自其他国家和地区的相关组织力量的威胁或控制,并具有抵御国际经济危机和金融风险冲击等方面的能力。

在经济全球化时代,经济安全主要由贸易安全、产业安全、金融安全、能源安全等几个方面的内容组成。贸易安全的重要意味着在经济全球化的时代背景下,国家之间的相互依存与国家之间的分工合作已成为无法回避的事实,贸易安全关系到国计民生,关系到国家发展,是经济安全最重要的组成部分之一。能源安全的重要意味着能源在国家发展的过程中、在经济安全保障方面已经起到并且在相对较长的时间里起到不可替代的催化剂作用,能源安全日益成为国家生活乃至全社会关注的焦点,成为我国经济社会可持续发展的隐患和瓶颈。金融安全是国家实现职能的需要,是国家参与社会产品的分配和再分配以及由此而形成的与各有关方面之间的分配关系,金融安全直接关乎我国经济社会稳定大局,关乎人民群众根本利益。产业安全的重要意味着国家的发展和国家经济的安全离不开支柱产业的支持,国家的支柱产业是国家经济活动的命脉,是国家发展的重要基础和来源,是国民经济和社会全面、稳定、协调和可持续发展的保证。

---

① 唐宜红:《对外开放和维护国家经济安全》,《思想理论教育导刊》2003 年第 10 期。

五、贸易安全分类

由于贸易安全是一个比较新的概念,国内学者对贸易安全的理解有着不同的诠释,因此,为了更好地找到解决贸易安全问题的钥匙,我们试图将国际贸易学的分析框架和分析工具应用于对贸易安全的研究,以期能够对贸易安全进行多方位的理论探讨。

(一)贸易结构安全

贸易结构安全是指在开放型经济中,一国各贸易部门处于相互适应、协调发展、持续增长的状态,支柱出口产业由本国资本控制且具有较强的国际竞争力。同时,该国的贸易结构升级不依赖于外国产业的转移,能够通过自身升级抵御国内外不利因素的冲击。一个安全的贸易结构能够缓解开放型经济中这些因素对整个贸易部门健康运行的侵扰,从而实现一国贸易结构的高度化、合理化,实现趋利避害。贸易结构安全直接关系到一国对外贸易在国际市场上长期竞争的实力和潜力。

在安全的贸易结构中,国家的各项生产要素在各贸易部门中的配置合理,没有明显的短板或瓶颈存在,能够在各自的贸易结构演进路径中向高级化方向发展,而且具有一定的国际竞争力。相反,当一国生产要素在各贸易部门的配置比例失衡,我们认为,此时该国贸易结构处于非安全态势。贸易结构的非安全态势还表现为各贸易部门之间的协调能力差和关联程度低,或者低效率、低附加值的贸易部门不能向高效率、高附加值的贸易部门转移。

(二)贸易布局安全

贸易布局安全是指一国各贸易对象在世界市场上的动态组合分布。在开放型经济中,世界市场极其敏感和易于波动,贸易布局安全是指有助于降低市场风险,并且有利于抵御外部经济侵袭的空间分布。

（三）贸易政策安全

贸易政策安全是指一国政府能够维持对本国对外贸易发展决策的独立性、及时性和正确性。也就是说，一国能够根据国际经济形势变化和本国外贸发展的实际情况，独立、及时和正确地进行决策，从而保证本国对外贸易健康、稳定、持续地发展。贸易政策的制定必须符合科学发展的需要，为实现外贸全面、协调、可持续发展提供导向。这主要包括三方面的内容：①国家要有决策权的完整性，即一个国家对本国外贸发展的目标、计划、战略以及具体的宏观政策等拥有自主决策的权利，不受别国和国际组织的影响；②国家的贸易政策决策要及时、灵活，能够根据本国经济及世界经济的发展动态及时出台相应的对策，尤其是进行宏观经济调控时，能够把握适当的时机和力度；③要保证决策的正确性，即国家在制定贸易政策的过程中，能够克服各种不利因素的干扰，避免失误。这一点对于发展中国家尤其重要，因为一旦决策失误，不但会延缓贸易结构升级的进程，而且可能会使国家面临贸易安全的威胁。

六、影响贸易安全因素分析

贸易安全作为一个战略性的复杂动态系统，能够对其产生影响的因素当然也是极其复杂和多样的。本书将具体从内外两个方面对其进行阐述，包括各种经济因素、政治因素，甚至社会因素等，这些因素相互影响，相互作用，不断变化。

（一）国际贸易保护主义

贸易保护主义是指一国通过奖励出口、限制进口的政策和措施，以维护本国经济的发展和社会的安定。贸易保护主义产生的缘由有经济发展阶段的差异，维护社会和政治制度的安全的需要，发展生产力和提高竞争力的要求，解救经济危机和维护社会稳定的政治诉求。从历史发展来看，自由贸易与贸易保护是一对孪生兄弟，是经济发展波动中交替出现的现象。[1] 2008 年全球金融危机爆发

---

[1] 薛荣久：《经济全球化下贸易保护主义的特点、危害与遏制》，《国际贸易》2009 年第 3 期。

后,贸易保护主义再次卷土重来,并且没有随着全球经济的复苏而消退,反而有愈演愈烈之势,并对全球经济和世界贸易造成了严重的损害。

1. 当前国际贸易保护主义的主要措施与特点

金融危机爆发以来,全球各国为了维护本国的社会安定和政局稳定,实施了种类繁多的贸易保护主义措施,根据GTA(全球贸易预警组织)的分类,这些措施可分为国家援助、竞争性贬值、消费补贴、出口补贴、出口税或限制、进口禁令、进口补贴、知识产权保护、投资措施、当地含量要求、移民措施、公共采购、卫生与检疫措施、技术性贸易壁垒、国有贸易企业、国有控制公司、地方政府措施、关税措施、贸易防御措施(反倾销、反补贴和特别保护措施)、非关税壁垒(未指定)、其他服务部门措施、配额(包括关税配额)、贸易融资等23类。① 在这些措施中,主要的措施包括以下三类:一是在WTO允许的规则下,滥用贸易救济措施,主要是指包括反倾销、反补贴和特别保护措施在内的贸易防御措施;二是传统的关税和非关税壁垒,包括提高关税、进口禁令、技术性贸易壁垒等;三是在经济刺激方案的借口下通过法律和行政手段实施各种"临时性措施",如竞争性贬值等。需要强调的是,作为限制进口的重要措施,全球范围内反倾销、反补贴和特别保护措施等贸易救济调查立案的数量在明显增加。另外,带有歧视性的技术性贸易壁垒因其隐蔽性强等特点越来越成为各个国家重要的贸易保护措施。

由于这次贸易保护主义是出现在经济全球化浪潮和世界贸易组织多哈回合谈判正在进行的大背景下,它带有与以前贸易主义不同的一些新的特点:贸易保护主义产生的深层性,贸易保护主义的全球性,贸易保护主义的虚伪性,贸易保护层次和手段的多样性,贸易保护主义应对的复杂性。②

2. 国际贸易保护主义对我国贸易安全的影响

从单个国家来看,中国则是这次全球贸易保护主义的最大受害者,现在和未来一段时间均面临国外越来越多的贸易保护措施。据WTO统计,截至2011年底,全球21.3%的反倾销立案和24.2%的反倾销措施针对我国产品。不断恶化

---

① 陈龙江、温思美:《经济复苏下的国际贸易保护措施新趋势及中国的对策》,《世界经济研究》2011年第7期。

② 薛荣久:《经济全球化下贸易保护主义的特点、危害与遏制》,《国际贸易》2009年第3期。

的国际贸易环境将严重影响我国对外贸易的可持续发展,同时也对我国的贸易安全构成了很大的威胁。贸易保护主义对我国贸易安全的影响主要有以下几点:

(1) 我国出口贸易额增速下降。进入 21 世纪以来,我国成功加入世贸组织,对外开放程度不断提高,对外贸易不断发展,对外贸易规模也在不断增加,特别是出口总量更是突飞猛进。2002—2008 年,我国出口增长年均增长率为 27.4%。但全球金融危机爆发后,随着我国遭遇国际贸易保护主义措施的猛增,我国对外贸易量下降,出口货物订单和需求明显下降。据商务部统计,2009 年,我国出口总额为 12 016.6 亿美元,同比下降 16%,为 30 年来首次负增长。尽管 2010—2014 年后,我国出口增长开始恢复,但增速放缓趋势明显,2010—2014 年间,出口增长年均率放缓至 14.7%。出口贸易额增速下降不利于外向型企业的可持续发展,也影响了我国对外贸易的可持续发展和安全。

(2) 加工贸易额明显锐减。自 2008 年下半年以来,中国加工贸易出口年增长率为 9.3%,明显低于一般贸易的出口年增长率(18.5%)。据统计,中国全国加工贸易直接从业人数在 3 000 万～4 000 万之间,同时还带动了相关产业如服务、运输和餐饮等行业的大量就业,国际贸易保护主义措施造成我国加工贸易的衰退,会对我国具有传统比较优势的贸易部门安全造成威胁。

(3) 技术性贸易壁垒极大地削弱了我国出口产品的国际竞争力。据世界银行统计,自金融危机以来,20 国集团中有 17 个国家推出了技术性贸易壁垒保护措施,数量达到 78 项,其中 47 项已经付诸实施。其中,欧盟、美国、日本、韩国和加拿大是对我国实施技术性贸易壁垒的主要国家,尤其是美国和欧盟。以 2011 年为例,欧盟、美国、加拿大、日本、韩国扣留(召回)我国不合格消费类产品总计 1 431 批次。企业为满足较高的技术标准进行大量的设备与人力投入,改善经营管理,加速技术进步,提高产品的技术含量和质量,在跨越技术性贸易壁垒的同时也增加了企业成本。另外,企业为了达到进口国的技术要求,必须增加有关产品的测试、检验、认证等环节,支付昂贵的相关费用,有时还必须从国外进口相关的检测设备,从而又进一步增加了产品的出口成本。[1]

---

① 马丁、杨哲:《技术性贸易壁垒对我国出口贸易的影响及对策》,《生产力研究》2006 年第 4 期。

（二）国际政治

冷战结束后,随着全球化的不断深入,传统的"高级政治"让位于"低级政治"成为世界政治演化的突出特点。国际政治近几十年来发展的历史日益表明,包括贸易安全、经济安全在内的这种过去常被称为"低级政治"的议题,已经愈加成为国际政治交往中的核心内容。尤其是在核威慑的阴影下,一些发达国家已经认识到,以贸然发动战争来谋取不正当利益的传统方式所付出的代价可能太高,武力手段即便不是不可取,其在国际政治中的效果也大打折扣。相应的,对别国实行经济控制就成了可替代的谋求国际政治野心的新工具。这种经济上的"征服"既能带来实实在在的物质利益,又可以在"互利共赢"的幌子下隐蔽进行,招致的反抗和道义上的谴责就轻微得多了。因此,发达国家政要纷纷转变谋略,竞相为本国贸易的向外扩张奔走四方,促进别国对外政策的松动和市场的更大开放。而这种基于各国发展不平衡而引起的经济实力的强弱之分以及出于掠夺和非正当获利的动机和行为,便为贸易安全问题的出现提供了最为基本的原因。

贸易安全也是当今国际政治关系中的重要内容。在世界经济依存关系日益加深的前提下,由于缺少一个类似"世界政府"的超国家权威,所以,各国在国际经济活动中,分配的原则和方式存在较大的分歧。各国都想为自己谋得最有利的份额。这种"零和博弈"的结果必然导致"经济或贸易安全困境"的出现,即一国经济实力的增强,也意味着另一国实力的相对削弱。因而,如同每年西方八国集团举行会议这一行动所显示出来的那样围绕经济因素而起的国际冲突与协调问题已经成为国际政治关系中的重要内容。[①]

（三）外商直接投资

外商直接投资（Foreign Direct Investment，FDI），也叫国际直接投资,它以控制经营管理权为核心,以获取利润为目的,是与国际间接投资相对应的一种国际投资基本形式。外商直接投资都是基于其原始动机——追求利润最大化而开始的,这种硬件和软件相结合的投资方式,往往会产生巨大的带动效应和溢出效

---

① 张立:《产业安全问题的国际政治经济学分析》,《天府新论》2007 年第 4 期。

应，给东道国在技术、管理、人力等方面带来质的提升，并在一定程度上影响着该国产业结构和外贸结构的发展。

一般而言，外商直接投资影响一国的贸易安全主要有以下三种途径：一是通过市场机制，当外商达到控制某一进口或出口产业的程度时，将会严重影响该产业的生存和发展，进而威胁该国整体的产业安全以及贸易安全。二是通过外资的分布流向，有选择有目的地在不同出口产业和区域间进行投资，从而影响该国的出口贸易结构、出口贸易竞争力；三是社会文化，在伴随着资本、产品大量入侵的同时，不同的文化和价值观念也被强势带入，这将会对一国未来的发展产生全方位、深层次的影响。

下面对外商直接投资影响一国贸易安全的机理做以下详细说明。

1. 市场机制

外商直接投资近年来的发展趋势主要集中在新设外资企业、"合资合作"变"外商独资"和跨国公司的兼并收购上。通过这三种方式，外商直接或者间接取得了企业的控股权，并凭借自身在资金、技术、管理和规模等方面的优势，实施一系列的本土化战略，包括采购本土化、研发本土化、制造本土化、营销本土化、产品品牌本土化和人力资源本土化，充分利用东道国在政策、资源等方面的有利条件，增强在东道国产业中的竞争力，打压和排挤本土企业，逐步形成对某一行业甚至产业的市场控制、技术控制、品牌控制，长此以往，会对这一产业中本国企业的生存、发展造成严重伤害。目前，我国进出口贸易额中近一半是被外商直接投资所控制，贸易安全将面临挑战。当一些与国计民生联系紧密的产业都面临此等挑战时，该国整体的贸易安全形势将受到影响，甚至会威胁到该国的经济安全和国家安全。

2. 分布流向

外商直接投资基于各种目的，在一国不同的产业和区域间流动，如果这种流动是全面且均衡的，势必会促进该国贸易结构的升级和区域经济的协调发展。然而，外商所关心的并不是东道国贸易结构是否合理、东道国区域发展是否均衡，他只会根据自己的判断，选择对自身条件最有利，且投资回报率最高的产业和地区进行投资，这就造成了外商直接投资产业的重复化、趋同化，投资地区的集聚化、倾斜化。目前，我国大量的外商直接投资集中在劳动密集型和技术含量

较低的产业中,造成我国出口结构的低端化,与吸引外商直接投资的初衷大相径庭。最终,这种分布流向会严重影响东道国的贸易结构和区域发展水平,弱化其对本国贸易结构的宏观调控能力。

3. 社会文化

外商直接投资在输入资本和产品的同时,更为重要的是带来了一种与东道国截然不同的文化和价值观,一旦这种文化和价值观影响到社会中大多数人的心理和行为,这一文化和价值观下的产物(无论是精神上还是物质上的)就会成为东道国社会成员追逐的焦点。对一国的贸易来说,文化和价值观的输入最直接的表现就是影响该国的文化贸易产业;其次,通过影响该国消费者的心理和消费行为,为外国产品占领市场、打压本土品牌奠定基础。从长远来看,这种深层次的社会文化影响势必会对一国的贸易和经济安全构成威胁。

第二章
贸易安全评价指标体系的构建

对贸易安全问题的分析需要数量标准,而数量分析的基础是建立一套评价指标体系。关于贸易指数,前人已经有不少研究,但对贸易安全的评价,现在还少有数量标准和数量分析。因此,本书力图根据我们对贸易安全的理解,建立一套对贸易安全的评价指标体系,为今后开展对贸易安全的数量分析打下基础。

一、贸易安全评价体系构建的基本原则

建立一套科学合理的评价指标体系并非易事,为此国内外学者们提出了一系列的原则。我们在综合国内外学者有关论述的基础上,结合贸易安全自身的特点,提出以下构建贸易安全评价指标体系的基本原则。

(一)科学性原则

贸易安全评价指标体系应建立在科学的基础上,能够客观真实地反映一国贸易安全的现状,以较少的综合性指标,规范、准确地反映一国贸易安全的程度。因此,每个指标的选取及指标的分类都要有科学的依据,遵循科学的研究方法。每个指标都能从科学的角度准确、客观地反映所研究对象的实质。

(二)系统性原则

贸易评价指标体系是一个有机的整体,而不是评价指标的简单堆积,其构建

应遵循系统性原则。在筛选评价指标时应认真考虑每一个指标在整体中的地位和作用,注意各指标之间的相互作用。各指标还应具备足够大的涵盖面,并能从不同角度来充分反映一国贸易安全的程度。同时,指标体系还应能反映系统的动态变化及其发展趋势。

(三)可操作性原则

指标体系的构建还应体现可操作性。任何指标体系并不是越复杂越好,也不是越大越好,在构建过程中应充分考虑其可操作性。这首先要求各指标必须能用数量化统计参数或可操作化语言具体明确地表述出来;其次,在涉及指标体系时,尽可能多用可量化的指标,对于不能量化或数量化处理难度较大的指标尽量少要;此外,还要能够获得真实可靠的资料和数据,数据的选取尽可能从国家或国际权威的统计出版物获得。

(四)可比性原则

构建贸易安全评价指标体系中的每一个指标,必须能够反映贸易安全的共同属性,反映贸易安全属性中共同的东西。这就要求质的一致性,只有在质一致的前提下,才能客观、科学地进行比较。此外,在构建贸易安全评价指标体系时还应明确各指标的含义、统计口径等,以确保评价结果能够进行横向和纵向的比较。

(五)层次性

贸易安全指标体系涉及贸易安全各方面,构建指标体系时应考虑指标的层次性,同时应遵循同层次指标相互独立的原则,即确保每一个指标代表一个独立方面,指标之间不重叠、不存在因果关系,也不存在包含与被包含关系,这是保证评价结果客观、准确与合理的前提。

二、贸易安全指标体系的构建

关于如何界定贸易安全,国际上尚无明确统一的标准。按照前文所述,将贸易安全定义为:在经济全球化的条件下,一国抵御国内外风险、参与国际市场竞

争并获得贸易利益,保持经济的可持续发展,从而维护和巩固其国际政治和经济地位的能力。

贸易安全是一个内涵丰富、层次多样、类型多元的概念,其核心是国家的整体竞争力,其最基本的要求是国家的贸易发展和贸易利益不受外部和内部的威胁和侵害,避免国家利益因贸易要素而受到影响。在前人研究的基础上,我们认为贸易安全的衡量指标包括以下几方面:

(1) 贸易效益评价:

① 市场竞争力指标(TC 指数和 RCA 指数)。

② 贸易条件。

(2) 贸易控制力评价:

① 贸易结构。

② 贸易品科技含量(高技术产品占制造业出口总额的比重)。

(3) 贸易依存度评价:

① 进口依存度指标。

② 出口依存度指标。

(4) 贸易地理方向评价:市场集中度指标。

(5) 贸易环境:与贸易伙伴之间的贸易关系。

三、中国贸易安全情况分析

(一) 贸易效益

1. 贸易竞争力指数(TC 指数和 RCA 指数)

贸易竞争力指数可通过 TC 指数和 RCA 指数来反映。TC 指数(比较优势指数)是指一国进出口贸易的差额占其进出口贸易总额的比重,是行业结构国际竞争力分析的一种有力工具,总体上能反映出计算对象的比较优势状况,从而反映出一国某一行业或某种产品的国际竞争力和市场定位。TC 指数=(出口-进口)/(出口+进口),数值在-1 和 1 之间,数值越大则说明越具有竞争优势。我国贸易竞争力指数偏低,以服务贸易为例,1997—2013 年,我国服务贸易总体 TC 指数均为

负值,介于-0.21和-0.05之间,服务贸易总体处于比较劣势。特别是 2006 年以来,中国服务贸易 TC 指数急剧下降,从 2006 年的-0.05下降至 2013 年的-0.21,服务贸易总体劣势日益明显。RCA 指数,又称显示性比较优势指数,是分析一个国家或地区的某种产品是否具有比较优势时经常使用的一个测度指标。该指数的含义是:一个国家某种出口商品占其出口总值的比重与世界该类商品占世界出口总值的比重二者之间的比率。RCA$>$1,表示该国此种商品具有显性比较优势;RCA$<$1,则说明该国商品没有显性比较优势。RCA 指数$=(Xi/Xt)/(Wi/Wt)$。其中,Xi 表示一国某商品出口值;Xt 表示一国商品出口总值;Wi 表示世界某商品的出口值;Wt 表示世界商品出口总值。由图 2-2 可知,和发达国家相比,我国服务贸易 RCA 指数偏低,2001—2010 年的 10 年里,我国服务贸易总体 RCA 指数平均值仅为 0.48,且 2003 年以来该指数一直处于 0.5 以下。虽然我国服务贸易总额已位居世界前列,但我国的国际竞争力依然很弱。

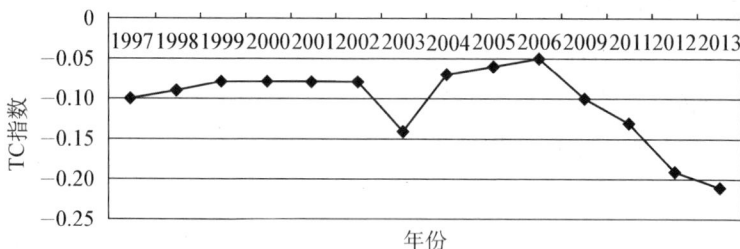

图 2-1 中国服务贸易总体 TC 指数(1997—2013 年)

数据来源:根据中国服务贸易进出口分项目表整理计算。

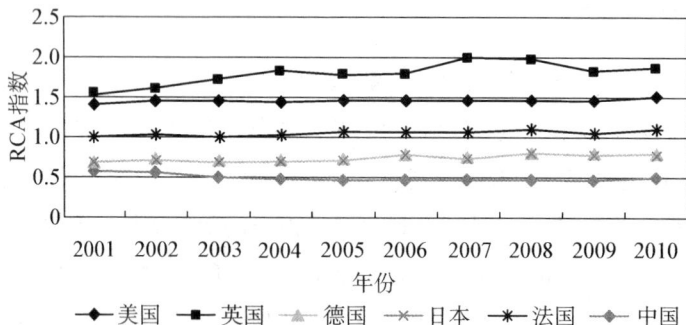

图 2-2 世界主要贸易国服务贸易总体 RCA 指数(2001—2010 年)

2. 贸易条件指数

贸易条件是用来衡量在一定时期内一个国家的出口相对于进口的盈利能力和贸易利益的指标,反映该国的对外贸易状况,一般以贸易条件指数表示。图2-3是2000—2012年间世界主要贸易国家净易货贸易条件指数。由图2-3可知,近年来,中国净易货贸易条件指数急剧下降,2012年跌至71.83,与发达国家间的差距越来越大;近两年,英、法、德、美的净易货贸易条件指数虽出现略微下跌,但仍比我国高出很多,况且发达国家出口产品以高科技产品为主,而对高科技产品而言,技术进步推动的价格走低则增强了其外贸竞争力,其净易货贸易条件指数的下降并不意味着其外贸竞争力的减弱。对于技术含量低的劳动密集型产品来说,由于这类产品具有高替代性,主要依靠成本竞争,国际出口价格的下降终将耗竭劳动密集型产品出口的经济效益,贸易条件的恶化则是其贸易竞争力下降的直接表现。因此,作为劳动密集型产品的出口大国,净易货贸易条件指数仍然是我国的外贸竞争力重要指标,该指数的不断下降反映了我国贸易竞争力的持续弱化。

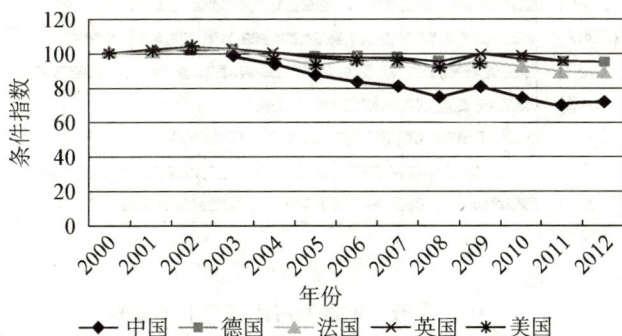

图2-3 全世界主要贸易国家净易货贸易条件指数(2000—2012年)

资料来源:世界银行数据库。

(二) 贸易控制力

1. 贸易结构

贸易结构主要是指一定时期中货物贸易和服务贸易的构成情况,一般用服务贸易和货物贸易在贸易额中所占的比重来表示。2014 年中国服务贸易出口总额为 2 222.1 亿美元,还不到美国的一半(同期美国服务贸易总额为 7 103 亿美元)。作为世界贸易大国,中国主要依靠货物贸易,贸易结构极不合理。从服务贸易占中国贸易总量的占比来看,2014 年中国服务贸易在贸易总量中的占比仅为 14%,还没达到全球服务贸易占国际贸易的比例。此外,中国服务贸易始终处于逆差状态,且逆差呈不断扩大的趋势。2014 年中国服务贸易逆差从 2007年的 76 亿美元,急剧上升到 1 599.2 亿美元,比 2013 年增加了 414.6 亿美元,增幅达 35%。从服务增加值占 GDP 的比重来看,如图 2-4 所示,2008 年世界服务增加值占 GDP 的比重为 70.1%,发达国家为 73.4%,美、英、法都在 75%以上,而我国 2012 年该比重也仅为 43.3%,不仅与主要贸易国家相距甚远,就连发展中国家的平均水平也没达到。2011 年发展中国家服务增加值占 GDP 的比重也已达到 55.8%,高出我国 10 几个百分点。

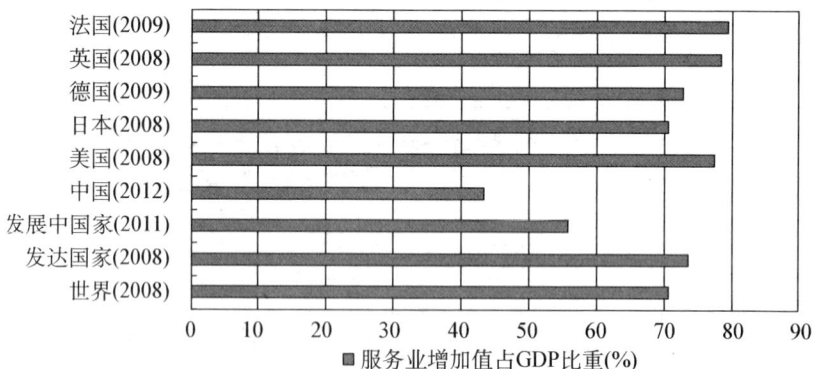

图 2-4 中国服务业增加值占比与若干国家的比较

注:① 发达国家均指高收入国家,发展中国家均指中低收入国家。
② 中国为 2012 年数据,发展中国家为 2011 年数据,德、英、法为 2009 年数据,世界、发达国家、美、日为 2008 年数据。

2. 贸易品科技含量

高技术产品的出口比重是一个经济安全和科技实力的体现,是衡量一国贸易安全的重要标志。自实施科技兴贸战略以来,我国高技术产品的出口额和出口比重都有显著的提高,但我国高技术产业国际分工地位仍难摆脱低端环节。

首先从出口金额绝对数来看,我国高技术产品出口金额从 1995 年的 101 亿美元上升到 2012 年的 6 012 亿美元,增加了近 600 倍。从出口比重来看,我国高新技术产品占外贸出口的比重从 1995 年的 7.9％上升到 2012 年的 30.86％,总体呈上升趋势。尽管如此,一方面,由于中国高技术产业发展具有明显的外资导向和加工贸易特征,中国高技术产业外资出口占比达 80％以上,外资企业是中国高技术产品出口的主要提供者;而在贸易方式上,我国高技术产业加工贸易出口额占高技术出口总额的 70％以上。另一方面,中国虽已成为世界彩电、计算机、手机等生产大国,但并不拥有核心技术,大部分关键零部件来自海外,我们仅仅是世界的一个"加工车间",无法分享到更多的利润。如电子计算机及办公设备制造业和电子及通信设备制造业行业整体利润就偏低。我国高技术产业由于不掌握核心技术,在国际分工的地位难脱低端环节,有些高技术制造业甚至还有被长期锁定在国际分工低端环节的隐忧。

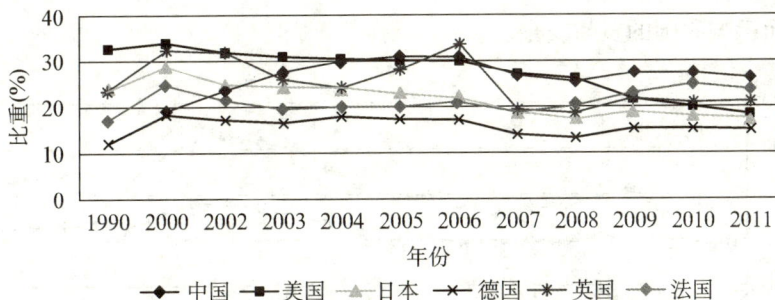

图 2‐5　全世界部分国家高技术产业出口占制造业出口额比重(1990—2012 年)
资料来源:世界银行 WDI 数据库。

(三) 贸易依存度

贸易依存度是指一国国民经济对贸易的依赖程度,即对外贸易在国民经济中所占的比重。其公式为对外贸易依存度＝(一国一定时期进出口总额/该国该时期的 GDP 或 GNP)×100％,贸易依存度分为进口依存度和出口依存度,也都可以反映一国国民经济对外贸的依赖程度。其公式分别为出口依存度＝(一国一定时期的出口总值/该国该时期的 GDP 或 GNP)×100％,进口依存度＝(一

国一定时期的进口总值/该国该时期的 GDP 或 GNP)×100%。上述比重越大，说明该国的对外贸易依存度越大，反之，则越小。特别是出口依存度更能真实地反映一国经济发展水平及其参与国际经济的程度。如果一国对外贸易依存度过高，国内经济发展过多地依赖对外贸易，这样，国内经济就容易受到国外经济的影响和冲击，特别是当世界经济下行时，国内经济必然受到很大的影响。当然，对外贸易依存度也不是越低越好，因为如果一国对外贸易依存度过低，说明该国没有很好地利用国际分工和国际市场。图 2-6 为中国 1991—2014 年对外贸易依存度、出口依存度和进口依存度的变化情况。从对外贸易依存度看，中国对外贸易依存度从 1991—2007 年整体呈上升趋势，2006 年高达 65.17%，近年来虽有所降低，但仍在 40% 以上，国内经济很大程度上依赖国外经济。出口依存度和进口依存度的走势与外贸依存度走势类似，出口依存度也于 2006 年达到最高值 35.87%，2014 年则下降至 22.61%，进口依存度则在 2005 年达到峰值，2014年下降为 18.92%。总体而言，我国外贸依存度偏高，易受国际经济形势的影响，从而影响我国的贸易安全。

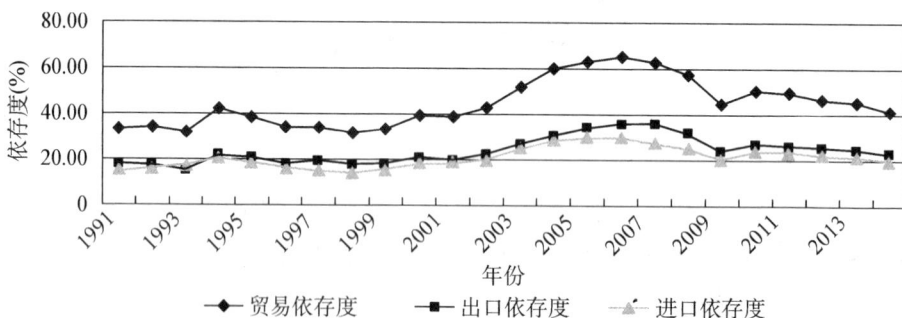

图 2-6　1991—2014 年中国贸易依存度、出口依存度和进口依存度

(四) 贸易地理方向：市场集中度指标

从贸易地理方向来看，中国对外贸易市场集中度较高。从洲际分布来看，如表 2-1 所示，历年来，我国最大的出口地区是亚洲，每年有大量的产品出口到中国香港、日本、韩国、新加坡及亚洲其他地区。2007 年以来，中国出口到亚洲产品的份额均在 46% 以上，2013 年则达到 55.47%，超过我国总出口额的一半。

其次是欧洲。欧洲一直是中国产品的重要出口市场。2013 年欧洲市场在中国出口市场中所占的份额为 17.55%，比往年略有降低，但仍然稳居我国出口市场第二的位置。第三是北美市场。近年来，北美市场在中国出口中所占份额下降速度呈加快趋势，但仍占较大的份额，2013 年为 13.84%，尽管我国在北美市场的份额不如欧洲和亚洲，但可以认为我国在北美市场的出口分布最为集中，因为我国在与北美洲地区的贸易中美国占了 90% 以上。亚洲、欧洲和美洲出口份额约占了我国出口总份额的 85%，特别是亚洲，占据了我国一半以上的出口份额。集中度过大必然会影响贸易安全。

表 2-1　中国与主要国家(地区)海关货物出口比重(2007—2013 年)(%)

国别(地区)	2007	2008	2009	2010	2011	2012	2013
世界	100	100	100	100	100	100	100
亚洲	46.63	46.42	47.32	46.39	47.36	49.14	53.47
欧洲	23.64	24.00	22.02	22.51	21.79	19.35	17.55
非洲	3.06	3.58	3.97	3.80	3.85	4.16	5.06
拉丁美洲	4.23	5.02	4.75	5.82	6.40	6.60	6.28
北美洲	20.70	19.17	19.85	19.38	18.44	18.55	13.84
大洋洲及太平洋群岛	1.73	1.81	2.07	2.09	2.15	2.19	3.69

数据来源：根据《中国统计年鉴》(2008—2014)计算所得。

从国家和地区分布来看，我国商品出口主要集中在欧盟、美国、东盟、中国香港、日本、韩国、中国台湾、澳大利亚、俄罗斯和巴西等 10 个国家和地区。特别是欧盟、美国、东盟、中国香港、日本等五个国家和地区，占据我国出口市场的大半，虽然近年来所占份额呈递减的趋势，但比重依旧很大。除中国香港外，美国和日本在我国对外贸易中占绝对主导地位。在这种情况下，一旦主要出口市场发生经济波动或政局变动，势必会严重影响中国对外贸易安全甚至影响到国内经济发展。

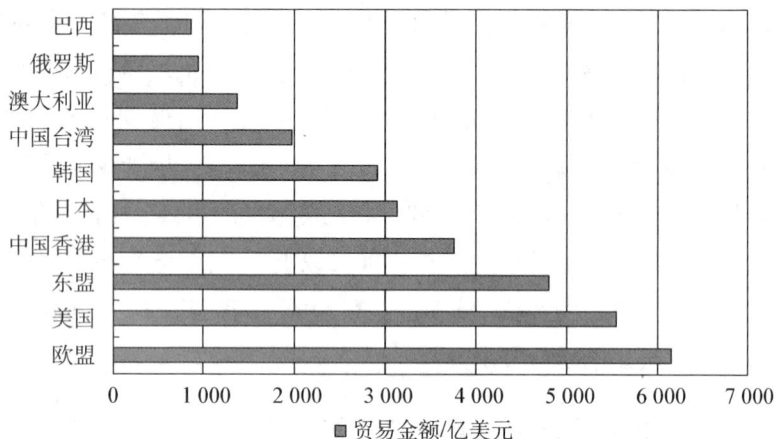

图 2 - 7　2014 年中国十大贸易伙伴

资料来源:商务部网站。

(五) 贸易环境:与贸易伙伴之间的贸易关系

与贸易国之间的贸易关系也是衡量贸易安全的一个重要指标。随着中国成为第一货物贸易大国和第二大经济体,贸易摩擦呈多发高发的态势。据商务部统计数据显示:2014 年,共有 22 个国家和地区对中国出口产品发起贸易救济调查 97 起。其中,反倾销 61 起,反补贴 14 起,保障措施 22 起,涉案金额 104.9 亿美元。此外,中国产品还遭受美国 337 调查 12 起,欧盟发起的反规避调查和反吸收调查各 1 起。其中高科技产品成为贸易摩擦的新热点,中国输出光伏产品、风力发电机组、手机等高科技产品相继遭到贸易救济调查。例如,美国、加拿大、澳大利亚都对中国光伏产品发起"双反"调查。从贸易摩擦影响到的产业的范围看,近年来贸易摩擦所涉及的产业不断扩大,如 2014 年贸易摩擦涉及五金矿产、化工、机电、轻工、纺织、医药保健、食品土畜等产品,这几个产业遭受调查的案件分别是 38 起、23 起、17 起、13 起、3 起、2 起和 1 起,其中,涉及钢铁和钢铁类产品案件是最多的,有 27 起,涉案金额 23.2 亿美元。

随着国际贸易保护主义的持续升温,一些贸易大国强化贸易救济调查执法,加大对本国国内产业的保护力度,针对中国的调查不断增加,加大技术性贸易壁垒、绿色壁垒、知识产权保护、不合理的卫生检疫标准等对我国出口产品的限制。

外部环境趋紧和国内市场竞争加剧等因素相互叠加,中国产品遭遇国外贸易救济调查案件的数量将会继续保持高位,中国企业面临的国际贸易和投资环境将日益严峻,这势必影响到中国的贸易安全。

第三章
贸易监管的理论基础与框架体系

　　随着经济全球化的深入推进,国际贸易的迅猛发展,贸易安全与便利化的实现正日益成为全球关注的热点。然而,贸易安全是与贸易监管联系在一起的,同时,贸易监管也是平衡和协调贸易安全与贸易便利化的重要手段。近20多年来,国际政治、经济、贸易、金融和运输等领域发生的重大变化,也都直接或间接地影响着贸易监管制度和手段,传统的监管指导思想和模式已远远不能适应形势的发展。同时,贸易的高速发展和结构的快速升级也给贸易监管带来了新的任务和挑战。因此,构建和完善新型的贸易监管体系,建立起高效、便利、严密的监管机制,促进并引导贸易的转型升级,完善具有中国特色的加工贸易管理制度和对策,是我国贸易在发展过程中需要解决的重大课题。

一、贸易监管的基本范畴和发展阶段

　　贸易监管是一国政府对本国国内贸易和对外贸易活动进行监督和管理的规则。贸易监管既包括国家对重要商品和市场进行的监控,又包括国家授权机关依照法律法规,采取各种手段方式对市场的交易行为和贸易主体行为实行规范、监督和引导;既包括对国内贸易活动全过程和各环节的监督,又包括对外贸活动的规范和控制①。

---

① 张建民:《贸易创新论》,中国经济出版社2001年版。

　　政府对贸易活动的监管历史悠久,如我国早在商、周时期,官府对市场的管理、价格的规定、商税的征收以及对商业奴隶和外来商人的控制,已或多或少地反映了国家对贸易活动和交易过程的约束和规范,只不过不同的国家在不同的时期对贸易活动监管的内容和方式不同。在中世纪,政府对贸易的监管主要表现在,向贸易主体征收各种税费,制定各种交易规则,并监督其执行,若有违规,则给予处罚,以维护交易秩序。同时,为了维持国内生活必需品的供应,增强军事力量以及增加财政收入,一些国家实行了鼓励进口、限制出口的贸易政策,并采用一些经济手段来保证实施。

　　在资本主义生产方式准备时期,为了促进原始资本主义积累,西欧各国政府对贸易活动干预的程度加大,除了继续加强在国内贸易领域的监管外,还管制了对外贸易。政府通过法令规定外国商人必须将出售货物所得的全部金银用于购买当地商品;政府授权于一些贸易公司特许权。垄断某些贸易,以发展并控制其海外殖民地的贸易;颁布航海法,实行国家对外贸易运输的垄断经营等。同时,对商品的进口征收高额关税,并采取各自措施鼓励商品出口。

　　在资本主义自由竞争时期,政府对贸易活动的干预程度下降,自由贸易取代了特许贸易,营业独占改为自由营业。如在外贸领域,取消了外贸公司的特权,对民营企业开放外贸经营领域、放开外贸商品的运输。同时,还逐步降低关税税率,减少纳税商品项目和简化税法,贸易活动的自由度大大提高。政府在贸易领域的职能主要是保护交易的自主性、自由性和公平性,并且还采用了与外国政府签订贸易条约的办法,来约束两国的贸易行为。受政府监管活动的影响,贸易活动的交易风险减少,交易费用也随之降低,贸易活动得以大规模地扩张。20世纪30年代,面对世界性经济大危机和国内外多种矛盾,许多国家开始全面干预经济生活,实行国家垄断资本主义。这样国家对贸易活动干预与管理的范围和力度增加。对内采用各种措施,刺激私人投资,刺激工商业复苏,扩大市场需求;对外大幅度提高关税,并广泛采用外汇管制、数量限制等手段,限制外国商品进入,同时,还加大了鼓励商品出口的力度。

　　第二次世界大战以后,国内贸易和国际贸易的迅速发展,一方面推动了各国和世界经济的增长,另一方面也引起了更激烈的贸易竞争和更残酷的

贸易战,贸易领域不确定因素增加,风险加大。同时,随着商品国际化、生产国际化和资本国际化的发展,各国经济相互依赖程度不断提高,一国经济的发展受到其他国家和国际市场的影响,只有加强国际经贸关系的协调和监管,才能扩大和维护双边与多边国际合作,把国际经贸体制建立在长期和稳定的基础上。

第二次世界大战以后,贸易监管也出现了自由化倾向。绝大多数国家都选择了市场经济的道路。市场经济体制是具有效率和活力的体制,并具有较大的制度弹性、组织弹性、文化特性和地域弹性,尤其是实行计划经济体制的国家也开始转而实行市场经济体制,逐步取消了对贸易的统制,改变了国家对贸易的监管方法和内容,扩大了贸易监管的自由化范围。

战后初期,发达国家,尤其是西欧、日本等国为了经济重建,一度对对外贸易实行管制,严格限制商品的进口,以保护本国市场。这些国家的市场对内自由,对外实行保护。发展中国家为了保护国内的市场和工业发展,也基本对外关闭本国市场。随着经济的恢复和发展,发达国家在各个经济领域处于支配地位,在许多行业和产品上具有绝对优势,其他国家贸易壁垒的存在使他们的优势不能充分发挥,妨碍其向外扩张,为此,发达国家消除分歧,共同推行贸易自由化。同时发展中国家也逐步认识到,顺应贸易自由化趋势,参与制定贸易有关规则,才能维护发展中国家根本利益。总的来说,各国逐步改变了贸易管理方式,放款管制,降低贸易壁垒,对外开放本国市场。目前,不仅商品市场的自由化程度大大提高,而且,服务市场的自由化程度也在逐步上升。

当代社会分工、国际分工日益朝着更广泛、更深刻的方向发展,国际经贸越来越成为一个紧密联系、不可分割的体系。各国经济发展也面临着如何更有效地促进国内经济与国际经贸的协调发展,保持国际收支的基本平衡问题,为了适应国际经贸关系的协调与监管,把各国经济活动联系为一个整体,从而促进共同发展,贸易监管也越来越国际化。贸易监管方式的国际化,例如相关国际条约的规范化、对外关税政策的趋同化等。一些区域性国际经贸监管组织的建立和运转,这些组织对区域内的经济和贸易的发展进程进行监管和协调,有效影响着各国经济的发展。

二、新时期贸易监管的背景

(一) 贸易内容的转变

国际贸易按商品的形式,可分为有形贸易与无形贸易两类。有形贸易表现为货物贸易,无形贸易表现为服务贸易。最初的国际贸易仅仅局限于货物贸易,即有形贸易,因为最初的商品形式都是有形的,贸易的对象要么是第一产业的产品,要么是第二产业的产品,总之是物质生产领域的产品。自 1985 年以来,货物贸易的增长率比世界产出增长率高 1 倍。1930—1938 年,世界出口年均增长率为负数,而世界产出年均增长率为 3%,说明第二次世界大战前世界产出率高于国际贸易增长率。而到 20 世纪 80 年代末期,货物贸易的年均增长率达到 5%,而世界产出年均增长率为 3%左右,世界年均出口增长率远高于世界产出的年均增长速度,世界货物贸易在稳定增长中不断出现增长的高峰,如 1997 年比 1996 年增长 9.5%,2000 年比 1999 年的增长率更是高达 12%[①]。

1994 年关税与贸易总协定乌拉圭回合谈判通过了《服务贸易总协定》,标志着"世界经济服务化"时期的到来,世界经济开始进入了一个新的历史时期——服务经济时期。服务贸易也日益成为影响各国经济发展的重要力量、衡量国家竞争力的一项重要标准。

当今世界经济越来越显示出服务经济的特点,服务成为发达的市场经济中生产劳动的重要形式。随着经济全球化带来的全球产业结构重心从制造业向服务业转移,作为建立在新技术革命和产业升级基础上的新兴贸易形式——服务贸易迅速发展起来,不仅有了第三产业服务业的大发展,而且有了第四产业信息产业,带来了无形贸易的迅速增长,使国际贸易由单一的有形贸易演变为"两驾马车"的有形贸易和无形贸易,使单纯的实物商品贸易演变为复杂的货物贸易加服务贸易,在这两类贸易中,服务贸易的增长速度远高于货物贸易的增长速度。1975 年以来,世界货物贸易增长了 7 倍,而自 1970 年以来,服务贸易增长了近

---

① 黄焕山:《论当代国际贸易的重大变化》,《武汉商业服务学院学报》2006 年第 3 期。

18 倍,自 1970 年以来,服务贸易的年均增长率为两位数,达到 11%,远高于同期世界货物贸易年均增长 5% 的速度[①]。

(二)贸易方式的转型

贸易方式的转型包括两层含义:一是指传统的国际贸易方式的变迁,如以投资带动的进出口加工贸易、易货贸易、期货贸易、包销和代理、寄售、拍卖和展卖、投标和招标、租赁和转让贸易等,这其中有的形式又与商品交换和资本流动融合为一体成为复合型的贸易方式。另一方面则具有更加重要的意义,是以一种全新的商业模式——电子商务形式呈现的交易方式,是指用电子手段来生产、分配、营销、销售或送货[②]。按照 WTO 对电子商务的定义,广义的网络贸易主要包括互联网贸易和 EDI 无纸贸易这两种贸易方式。前者实现从浏览、洽谈、签约、交货到付款等全部业务通过互联网自动化处理完成,如服务业中跨境贸易主要通过互联网的电信服务来完成;后者是利用数字化技术将企业、海关、运输、金融、商检和税务等有关部门有机连接起来,完成贸易单据无纸化传递,大大简化了贸易的中间环节,降低了贸易成本,增加了贸易机会。根据波士顿管理咨询公司的研究,电子商务使商务成本平均降低 12%,电子、运输等行业的成本甚至可以下降 20%[③]。

当前,国际贸易电子商务形式的主体是以跨国公司为主导的“虚拟公司”形式出现的。现代信息通信技术通过单个公司在各自的专业领域拥有的核心技术,把众多公司相互联结为公司群体网络,形成一个“虚拟价值链”,完成一个公司不能承担的市场功能,更加有效地向市场提供商品和服务。跨国公司战略联盟便是这种“虚拟公司”的主要表现形式,通过开放系统的动态网络组织寻找资源和联盟,扩大贸易机会。

这种新的电子商务突破传统贸易的单向物流为主的运作格局,实现了以物流为依据、信息流为核心、商业流为主体的“三位一体”。与传统商务比较,其在

---

① 夏晴:《论货物贸易与服务贸易的协同发展》,《国际贸易问题》2004 年第 8 期。
② The WTO Work Program on Electronic Commerce (WT/L/274, adopted 25 September 1998).
③ 联合国贸发会议:《电子商务与发展报告》,2002。

缩短贸易流程、节省交易成本、提高贸易效率、增加贸易机会以及提高企业的市场应变能力和竞争能力等方面具有传统贸易方式无可比拟的优势。

(三) 贸易要素的全球化

生产要素的国际流动是经济全球化的本质。要素流动是广义的,它包括了货币资本,也包括了技术、人才、经营管理、信息、市场营销网络等,正是其广义性深化了国际经济联系。全球化作为历史机遇的原因在于要素流动,以及基于要素流动的市场开放。要素流动是生产要素的国际结合,不均衡分布要素的国际组合。全球化对发达国家来说是一种历史机遇,因为其充裕的资本、技术和人才要素获得了更大的投资空间,从而更高的要素收益,正因为这样,发达国家成为经济全球化的主要推动者。全球化对发展中国家也是一种历史机遇,因为其可以通过国际直接投资而获得各种生产要素的流入,不仅在短期内增加要素尤其是高级要素的供给,而且因为高级要素的流入而使各种闲置的低级要素得以进入使用:自然资源得以开发,低级劳动力获得就业,闲置的生产要素投入使用。事实上发达国家之间也形成更多的高级要素流动,从而使高级要素的配置更加合理,使用更为广泛,收益更多提高。

跨国公司是生产要素国际流动的主体,跨国公司的发展是生产要素国际组合的表现,而 20 世纪 90 年代是跨国公司大发展的时期。在 1990 年初,全球有 37 000 家跨国公司,17 万家海外分支机构,其中 33 500 家的母公司位于发达国家。到 2004 年底时,全球跨国公司总数上升到了 70 000 家,海外分支机构达到至少 690 000 家,这些分支机构有几乎一半坐落在发展中国家[①]。同时培养大批外向型经济管理人才;另一方面,采取有效的方法大力吸引人才,采取灵活的用人机制并尽可能借鉴国外跨国公司的人才本土化战略,直接利用东道国的优秀人才。

20 世纪 80 年代以来,伴随着跨国公司技术研发国际化的趋势,技术知识要素在国际间的流动越来越频繁,既丰富了国际经济合作的模式,又深化了国际分工[②]。中国在参与知识技术的国际直接流动中,主要是以输入国的身份出现的。

---

① 联合国贸发会议:《2005 世界投资报告》,2005。
② 那军:《跨国公司技术创新要素的国际流动特性》,《国际经济合作》2008 年第 1 期。

知识与技术的输出，还处在刚刚起步的阶段。改革开放后，我国技术引进工作迅速发展，通过建立经济特区、经济技术开发区、高新技术园区等一系列吸引先进技术的集聚区，引进国外先进技术和设备，改造国内落后的技术装备，弥补技术空白。中国先后与美、法、德、英、意、韩、巴西等152个国家和地区建立了双边或多边科技合作关系，有效推进了中国相关领域科研水平和产业化能力的显著提高，体现出中国利用国际科技资源能力的提高，形成了双边、多边、官方、民间等多层次、多渠道、全方位的国际科技合作格局，促进了我国产业竞争力的发展和对外贸易的迅速扩大。

金融是经济的产物，也是现代经济的核心。随着经济全球化的发展，金融全球化也在加速发展。金融的全球化为世界经济提供了更广泛的融资渠道与更多样性的融资方式，使全球化经济的资源配置更加优化，效率更高。因此，金融全球化是要素流动和要素配置全球化的要求，因而也必然随着要素全球流动的扩展而提升，形成更大的流量和更高的水平。与此同时，金融全球化也通过创造大量衍生金融产品而在国际金融中创造了更多的风险。世纪之交，金融全球化发展迅猛。从这个意义上可以说，一国的金融开放是更多获得全球化机遇的条件。一个国家参与以要素流动为本质特征的经济全球化，必然在其高级阶段上参与金融全球化；参与金融全球化为更有效获得要素国际流动的效益创造条件。然而，金融全球化的风险也成为金融开放的最严峻挑战。国际金融市场风险的传递可能在一夜之间卷走巨额国民财富，这决定了金融开放至今仍然是新兴市场经济与发展中国家最艰难的课题。当今世界，国际金融危机的爆发一再向人们提出了警告：金融全球化条件下经济与金融风险也具有全球化的基本特征，对国际金融风险进行监管已是今天参与经济全球化的各国需要共同应对的重大课题。一个稳健的金融开放战略已经成为一个国家成功开放战略的关键。

（四）政府行政审批制度改革

在计划经济体制时期，我国逐步形成了一套适合计划经济的行政审批制度，该制度具有浓厚的行政干预色彩。尽管传统行政审批制度在社会主义经济建设中发挥了一定的经济作用，但是，随着我国社会主义市场经济体制的建立和完善，传统的行政审批制度日益暴露出各种弊端和不足，主要包括：我国的行政审

批几乎无所不包、无所不在,将全部经济活动和一切基本的、普遍的社会活动都纳入了其作用范围。审批俨然成为了政府履行工作职能的基本方式,政府干预太多,导致什么问题都管,却什么都管不好。多头审批、重复审批、层层审批的现象非常普遍,这种长时间、多环节、多部门的审批,直接降低了政府的工作和社会生产的效率。不仅审批的时限、条件、标准和流程不明确,而且缺乏法律和政策依据,所以传统的行政审批制度难以适应经济和社会的发展,基本上失去其存在的合理性,在过去很长一段时间里,公众、甚至拥有行政审批权的部门也无法算清审批项目到底有多少个,有关的审批事项过多过滥、审批环节过于复杂、审批行为缺乏监管等问题对中小企业造成了不小的负担。而且现行外贸体制远不能适应世贸组织的要求,外贸经营资格审批制受到关贸总协定质疑,它与世贸组织原则、国际贸易企业条款等有较大抵触,并在一定程度上成为制约我国社会进步的绊脚石。所以,深化行政审批制度改革,减少行政审批,不仅可以促进政府职能转变,还可以增强市场配置资源的基础性作用,有效地调节市场的竞争机制。并进一步理顺和规范政府与企业、与社会的关系,有利于小微企业得到宽松的发展环境从而进一步发展壮大,有利于民间投资进入实体迈出实质性的步伐,提高实体经济水平。

自从我国加入世界贸易组织以来.我国政府对于行政制度进行了一系列的改革。首先,我国国务院取消了第一批 789 项行政审批项目,下属行政单位也清理了大量审批项目,各级地方政府也大幅度清理了审批项目①。其次,为了提高审批效率,多数地方建立了行政审批服务中心,通过公开的方式确定行政核准、审批、备案等事项,减少审批环节,依法确定行政审批的范围。建立和完善行政审批监督制约机制,形成行政审批责任制,加强对审批部门及其成员的监督,不仅要建立起有效的司法体系,更重要的是要建立起民众与社会的有效监督机制,保证行政审批事项能够被认真履行。最后,制定出台了一系列相关的行政审批配套文件,进一步完善行政许可决定公示制度、行政许可集中办理制度、行政许可听证制度等,这些政策文件可操作性、针对性很强,卓有成效。

---

① 陈和:《入世后我国行政审批制度改革研究》,《学术论坛》2011 年第 10 期。

三、贸易监管体系的构成

(一) 监管目标

贸易监管与贸易便利化息息相关,贸易监管的发展目标包含贸易便利的内容。不论是从 WTO、APEC、WCO 等国际或地区组织所倡导的贸易监管现代化的内涵,还是从世界各国在海关监管现代化的实践经验来看,实现和推动贸易便利化,促进国家之间经贸互利始终是贸易监管现代化的重要内容。

贸易监管的基本目标主要有五个:一是维护自由、公正、公平的交易秩序,保护贸易主体的合法权益;二是实现重要商品供求状况基本平衡,稳定社会经济秩序;三是提高本国经济竞争力,维护国家长远利益;四是营造良好的环境,保障市场机制的良好运作;五是改善国家的贸易环境,减少交易成本和复杂度,实现政府管理效率和效益的最优。同时也是防止贸易监管损害一国的经济安全甚至政治利益。例如各国金融服务贸易,特别是商业存在方面的限制就是认识到金融安全对一国经济的重要性;同样对电信业的监管甚至考虑到其与国防安全紧密相联。

贸易监管不仅仅是简单的服从与被服从,它更强调基于有效管理之上的服务与便利,在目的论上与贸易便利是趋同的。贸易监管是为了保护本国经济安全,避免因境内外货物的交往给本国带来安全问题和威胁。而贸易便利化也绝非简单的、无条件的全面放开,它强调的是贸易安全前提下的便利。尤其在"9·11"事件后,国际社会更加重视将贸易安全因素融入贸易便利化的发展之中。2005 年 6 月,WCO 通过了《全球贸易安全与便利化标准框架》一揽子文件。该文件把贸易安全置于便利之前,强调在保证国际贸易供应链安全的前提下,通过海关与海关、海关与商界之间的合作以及采用数据交换、预先申报、风险评估等方式,达到简化海关手续、便利贸易的目的。贸易管制的目的之二是保护本国经济利益,发展本国经济。毋庸置疑,进行贸易监管实现贸易便利化,有助于促进本国经济发展,提高社会福利水平。通过简化和协调海关手续,能够减少我国企业(尤其是中小企业)的进出口成本,增强企业在国际市场的竞争力,从而扩大对

外贸易。而对外贸易的发展可以扩大我国的自然禀赋基础,促进整体经济增长,提高社会就业水平,改善人民生活条件。

贸易监管和贸易便利不但在上述总体的实现目标上达到了契合,也在具体的实施手段和方式上形成了统一。新形势下如何有效开展贸易监管工作,不仅需要改进管理理念和方法,更需要科学技术的应用以及相关能力建设的投入。为了全面提升贸易监管的执法水平,我国海关在新时期在贸易监管执法实践中引入了风险管理理念,将企业分类管理手段运用到贸易监管领域,并着力加强电子信息化建设和执法队伍培养。而管理理念的转变,管理方法的改进,科技手段的应用以及人力资源的开发也正是国际社会所推崇和实现贸易便利化的有效路径。

(二) 监管主体

贸易监管的主体是政府及其他有关部门,具有政治性和技术性相统一的特征。在市场经济中,贸易监管是建立在相关法律、行政法规的基础之上的,或者说是法律约束和授权之下的监管。在法律的约束下,政府监管部门具有相对的独立性,其内容更具体或细化,还要监督法律的实施情况。

贸易管理涉及外经贸、海关、税务、工商、银行、外汇局等多个部门,各部门对其监管分工不同,外经贸是贸易合同的审批部门,海关是我国进出关境的监督管理机关,依照海关法及相关法律的规定监管进出境运输工具、货物、行李物品、邮递物品和其他物品,征收关税和其他税费,查缉走私,并编制海关统计和办理其他海关业务。税务、工商、银行、外汇局等监管涉及贸易的其他业务。

海关对贸易合同的执行情况进行前、中、后三期的实际监管工作。通过手册、合同对贸易保税货物进行跟踪核销,并实际下厂查验。总之,对贸易产业政策来讲,海关监管在整个贸易管制体系上处于执行层面,海关基本不属于直接的宏观的决策者。但海关的实际监管行为却在相当大的程度上左右着贸易发展状况,甚至反过来会影响到国家的宏观经济和贸易政策。

(三) 监管范围

贸易监管的范围包括:①对市场准入和退出的监管。在国内贸易领域,按照

法律和相关政策的规定对进出市场从事商品交换活动的主体资格、经营范围、组织方式进行监管。如对某些贸易行业新企业的开业必须先申请领取许可证才能进行企业登记；某些贸易行业发生的企业兼并、重组、停业和倒闭要实行严格审查；对外国贸易企业进入本国市场实行股权比例、区域等限制；对贸易企业网点设置地域进行限制等。在对外贸易领域，依据有关协议或国内规定，对某些商品的进口实行配额管理、许可证管理或征收较高的关税等。②对重要商品经营的监管。对有关国际民生的重要商品如粮食、棉花、石油等的供求状况和经营状况实行监管，确保市场供应；基于健康安全、安全等方面的考虑，对某些特殊商品实行特许和专卖制度，并进行严格的监控。③对期货交易市场的监管。期货市场是高度契约化的市场，也是风险程度非常大的市场。只有界限分明的权利、责任和义务，才能维护正常的契约关系，防止违约现象的发生。有关的法律正是用于明确规定和保护经济主体的权利、义务与责任，同时政府有关部门根据有关法律对期货市场的交易活动进行监管，防止和处理投机大户操纵市场、散布假消息、内部交易等行为。④对贸易运行质量的监管。贸易企业信息公开和定期报告，建立贸易信息管理系统和重要商品运行预警系统等，监测贸易运行质量，并根据贸易运行质量采取应对措施，维护市场稳定。⑤对国际收支的监管。通过对净出口贸易和资本流动的监控，实现对国际收支的监管。⑥对价格的监管。规范重要商品价格的制定依据以及调整办法，对商品价格和服务收费实行监督管理，制止价格欺诈、垄断和暴利行为。

（四）监管过程

为了更快地与国际接轨，更好地发展我国的外贸事业，贸易监管程序的改善和贸易便利条件的提供就变得尤为重要。监管包括运用电子手段，执行现行的口岸货物通关流程，建立统一的口岸数据平台，规范、畅通口岸进出货物的信息流、单证流、货物流和资金流，实现"一次申报、一次查验、一次放行"。加快公路、铁路、港口和民航等基础设施建设。公路方面，2008 年中国国道主干线系统已全部建成，贯通和连接的城市总数超过 200 个；铁路方面，已成为世界上完成铁路运输量最大的国家之一，也是运输量增长最快、运输设备利用效率最高的国家；港口方面，从 2006—2010 年的 5 年间，新增港口吞吐能力 80% 以上；航空方

面已拥有遍布世界各洲的航线①。应用电子信息技术,建成跨部门、跨地区和跨行业的统一信息平台,实现海关与发改委、公安部、铁道部、商务部、税务总局、工商总局、质检总局、环保总局、外汇局、贸促局等 11 个部门以及香港工贸署和 13 家商业银行联网。同时在进口管理政策、商品检验检疫制度、人员出入境、外汇管理等方面也采取了一系列改进措施,促进贸易监管实现贸易便利化。

贸易监管程序包括在企业分类、风险管理机制以及多种形式的担保机制基础上,通过进一步明确企业的申报责任,加大海关实际监管力度,加强事后稽查,实现海关与诚信守法企业在加工贸易管理各个环节的相互信任和责任共担。

1. 贸易备案手续

一是会加强同有关部门的贸易产业分类评估,明确并细化鼓励类、限制类、禁止类的产业目录,引入产业准入机制,并在备案环节根据风险大小采取不同措施。二是在五年时间内,分步取消海关对相关贸易合同的备案手续,建立贸易企业的经营范围和生产能力电子底账,在此基础上实现电子账册全面取代纸质登记手册。对于实现联网监管企业,允许料件在进口前、成品在出口前随时电子备案,彻底解决备案手续烦琐、纸质手册周转困难等问题。对于暂时没有实现联网监管的企业,通过多种形式的税收担保机制,逐步实现从纸质手册向电子账册的过渡。同时企业根据生产经营需要,向海关备案电子账册。三是按照行政审批制度改革的精神,对 A 类、B 类别的企业,由海关的备案审核制变为企业申报信任制,规范企业备案申报行为,明确企业的法律责任。企业如实申报,海关抽查核实。对其他企业,继续实行备案审核制度。

2. 确保中期核查的有效性

建立贸易企业经营状况申报制度。企业在经营过程中,出现经济纠纷、被执法或司法部门查封、遭遇火灾、水灾等不可抗力灾害、海关监管货物被盗、企业合并、转制、歇业、停产、破产、生产订单发生变化、保税货物转内销等情况,必须在规定时间向海关报告并办理有关手续②。海关中期核查制度要明确中期核查的

---

① 燕秋梅:《国际贸易便利化发展状况及我国的应对措施》,《商业时代》2010 年第 33 期。

② 张涛:《建立和完善加工贸易后续监管机制有效制防范"两个风险"》,《上海海关学院学报》2009 年第 1 期。

目的、内容、程序、方式等,既保证核查的规范性和实际效果,又保护行政相对人的合法权益。改革中期核查方式,以联网核查为主要手段,自动实现风险分析和预警,提高核查的命中率。建立巡查、抽查、专项核查、盘查多种方式并存的中期核查制度。根据风险分析,视不同情况采取不同核查方式,核查不同的内容,既对企业保证一定核查面,又能集中力量对重点问题进行深入核查。进一步优化整合海关监管资源,建立机动小分队对相关贸易企业进行统一核查。

3. 进行内销补税管理

根据我国加入世贸组织的实际以及综合运用国内外两种资源、两个市场的要求,同有关部门研究调整贸易进口料件以及加工成品原则上必须出口、不得内销的规定。强化贸易内销货物的审价管理,建立贸易内销补税的价格申报和审计制度,遏制企业通过价格瞒骗偷逃税款现象。简化企业内销补税的手续,降低海关繁重的单证作业压力。

4. 简化深加工结转手续,促进加工增值链条的延伸

按照"网上备案、动态监控、分别报关、自动对碰、重点核查"的思路,对深加工结转作业模式进一步优化和完善,简化深加工结转手续,方便守法企业办理结转手续,降低企业通关费用,同时加强对深加工结转货物的实际监管,有效化解海关监管"见单不见货"带来的风险,减轻工作压力,达到海关与企业多赢的目的。

5. 事后稽查

对企业的经营活动以及向海关申报的事项进行事后稽核,是规范加工贸易企业行为、拓展海关监管空间的重要手段。要完善与稽查部门的联系配合机制,有针对性地开展常规稽查和专项稽查,增强事后稽查的有效性,并且注重稽查结果的反馈工作,强化加工贸易保税业务监管的连续性与整体性。要通过事后稽查,督促企业进一步健全内控机制,促进企业守法自律。

(五) 监管责任

1. 法律层面的职责

国家的相关部门出台有关法律,在法律约束和授权之下对贸易进行监管。如国际规范的期货市场法律实施的过程表明,期货市场的监管均在法律约束之

下进行。在法律授权下成立政府期货监管组织,以规范和监督市场交易行为。

同时还要协调现有不同法律规范之间的适用性,既要协调统一国家内部各监管部门之间的法律法规,又要协调国家或区域之间不同的国际条约之间的兼容性。作为 WTO 的成员,各成员国针对 WTO 协定附件中规定的那些进口相关的规则,通常的做法就是在不与 WTO 框架协议精神冲突的前提下,由各国的立法机关通过制定一些对应的法律规范来细化通关程序,进行贸易监管,而不会直接执行这些协议。

2. 行政层面的职责

国家成立有关机构,配备必要的人员与设施。例如,国家设置工商行政管理部门、技术监督部门、公安部门、物价管理部门、食品卫生管理部门、防疫检验部门,等等。同时配备有必要的执法队伍和相应的设施,以履行贸易监管职责。

具体要求是指:精简和统一、标准化通关手续;整合国内相关部门的申报监管;协调贸易活动涉及的相关国的海关活动。通过贸易监管实现便利化所应采取的措施将主要集中于解决申报模式不统一、管理部门不透明、部门设置不合理以及海关部门的歧视性待遇等问题。

3. 经济层面的职责

主要是建立重要商品储备制度、风险基金制度和价格调节制度来稳定重要商品市场供求。另外还要制定和实施有关经济政策,如价格政策、商品政策、进出口政策、海关政策等。

4. 技术层面的职责

为了更好地进行贸易监管,在技术层面上,各国政府要积极推动贸易信息的标准化与基础设施的建设。例如,"单一窗口系统"主要包括以下几种模式:"单一机构"式:在这种模式中,所有国际贸易中与跨境相关的监管活动均由海关来协调并执行;"单一系统"式:国际贸易中与跨境相关的电子数据信息均通过该模式收集、整合、使用并散发;"单一自动系统"式:在此模式下,企业可以通过该系统向不同监管机构一次性提交电子贸易申请,待所有机构完成批复后,再由该系统以电子单据的方式确认并传输给对应企业。上述三种模式尽管具体的操练流程各异,但商品在国际贸易中的全部流程所需的手续和材料的提交、更新操作都在同一个平台上,同时涉及的各个行政机关也在统一平台上进行相关审查操作,

这样不仅加快了处理速度,节省了企业的时间和费用,同时还避免了繁琐的重复性劳动,增强了各个执法环节的透明度。该系统就是为了克服国际贸易流程中繁杂的资料申报传输等问题而设计的,为了达到这一目的,就必须要求该系统的实际运营者(通常是海关)按照统一的标准实现不同监管部门之间共享信息的统一化与标准化。在国际层面上,进行贸易信息标准化的必要性则更加凸显。此外,进行贸易监管实现便利化还需要高精准度的设备、快速可靠的网络和现代化的基础设施等坚实的物质平台的支撑,倘若没有这些物质平台的支撑,贸易便利化根本无法有效地被贯彻落实。

四、贸易监管的核心机制

(一) 贸易监管的组织机制(协作机制)

贸易监管是一个复杂的集合,它的进行受到国内外各种措施的影响。这就要求我国加强与世贸组织、贸易伙伴国以及周边国家的合作,促进双方在海关监管、商品检验检疫、政策和市场信息交流等方面的沟通和协调,从而实现贸易双赢的目标。同时在国际合作中,还需注意学习借鉴外国的先进经验,不断提高我国贸易监管的水平和能力。

由于贸易便利化涉及的领域较广、部门较多,几乎包括了贸易过程的商务、海关、检验检疫、外汇管理、运输、电子数据传输、企业信息等所有环节,所以应建立一个快捷有效的协调机制,各部门合力营造贸易监管的良好环境,进一步推进相关机制的建设,实现加强我国贸易安全和便利化的目标。应在政府层面形成有效的信息沟通和决策协调机制。进行贸易监管需要政府部门、出口企业和行业协会加强联手,不懈努力,共同完善贸易安全和发展的支持体系。

第一,政府要提高维护贸易安全和贸易监管的效率,发挥民族合力为国家和企业在国际上获得竞争优势服务。同时,企业也必须加速培育竞争优势,企业是实现贸易安全的主体,要根据自己的比较优势,抢夺世界产业的高技术和高附加值的生产环节,选择具有国际、国内先进水平的产品进行集中投入、重点开发,转换企业经营机制建立现代企业制度,积极开拓新兴的海外市场。同时,建立政府

和企业的合作机制。政府部门应与企业建立咨询机制，及时了解贸易便利化对企业的影响，以及企业在贸易中需要解决的问题。贸易安全与便利化的实现是一个持续的过程，政府、企业及贸易商在改善贸易环境方面具有共同的利益，因此制定相关贸易便利化政策要注重加强二者的合作，依法管理对外贸易，持续清理和取消行政审批项目，简化审批程序和手续，提高贸易政策与措施的透明度，加大对相关贸易政策的公布、评议及听政范围，听取行业、企业及个人的意见，改善对外贸易环境，提高服务和管理效率。第二，充分发挥各专业商会的协作监管作用，要注重出口产品在国外市场的调研工作，了解并掌握同行对手的生产能力、市场销量和价格水平；要加速建立市场经济的行业价格运行机制，切实做到行业商品价格由市场决定，从而使某些国家在反倾销中对我国实行价格歧视和借口失去依据。第三，要加强对企业的宏观调控和协调监管，严禁出口企业低价竞销，防止一哄而上过量出口，以避免出口企业相互竞争而导致肥水外流。第四，深化口岸管理体制改革。贸易便利化要求海关、商检等与贸易有关的部门简化程序和手续，减少繁文缛节，加快货物通关效率，减少货物通关时间。同时这些部门也要加强对贸易的监管。解决这一矛盾的有效方法是在强化以企业为单元的风险管理系统和执法评估监督系统的同时，加强动态管理和分类指导，确保在对重点领域和重点部位进行有效监管的同时，弱化微观事务管理，合并、精简和取消不必要的收费项目和检查次数。

　　具体来讲，一是充分利用海关数据实施监管。加强与海关的信息联网建设，全面掌握企业进出口和收付汇的真实情况，实现对货物流和资金流的统一监管。二是建立与工商部门的定期信息核对机制。工商部门掌握涉外企业注册登记、年检和营业执照注（吊）销等信息，通过与工商部门定期的信息核对，可以及时掌握企业经营状况的变化，从而加强对企业的监管。三是联合公安部门加大对外汇资金违规流入的检查力度。加强对外汇收支、兑换环节的真实性监管，严厉打击虚假交易、逃汇、套汇等违法犯罪活动以及各类非法外汇交易活动。通过部门联动、信息共享、共同制约、监管到位的协同监管机制，营造安全、稳定的外汇资金流动环境。

（二）贸易监管的审查机制

　　建立贸易监管的信息平台，实现联网监管和联网审查。加强外经贸、海关、

外汇管理、税务、工商等部门的协作,建立贸易监管的信息平台,从而实现贸易监管全过程的电子化,提高监管的效率。对于跨关区通关的实行一次验关放行。全面推行贸易联网监管审查,外经贸部门取消合同审批,转而加强企业经营行为的管理。具体包括:以企业为监管单元、利用风险管理方式、实施分级监管和以对账目的监管代替货物实物监管等。

一是强化备案审批工作。加强对小额备案合同的管理,确保规范申报,严格执行保税料件、边角料内销征税制度,防止企业有意混淆出口成品规格型号的"模糊备案"、提交虚假对口合同等不规范的行为,逃避保证金台账管理和三级审批等情况发生。注重中期核查,改变单个手册审查的方法,通过以企业为单元的专项审查,将贸易企业管理按行业划分,结合核销关员的业务特点分配管理行业,最大限度地提高贸易监管的有效性。二是改进工作方法,加强对贸易审查环节中合同的前期审查工作,在手册备案时,由负责核销的关员参与审批,对备案合同进行复审,手册报核及时率达到100%,使核销关员在第一环节就掌握企业的基本情况。同时,加大中期审查力度,弱化手册核销的风险,减少超期手册。采取一系列的措施加强审批和实地监管。例如,对进口敏感商品实行限量审批制度,从"双人作业"(初审、复审)转变为"三级审批"(经办人、科长、处长)作业机制;制定海关查验、核销量化标准,规定下厂核销比例、跨关区结转货物的核查率和贸易货物进出口查验比例,通过中期核查和下厂核销来加强实际的监管。

(三) 贸易监管的预警机制

建立综合性贸易监管预警机制不仅对于促进我国贸易的有序发展、维护我国外贸企业的合法权益有重要的作用,而且也将有利于我国产品贸易市场多元化格局的形成。监管贸易中的突发和异常情况,维护经济安全。

这一综合性的贸易预警机制有如下特点:①就产品而言,这一预警机制是在全国层面上监管我国出口比重较大的重点产品;②就目标市场而言,这一预警机制所针对的是流入我国主要贸易伙伴的出口产品;③就针对的贸易壁垒而言,这一预警机制所针对的是包括反倾销、反补贴、保障措施、过渡性保障机制、纺织品特保措施在内的各种形式的贸易救济措施。

目前,在国际间贸易摩擦日益严峻的情形下,政府、行业协会以及企业这三

者之间已经成为一个新的利益联合体,因此,应该多方协同作战,才能有效地解决出口贸易摩擦,构建政府、行业协会、企业和预警机构"四位一体"的贸易预警机制①。在所构建的"四位一体"贸易预警机制中,地方上的商业主管部门应该负责指导总体工作,主要包括以下几个方面:第一,编制贸易预警工作的总方案,并在随后进行组织并实施;第二,负责重点敏感产品的建立,对于重点行业也应构建贸易预警机制,在必要的时候,给予一定的资金与技术支持;三是指导专门的贸易预警机构开展工作,而商会或行业协会和贸易预警机构主要负责具体事宜的实施,具体来说,商会和行业协会主要负责预警工作人员的培训,并组织进行预警构建的经验交流工作,另外,还应收集并监测市场、产品、行业与贸易情况。对于贸易预警机构来说,其职责主要有以下几个方面:一是负责管理与控制预警系统的运行进程;二是评估预警信息的风险,从而使预警信息的风险能够被确认,一旦预警信息的程度达到了企业规定的高等级,那么还应该在规定的期限内以专题预警报告的形式报送给主管领导。开展信息的沟通与交流工作,并按照贸易预警指标体系的要求,及时提交企业相关信息及数据,在得到预警信号之后,应积极地调整策略,强化预控,避免发生贸易摩擦现象。

在贸易预警机制中,企业商在出口之前,应该严格按照相关要求和规定,通过贸易预警信息网络平台,在专题数据库中根据预警指标的要求,录入相关数据。然后,行业协会则要帮助贸易预警机构来查阅这些数据,采用定量与定性分析方法,对贸易摩擦发生的概率进行计算,并同确定的信息做出比较,得到最后的预警信息,再告知企业。当企业得到了这些预警信息之后,应及时对出口战略作出相应的调整。另外,行业协会和贸易预警机构还应该把预警信息告知当地的政府和相关职能部门,让他们也能够及时了解实际情况。如果企业陷入了困境,则应该请求当地政府和相关职能部门给予帮助,如果是某个行业面临危机,那么,在收到预警信号之后,当地政府应该依职权牵头,来协调有关职能部门的具体工作,从而让整个行业对出口战略作出及时的调整。

对于出口企业来说,他们是贸易预警的一个主体,应该提高对相关信息的重视程度,积极会同贸易预警机构以及行业协会来处置,开发海关外勤作业综合系

① 朱简:《构建浙江省"四位一体"贸易预警机制跨越国外贸易壁垒》,《改革与战略》2012年第6期。

统,实现前期和后续监管的良性互动。目前部分海关已开发设计出有助于加强加工贸易后续监管的工具和系统,值得推广和借鉴。如广州海关开发应用的"加工贸易企业稽查监控分析工具",通过对加工贸易行业、企业月度进出口趋势进行分析,从而及时发现企业进出口的异常变化,有效强化了对加工贸易企业的后续管理。

(四) 贸易监管的追溯机制

追溯机制是一种信息系统,通过正确识别、如实记录与有效传递产品信息来实现产品的可追溯性。欧盟委员会 2002 年 178 号法令中,"可追溯性"被定义为:产品、饲料、畜产品和饲料原料,在生产、加工、流通的所有阶段具有的跟踪追寻其痕迹的能力。我国《质量管理和质量保证国家标准术语》中将"可追溯"定义为根据记载的标识追溯实体的历史、应用情况和所处场所的能力[①]。一旦发现安全问题,可按照从产品的最终消费至原料购入过程中各个环节所记载的信息查找原因,追溯问题产品的流向,回收未被消费掉的产品,撤销上市许可,切断源头,消除危害,减少损失。

追溯体系产生于食品安全危机之后,消费者对食品安全保证的需求、企业间市场行为以及政府对食品安全的监管。追溯体系在食品国际贸易中的应用,提高了食品的安全竞争力、促进了食品供应链的联系和产业内贸易的发展,在影响食品贸易格局的同时也给发展中国家的食品出口带来巨大挑战。

近年来,我国陆续出台了一些政策法规努力推广出口产品的追溯体系。然而我国的二元体制[②]以及农产品的小农化生产给追溯体系也带来挑战。首先,我国政府应充分意识到追溯体系存在的合理性和长期性,积极借鉴国外成功经验,尤其是发展中国家的成功经验,建立应对海外市场要求的政府协调机制,有

[①]《质量管理与质量安全术语》GB/T6583—1994。

[②] 2003 年颁布了《出境水产品追溯规程》;2004 年 4 月启动了肉类食品追溯制度和系统建设项目,开始对出口水产品和肉类食品实行可追溯性管理;2006 年 11 月 1 日起正式实施《中华人民共和国农产品质量安全法》,对农业生产全过程进行控制和监管,要求建立农产品生产档案,做好农产品生产各环节的记录,规定进入流通的农产品要有包装和标签;2009 年完成了《饲料和食品链的可追溯性体系设计与实施的通用原则和基本要求》以及《饲料和食品链的可追溯性体系设计与实施指南》的设计;《食品可追溯性通用规范》和《食品追溯信息编码与标识规范》两项国家标准也于 2009 年 12 月 22 日通过审定。

效处理食品贸易中的食品追溯问题。同时,也可与其他利益相关方展开合作,最大限度地减少国外追溯标准对中国出口企业的不利影响。其次,建立以行业协会为主体的行业内追溯标准,利用行业协会来协调利益相关企业,提高供应链之间的垂直合作水平。在技术研发方面,可通过市场化机制吸引学校等科研机构提供技术服务,促进追溯体系的行业内的发展。最后,我国出口企业应正确认识产品的可追溯性并科学对待追溯体系的实施。追溯体系已成为贸易发展的新趋势,采用的也是日益更新的先进技术,企业应以开放的姿态来对待国际市场在产品追溯方面的要求,积极开发追溯技术,建立高效的追溯体系,争取在国际贸易中占据主动地位。

目前我国的贸易监管追溯机制处于起步阶段,我们应该充分借鉴发达国家的成功经验,认真分析我国国情,建立健全国家相应机构,对机构的设置、职能的划分、运行机制等进行明确的规定,进行跨系统、跨区域的合作,与企业联手加强相关产品源头控制,建立各产品的监管追溯官方监控体系,实施产品质量安全市场准入机制、质量安全认证机制、产品召回机制,并建立可供监管追溯的产品质量安全数据库。要确保产品贸易安全,关键是建立先进的安全标准体系、检测体系和完善的监管体系。生产企业作为产品质量和安全的第一责任者,要加强相关产品的源头管理工作,特别是食品、农产品等,要特别向相关部门通报备案产品情况,严格执行管理的相关规定,积极配合政府有关部门对生产的监督检查和管理工作。企业要与相关管理部门保持沟通、交流信息,寻求政府主管部门的支持和指导。国家必须加大投入,对企业技术人员开展技术培训和技术指导,提供足够的物资保障,支持和鼓励企业规范管理,形成固定的工作制度,对相关的生产企业进行信誉等级和产品风险评估,按照评估结果和评估结论,实施分类监管。对于管理规范、诚信度高的企业给予优惠的政策,促进企业发展。

第二篇
贸易安全与监管的国际经验

　　过去,由于对外开放领域以制造业为主,关键在于通过充分发挥资源要素禀赋方面的比较优势拓展国际市场,因此我国在经济安全与贸易安全两者之间,较为偏重前者。如今,随着产品内贸易逐渐成为国际贸易主流模式,服务业开始整合制造业,开放范围逐步从制造业向服务业延伸,这对我国贸易安全与监管造成了巨大挑战,贸易安全因而成为各界关注的焦点,同时也暴露出我国在贸易安全与监管实践方面的不足。本篇通过借鉴美国、日本和俄罗斯三国在贸易安全与监管方面的成功经验,将对我国正确把握贸易安全与监管的路径方向提供重要参考。主要包括三个部分:美国贸易安全的发展与特点,日本贸易安全制度的发展及其机制,以及俄罗斯的贸易安全与监管。

第四章
美国贸易安全的发展与特点

贸易作为一种行为,伴随着人类社会的演进而劳动发展。人有大部分的欲望须用自己消费不了的剩余产品,交换自己所需的别人生产的剩余物品来满足。于是,一切人都要依赖交换而生活,或者说,在相当限度内,一切人都成了商人,同时,社会本身亦就成了所谓的商业社会。[①] 在基本的层面,贸易就是这种人性的证明。人性产生的分工带来了贸易。[②] 在晚期重商主义最著名的代表人物托马斯·孟看来,"对外贸易的真正面目和价值就是国王的大量收入,国家的荣誉,商人的高尚职责,我们的技艺的学校,我们的需要的供应,我们的贫民的就业机会,我们的土地的改进,我们的海员的培养,我们的王国的城墙,我们的财富的来源,我们的战争的命脉,我们的敌人所怕的对象。"[③]因此可以说,贸易是国家繁荣的重要手段,是现代社会人的幸福得以实现的主要助力之一。[④]

时至今日,贸易的内涵更加丰富,传统的货物贸易拓展到了服务贸易。它对世界经济的影响力越来越明显。2013 年,WTO 的 160 个成员货物贸易出口额达到 17.8 万亿美元,服务贸易出口也有 4.6 万亿美元。[⑤] 影响力的背后自然就

---

① 【英】亚当·斯密:《国富论》,郭大力等译,译林出版社 2011 年版,第 17 页。
② 【美】詹姆斯·巴克斯:《贸易与自由》,黄鹏等译,上海人民出版社 2013 年版,第 244 页。
③ 【美】托马斯·孟:《英国得自对外贸易的财富》,袁南宇译,商务印书馆 2014 年版,第 103 页。
④ Jason C. T. Chuah, "*Law of International Trade：Cross-Border Commercial Transactions*", 4th ed. Sweet & Maxwell, 2009, p. 1.
⑤ World Trade Organization International Trade Statistics 2014, pp. 8 - 9.

代表着重要性,这一点无论是对于发达国家还是发展中国家而言,均是不言而喻的。另一方面,贸易的发展受到了包括人口变化、投资、技术、能源及其他自然资源、交通成本等许多因素的制约。2001年"9·11"事件的发生则极大地提升了人们对贸易安全问题的关注度。"在经济全球化时代,贸易安全与金融安全、能源安全、市场安全等一起构成了经济安全的重要组成部分。"[①]国际社会越来越重视贸易安全及其如何实施有效监管,为此,本章将以美国为视角,梳理出美国贸易安全的发展阶段及其特点,试图为我国提供一些经验与教训的借鉴。

一、美国贸易安全的发展阶段

(一) 初始萌芽时期

从历史的角度看,对外贸易是一条贯穿于美国建国历程的主线索。当时,作为宗主国的英国通过一系列的《航海条例》(Navigation Act)确立了它与北美殖民地之间的贸易框架。《航海条例》对于英国及其北美殖民地而言具有不同的含义。从英国角度看,它在某种意义上是对殖民地的一种经济特权和保护,而殖民地是宗主国的经济附属体,完全有义务满足母国的经济需求。但在殖民地眼中,《航海条例》是不公平的。它限制了殖民地的经济自由,剥夺了殖民地获取利润的机会。[②] 有人评论道,《航海条例》是重商主义体系的一部分,旨在加强航运业、造船业及制造业,增加商人的收入,使所有英国居民受惠。虽然一些英国人成了获利者,但英属殖民地、外国以及殖民地产品的英国消费者却因此成为受损者。[③] 由于新大陆对欧洲工业品的需求量极大,殖民者面临长期的贸易逆差,尤其是在他们和英国的贸易中。殖民地对英贸易逆差可以通过殖民地对其他海外地区的贸易顺差以及船运业和其他商业服务的收入来支付。[④] 这使北美殖民地

---

① 汪素芹:《中国对外贸易发展中的产业安全问题》,《国际经贸探索》2005年第4期,第9页。

② 王希:《原则与妥协:美国宪法的精神与实践》,北京大学出版社2005年版,第22页。

③ 【美】普莱斯·费希拜克,斯坦利·恩格曼等:《美国经济史新论》,张燕等译,中信出版社2013年版,第41页。

④ 【美】加里·M·沃尔顿,休·罗考夫:《美国经济史(第10版)》,王珏等译,中国人民大学出版社2011年版,第87-88页。

的经济带着严重的依附性,而不得不把自己相当比重的产品运往母国和欧洲,造成殖民地对外贸易与对内贸易的极端不平衡。据统计,1768—1772 年间 13 个殖民地之间的贸易额(715 000 英镑)大约只等于它们对海外贸易额(2 801 000英镑)的 1/4。其中,新英格兰的沿海贸易大约为对外贸易的 64％,而大西洋中部各州、下南部和上南部则分别只有 39％、17％和 8％,南部殖民地显然比北部对母国有更大的依附性。这是因为南部殖民地的主要经济作物烟草,是以英国和欧洲为主要市场的,无法在殖民地内销售。[①]

美国独立后的邦联时期,对外贸易有了一定程度的发展,但仍不乐观。整个18 世纪 80 年代,美国商人寻求新的贸易协定的努力进展甚微。英国仍然不愿对美国开恩;法国和西班牙则取消了战时的各种优惠条件,转而采取严格限制美国海上商业的政策。邦联国会想从各州获得对外贸易权力的努力基本失败,因为各州都想利用贸易为自己求得各种好处。结果,海外贸易日益萎缩,经济困难有增无减。[②] 约瑟夫·斯托里对此愤怒地指出,"在战争期间,敌人强大的海上力量几乎消灭了我们的贸易;在和平到来之后,却使得外国,特别是大不列颠,极大地垄断了我国国内贸易的全部利益。首先,我们的航海没有得到保护,不能参与外国船舶的竞争。其次,我们的补给几乎完全依赖外国进口商或者外国客户。外国产品几乎淹没了我们,而我们自己的产品只能削价处理。做出这样的预料是容易的,这种情形将很快消耗完我们的所有财富;而我们自己的产业范围狭小,这将很快使我们陷于赤贫。我们自己的船舶所运输的对外贸易数量同样令人沮丧;在它们自己的港口受到严重限制。例如英国的船舶,运载着它们的货物自由进入我们的港口,而美国的船舶和出口却承受着巨大的苛捐杂税,或者被禁止进入英国港口。因此,我们是我们自己低能的牺牲品,尽管我们自夸自由和独立,却被贬低到彻底屈服其他国家的贸易管制的地步。"[③]这也直接导致了美国联邦体制的最终确立。随后《1789 年 7 月 4 日关税法案》的出台开创了美国贸易保护主义的先例,为美国贸易政治奠定了保护主义的法律基础。这部关税法

---

① 何顺果:《美利坚文明论——美国文明与历史研究》,北京大学出版社 2008 年版,第 256 页。
② 【美】加里·纳什等编著:《美国人民:创建一个国家和一种社会》上卷,刘德斌主译,北京大学出版社 2008 年版,第 219 - 220 页。
③ 【美】约瑟夫·斯托里:《美国宪法评注》,毛国权译,上海三联书店 2006 年版,第 110 页。

具有双重目的，一是为了财政收入，二是为了保护本国制造业，二者不可偏废。两大目标都是为了排除外国进口商品对美国产业造成威胁和竞争，因而具有贸易歧视性质。[①]

由此看出，贸易安全其实从北美殖民地时期就已经开始萌芽，当时其独立对外贸易的能力受到了英国殖民者的严重限制，即便是独立后，在英法等国的打压下也没有多少改变。因此，这时期美国贸易安全的内涵表现为贸易的自主权，即独立自主、不受歧视地进行对外贸易的权力。为了获得贸易安全，新生的美国进行着不懈的努力。例如，为消除英法战争对美国的不利影响，美国国会于1807年12月通过了《禁止出口法案》，次年1月和3月又分别对其进行补充。该法规定：一切美国船只和在美的外国船只不得起航；美国所有陆路和海路对外出口一律停止使用；某些特别规定的英国货物禁止入口。法令生效后14个月中，所有美国的和来美的外国船只全被封在美国港内，最多仅被允许从事沿海贸易。[②]实践表明该法案的实施对于英法的效果不大。英国人从南美的贸易中得到了补偿，而法国人则借帮助美国实施禁运大肆骚扰和捕获美国船只。与此同时，美国经济却因禁运受到损失。1808年，美国出口贸易从上年的1亿美元降至2 000万美元，进口贸易也从1.3亿美元跌至5 000万美元。[③]新英格兰商人所受打击尤大，仅纽约一地就有20多家商行破产，有1 200多人因负债入狱。1808年时东部各港口约有3万海员失业，与之相关的产业的失业人数达10万以上。甚至农业本身也受到影响，因出口受阻粮食价格下跌，费城的小麦价格从1807年12月的1蒲式耳1.33美元降至1808年的不足1美元，烟草从每100磅6.75美元降至3.25美元。[④]显然，当时英法等国之间的战争已经严重威胁到了美国赖以生存的对外贸易，被逼不得已采取禁运措施。以至于有人认为，推行禁运是杰斐逊最失策的决定。[⑤]但对于美国而言，国力弱小也是不争的事实，它并没有多少

① 张建新：《美国贸易政治》，上海人民出版社2014年版，第25页。
② 张友伦主编：《美国通史》第2卷，人民出版社2002年版，第107-108页。
③ 王希：《原则与妥协：美国宪法的精神与实践》，北京大学出版社2005年版，第127页。
④ 何顺果：《美国历史十五讲》，北京大学出版社2007年版，第77-78页。
⑤ 【美】加里·纳什等编著：《美国人民：创建一个国家和一种社会》上卷，刘德斌主译，北京大学出版社2008年版，第269页。

资本去和英法强国周旋,禁运也许不是一个最好的办法,但绝对不是最坏,相反它充分展示出了美国捍卫自身贸易安全的决心。

(二) 对外拓展时期

19～20 世纪之交是美国历史上全面完成始于南北战争以来巨大转变的时代,是美国自独立以来变化最快、最猛、最烈的时期之一。第二次工业革命全面完成,工业化、城市化和垄断化基本实现。美国的经济、科技、文化高速发展,农业国变成工业国,农业社会向现代城市社会迅速转化;自由资本主义发展为以私人垄断为特征的垄断资本主义的新阶段。美国在世界上由一般的资本主义国家一跃成为国际一流的经济和军事强国。[①] 显然,美国已经彻底摆脱了萌芽时期的状态,具备了完全独立自主的对外贸易的能力,消除对外贸易障碍,拓展对外贸易利益成为了美国贸易安全的新内涵。不过由于国内政治党派之间斗争的因素,这个过程较为复杂曲折。1912 年,民主党人威尔逊当选总统,夺回共和党人长期把持的白宫,并在国会两院同时获得了胜利,控制了两院的关键委员会。威尔逊早在竞选期间,就呼吁:"若想我们的繁荣不被限制,就必须扩展我们的边界,占领世界市场。所以必须推倒阻挡繁荣之溪流的堤坝,这个堤坝就是保护性关税。"[②]威尔逊的努力使得国会同年通过《安德伍德—西蒙斯关税法》,降低了900 多种货物的关税,提高了 36 种,307 种税率未变,总的平均税率下降了11％。新税法提高了美国没有或者不能生产的商品的税率,而所有能够证明美国产品在世界贸易中占有统治地位的商品的进口关税却被削减了。这创下了自内战爆发之前迄今一个漫长时期内的历史新低。[③]

然而,1929 年爆发的经济危机又中断了自由贸易的进程。国会在 1930 年通过了《斯穆特—霍利关税法》,这是美国国际经济政策史上一个重大的反常现象,它发生在美国已经成长为世界头号经济强国、国际经济相互依赖不断加强的国际体系背景之下,在这种有利的国际结构中,美国不仅未能领导世界推进国际

---

① 余志森主编:《美国通史》第 4 卷,人民出版社,2002 年版,第 1 页。

② Arthur S. Link, ed. ,*"The paper of Woodrow Wilson"*, Vol. 56, Princeton University Press, 1966, p. 270.

③ 余志森主编:《美国通史》第 4 卷,人民出版社 2002 年版,第 355 - 356 页。

自由贸易体系的扩展，反而带头实行保护主义，并达到其历史上的最巅峰，从根本上破坏了当时本已经摇摇欲坠的国际贸易体系，也损害了美国自身的利益。美国未能对国际体系提供的机遇进行正确的回应。[①] 毫无疑问，美国此举招致了其他国家的报复。1931年11月，英国实施《非常进口税法》，对于一些特定商品征收歧视性的高关税。1932年2月，英国议会通过了一个新的进口税法案，规定对所有进口商品增收10%的从价税，同时还与其领地、自治殖民地间实行互惠关税，即所谓的帝国特惠制，从而构成对其他国家货物的歧视。两大经济强国率先强化其贸易保护主义政策，其他国家随即跟进。特别是一些尚坚持金本位制的国家更是高筑关税及各种非关税壁垒，如法国修改了新税则，对来自英国的商品加征15%的关税，并规定可以随时提高某种商品的进口税或附加税。加拿大和南非则针对英国商品实施反倾销税。1932年1月德国对来自货币贬值国家的进口商品征收补偿性关税，同年长期奉行自由贸易的荷兰也将进口税率提高了25%。[②] 据统计，仅从1931年9月至1932年7月，就有48个主权国家增加关税，26个国家实行定额入口和公开禁运。[③]

罗斯福总统上任后，意识到以高关税为代表的对外经济政策中的经济民族主义是造成全世界经济萧条旷日持久的原因之一，只有排除这一国际障碍，国际贸易才能恢复，国家的经济才可以从中获益。[④] 他明确指出，"贸易是自由世界生命的血液。我们必须确保输送血液的动脉不再被人为的壁垒所阻塞，这些壁垒均源自愚蠢的经济竞争。"[⑤] 1934年，国会通过《互惠贸易协定法》。美国对外贸易迅速增长，1942年美国出口额恢复到大萧条前的水平，此后呈现出快速增长势头，1950年出口额达到102亿美元，1960年翻番，达204亿美元，1970年提高到426亿美元。[⑥] 它表明美国政府相信美国已经是世界上最大的经济强国，应该在世界上建立一个贸易自由流通的体系。第二次世界大战打乱了美国的计

---

① 李巍：《制度变迁与美国国际经济政策》，上海人民出版社2010年版，第154-155页。

② 孙玉琴：《大萧条时期美国贸易政策与中美贸易》，《美国研究》2012年第1期，第114页。

③ 刘绪贻、李存训：《美国通史》第5卷，人民出版社2002年版，第35-36页。

④ 【美】金德尔伯格：《1929—1933年世界经济萧条》，宋承先等译，上海译文出版社1986年版，第146页。

⑤ Lloyd C. Gardner,"*Economic Aspects of New Deal Diplomacy*",Beacon Press, 1971, p. 287.

⑥ 【美】戴斯勒：《美国贸易政治》，王恩冕等译，中国市场出版社2006年版，第13页。

划,却并未改变这种计划,反而增加了将其在战后付诸实施的迫切性。① 因此,《互惠贸易协定法》不仅彻底开创了自由贸易占据上风的时代,还推动了贸易安全真正过渡到了拓展对外贸易利益的阶段。

二战结束后,美国进入了空前繁荣时期。美国将建立开放自由贸易原则视为维护对外贸易利益的重要途径。当时各国间的关税壁垒高企,汇率竞相贬值,严重阻碍了美国贸易安全利益的实现。为此,美国主导了1944年布雷顿森林会议以及1947年《关贸总协定》,确立了世界经济新体制,大大地推动了国际贸易与投资的发展。在互惠贸易与国际制度的双重保障下,美国贸易安全得到了由美国主导的国际贸易规则的强有力支撑。然而好景不长,面对着自身经济实力的不断下降以及西欧和日本实力的上升,美国开始出现了贸易保护主义的返潮。为此,美国主要采取两种手段来维护贸易安全。一是立法,《1974年贸易法》规定了进口竞争所造成的危害与救济措施。"它意味着美国以十分明确的形势表示了它同平日奉若神明的自由贸易主义的诀别。"②《1988年综合贸易与竞争力法》标志着公平贸易取代自由贸易成为美国贸易政策的基本原则。外国市场要与美国市场具有一致性,使美国商人在外国市场上能够享受外国商人在美国市场上所享有的同等待遇和竞争条件。如果美国的贸易伙伴不对等开放,美国将行使贸易报复和制裁。③ 二是加强出口管制,对威胁美国国家安全的战略性技术和物资禁止出口。作为美国对外政策的重要工具,出口管制常通过说服、奖励或惩罚以影响国际政治和其他国家的外交行动来达到目的。实现其目的的手段一般是阻止其"真正的或潜在的敌人"得到稀缺资源,不让它(它们)获得能够极大提高其军事潜力的美国和西方的物资和技术。④ 从1981年10月到1986年10月期间,美国共拦截了5 000批共值3.35亿美元的高科技出口产品。1985—1986财政年度期间逮捕了60个涉嫌违法出口管制法的人员,其中50人被判罪

---

① 张向晨:《发展中国家与WTO的政治经济关系》,法律出版社2000年版,第61页。

② 郑海东:《"强权之法"与"公平贸易论"——评美国贸易法301条》,《财经研究》1996年第4期,第11-12页。

③ 张建新:《美国贸易政治》,上海人民出版社2014年版,第206页。

④ Senator John Heinz,"*U. S. Strategic Trade: An Export Control System for the 1990s*",West Press, p. 3.

名成立。出口拦截率最高的海关监管点分布在纽约、迈阿密、旧金山、洛杉矶、芝加哥、新奥尔良、巴尔的摩、费城、达拉斯和查尔斯顿。[1]

(三) 战略升级时期

20 世纪 80 年代后期以来,世界经济新格局的形成,区域集团化的加强,美日贸易的严重不平衡,美欧在贸易壁垒上的激烈冲突,美国与许多发展中国家在市场准入、知识产权保护、投资保障、服务贸易上的摩擦与冲突,都对 20 世纪 90 年代美国的对外贸易形成了严峻挑战。随着美国经济实力的相对削弱,美国在很大程度上已失去了对国际贸易体系的调控能力。[2] 为此,早在竞选期间,克林顿总统就提出美国应当致力于恢复在全球的经济领导地位。[3] 1993 年 2 月 26 日,克林顿在美利坚大学发表演讲时表示,"我们不能任由全球经济的这些变化消极地推动朝一个不安全与不稳定的方向发展,现在已经是时候将贸易作为美国安全一个优先考虑的因素(a priority element)。"[4]他声称,"我的经济机会战略的第二部分是,帮助美国人获得最大的全球贸易增长利益。世界经济的全球化已经深深地影响到工作、工人和工资。总的看来,贸易已经给大多数美国人带来了巨大的利益。由于出口我们的飞机、电信设备、食品、电影和汽车,美国人获得了成千上万个好工作。出口企业的平均工资水平大大高于那些只在美国国内经销产品的企业的平均工资水平。"[5]

随后的 1994 年美国国家安全战略报告中则强调,"我国的国内政策和对外政策之间的界线已经逐渐消失……如果我们要保持我们的军事力量,保持我们对外的主动性和对全球的影响,我们必须恢复我们的经济;如果我们要开辟国外市场,为我国人民制造更多就业机会,我们必须积极参与国外事务。我们认为,加强我们的安全,促进我们的经济繁荣和促进民主的目标是相互促进的。国家

---

[1] 【阿塞拜疆】A. A. 阿里耶夫:《海关业务与世界经济发展》,方宁等译,中国海关出版社 2006 年版,第 81 页。

[2] 张健:《九十年代美国贸易政策趋向》,《美国研究》1993 年第 3 期第 33－34 页。

[3] William J. Clinton,"*A New Covenant for American Security*",Georgetown University. December 12. 1991. pp. 3－11. Remarks Prepared for Delivery. Governor Bill Clinton. Foreign Policy Association. New York. April 1, 1992. pp. 5－11.

[4] Bill Clinton,"*Remarks at the American University Centennial Celebration*",February 26,1993.

[5] 【美】比尔·克林顿:《希望与历史之间》,金灿荣等译,海南出版社 1998 年版,第 1－23 页。

安全了,我们可以更好地支持自由贸易和维护民主结构。经济不断发展并有牢固的对外贸易关系则可能使我们的国家更加安全和更好地迈向民主。"[①]1999 年 12 月发布的《新世纪的国家安全战略》中,更是直接将促进美国经济繁荣列为国家安全战略的第二个核心目标,它指出,美国的经济利益与安全利益密不可分,美国本土经济的繁荣依赖于在关键区域石油、天然气等战略物资进出口贸易的稳定。经济繁荣同样需要美国在国际发展、金融与贸易组织中的领导。[②] 至此,贸易安全问题正式被纳入美国国家安全战略中,推行贸易自由公平化,控制贸易摩擦,扩大货物贸易与服务贸易出口,提升美国的经济领导地位是其主要的内涵。

贸易自由公平化与贸易自由化并不完全是同一个概念,前者是对后者的一种修正。克林顿政府一方面意识到自由贸易的旗帜不能在其手中倒下,但也看到了片面强调自由贸易的局限性。换句话说,"克林顿当局贸易政策的本质是互惠主义,其政策重点是打开国外市场,而不是封闭国内市场。"[③]1993 年 1 月 20 日,美国政府宣布对包括日本、西欧和许多发展中国家在内的 19 个国家的进口钢材征收高达 109%的惩罚性关税;2 月中旬强硬要求欧共体停止补贴其航空工业;5 月底和 6 月初在谈判未果情况下,美、欧相继宣布在政府采购中禁止对方企业参与在通信、能源、运输等方面的投标和竞争,从而与欧共体展开了钢材、航空、公共采购三大贸易战役,拉开了克林顿管理贸易的帷幕。克林顿管理贸易政策的中心议题就是用几个所谓的"301 条款"打开别国市场大门,以实现"全球自由贸易体制",同时为本国产业求得保护。[④]

在控制贸易摩擦上,克林顿政府也毫不手软。以美日贸易摩擦为例,双方贸易摩擦的内容由货物贸易转向服务贸易,贸易摩擦的解决手段由国际贸易方式转向经济制度的协调,解决方式由单边贸易转向 WTO 多边贸易,贸易摩擦的影响由两国转向多国以至全球,由宏观经济摩擦转向制度摩擦。[⑤] 克林顿政府还

---

① The White House,"*A National Security Strategy of Engagement and Enlargement* ",July 1994.

② The White House,"*A National Security Strategy for a New Century* ",December 1999.

③ 金灿荣:《国会与美国贸易政策的制定——历史和现实的考察》,《美国研究》2000 年第 2 期,第 26 页。

④ 宋长虹:《克林顿贸易政策的转变与沿袭》,《世界经济》1994 年第 6 期,第 21 页。

⑤ 赵瑾:《日美贸易摩擦的历史演变及其在经济全球化下的特点》,《世界经济》2002 年第 2 期,第 55－56 页。

借鉴其他国家产业发展政策与贸易政策相结合的成功经验,在 1993 年 9 月制定了美国有史以来第一个国家出口战略。它为美国出口贸易描绘出一副宏伟蓝图,目标庞大,企图到 20 世纪 90 年代末期,要将美国产品和劳务出口额从 1992 年的 6 280 亿美元增加到 1 万亿美元,从而创造 600 万个新的就业机会,并主要包括帮助美国公司在全球竞争中获胜、多方面改进贸易金融、消除或减少出口障碍、协助中小企业扩大出口、促进美国环境保护技术产品和劳务的出口,以及调整与贸易有关的政府机构的职能等措施。[①]

借助于乌拉圭回合谈判,解决了几乎全部工农业产品的市场准入问题。银行、通信等服务贸易以及知识产权等问题,第一次被纳入了关贸总协定的贸易管辖范围,特别是分歧最大的产品问题,发达国家将在 6 年内减让农产品关税 36%,发展中国家 10 年内减让 24%;农产品补贴在 6 年内削减 36%,受补贴的农产品出口量将减少 21%。对于美国来说,霸权的相对衰落和国内保护主义的呼声并没有促使其放弃谈判。乌拉圭回合协议也是克林顿政府在一个任期内的杰出成果。即使是在谈判进行得最艰难的农产品问题上,谈判的结果依然符合美国的利益。它不仅仅是一份关于削减对农产品的支持和保护的承诺,它更是一种在全球农产品贸易领域内的新机制。美国则掌握了这一新机制的决定话语权。[②]

(四) 极端安全时期

2001 年发生的“9·11”事件似乎在一时间内消除了冷战后美国在大战略选择上的迷茫。美国面临的首要威胁和国家安全目标变得明朗。[③] 2002 年的国家安全战略报告宣称,为维护美国的全球领导地位,美国将采取必要的单边主义行动,对恐怖主义组织和专制政权展开“先发制人”的打击,以“政权更迭”模式推进

[①] 储玉坤:《克林顿的贸易政策及其出口战略的评述》,《国际经贸探索》1996 年第 1 期,第 7 - 8 页。

[②] Carsten Daugbierg, *"Ideas in Two-Level Games The EU-United States Dispute Over Agriculture in the GATT Uruguay Round"*, Comparative Political Studies, Volume 41 Number 9 September 2008, pp. 1267 - 1268.

[③] Clark Murdock, Kevin Kallmyer, *"Applied Grand Strategy: Making Tough Choices in an Era of Limits and Constraint"*, Orbis, Fall 2011, p. 543.

民主、扩展和平,并积极致力于将民主、发展、自由市场和自由贸易的希望带到世界的每一个角落。[1] 小布什特别强调恐怖主义袭击的严重性,将之视为最重要的,甚至是唯一的威胁。小布什政府对美国在其他方面所面临的威胁和挑战的认识上也基本以反恐为中心,特别关注与反恐有直接或间接关系的内容。[2] 美国也就成为了一个"唯国家安全是从的国家(nation security state)"。[3] 在经贸政策上,小布什政府就是强硬的单边主义、富有同情心的保守主义以及脆弱的多边主义相结合的进攻型新贸易保守主义路线。[4] 因此,美国贸易安全当仁不让地被纳入到反恐的整体战略,树立了依靠所谓美国无限的国家实力,打击恐怖主义及其武器对美国对外贸易的威胁,绝对确保对外贸易利益的极端贸易安全观。它是极端化的国家安全观念在贸易安全问题上的反映。

小布什政府先从机构改革入手,2002 年 11 月 25 日,《2002 年国土安全法》(Homeland Security Act of 2002)生效,正式成立国土安全部。其中,依据该法案第 403(1)节的规定,美国海关署的职能、人员、资产和负债,以及部分原属于财政部部长的职能移交给了国土安全部。2003 年 3 月 1 日,国土安全部将这些职能分别转移到海关与边境保护局(Customs and Border Protection,CBP)以及移民与海关执法局(Immigration and Customs Enforcement,ICE)两个机构中。CBP 过去主要关注的是监督手法与征收关税,目前已经转移到安全上来,其首要任务是防止恐怖分子及其武器进入美国,其次是便利合法贸易与人员的流动。[5] 但是,CBP 也意识到,贸易便利化对于美国也非常重要,不能完全牺牲自由贸易的代价来保障安全,它努力将两者协调一致,先后在全球范围内推出了一系列保障贸易安全的措施。以"海关—商界反恐伙伴计划"(Customs-Trade Partnership Against Terrorism,C-TPAT)为例,由于美国对外贸易体系的复杂性与国际影响力,安全上的显著改善只能当安全意识充分体现在无数构成国际

---

① The White House,"*The National Security Strategy of the United States of American* ",September 2002.

② 王荣:《美国国家安全战略报告》,时事出版社 2014 年版,第 77 页。

③ Christopher Preble,"*The Power Problem*:*How American Military Dominance Makes Us Less Safe*,*Less Prosperous*,*and Less Free*",Cornell University Press,2009. p. 45.

④ 苗迎春:《布什政府的对外贸易政策评析》,《世界经济研究》2005 年第 7 期,第 54 页。

⑤ U. S Customs and Border Protection,"*Performance and Accountability Report*,*Fiscal Year 2013*",p. 3.

交易的私人决定中时才能够实现。没有任何一个组织,公共的或私人的,能够拥有一个保障整条供应链安全的能力。供应链是作为一个系统在运作的,每一个部分仅仅担负着特定的责任。CBP 出面通过与国际供应链的最终所有者,例如进口商、承运人、货运代理商、海关许可报关代理人以及制造商等更加密切的合作,向货物提供最高等级的安全。通过该计划,CBP 要求商界确保他们安全做法的完整性,并与供应链中的商业伙伴沟通与核实安全指南。该安全指南主要围绕以下几个方面展开:企业伙伴要求、程序安全、物理安全、人员安全、教育与培训、物理进入控制、仓单程序、信息安全以及运输安全等。这些最低安全标准的内容非常细致。例如,在物理进入环节,外国制造商应安装雇员识别系统。除雇员外,只有确有工作需要的人才能被允许进入安全区域。公司管理人员或安全人员须恰当控制雇员、来访者和卖主识别标志的发放和回收。发放、回收识别标志以及更换进入手段如钥匙、钥匙卡等相关情况,均须记录在案。[①]

而国土安全部下设的移民和海关执法局(ICE),任务是保护美国和公共安全,保护美国经济、运输和基本设施的安全,消除恐怖主义对美国的潜在威胁。ICE 设有专门的调查办公室及武器和战略技术调查部门,负责调查违反有关规定的出口,防止对恐怖主义组织的非法出口并阻止它们掌握大规模毁灭性的武器及其零部件。ICE 有权发出海关出口执法传票,并要求接受者接受讯问和/或提供有关记录。如果不按照传票的要求采取行动,ICE 的特工机构将与附近的美国司法办公室联系,获得授权并要求被调查单位或个人前来接受讯问。它们与原来的有关机构共同工作,有效地组织了不符合美国对外政策和国家安全利益的出口。

其次,国会也通过了一系列法律,其中有些就直接涉及贸易安全。例如,第110 届国会通过了《2007 年 9·11 委员会建议实施法》(*Implementing Recommendations of the 9/11 Commission Act of 2007*)[②],根据第 1 701 条规定,在外国港口上装载的集装箱,无论是直接运入还是通过某一外国港口运入,除非在该外国港口接受了非侵入式扫描,否则将不允许进入美国卸货。这就意

---

① 宏康:《C-TPAT 最低安全标准》,《中国海关》,2009 年第 3 期,第 41 页。
② Public Law 110‐53.

味着所有输往美国的集装箱均要在外国装运港接受 100% 的扫描,从中试图锁定混入其中的恐怖分子及其武器,从而确保美国贸易供应链的安全。显然,考虑到每年输往美国集装箱的巨大数量,它将会使得全球经济陷入瘫痪,美国经济将面临 5 000 亿美元的损失,每个集装箱也将遭受 5 个小时以上的延误,外国海关当局因此承受了巨大的压力。[1] 因此,不得不说这是一个极端自私的疯狂安全法案。

第三,美国也试图借助于国际组织的力量来保障贸易安全。2005 年 6 月,WCO 通过的《全球贸易安全与便利标准框架》(Framework of Standards to Secure and Facilitate Global Trade),通过一种有力且高效的能力建设项目来进一步支持成员海关当局贯彻实施。[2] 它不具有强制执行力,对成员方没有约束力,但是我们不能因此就否认其作为国际法规范的性质。尽管目前它还没有正式上升到国际法的硬法高度,但是 WCO 大部分成员分别对其若干或全部标准的加入或承诺接受,实际上构成了一种国际法义务,从而就带有国际法规范的性质。[3] 它在前言部分的介绍中明确指出:"全球贸易体制极易受到恐怖分子的利用,从而严重损害全球经济。WCO 有必要通过一个不阻碍反而便利贸易流动的方式来保护全球贸易安全的战略。"在 WCO 看来,贸易安全已经优先于贸易便利,这对于一个一贯以推动贸易便利化为己任的海关国际组织来说不可谓不是一个巨大的战略转变。

(五) 规则驱动时期

新世纪以来,美国国内对自由贸易的支持力度显著下降。20 世纪 90 年代后期以来,贸易开放在推动美国生产率、财富水平和生活水平提高的同时,并没有带来广泛的就业和收入增长。虽然在理论和实证研究中,对于贸易开放是否

---

[1] Trang Nguyen,"Changes to the role of US Customs and Border Protection and the impact of the 100% container scanning law",World Customs Journal,Volume 6,Number 2,p. 115.

[2] WCO Annual Report 2011 - 2012,p. 38.

[3] 何力:《世界海关组织及法律制度研究》,法律出版社 2012 年版,第 221 页。又如,欧盟海关在其战略规划和各种行动方案中,也都对《标准框架》中的内容予以确认。赵世璐:《欧洲一体化进程中海关职能的演变与发展》,陈晖主编《海关法评论》第 2 卷,法律出版社 2011 年版,第 60 页。

导致美国居民收入增长停滞、失业增加和收入差距扩大,还没有充分的证据和共识。但是,这种状况却导致美国公众对贸易开放的态度发生了显著变化。华尔街杂志在 1999 年、2007 年和 2010 年调查了美国人对于贸易开放的态度。1999年,39%的被调查者认为贸易开放是有益的,30%的被调查者认为是有害的;2007 年,26%的被调查者认为是有益的,48%的被调查者认为是有害的;2010年,17%的被调查者认为是有益的,53%的被调查者认为是有害的。[①] 但是,贸易对于美国的重要性也不容忽视。它从贸易中所获得的潜在经济收益远未枯竭。差不多四分之三的世界购买力与 95%的世界消费者身处美国境外。彼得森研究所(Peterson Institute)分析认为,一旦消除了全球贸易障碍,美国就可以在已经享受 50%收益的基础上拿到剩下的 50%。贸易仍然是美国增长的引擎。[②]

奥巴马政府就职后,宣布将只把恐怖主义视作 21 世纪的诸多挑战之一,不再片面地从狭窄的反恐棱镜中看待世界,美国将通过 3D(外交、发展和防务)三管齐下反对恐怖主义。[③] 2010 年 3 月,奥巴马政府推出"出口倍增"计划,提出五年内将出口提高一倍,并创造 200 万个就业机会。其中,在交通和通信成本不断降低的背景下,影响服务业出口扩张的因素主要是国际贸易环境和体制,而不是国际经济学经典理论中所说的运输成本。[④] 于是,面对美国实力相对下降的事实以及拯救金融危机后的实体经济的需求,通过牵头制定新的国际贸易规则来驱动优势产品出口,推动美国制造业复兴,调整出口管制政策,成为当前美国贸易安全的主要内容。实际上,利用国际贸易规则来维护贸易安全早从关贸总协定就已经开始。不过,当时对外贸易对美国经济的总体影响有限,美国仍然有大量的贸易顺差,两党都未将贸易问题作为一个重要的政治议题。因此,美国当时并不十分重视关贸总协定,并未将其作为美国国际战略的重要手段。[⑤] 这一次

---

① Council on Foreign Relations,"*US Trade and Investment Policy*",Independent Task Force Report 2011 No. 67.

② http://www.ustr.gov/trade-topics/economy-trade.

③ The White House,"*A New Approach to Safeguarding Americans*",August 6,2009.

④ 于春海:《失衡、危机与再平衡——对美国贸易赤字的再思考》,中国青年出版社 2014 年版,第 205 页。

⑤ 屠新泉:《党派政治与美国贸易政策的变迁》,《美国研究》2007 年第 4 期,第 74 页。

不同的是,奥巴马将国际贸易新规则视为贸易问题的驱动力。2009 年 11 月 14 日,奥巴马总统在亚洲之行中,正式宣布发起"跨太平洋伙伴关系协议"(Trans-Pacific Partnership Agreement,TPP),旨在打造一个高标准、体现创新思想、涵盖多领域和范围的亚太地区一体化合作协定,为世界提供新世纪贸易协定的模板。

关于制造业复兴,如果能够意识到货物贸易占全球贸易总额的比重达到了 75%这一事实,就不难理解为什么美国无法通过服务贸易出口增长来抵消货物贸易出口下滑所带来的贸易逆差。从 20 世纪 80 年代后期开始,货物贸易和服务贸易在国际贸易中的比重保持相对稳定。那种认为服务贸易出口额飙升能够拯救美国经济的说法难以让人信服。[①] 通过制成品贸易增加就业和促进经济增长是美国对外贸易的根本宗旨,也是美国政府支持制造业复兴的重要举措。提高制造业出口水平或许不能彻底扭转美国的贸易逆差,但肯定是重拾贸易均衡最有效的途径,至少可以大幅改变目前的巨额贸易逆差。[②] 面对制造业下滑和出口下降,美国也采取了多种措施给予保护,但是并没有停留于此。一方面扬长避短,发挥在国际上领先的创新禀赋优势和处于世界制造业价值链高端的优势,努力发展先进制造业,阻止制造业技术创新能力相对下降;另一方面制定有利于先进制造业发展和出口的新国际贸易规则。这种基于先进制造业的新贸易规则,将为美国制成品出口创造新的国际竞争优势,拉动制造业快速增长;同时也为美国制成品进口设置了门槛,如美国政府和消费者会要求进口产品符合国内节能环保、降低碳排放等标准,对高能耗制成品出口国是一个严峻的挑战。由此看出,美国已经构建了一个与先进制造业发展相协调的新国际贸易规则,这是美国经济未来发展的两大战略,将可以继续主导未来国际经济的走向。[③]

对于出口管制政策的调整,实际上,从克林顿政府到小布什政府,从行政部门到国会,都曾希望大力推进美国出口管制体系改革,但都由于既得利益的阻力

[①] 【美】加里·皮萨诺,威利·史:《制造繁荣:美国为什么需要制造业复兴》,机械工业信息研究院战略与规划研究所译,机械工业出版社 2014 年版,第 15－16 页。

[②] 【美】瓦科拉夫·斯米尔:《国家繁荣为什么离不开制造业》,李凤海等译,机械工业出版社 2014 年版,第 19 页。

[③] 张建华:《美国复兴制造业对中国贸易的影响》,上海人民出版社 2014 年版,第 71－72 页。

和部门之间的不同意见难以克服，无法达成共识，而且，克林顿和小布什两位总统并没有将出口管制体系改革放在极为优先的地位，因此，美国出口管制体系的基本架构自冷战以后一直没有发生根本性变化。从美国出口管制体系发生的变化来看，奥巴马政府与前几届政府不同，在出口管制体系改革方面花了很大工夫，确实将出口管制体系改革放在了非常优先的地位。出于国家安全的缘由，特别是应对中国崛起而必须进行出口管制体系改革就成为行政机构内部、国会内部、行政机构和国会之间的共识，从而使这次改革得以克服以前存在的诸多困难和阻力。[1]

二、美国贸易安全发展的特点

（一）它在总体上呈现出了一条从微观到宏观的发展脉络

美国贸易安全初期主要聚焦在如何独立自主地与他国开展对外贸易的微观层面上。1785 年，当美国大使约翰·亚当斯试图与英国缔结一个商业条约时，英国以美国所属各州不受此条约约束为由予以拒绝。[2] 他失望地向国会报告说，英国根本不愿再次把港口向美国商船开放。暴怒的英国人告诉他，美国人一直梦想得到独立，那么他们也必须承担独立带来的各种后果。[3] 亚当斯又写信回母州马萨诸塞道："美国货物在这儿根本销不出去。这里的人都想努力把美国忘掉，他们一致决心不去阅读任何可以让他们想起美国的东西，他们一想起美国就痛苦不堪。"亚当斯的妻子也写道："这些乖戾的约翰牛，一点也没改变，他们只会乱踢着呻吟，红眼坏心地看着自己失去的那块沃野。尽管人家已经提出优厚条件让它进来，它却依旧会怒交加，虽然心里头好像进来大快朵颐，却矜持着不肯咬下半口。"就连在法国的杰斐逊，他虽然没有像亚当斯夫妇那般不肯妥协，却

---

[1] 罗振兴：《美国出口管制体系改革的最新进展及变化》，浦东美国经济研究中心，武汉大学美国加拿大经济研究所编：《世界经济新格局下的中美经贸关系》，上海社会科学院出版社 2014 年版，第 116 - 117 页。

[2] 美国国务院国际信息局：《美国政府概况》，辽宁教育出版社 2003 年版，第 25 页。

[3] 【美】加里·纳什等编著：《美国人民：创建一个国家和一种社会》上卷，刘德斌主译，北京大学出版社 2008 年版，第 219 页。

也从巴黎来信大骂"海峡对岸(英国)那些又阔又傲、欺善怕恶、不停叫嚣的食肉畜生"。[①] 等到美国赢得了对外贸易自主权后,便将注意力转移到了拓展对外贸易利益上,共和党与民主党之间围绕众多的关税法案展开了长达一个多世纪的拉锯战,以至于有人说,"美国的贸易问题就是关税问题,其贸易政策就是关税政策。"[②]甚至于有时候某个法案还被赋予了经济目的之外的政治意义。例如,1962 年《贸易扩大法》的最大目的,在于为同一年开始的关贸总协定的肯尼迪回合制定一个框架,而美国发起肯尼迪回合的主要目的,则是为了阻止欧洲的统一。[③]

1971 年,由于严重的国际货币投机,高估的美元价位难以为继,于是美国在同年 8 月采取措施使得美国脱离与黄金的关系,大幅贬值,瓦解了布雷顿森林体系。不过,美元贬值并没有从根本上改变美国贸易地位下降的大趋势,因为这是由美国整体经济地位相对下降的大格局所决定的。冷战后许多国家都以国际化和市场化为目标进行改革。而全球化的进一步发展和世界市场的扩大既带来了机会,又意味着更激烈的市场竞争。全球化的深入发展还表明,国际市场对于任何国家都变得越来越重要。事实上,从 20 世纪 80 年代到现在,美国经济的对外依存度一直在提高,出口也已成为美国经济增长的重要动力。这一切变化都促使美国人更加重视国际贸易。与此同时,苏联威胁的消失,使美国倾向于不再向盟国提供"搭便车"机会和单方向开放市场,相反,却要在经济利益基础之上与盟国展开竞争。[④] 总之,美国霸权衰落,日本和欧洲崛起等一系列事态导致霸权国不愿也无力继续提供诸如自由贸易之类的国际公共产品。[⑤] 在这种环境下,如果还停留在微观层面来讨论贸易安全问题就显得过于狭隘,无法形成切实可行的措施予以推动。为此,克林顿政府将贸易安全问题纳入到国家安全战略层面的举措开启了贸易安全发展的战略新时代。贸易安全不再仅仅是一个个具体贸

---

① 【美】凯瑟琳·德林克·鲍恩:《民主的奇迹:美国宪法制定的 127 天》,郑明萱译,新星出版社 2013 年版,第 138 页。

② 金灿荣:《国会与美国贸易政策的制定——历史和现实的考察》,《美国研究》2000 年第 2 期,第 15 页。

③ 郑海东:《"强权之法"与"公平贸易论"——评美国贸易法 301 条》,《财经研究》1996 年第 4 期,第 10 页。

④ 金灿荣:《国会与美国贸易政策的制定——历史和现实的考察》,《美国研究》2000 年第 2 期,第 28 页。

⑤ 张建新:《美国的战略性贸易政策》,《美国研究》2003 年第 1 期,第 68 页。

易利益的叠加,而是成为国家战略的重要组成部分,从被国家战略所指引演变成为指导贸易其他事项的指引。

(二) 贸易安全逐步从个体化演变为区域化

所谓贸易安全的个体化是指美国初期主要是站在单个国家的维度上去考虑问题,所采取的措施也主要围绕本国立场来设计。随着时间的推移,美国开始学会打破贸易安全的个体维度,试图通过带有明显区域性特征的群体安全来推动贸易安全。两者的区别在于前者是通过美国作为支点来提升贸易安全,效果非常直接,所花费的代价相对较低,后者则是将美国融入到某个区域之中,并将自身的贸易安全诉求融入到区域标准之中,从而借助区域的力量来变相地提升本国的贸易安全,其效果相对缓慢,所需的成本也较大,但整体影响较为长远,更容易为经济全球化时代下的国际社会所接受。

笔者认为,造成这种转变的原因主要有两个方面:一是美国二战后贸易政策从单边主义向多边主义的转型。美国在很长一段时间内仍对区域贸易协定持怀疑态度,认为它是对全球多边贸易体系和自由贸易制度的一种背离,会损害美国利益。[1] 里根政府上台后,美国对世界贸易体系的控制效率大为降低,在国际贸易上的领导地位受到挑战。不少国家更多地将热情倾注到区域内部整合,由于经济地位的相对下降,美国已经无力逼迫其他国家坐到谈判桌前,美国不得不开始考虑次佳选择,开始实施双轨制,一方面开始敦促 GATT 成员国接受多边贸易谈判,另一方面追求双边自由贸易协定。在 20 世纪 80 年代,里根在大选中表示:"《北美自由贸易协定》是维护美国未来安全的关键。"[2]现在甚至认为,贸易不仅仅是商品和服务的简单交易,还是影响权力平衡的一种手段。在 21 世纪,自由贸易协定就像早期的军事条约一样成为美国巩固对外伙伴关系的重要工具。[3]

第二个因素便是美国国内产业分工的变迁。美国已经形成了以高附加值工

---

① 宋国友:《试析美国的区域贸易协定政策》,《现代国际关系》2003 年第 12 期,第 49 页。

② 张建新:《美国贸易政治》,上海人民出版社 2014 年版,第 172 页。

③ Richard E. Feinberg,"*The Political Economy of United States Free Trade Agreements*",The World Economy,July 2003,p. 1020.

业、高技术农业和服务业为主体的新产业结构。1980 年,美国农业、工业、服务业所占 GDP 的比重为 2.8％、30.2％和 65.2％;2012 年,三大产业的占比变为 1.2％、19.1％和 79.7％,服务业的比重大幅提升。从图 4-1 中可以看出,20 多年以来,美国货物贸易进出口逆差基本上呈现出扩大的趋势,除了 2008 年后几年有小幅回调外,服务贸易进出口顺差基本上处于不断上升的态势,美国贸易逆差也因为服务贸易的强劲增长以及货物贸易的回暖而有所起色。

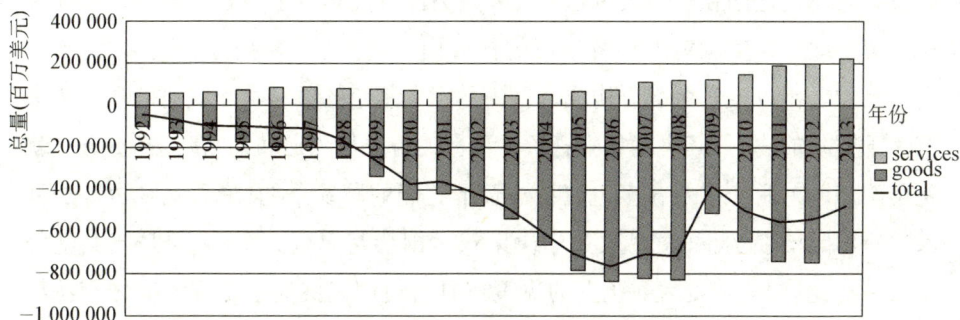

图 4-1　美国对外贸易顺差逆差趋势图

资料来源:根据美国经济分析局 www. bea. gov 数据整理。

与产业结构调整相伴的是美国长期的巨额贸易赤字,美国认为主要是新兴国家为增强其制造业的出口竞争力,不遵守环境和劳工方面的国际公约,刻意压低了生产成本所致,对于美国占据优势的服务业等行业,相关国际规则的自由化水平和完善程度都比较低,某种程度上阻碍了这些产业的出口。因此,美国着力提升服务业的可贸易性,扩大服务贸易出口,这就必须涉及制定严格的知识产权标准,维护美国的技术优势。所以,我们也就不难理解为何美国政府越来越热衷于在 TPP 等谈判中强调对版权、商标、专利、交易机密及其他知识产权的投入。

(三) 政治因素与利益集团对贸易安全发展的影响不容忽视

就贸易本身而言,政治的力量可以超过技术进步的作用。世界在 1840—1914 年间变小了,但是随后在 20 世纪的大部分时间里又变大了。经济全球化使得相距遥远的国家间发生密切的经济联系,不是什么新生事物。其实,早已发生过两次巨大的经济全球化浪潮。其中的第一浪潮是借助于铁路、汽船及电报

等形成的。在1919年,伟大的经济学家凯恩斯对这次全球化的结果做了以下描述:"人类经济发展过程中多彩绚丽的一幕在1914年的8月结束了——伦敦的市民可以通过电话在全球范围内订购他所需要的任何数量的各式产品,并且希望产品在合理的时间内较早地送到手中。"凯恩斯在其描述中认为那个年代在1914年结束。然而,随后的两次世界大战、20世纪30年代的大萧条及全世界范围内的贸易保护主义都严重制约了国际贸易的发展。[①] 在贸易安全问题上,美国国会与总统之间在贸易政策上的反复角力深刻地影响了前者的发展。

贸易政策是美国对外经济政策的核心内容之一。[②] 在具体实践中,美国贸易政策主要由以下几个部分构成。首先是国会制定的贸易法和其他宏观立法中有关于贸易的内容;其次就是主管贸易事务的行政机构颁布的行政法规;再次就是美国与国外政府以及在多边贸易框架下签署的贸易条约;最后就是贸易法庭裁决所确定的惯例。[③] 贸易政策的决策权是国会与总统共享的,但是与其他外交决策相比,国会在贸易问题上的决策权具有更明确的宪法依据。美国宪法第1条第8款明确规定,国会有权"管制同外国的、各州之间的和同印第安部落的商业"。相比之下,总统的贸易决策权不如国会那么清楚,其规定主要包括:宪法第2条第1款规定总统拥有行政的权力,贸易政策要由总统来执行;第2条第2款规定总统有与外国缔结条约的权力,与外国签订商务条约或贸易协定当然属于这一范畴。在美国建国200余年的时间里,贸易政策制定权在各个主体间呈现出"钟摆现象",即国会以及总统交替主导贸易决策权。从1789—1930年的《斯穆特—霍利关税法》,美国国会主导对外经济政策达142年之久。[④] 1934年,《互惠贸易协定法》的出台标志着这一长达百年习惯的改变,总统开始主导贸易政策决策,并基本沿用至今。行政机构的相对封闭性允许总统比国会议员们更容易摆脱贸易保护主义者的巨大压力,从而推行符合国家整体利益的自由贸易政策,进而带动自由贸易在全球范围内的扩展,最终对外拓展了美国的贸易利

---

① 保罗·R·克鲁格曼,茅瑞斯·奥伯斯法尔德:《国际经济学:理论与政策(第八版)》,中国人民大学出版社2014年版,第18-19页。
② 余万里:《美国贸易决策机制与中美关系》,时事出版社2013年版,第12页。
③ 何思因:《美国贸易政治》,时英出版社1994年版,第7页。
④ 张建新:《权力与经济增长:美国贸易政策背后的政治经济学》,上海人民出版社2006年版,第42页。

益,提升了贸易安全的程度。

　　影响国际经济政策的制定和实施是美国利益集团的重要目标,它们为达到目标而依靠的政策工具有游说、舆论宣传、资金支持、人员角色转换、示威抗议等。① 形形色色的利益集团中以军工复合体为代表的商业集团所发挥的影响不容忽视。由此形成的军工"铁三角"的运作是利益集团影响美国国家安全战略决策的典型例证。美国学者认为,军工"铁三角"的三个组成部分是:国防工业实体(包括公司、实验室、研究机构、工会、商会等)、以国防部为代表的联邦政策部门(包括国家航空航天局以及与核武器相关的能源部等)、参众两院军事委员会和拨款委员会中以国防事务分委会为主的国会部门(包括与国防工业相关地区产生的议员)。② 1994 年克林顿在任期间,白宫起草《国际安全战略报告》时准备将"经济安全"列为新报告的重要内容,这引发了美国国防部和国务院就冷战结束后美国国家安全利益中心何在的激烈辩论。时任美国国务卿克里斯托弗认为,冷战后时代,经济问题必须成为美国内外政策的中心。而五角大楼官员则争辩,国务院将经济的"软实力"纳入国家安全层面的考虑"幼稚而天真",国家安全应该"集中在传统的军事安全领域,不应过分扩展"。③

　　因此,贸易安全因素受到美国国会、行政各部门和各种利益集团的牵制,其可行性大打折扣。这就可能使贸易安全措施成为一种短视行为,难以构成有效的长期战略。这同美国战略决策的模式是分不开的。"当一个目标国同美国的经济利益相互依存越紧密,美国内部各利益集团对该目标国的战略分歧就越深刻,认可和执行战略目标的可能性就越不具备。"④

(四) 贸易安全的人本化现象开始崭露头角

　　人本主义并不是一个全新的概念,起源于 14 世纪下半期的意大利并传播到

---

① 潘锐等:《美国国际经济政策研究》,上海人民出版社 2013 年版,第 76 - 77 页。

② Gordon Adams,"*The Politics of Defense Contracting*：*The Iron Triangle*",Transaction Books,1982,p. 24.

③ [美]约翰·兰开斯特:"国家安全战略草案引起五角大楼和国务院之间的辩论",《华盛顿邮报》,1994 年 3 月 3 日,转引自王荣:《美国国家安全战略报告》,时事出版社 2014 年版,第 155 页。

④ 黄仁伟:《美国全球战略的经济因素及对我国经济安全的影响》,《世界经济研究》2004 年第 2 期,第 7 页。

欧洲其他国家的哲学和文学运动。它承认人的价值和尊严,把人看作万物的尺度,重视人的处境与感受,处理对于人类的生存与发展具有意义的问题,反对那些贬低人性、忽视人的存在与价值的观念、制度和实践。在社会生活中,人本主义意味着,人的存在状态、人的感受与愿望是人类社会的一切思想、行动、制度体系的原因、起点、目标和评价标准。当前人本主义在国际贸易领域已经具备了国际法治的基础。在经济全球化与区域经济一体化并存的当今国际贸易活动背景下,建立起多边国际贸易体制与区域国际贸易体制的国际法律规范也越来越重视人的权利与利益,纷纷在其法律文本中一方面制定了对成员国施加义务的规范,旨在要求成员国切实履行自己的义务,减少对从事贸易活动的私人施加的各种贸易限制,实现贸易自由化;另一方面,也赋予了成员国为了维护公共利益而对私人的自由贸易活动施加必要限制的权力,从而实现公共利益与私人财产利益相协调的有序局面。这是国际贸易法治逐渐形成的征兆,也是国际贸易法治顺利发展的基础。[1]

在美国看来,国际贸易要反映美国的基本价值观,即有利于提高美国中产阶级和蓝领工人的福利,如劳工问题、环境问题以及消费者的安全问题,这是关乎公平正义的极为重要的因素。奥巴马认为美国过去签订的自由贸易协定仅仅有利于跨国公司,虽然在知识产权保护上取得了进展,但是几乎完全没有考虑制定任何保护劳工、环境和消费者利益的有效措施。[2] 因此,我们不仅可以在众多的美国双边自由贸易协定中看到人本主义的规定,还可以从 TPP\TTIP 的草案中察觉出它的痕迹。

今后 15~20 年,个人会对解决全球性问题做出更大贡献。此外,我们还应看到,个人也可能成为一些新的不稳定威胁的罪魁祸首。当前世界形势剧变,网络、生物等技术日新月异,无孔不入,会让个人或小团体轻易攫取到原本由主权国家垄断的技术,破坏性强,危害极大,尤其是精确打击能力、网络工具、生物恐

---

① 何志鹏、崔悦:《人本主义:国际贸易法治的价值导向》,高鸿钧主编:《清华法治论衡:全球化时代的中国与 WTO(上)》,清华大学出版社 2014 年版,第 38 页。
② 张建新:《美国贸易政治》,上海人民出版社 2014 年版,第 240 页。

怖武器等,能使个人拥有更大的破坏力,而这一权力原本由主权国家独享。[①] 从这个意义上说,个人对贸易安全所造成的威胁将会越来越突出,主权国家的威胁将退而下位。进一步而言,个人将日益成为贸易安全的中心角色,由此引发出贸易安全领域内的人本化现象。例如,2014 年 12 月 24 日,《武器贸易条约》正式生效。它是第一部对世界范围内武器转让进行规制的国际性法律文件。它制定了用于监管武器国际贸易的国际共同标准,涵盖七大类常规武器及其弹药和零部件,建立了针对相关武器和物项的转让行为的禁止标准和出口审查制度,同时针对进出口、转口和中介活动制定了相应的规则并对缔约国提出建议。它从原则和实体内容上都充分体现了国际人道法和国际人权法的基本原则。[②] 虽然世界上最大的武器生产国与出口国的美国签署了该条约,尚未批准,但无不昭示出人文主义在美国贸易安全领域内的地位。

[①] 美国国家情报委员会编:《全球趋势 2030——变换的世界》,中国现代国际关系研究院美国研究所译,时事出版社 2013 年版,第 31 页。

[②] 张天舒:《从国际法角度评〈武器贸易条约〉》,《中国国际法年刊 2013》,法律出版社 2014 年版,第 496 - 515 页。

第五章
日本贸易安全制度的发展及其机制

贸易立国是日本战后经济崛起的法宝。日本是一个资源极度贫乏,地震、火山、台风肆虐的多灾地,山区占大部分,而人口非常密集。按照常规,这样的国家似乎注定是贫穷落后的,世界上也有数不清的类似例子。但日本却异军突起,在20世纪50~70年代实现了经济高速腾飞,迅速跨入发达国家行列,成为世界第二经济大国,人均收入曾经长期居于世界首位。所有这一切成就的取得,日本的贸易功不可没。那么,日本的贸易是怎么能做到安全进行的呢? 日本在贸易安全上构建了什么样的机制呢? 这个机制是如何运行的呢? 它有什么值得我们借鉴的? 这就是本章要探讨的。

一、日本贸易安全的由来

日本是一个资源贫乏的国家,加之自然灾害频繁,国家的生存基础比较薄弱。自从19世纪50年代国门被西方列强打开后,日本开始了对外贸易。[1] 1868年明治维新后,日本国家的发展面临巨大的生存竞争压力。作为应对,日本由此走向对外扩张的军国主义道路,相继发动或参与了甲午战争、日俄战争、第一次世界大战出兵中国山东、第一次世界大战后出兵苏联西伯利亚,发动侵华战争,大大扩张了其贸易圈,并用武力维护着其贸易安全。直到第二次世界大战战败

---

① 【日】石井孝:《日本開国史》,【日】吉川弘文館 2010 年 4 月,第 261 - 265 页。

投降，日本才与这条对外扩张的军国主义道路分道扬镳。

第二次世界大战前的日本贸易一直都处在困局之中。与西方列强相比，日本的近代工业基础很薄弱。开始于纺织业的日本产品好不容易有了出口，却碰上了保护主义的世界潮流，难以进入英美主导的世界市场。于是日本的轻纺产品只能面向中国市场，这又和中国正在发展的民族工业发生激烈冲突。为了确保原料的供应和市场的获得，日本逐步展开了对中国的侵略，最后终于发展到战争，直至被打败。这对于日本而言是极其惨痛的历史教训，成为第二次世界大战后日本贸易安全机制形成的原点。

日本战败后一直到1952年处于美国的军事占领下。由于日本有发动侵略战争前科，美国一开始对日本的经济贸易实行严格的限制，使得日本一度处于战后废墟中难以恢复。人民生活极度贫困，对外贸易也几乎陷于停顿之中，只有依靠美国的救济。但随着1949年中华人民共和国成立，以及1950年朝鲜战争爆发，美国意识到其主要对手已经不是日本，而是苏联和中国等组成的社会主义阵营。而在东西方两大阵营的对抗中，日本处于西方阵营的远东最前线。于是，美国解除了冲绳之外的整个日本的军事占领，恢复了日本主权国家的地位，独立发展经济和贸易，允许日本加入到国际贸易体制。这样，日本复归国际社会，成为美国主导下的资本主义国家的一员，参与到西方市场经济国际体系里。

这样一个历史背景决定了战后日本的贸易安全从一开始就和美国是捆绑在一起的。20世纪50年代，日本作为一个工业基础比较薄弱的国家，能够生产的主要是一些轻工业产品。这些产品当时质量并不太高，而且很多都是假冒品牌，但价格便宜。日本需要从海外进口资源，经济发展也需要海外的中高端工业制成品，如果日本产品没有海外市场，日本的贸易就不能成立。是美国帮助日本解决了这个难题，慷慨地向日本开放了美国这个当时世界最大的国内市场，使得日本企业可以从美国市场赚得美元外汇，维持日本的基本贸易平衡。战后日本贸易这样的起点构建了日本贸易安全的第一个支点，那就是追随美国，在美国的全球安全战略保护下维持日本的海外贸易安全。因此，日本毫不犹豫地参与了西方市场经济贸易体制，其中还要对社会主义阵营实行贸易隔离或禁运。日本没有海外军事力量，就依靠美国的军事力量保证海外贸易安全。在这里，贸易安全就意味着如何确保日本能够通过贸易获得海外资源和商品，以及如何确保日本

的贸易物品的安全通道。

与美国的意识形态捆绑在一起,就必须要对于苏联等社会主义国家贸易实行严格管制。这就形成了日本贸易安全的第二个支点,即贸易管制。日本把贸易管制称为贸易规制,就是政府对于贸易实行各种限制、鼓励或禁止措施。它虽然起源于对社会主义国家贸易的管制,但同样可以用来实现国家的贸易政策,发展演化成对贸易的日常规制。不管是保护主义还是自由贸易政策,都可以通过这样的贸易规制的各种措施得以体现。贸易管制也是日本国家安全的一道屏障。危害或威胁日本国家安全的毒品、武器以及其他非法贸易物品的取缔,海关对走私的取缔等都是贸易安全机制的重要组成部分。

二、贸易立国战略与贸易安全的展开

美国解除日本占领体制后,日本把国家发展战略建立在对外贸易上,即贸易立国。贸易立国战略就是以振兴出口贸易拉动经济发展,以全世界作为日本的原料和能源供应地,以全世界作为日本的商品销售市场。[1]

日本复归国际社会主要是通过加入联合国和加入关贸总协定(GATT)完成的。日本加入 GATT 是在 1955 年。这也是在美国的主导下得以实现,使得日本能够进入西方国家为主体的自由贸易体制中。日本从这一体制中为其产品出口获得了广大的海外市场,为其贸易立国的推行提供了极其有利的国际环境。日美贸易一直是日本贸易安全的中轴线。

根据 GATT 的规定以及日本和美国的特殊关系,美国对于日本的进口贸易从一开始就极其开放,对于日本的一些假冒商品也不实行严格的取缔。而日本方面则对于美国以及其他国家并不真正开放国内市场。这样的贸易关系能够维持,是因为日本只有这样才能获得外汇,才能维持国家的正常运转,从而也为美国减轻负担。但这也导致日本成为一个保护主义贸易政策传统的国家。这样,日本的贸易规制在美国的纵容下受到强化。

日本的贸易安全是与美国的贸易安全联系在一起的。只要紧跟美国,日本

---

[1] 冒洁生,费兴旺.简论日本贸易立国战略及对中国的启迪,《求是学刊》,1998 年第 1 期。

的海外市场就能够得到保障,日本从海外获得能源以及其他资源,以及日本向海外出口货物的通道就能在美国军事力量保护下得以维持。战后日本的能源结构本来主要是煤炭和少量的国产石油,对于石油进口则实行严格的贸易管制。但20世纪60年代,随着波斯湾等地发现和开发了大型油田,日本也发生了能源革命,将主要能源从煤炭转换成了石油和天然气,并实行石油开放进口政策,停产了国产石油,国内煤矿也渐渐停产。① 再加之日本这个时候汽车普及到家庭,进入到汽车社会,日本成为一个严重依赖海外能源贸易的资源进口国,其贸易安全开始变得脆弱了。这对于单纯以日美为中轴线的传统贸易安全构成了挑战。

1973年第四次中东战争爆发。为了声援巴勒斯坦,制裁以色列,石油输出国组织的波斯湾六国,以及阿拉伯石油输出国组织相继大幅度提高原油价格,并且将美国、荷兰等支持以色列的国家列入石油禁运国家名单。这就是第一次石油危机。它给日本的贸易安全第一次造成了极大的威胁,从而导致了日本的贸易安全对策的重大转换。

日本本来的贸易安全是以日美贸易为中轴,依靠美国的原料及市场,以及对贸易通道的保障。但石油危机的爆发,日本终于明白了其贸易安全的最大风险是在中东。虽然日本以前并没有介入中东政治,并没有站在巴勒斯坦或以色列任何一方,但是由于日本与美国是同盟国,阿拉伯国家准备把日本也列入支持以色列的国家名单。日本国内也因为石油风险增大而风声鹤唳,议会制定了《国民生活安定紧急措施法》、《石油供给合理化法》等法律,内阁通过了《石油紧急对策纲要》。派出副首相三木武夫访问中东,表明日本不支持以色列的立场,终于将日本从准备禁运国家名单中划掉。

但这样一来,日本的贸易安全立场就不再是步步紧跟美国了。日本意识到,由于石油大幅度涨价,最大的贸易就是石油,而石油几乎全部依赖中东,所以日本在贸易安全的海路保障上完全脱离了日美中轴,而转向中东到日本的路线。那就是从波斯湾—斯里兰卡—马六甲海峡—巴士海峡—日本。这条海路上的贸易安全成了日本的生命线。这条海路随时都有风险,不但是中东的巴以问题,后

---

① 【日】資源エネルギー庁(资源能源厅):《エネルギー動向》(能源动向),《エネルギー白書》(能源白皮书),【日】2006年版,第2部。

来发生的两伊战争、苏联海上力量进出印度洋以及围绕阿富汗问题的美苏斗争、马六甲海峡的海盗问题、越南和菲律宾的苏联和美军军事基地问题等,都成为可能威胁日本贸易安全的因素。而传统的日美贸易的海路,由于日本是美国的同盟国,也自然受到美国保护,却也安全无忧。

以第一次石油危机发生为契机,日本已经完成了经济高速度发展,成为西方第二经济大国。由于日本贸易立国战略已经取得很大成就,进入到经济发展黄金时代,经济结构已经定型,即包括能源在内的所有工业原材料资源全部依靠进口,而通过工业制成品的出口获取外汇,实现长期稳定的贸易顺差。

支撑贸易立国的日本贸易安全有两个支点:海外资源及贸易海路的保障,以及贸易规制。海外资源及贸易海路的保障则是日本相对独立于美国的中东政策的相关措施,而贸易规制则在 20 世纪 70 年代后的日美贸易摩擦导致的日美贸易战争中得以完善起来,形成了一整套贸易规制机制。

从战后到 20 世纪 70 年代初,日本制造业已经做大,以电器、汽车、化工制品为首的"日本制造"成为世界良好品质的代名词,通过 GATT 自由贸易体制以及美国主导下的贸易安全环境,在全世界攻城略地,风靡世界。如果说以前美国出于冷战的战略考虑和在经济、金融、投资等方面的优势地位而有着充分的自信,从而对日本的保护主义能够有所容忍的话,第一次石油危机以及以后的两次石油危机使得美国经济已陷入滞涨怪圈,日本和欧洲共同市场的经济崛起使得美国的经济实力相对下降,已经失去了继续纵容或容忍日本搞保护主义的理由。激烈的日美贸易摩擦发生了,严重动摇了日本的贸易安全根基。这场贸易战争因为美国施加巨大的外部压力,使得日本不得不逐步减少贸易政策的保护主义色彩,逐步将其贸易安全中的贸易规制制度从以往的单边主义转移到相互主义方面。

这场摩擦溯源于 1965 年发生的日美之间贸易收支逆转。日美贸易从以往的日本方面逆差变为之后持续半个世纪的日本顺差。1972 年《日美纤维制品协定》签署。该协定根据日美贸易谈判中美方的要求,日本在对美出口纤维制品方面实行自主出口限制,日本的纺织品出口遭受重大打击,成为贸易安全的重大问题。紧接着在美国方面的压力之下,日本在钢铁和彩电方面实施实质性对美国自主出口限制。

　　出口自主限制是出于美国方面的压力,不是在美国进口环节,而是在日本出口环节就将日本制造的产品加以阻止。美国实施该制度的法律基础是"301条款"(后来发展为"超级301条款"),即认定对美国实行不公平贸易措施的国家,将其放入黑名单,然后由美国贸易代表与黑名单的国家进行谈判,发出威胁,最后使得后者不得不实施有关措施。如果不服从,美国将会实施非常严厉的贸易制裁。这是一种单边的贸易措施,当然是违反了GATT自由贸易原则。但是这一时代的GATT并无强有力的约束机制,而且若严格按照GATT的规定,日本也有很多违反之处,所以这样的制度成为美国制约日本的法宝,从而在日本的贸易安全上从日本的保护者和纵容者的立场一下子180度转变为日本的制约者和威胁者了。

　　到了20世纪80年代,美国继续对日本施加压力,日美贸易摩擦扩大到了汽车、半导体,以及包括大米、牛肉、柑橘等在内的农产品方面。日本在汽车和半导体方面不得不实施自主出口限制,不得不部分对美国开放一些农产品市场。但是这一切仍然挡不住日本的出口攻势,到了1985年,美国对日本的贸易逆差达到了创纪录的500亿美元。全美国上下群情激奋,从政府到舆论掀起了"敲打日本"(Japan Bashing)的风潮。

　　但这也不能阻挡日本产品的猛烈攻势。美国在贸易措施手段也无能为力的无奈面前,终于痛下杀手,采取了货币金融手段打压日本,即签署了著名的《广场协定》(Plaza Agreement)①。这一协定实施的结果是,日元在短短一年后从235日元兑换1美元急剧升值到150日元兑换1美元。后来还进一步升值不断。这是西方五国干预的结果,并非完全的市场行为,引起了日本严重的"日元升值不况",导致国内泡沫经济,日本制造的产品出口受到严重打击。日本认识到存在着来自金融货币方面的贸易安全重大威胁,不得不改变以往单纯通过从扩大出口拉动经济增长的贸易立国国策,利用日元升值和多年贸易顺差的外汇积累,大举向海外投资,以图通过日本企业在欧美投资实现日本产品的本地化,绕过贸易

---

① 1985年9月22日,美国、日本、西德、法国、英国五国财政部长与中央银行行长会议在纽约广场酒店(Plaza Hotel)举行,签订了关于货币汇率安定化的《广场协定》。协定要求五国中央银行对于货币汇率实行联合干预,实际上是对日元实行强制升值。

壁垒,减少贸易安全风险。这一转变造就了日本作为海外投资大国的地位,也宣告了多年来传统的单一贸易立国政策的结束。

三、多边贸易体制下的日本贸易安全

20 世纪 90 年代是 GATT 乌拉圭回合谈判以及建立 WTO 的时代。这一谈判的最后结果是改良了 GATT 执行不力等弊病,第一次建立了有效的多边贸易体制——WTO。由于 WTO 要求各成员方必须无保留地严格执行多边贸易规则——WTO 规则,实行彻底的关税减让,否定实行非关税措施,提供服务贸易市场准入,并将所有的多边贸易规则配上争端解决机制,使之可以通过国与国之间实质性的诉讼解决争端,保障规则的实施,所以它对于各国的贸易安全产生了巨大的正面影响。

这一体制的建立很大程度上体现了美国的主张。美国拥有巨大的国内市场。美国在全球货币金融市场的统治地位,美国社会借贷消费习惯的形成,成为美国推行全球自由贸易的内在动力,也使得美国可以忍受巨额的贸易逆差。国内市场的巨大使得美国可以对其他国家,特别是对日本施加压力,促使其开放市场,构成日本的贸易安全风险,使得日本经济从 20 世纪 70 年代以来就一直随美国对日贸易政策的起伏而波动,美国政策成为日本经济的晴雨表。但是,这样的状态毕竟对双方而言都存在很多不确定因素,从而也构成双方的贸易安全的不利要因。

然而,这个不利要因却因为 WTO 多边贸易体制的建立而大大减弱了。在这个体制下,日本和美国的贸易政策处在透明状态下,从过去双方的单边解决转变成了 WTO 多边解决。日本的出口攻势,美国对日本施压,日本不得不让步,对美国开放一些市场,主动限制某些商品的对美出口,这样一种对双方都很痛苦的日美贸易摩擦时代终于结束了。

从 20 世纪 90 年代开始,国际经济贸易格局也发生了重大变化。中国作为新兴国家经济体,在经济贸易方面取得巨大的发展,取代日本成为对美最大的出口国。对美国的贸易摩擦的主要对象也从日本转移到中国了。这样,关于贸易规制的日本贸易安全问题得到很大的改善。但进入 21 世纪后发生的"9·11"事

件使得新的贸易安全问题变得突出起来,那就是全球贸易与安全问题。虽然"9·11"事件发生在美国,但其对贸易安全的影响和由此产生的必要对策却波及包括日本在内的全世界。一方面,WTO 时代通过强制性的多边贸易体制要求各国实行自由贸易政策,减少或撤销对贸易的各种限制,大大促进了贸易的发展。另一方面,国际恐怖主义的严重威胁,产生了通过贸易渠道危及国家安全的极大可能性。

美国在 2002 年 11 月 25 日通过了《2002 年国土安全法》,对美国的海关制度进行了重大的改革,在保证贸易自由化和便利化的同时,在进出口贸易环节加强了防止恐怖主义的措施,提高了贸易安全的可靠性。为此,美国的海关与边境保护局推行了"海关-商界反恐伙伴计划",并将其中很多切实有效可行的制度向世界海关组织建议推广,构成一个全球性的在确保贸易自由顺利进行的前提下加强反对恐怖主义、保障贸易安全的国际网络。世界海关组织于 2005 年通过了《全球贸易安全与便利标准框架》。它虽然没有强制执行力,但其成员方根据自己国情采用的话,可以获得极大的实惠好处,这是显而易见的。

日本作为美国的盟国和世界海关组织的活跃成员,非常积极地接受并实施了《全球贸易安全与便利标准框架》。日本加强了在贸易环节反对国际恐怖主义的措施,大大提高了贸易安全程度。同时,日本也加强了海关与商界的合作,成为 AEO 制度(对通关企业进行海关评级分类,对于优良企业予以认证,授予通关便利的制度)的积极推行国,并与美国、欧盟等经济体海关实行国际合作,推动实现 AEO 认证的相互认可。

四、日本的贸易安全规制

日本关于贸易安全规制的主管部门是经济产业省。这一制度就是,为了保证对外贸易的正常发展,以维护日本和国际社会的和平与安全为目的,对于特定的货物以及特定国家的进口等,实行进出口认可制度、出口许可制度、关税配额制度等。具体而言有四个方面。

（一）基于《外汇与外国贸易法》的规制

该法简称《外汇法》，是对外汇和对外贸易实行规制管理的法律依据。根据该法的规定，可以对于特定货物的进出口、向特定国家或地区的出口、特定国家或地区的原产地或装载地的进口实行经济产业大臣许可。

（二）出口管理

出口管理分为根据国际出口管理体系的出口管理和国家安全为目的的管理两类。

前者是以国际出口管理体系中日本做出的承诺而达成的合意为基础，而实行的出口许可制度。这些出口管理都是以国际和平与安全为目的。日本参与的国际出口管理体系主要有以下五个：①原子能供应集团（Nuclear Suppliers Group，NSG），包括日本、中国、美国等在内的共有 48 个国家。②桑戈委员会（Zangger Committee，ZC），也叫核出口国委员会，有 39 个成员国。③澳大利亚集团（Australia Group，AG），是管理化学武器、防止化学武器扩散的国际机构，参加国有 41 个。④导弹技术管理机制（Missile Technology Control Regime，MTCR），有 34 个成员参加。⑤瓦森纳安排（Wassenaar Arrangement，WA），也称为瓦森纳协定安排机制，对于常规武器和两用物品及技术出口进行控制的国际机制，有 41 个成员。在日本，这些条约、协定或国际合意都是由外务省管理，但具体的出口许可和制度的管理是由经济产业省负责。这一制度的管理一共有四个方面的规制。

第一，正面清单管理。以国际出口管理体系中的合意为基础，对于有可能用于大规模杀伤武器以及其他常规武器开发的特定货物或技术，在出口或提供给对方之前，实行政府出口正面清单管理。正面清单分为货物清单和技术清单。列入清单的出口要经过经济产业大臣的许可。许可具体向经济产业省经济产业局安全保障审查课提出，可以实行电子申请。[①]

---

① 清单管理：【日】经济产业省网站，安全保障贸易概要。http://www.meti.go.jp/policy/anpo/anpo02.html，2014 - 12 - 30 访问。

　　第二，补充出口规制。要出口没有被列入正面清单的货物和技术，只要是可能被利用来开发、制造、使用或储藏大规模杀伤武器，出口者明知这一点，或者接到经济产业大臣要求该项贸易必须向经济产业大臣申请许可的通知时，必须得到经济产业大臣的许可的规制制度。它分为大规模杀伤武器补充规制和常规武器补充规制两种，分别有不同的表格和程序。前者包括核武器、军用化学制剂、军用细菌制剂、军用化学制剂或细菌制剂的散布装置、300公里以上的运载火箭、300公里以上航程的无人飞机，以及上述武器的零部件。这一类的出口目的国也列入规制。西方发达国家都被列入白色清单，阿富汗、中非、刚果、科特迪瓦、厄立特里亚、伊拉克、黎巴嫩、利比里亚、利比亚、朝鲜、索马里、苏丹等国被列入联合国武器禁运国清单。①

　　第三，转运规制。对于暂时登陆转运的货物，凡是被列入《出口贸易管理令》附录表一的第1项和第2项的货物，一般都是可能被用于核武器等大规模杀伤武器开发等的货物，除了目的地为列入白色清单国家以外的，都属于本规制的对象，要经过许可。即使下一个目的地是白色清单国家，但最终目的地是白色清单以外的国家或地区，也要经过许可。②

　　第四，中介贸易和技术交易规制。凡是日本的中介贸易和技术交易，只要伴随着《出口贸易管理令》附录表一的第1项和第2项的货物的外国之间的买卖、租界、赠与等，只要目的地是白色清单以外的国家或地区，也要经过许可。③

　　基于国家安全实行的出口管理规定了一个清单，凡是被列入清单的货物出口必须要经过许可。清单里列举的货物有：钻石原石、血液制品（原则上禁止，特殊情况许可）、核燃料和核原料物质、放射性废弃物、放射性同位素、麻醉药、渔船、米糠麦麸、混合饲料、香菇菌种、原木、鳗鱼苗、若干种类的冷冻贝类、破坏臭氧层的物质、特定有害废弃物、《关于废弃物处理和扫除的法律》所规定的废弃

物、有害化学物质、《华盛顿公约》规制对象的货物、珍稀野生动植物的个体及卵和器官、防鸟网、假币、煽动叛乱书籍、有害风俗书籍、毒品即大麻、国宝和重要文化文物、侵犯目的国知识产权的货物、《关税法》第69条第12款第1项规定需要认可手续的货物，以及委托加工贸易货物。

（三）进口规制

进口规制分为进口配额制度、特定地域进口规制、全部地域进口规制、事前确认制度、通关时确认制度五种。[①]

第一，进口配额制度。有水产品等进口配额制度和破坏臭氧层物质等进口配额制度。水产品等的进口配额对象货物有一个列举清单。破坏臭氧层物质等也有一个清单，与出口的破坏臭氧层物质清单相同，即《蒙特利尔议定书》附件各表中列举的物质。

第二，特定地域进口规制，也叫做"2号认可"。是对于特定原产地或装运地相关的进口必须要经认可的制度。这个表格中的第一部分是与水产品相关的货物，分别列举来自地域、HS税号、物品名、认可窗口。第二部分是特定国际争端区域的特定货物的认可制度，包括伊拉克的文物，科特迪瓦的钻石，朝鲜的所有货物，伊朗、厄立特里亚、利比亚的若干货物，索马里的木炭，叙利亚的若干货物（特别是化学制剂相关货物），乌克兰和俄罗斯争端地域克里米亚共和国和塞巴斯托波尔特别市为原产地的所有货物。后者显然反映了日本的亲西方外交政策。

此外，《华盛顿条约》相关的动植物及其派生物、《蒙特利尔议定书》附件所规定的物资或物品，《禁止化学武器的特定物资规制法律》规定的第一种指定物资也是"2号认可"规制的对象。

第三，全部地域进口规制，也叫"2-2号认可"。这是部分货物来源地，只根据货物种类实行的认可制度。这类货物包括以下类别：

机械类，主要是武器、炮弹和子弹及其零部件；火药类，包括火药、炸药等；原

[①] 进口申请：【日】经济产业省网站，贸易管理。http://www. meti. go. jp/policy/external_economy/trade_control/boekikanri/import/index. htm. 2014-12-30访问。

子能关联货物；医药类，包括口蹄疫疫苗等；化学品等，包括第一种特定化学物资使用的物品；《禁止化学武器的特定物资规制法律》规定的第 2 条第 3 款指定物资；《巴塞尔公约》关联法律的规制货物，主要是产业废弃物的跨国移动的国际规制物资；废弃物进口相关物品；《华盛顿公约》相关货物。

这些货物包括铀及铀矿、原子能反应堆、核燃料及其原料、原子能反应堆零部件、军用飞机发动机及其零部件、坦克以及其他装甲车、军舰、电离放射线测定和检验机械及其零部件、手枪以及其他军用武器、手榴弹、炸弹、鱼雷、水雷、导弹等可发射武器及零部件，刀剑及其同类品，等等。

第四，事前确认制度。列入此类的物品有：微生物性质的疫苗、文物、第一种特定化学物资、部分金枪鱼类、鲸、《华盛顿公约》部分对象货物、破坏臭氧层物资、部分螃蟹类、2014 年 4 月 1 日规定属于《外汇法》对象外的部分货物。最后一类货物在这一天之前属于《外汇法》规定要许可的货物，但此后被列入事前确认清单，即规制程度大大减弱了。

第五，通关时确认制度。列入此类的物品有：罂粟果和大麻果、《华盛顿公约》部分对象货物、放射性同位素、部分金枪鱼类、钻石原石、有害化学物资（农药）、部分螃蟹类、2014 年 4 月 1 日规定属于《外汇法》对象外的部分货物。

为了在贸易环节保障日本的安全和维护世界和平，保护环境和自然资源，日本的与贸易规制相关的贸易安全制度还对于企业一方也提出了如下要求：

第一，贸易安全的企业自主管理。要求企业尽可能通过自我管理，预先避免成为违法出口的当事方。

第二，推进出口商家等要遵守的基本准则。这是针对那些经常从事货物出口以及提供技术的出口商家而规定的。

第三，推行出口管理内部规程。该内部规程规定了关于出口和提供技术的程序，要求严格遵守贸易安全相关法令，防止出现违规违法情况的出现。[1]

---

① 出口管理内部规程（CP）：经济产业省网站：http://www.meti.go.jp/policy/anpo/seminer/cpclqanda.pdf. 2014 - 12 - 30 访问。

五、关于海外资源及贸易海路的贸易安全机制

日本是一个岛国，所有的国际贸易都必须要通过海路或空路才能完成。除了少数附加值高的货物采用空运之外，日本的贸易货物大多采取海运的方式。由于海运要经过一些比较危险的地域，海路的贸易安全成为生死攸关的问题。另外，日本作为世界上最大的资源进口国之一，确保海外资源也是贸易安全的大问题。这些方面，日本并无一个政府部门能够全面统辖其相关贸易安全机制。除了职能部门仍然是经济产业省之外，日本的外务省、防卫省、财务省等政府部门也参与到贸易安全体制里，成为不可缺少的组成部分。另外，日本贸易振兴机构也是一个半官方的机构，对于日本的贸易安全发挥着很重要的作用。以下，就这几个部门在海外资源及贸易海路的贸易安全机制及其运行方面的职能分别进行阐述。

（一）外务省

在海路的贸易安全保障上，外务省要负责国际条约下国际义务的履行。与贸易安全相关的国际条约有前述的《华盛顿公约》、《蒙特利尔议定书》、《巴塞尔公约》等。此外，根据《日美安全条约》，日本和美国成为同盟国，美国负责协同日本国防，同时美国还实际上对于日本的海路都有着军事控制的能力。这样，日本海外航路的贸易安全的日美条约协调问题就由外务省具体负责。这一点特别表现在中东波斯湾——阿拉伯海到斯里兰卡——安达曼海——马六甲海峡——巴士海峡，即日本的所谓"生命线"的航路安全方面。

（二）防卫省

由于日本在侵略战争历史反省方面仍然没有得到受侵略的周边国家的谅解，所以日本自卫队海外派兵无论是内政还是对外都是一个敏感话题。作为美国的同盟国以及美国作为日本海路贸易安全的维护者的事实，使得日本必须要在中东等地的军事活动中也要有所作为，因为这里也是日本的石油和天然气资源的主要供给地，所以在美国发动的推翻萨达姆·侯赛因的战争中，日本海上自

卫队也要在阿拉伯海提供后方加油支援，并在战后派出陆上自卫队到伊拉克支援供水等。这间接把日本的军事力量扩大到中东以及日本的石油天然气航路上，对日本的贸易安全起到一定作用。在索马里海盗比较猖獗的时候，日本海上自卫队也派出军舰，参与国际上针对索马里海盗的日本贸易商船的护航活动。

(三) 财务省

财务省是日本海关的主管部门。财务省关税局就是日本的海关总署。此外日本还部署有与关税局平级的 9 个关区海关，构成日本全国各个口岸的海关监管体制，成为日本贸易安全不可缺少的一环。现在海关职能已经不限于传统的取缔走私、常规通关管理和关税征收等职能，还有着更多的非传统职能，其中很多非传统职能都属于贸易安全领域。

第一，维护日本国家安全和国际和平与安全的海关职能。这方面主要包括走私取缔和口岸海关通关监管，对于麻醉品、毒品以及枪支弹药等的取缔，以及对于国际恐怖主义活动和大规模杀伤武器的管理和取缔。这些方面的贸易审批部门是前述的经济产业省，但具体的执法部门是日本海关。此外还有对侵犯知识产权贸易的取缔。

第二，贸易便利化职能。日本实施的进出口通关便利化措施包括通常的进出口通关手续、进出口手续通关便利化制度、AEO 制度的推行以及 AEO 制度的相互认可等。这方面主要是通过现代风险管理对于贸易安全风险进行控制。它们有些是日本海关自发的行动，更多的是世界海关组织推行的结果。

第三，国际合作。日本海关在贸易安全方面的国际合作主要有两个方向。其一是世界贸易组织，其二是世界海关组织。前者目前还没有在海关中具体体现出效果来，但是国际条约下的合作框架已经形成，那就是 2013 年在印度尼西亚巴厘举行的 WTO 第九届部长级会议达成的《WTO 贸易便利化协定》。根据该协定的规定，将于 2015 年 7 月 31 日前经各成员方批准实施。其中有着大量的关于贸易安全的规定。[①] 后者即 2005 年《全球贸易安全与便利标准框架》在日本的实施。日本海关的 AEO 制度就是根据这个文件建立起来的。而日本人

---

① 何力：《巴厘早期收获与〈贸易便利化协定〉》，《上海对外经贸大学学报》2014 第 2 期。

御厨邦雄担任世界海关组织秘书长也客观促使日本对于世界海关组织的措施和技术指导更加容易接受。①

(四) 日本贸易振兴机构

日本贸易振兴机构(Japan External Trade Organization，JETRO)是日本促进出口贸易和投资的半官方机构。它成立于1958年，当时叫做海外贸易振兴会，后来合并了亚洲经济研究所改为此名，成为特殊法人。该机构在东京和大阪设有总部，在海外设有73个办事处，共有1 660名职员，形成一个全球性的日本贸易安全情报和支援网络。它的职能主要有三个：日本企业海外发展的支持、对日本投资的促进、对日本贸易政策的贡献。

对日本企业海外发展的支持实际上是支援日本企业的海外投资，包括提供商务信息、中小企业海外业务的展开等。特别关注的行业有：第一，机械以及机械零部件、电子产品、环境能源部门。第二，农林渔产品和食品部门。第三，广告产业。第四，基础设施建设部门。通过支援日本企业的海外投资，促进日本的贸易，提高日本贸易的安全系数。

JETRO对日本贸易政策的贡献则主要是对各国和地区的经济、贸易投资、产业动向、法律制度等信息进行调查、分析，并且向日本企业提供，为日本政府进行决策以及日本企业在全球开展业务提供支持。这些信息和情报得到日本政府和企业的高度信赖，成为日本贸易安全机制中不可缺少的一个环节。②

---

① 国際的な取組み(国•措施)：••省官方网站,贸易の秩序維持と発展のための取り組み＞,http://www. mof. go. jp/customs_tariff/trade/international/index. html. 2014 - 12 - 30 访问。

② ジェトロの取り組み(日本贸易振兴机构的措施)：日本贸易振兴机构官方网站,http://www. jetro. go. jp/jetro/activities/. 2014 - 12 - 30 访问。

第六章
俄罗斯的贸易安全与监管

贸易安全问题关系一国的经济安全。俄罗斯历来高度重视自身的安全问题，是世界上较早提出经济安全战略的国家。目前，俄罗斯的贸易安全正面临极大挑战，引起了国内外的广泛关注。实际上，在全球金融危机以及国际突发事件的影响下，转型国家的对外贸易往往处于"不安全"的状态。如何保障转型国家的贸易安全成为国内外理论界关注的热点。本章拟从贸易依存度、国际经贸关系等方面对俄罗斯的贸易安全状况进行实证分析，阐释俄罗斯贸易安全的动态变化过程，探讨俄罗斯在对外贸易增长的表象下，隐藏的贸易安全问题的严重性和紧迫性。我们研究该问题的目的是希望借此对俄罗斯贸易安全问题及其贸易监管法律、制度与政策有一个清晰的认识，从而总结其经验，为维护我国的贸易安全提供借鉴。

一、贸易安全与俄罗斯的经济安全

俄罗斯政府关于保障经济安全的措施集中体现在《俄罗斯联邦国家经济安全战略（基本原则）》、《俄罗斯联邦国家安全构想》和《2020 年前俄罗斯联邦国家安全战略》三部纲领性文件中。2009 年俄罗斯在《2020 年前俄罗斯联邦国家安全战略》中指出，涉及经济安全战略的要素主要包括：产业安全、贸易安全、财政金融安全、科学技术安全、粮食安全和地区安全。[1] 关于俄罗斯保障经济安全的

---

① 张一弓、高昊、崔俊富：《中国国家经济安全战略的演进及内涵》，《财经问题研究》2010 年第 3 期，第 12 页。

政策措施和机制,在战略中只提到一些基本的原则和思路,并没有罗列出具体的内容。由此可见,贸易安全关系到俄罗斯的国家发展、经济发展,是俄罗斯经济安全最重要的组成部分之一。

贸易安全的重要意味着在经济全球化的时代背景下,国家之间的相互依存与国家之间的分工合作已成为无法回避的事实。2014 年,俄罗斯贸易总额占GDP 比重达到 76.01%(2014 年俄罗斯 GDP 为 10 300 亿美元[①]),对外贸易在俄罗斯的经济增长中占据了极其重要的地位。据俄联邦海关总署统计,2014 年俄罗斯贸易总额为 7 829 亿美元,比 2013 年减少 7%。其中,2014 年俄出口总额为 4 969 亿美元,比 2013 年减少 5.8%;2014 年俄进口总额为 2 860 亿美元,比2013 年减少 9.2%。

1994 年,俄罗斯提出了俄罗斯联邦安全构想,随后又几经修订,1996 年 5月,俄罗斯出台了《俄联邦国家经济安全战略》,其中也包括了有关贸易安全的相关观点。该构想认为,在经济领域保障俄罗斯的安全与利益,应是俄罗斯国家政策的优先发展方向。在对外贸易自由化和世界商品与服务市场竞争日益激烈的情况下,必须保护本国生产商的利益,拓宽俄罗斯产品的销售市场,创造俄罗斯经济与世界秩序接轨的条件,与友好国家建立经济区。该构想还指出了在国际贸易中俄罗斯出口贸易中原材料和能源燃料的比重过大,在进口贸易中粮食和消费品等生活必需品比重过大,导致农业部门发展缓慢和国内生产总值的下降,进而导致俄罗斯政治的不稳定。[②]

《2020 年前俄罗斯联邦国家安全战略》明确提出,原料出口型经济发展模式降低了俄罗斯的国家竞争力,增加了国家经济对外部市场行情的高度依赖,丧失了对国家资源的控制,恶化了能源等工业部门的原料基础。从俄罗斯经济安全战略的变迁中,可以发现俄罗斯贸易安全战略的主要特点是根据国内外经济形势的变化、国家发展战略的变化,不断调整和修订贸易安全战略,重视对其进口商品尤其是战略资源来源国的外交关系,通过各种政策、法律向其他国家推广本国在国际市场具有比较优势的行业。

---

① 新华网:《俄罗斯央行说俄 2014 年经济增长率为 0.6%》。

② 王永县主编:《国外的国家经济安全研究与战略》,经济科学出版社 2000 年版,第 199 页。

俄罗斯是我国重要的经贸合作对象,中俄两国是面向 21 世纪的战略协作伙伴关系。俄罗斯贸易安全状况的动态变化以及俄罗斯加入 WTO 后所导致的经贸条件、伙伴关系、投资环境等方面的明显改变,都将对中俄经贸合作产生重大影响。因此,深入研究俄罗斯的贸易安全与监管问题,及时有针对性地制定有效的对策,对扩大和深化对俄经贸技术合作具有重大的现实意义。

二、俄罗斯贸易安全面临的主要问题

(一) 国内经济问题对俄罗斯贸易安全的影响

无论是 1997 年正式获得批准的《俄罗斯联邦国家安全构想》,还是 2000 年由当时的代总统普京批准的新的《俄罗斯联邦国家安全构想》,都做出了"国家面临的安全威胁具有内部性的特点,国家需要重点应对的是来自国家内部的安全威胁,尤其是经济危机对国家安全的威胁"的判断。[①] 对俄罗斯贸易安全所面临问题的探讨,首先需要从俄罗斯国内的经济结构展开。俄罗斯的经济结构近一个世纪以来一直处于不断调整的非均衡状态,经济结构畸形的局面并未得到彻底改变。[②] 具体来看,当前俄罗斯经济结构存在的问题主要表现为产业结构不合理,市场商品结构矛盾比较突出,二元市场结构矛盾比较明显,地区发展不协调,外贸出口产品结构单一。

第一,对外贸易进出口增幅放缓,加剧了俄罗斯经济发展的困境。长期以来,对外贸易一直是俄罗斯经济增长的火车头,是拉动俄罗斯经济发展和国内需求的主要动力,进出口增幅放缓无疑将加大俄罗斯经济发展的难度。2009 年,受全球金融危机影响,俄罗斯国内各项宏观经济指标出现了大幅度下滑,除此以外,2008—2012 年,俄罗斯对外贸易规模基本稳定在 6 000 亿～7 000 亿美元之间。2010 年开始,俄罗斯对外贸易规划开始大幅增长,2011 年,其进出口总额为 6 573.78 亿美元,2012 年达到 6 429.69 亿美元(见表 6 - 1)。据俄罗斯海关统

---

① 王树春:《俄罗斯的国家安全战略——从安全观转型评析俄罗斯的国家安全构想》,《欧洲研究》2003 年第 1 期。

② 崔建平:《经济转轨以来俄罗斯居民收入变化趋势》,《俄罗斯中亚东欧研究》2011 年第 5 期。

计,2013 年,俄罗斯货物进出口额为 5 771.3 亿美元,比上年同期下降 10.2%。其中,出口 2 901.3 亿美元,下降 17.7%;进口 2 870.0 亿美元,下降 1.2%。贸易顺差 31.2 亿美元,下降 95.0%。

表 6-1   俄罗斯贸易进出口额(2002—2013 年)   单位:亿美元

年份	贸易总额	出口额	进口额	差额
2002	1 162.37	754.84	407.54	347.30
2003	1 461.57	956.11	505.46	450.65
2004	2 050.52	1 369.26	681.25	688.01
2005	2 763.98	1 849.16	914.81	934.35
2006	3 546.74	2 265.24	1 281.51	983.73
2007	4 693.43	2 797.24	1 896.19	901.04
2008	6 231.47	3 675.73	2 555.74	1 119.99
2009	3 891.42	2 339.36	1 552.06	787.30
2010	5 599.67	3 485.28	2 114.39	1 370.88
2011	6 573.78	3 786.88	2 786.90	999.98
2012	6 429.69	3 525.37	2 904.32	621.05
2013	5 771.30	2 901.26	2 870.04	31.23

资料来源:商务部国别报告①。

第二,贸易依存度增强,加大了贸易安全风险。近几年来,俄罗斯的外贸依存度有所提高,使俄罗斯经济过度依赖国际市场,随之而来的是贸易摩擦不断增加,贸易安全度下降。受"9·11"事件的影响,对外贸易对俄罗斯 GDP 的拉动系数一度从 2000 年的 31% 降为 2001 年的 16%,2002 年升至 43%,2003 年以后维系在 50% 左右。其中,出口的拉动系数从 2000 年的 20% 提高到目前的 30% 以上。② 需要指出的是,俄罗斯出口结构比较单一,燃料能源占出口的一半,石油出口提供了 1/3 的外汇收入。出口强劲对活跃俄罗斯的经济具有明显的积极作

---

① 网址:http://countryreport.mofcom.gov.cn/record/view110209.asp? news_id=38023。
② 马蔚云:《俄罗斯经济安全中的经济结构问题》,《俄罗斯中亚东欧研究》2011 年第 2 期,第 57 页。

用。但是，这也导致国际市场行情的变化容易引起俄罗斯经济的波动。

此外，较高的贸易依存度与较低的国际竞争力之间的矛盾日益凸显。俄罗斯出口商品竞争力不强，出口商品"原材料化"，这也导致俄罗斯即便成为贸易大国，也无法成为贸易强国，使得俄罗斯的贸易始终处于不安全的状态。俄罗斯的出口依存度已经接近30%（见图6-1）。俄罗斯的出口依存度较高是由于其转轨后，经济全面实施自由化，对外贸易全面开放及国内通货膨胀严重，国内资金短缺造成的。尽管俄罗斯能源发展战略和国家油气综合体在经济发展中具有积极作用，但是偏重能源出口的经济发展模式及经济增长方式导致俄罗斯经济发展长期处于失衡状态。2005年2月，国际评级机构标准普尔发表报告称，俄罗斯已患上了"荷兰病"（the Dutch disease）①。俄罗斯经济在"荷兰病"的作用下，石油出口收入大幅增加，进而导致卢布坚挺，削弱了工业竞争力。俄罗斯的出口收益不高，许多初级产品在国内出售可能比在国际市场出口更有利可图，但为了换回硬通货，只能减利或亏本经营，从某种意义上说，俄罗斯的出口是为出口而出口。

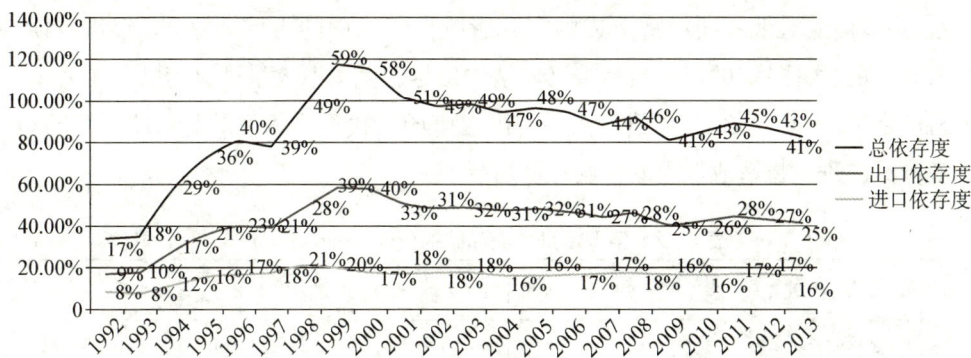

图6-1　俄罗斯对外贸易依存度（1992—2013年）

资料来源：根据WTO数据库相关数据计算绘图。

① 20世纪50年代，已是制成品出口主要国家的荷兰发现大量石油和天然气，荷兰政府大力发展石油、天然气业，出口剧增，国际收支出现顺差，经济显现繁荣景象。可是，蓬勃发展的天然气业却严重打击了荷兰的农业和其他工业部门，削弱了出口行业的国际竞争力，到20世纪80年代初期，荷兰遭受到通货膨胀上升、制成品出口下降、收入增长率降低、失业率增加的困扰，国际上称之为"荷兰病"。

第三,进出口商品结构单一。在俄罗斯的对外贸易中,出口的主要是原料和能源,对国际市场行情的依赖性极强,而食品和机械工业产品这种需求弹性较小的产品则主要依靠进口。随着俄罗斯参与全球化的逐步加深,这样的对外贸易结构不及早改变,也会极大地威胁俄罗斯的贸易安全状况。

从进口商品结构来看,俄罗斯的进口结构比较分散,主要为机电产品、化工产品和运输设备,其余进口商品所占比重较小。技术密集型产品过分依赖于国外市场,投资型产品比重过低。进口到俄罗斯市场的主要产品有机器、交通工具和设备等,其进口量占进口商品总额的44.5%。近年来俄罗斯市场上投资性产品的份额缩减,而生活必需品的份额增长,约占进口产品贸易总额的40%(见表6-2)。其中,俄罗斯食品进口占国内食品消费的比重增加,超越国家粮食和工业安全的门槛。1998年在俄罗斯粮食市场上还是以国产粮食为主,而2008年由于俄罗斯企业和农业生产减少,国内市场被外国商品所充斥。在粮食和药品零售市场上高附加值的进口货占较大比重。有学者指出,俄罗斯食品进口占国内食品消费的60%。[①] 2005—2007年,机器设备进口数量年均增长1.5倍,甚至简单的挖掘机都需要进口。阿·纳沃伊对市场调查数据进行分析后得出的结论是,进口商品对俄罗斯经济造成的实际影响比想象中的更糟。"1998年俄罗斯人喊出的'买国货'的口号与精神已经消失殆尽。"俄罗斯大量进口商品预示着危机的来临。[②] 换言之,这些进口商品在国内市场上找不到相似的替代物,停止这类商品的进口将造成严重的社会经济后果。

表6-2 俄罗斯进口商品结构(2000—2013年)　　　　单位:亿美元

年份	2000	2005	2008	2009	2010	2011	2012	2013
进口总额	339	987	2 670	1 670	2 290	3 060	3 170	3 180
食品和农业原料(不含纺织原料)	74	174	352	300	364	425	407	431
矿产品(包括燃料和能源)	21	30	83	41	52	99	75	69

[①] 高际香:《俄罗斯应对国际金融危机措施述评》,《俄罗斯中亚东欧研究》2009年第2期,第9页。

[②] 林治华、赵小妹:《俄罗斯经济安全状况的动态分析——以两次世界金融危机的影响为例》,《东北亚论坛》2010年第1期,第101-102页。

（续表）

年份	2000	2005	2008	2009	2010	2011	2012	2013
化工产品和橡胶制品	61	163	352	279	370	460	486	501
皮革原料、毛皮及制品	1	3	10	8	12	16	17	16
木材、纸浆和纸制品	13	33	65	51	59	67	62	66
纺织品、纺织制品和鞋类	20	36	117	95	141	167	180	187
金属、宝石及其制品	28	77	193	113	168	230	232	229
机械、设备及车辆	107	434	1 410	727	1 020	1 480	1 580	1 540
其他商品	14	37	91	60	105	112	129	136

资料来源：Russian Federation Federal State Statistics Service (FSSS)，俄罗斯联邦国家数据服务中心①。

从出口商品结构来看，俄罗斯出口结构过于集中和单一。其中，能源产品，包括石油、天然气及其制品占据了主导地位（见表 6-3）。然而，受自己经济发展的影响，俄罗斯进一步提高能源产量并扩大出口的潜力已经受到制约。俄罗斯的出口结构使得俄罗斯在对外经贸活动中的灵活性受到很大的限制，其抵御国际市场行情变化的消极影响的能力大幅度下降，对俄罗斯出口的发展带来了极大的不稳定因素。这种资源依赖型的经济发展模式十分容易受到国际市场的影响。

表6-3　俄罗斯出口商品结构（2000—2013 年）　　　　　单位：亿美元

年份	2000	2005	2008	2009	2010	2011	2012	2013
出口总额	1 030	2 410	4 680	3 020	397	5 170	5 250	5 260
食品和农业原料(不含纺织原料)	16	45	93	100	88	133	168	162
矿产品(包括燃料和能源)	555	1 560	3 260	2 030	2 720	3 680	3 740	3 770
化工产品和橡胶制品	74	144	302	187	245	326	321	307
皮革原料、毛皮及制品	3	3	4	2	3	4	5	6

---

① 网址 http://www.gks.ru/wps/wcm/connect/rosstat_main/rosstat/en/figures/activities/。

（续表）

年份	2000	2005	2008	2009	2010	2011	2012	2013
木材、纸浆和纸制品	45	83	116	84	96	113	102	110
纺织品、纺织制品和鞋类	8	10	9	7	8	9	8	9
金属、宝石及其制品	224	406	618	385	503	587	583	552
机械、设备及车辆	91	135	228	179	213	260	265	283
其他商品	16	25	45	38	93	58	56	66

资料来源：Russian Federation Federal State Statistics Service (FSSS)，俄罗斯联邦国家数据服务中心①。

第四，传统贸易壁垒依旧存在，技术性壁垒增多，贸易便利化水平较低，导致贸易安全的不确定性增强。随着俄罗斯加入 WTO，关税壁垒逐渐减弱，非关税壁垒不断增强。其中，技术性贸易壁垒已成为俄罗斯实施非关税贸易壁垒的重要手段。技术性贸易壁垒是指货物进口国家所制定的强制性和非强制性的技术法规、标准以及检验商品的合格性程序所形成的贸易障碍，从而提高进口产品的要求，增加进口难度，达到限制进口的目的。鉴于技术性贸易壁垒实施的隐蔽性、目标的合理性和影响的广泛性，俄罗斯技术性贸易壁垒的使用频率越来越高。②

在金砖五国中，俄罗斯的贸易便利化指数水平最低，为 0.68。这一指数与其他金砖国家相比，不仅存在差距，而且与发达经济体相比，俄罗斯的贸易便利化程度都是相对落后的，具有较大的改进空间（见表 6-4）。根据世界经济论坛贸易促进指数报告，在综合比较市场准入、海关管理、运输与通信基础设施和商业环境的基础上，2012 年俄罗斯在 132 个经济体中，贸易促进指数排名处于全球第 112 位，属于全球下等水平。2014 年，俄罗斯在 138 个经济体中，贸易促进指数排名处于全球第 105 位。

---

① 网址 http://www.gks.ru/wps/wcm/connect/rosstat_main/rosstat/en/figures/activities/。
② 王洪梅：《俄罗斯技术性贸易壁垒分析》，《对外经贸》2012 年第 8 期，第 49 页。

表6-4　加权贸易便利化指数

国家	俄罗斯	巴西	印度	中国	南非	日本	美国	德国	新加坡
指数	0.68	0.73	0.84	0.90	0.97	1.09	1.15	1.23	1.42

资料来源:GCR2010，WCY2009，GETR2009。

(二)主要贸易伙伴对俄罗斯贸易安全的影响

一国的贸易安全可以看成是若干双边贸易安全的总和。需要指出的是,每一个双边关系通常并不是孤立的,而是相互影响的。具体表现为:①结盟性问题,国家或自荐的结盟性或同盟性越高,对一国贸易安全的影响就越大。②在同样的对外依存度条件下,如果对外国家分布越分散,则越有利于本国贸易安全程度的提升。比如,同样的60%的石油对外依存度,分别从10个国家进口,就一定比仅仅分散进口于3个或5个国家更有利于本国的贸易安全。[①] ③不同的双边关系之间有时会呈现反向变动关系,某些双边贸易安全之间也可能相互抵消。比如,在某段时期,中俄贸易安全程度下降,但是俄日贸易安全关系可能因此上升,在一升一降的变化中,俄罗斯的贸易安全可能并未恶化。

通过整理分析FSSS数据,可以发现在2000—2013年间,俄罗斯主要的贸易伙伴有中国、德国、荷兰、意大利、土耳其和美国。由2009年之前,俄德贸易总额一直明显高于俄罗斯同其他主要贸易伙伴的贸易额,但是在2009年之后,中俄贸易额迅速增长,到2010年,中国已经成为俄罗斯第一大贸易伙伴,到2011年,中俄贸易总额已比俄德贸易总额高出116.55亿美元,稳坐俄罗斯第一大贸易伙伴的宝座(见表6-5、表6-6)。

表6-5　俄罗斯对主要贸易伙伴出口额(2005—2013年)　单位:百万美元

年份	荷兰	土耳其	乌克兰	意大利	德国	中国	美国	英国	日本
2005	23 711	7 550	10 709	14 657	11 848	11 130	4 988	6 294	3 539
2006	34 433	9 134	11 985	19 007	14 233	13 735	7 035	6 572	4 390

---

① 顾海兵、王鑫琦:《国家经济安全研究的方法论问题》,《中国人民大学学报》2011年第6期,第93-94页。

（续表）

年份	荷兰	土耳其	乌克兰	意大利	德国	中国	美国	英国	日本
2007	41 486	11 922	14 911	21 350	15 457	15 031	7 067	8 530	7 403
2008	54 909	17 162	22 602	31 969	19 399	20 387	12 375	11 866	10 559
2009	35 318	10 776	9 471	19 804	11 492	16 180	8 376	5 941	7 419
2010	55 234	19 365	21 468	26 877	22 441	19 265	10 927	9 202	12 689
2011	50 735	24 946	27 742	24 191	23 448	26 877	12 571	11 941	13 845
2012	53 301	25 934	25 756	22 032	23 343	24 048	9 539	10 095	11 669
2013	37 226	23 520	21 846	21 256	20 242	16 642	7 894	12 320	9 628

数据来源：根据商务部国别报告相关数据整理①。

表6-6　俄罗斯自主要贸易伙伴进口额(2005—2013年)　　单位：百万美元

年份	中国	德国	美国	乌克兰	意大利	日本	法国	韩国
2005	778	1 138	344	656	357	473	291	432
2006	12 829	17 072	5 569	9 057	5 297	7 771	5 134	6 771
2007	24 282	25 195	9 339	13 075	7 949	12 699	7 448	8 826
2008	34 659	32 146	13 699	15 984	10 388	18 485	9 803	10 519
2009	21 959	19 051	8 900	8 594	7 083	7 127	7 943	4 691
2010	37 786	23 968	10 673	13 533	9 146	9 853	9 453	7 062
2011	45 451	35 172	14 703	18 865	12 440	14 876	12. 630	11 386
2012	51 038	36 064	15 497	17 773	12 770	15 648	13 334	10 864
2013	51 690	35 536	16 045	15 051	13 844	13 165	11 941	9 842

数据来源：根据商务部国别报告相关数据整理②。

从俄罗斯货物贸易的地区结构上看，俄罗斯的主要贸易伙伴是欧美等发达国家，近年来，整个西方世界经济发展缓慢，经济状况普遍低迷，经济危机频发，俄罗斯过于集中于少数国家和地区的对外贸易地区结构，也增加了俄罗斯对外

---

① 网址 http://countryreport. mofcom. gov. cn/record/view110209. asp? news_id＝38023。

② 网址 http://countryreport. mofcom. gov. cn/record/view110209. asp? news_id＝38023。

贸易的风险性,使得俄罗斯的对外贸易更容易受到贸易伙伴国经济状况的负面影响(见图6-2)。2012年以来,受世界主要经济体经济发展不景气的影响,国际市场大宗商品价格呈现下滑势头,同时俄罗斯的主要贸易伙伴——欧盟成员国因债务危机,经济发展放缓导致需求下降,俄罗斯出口受挫。

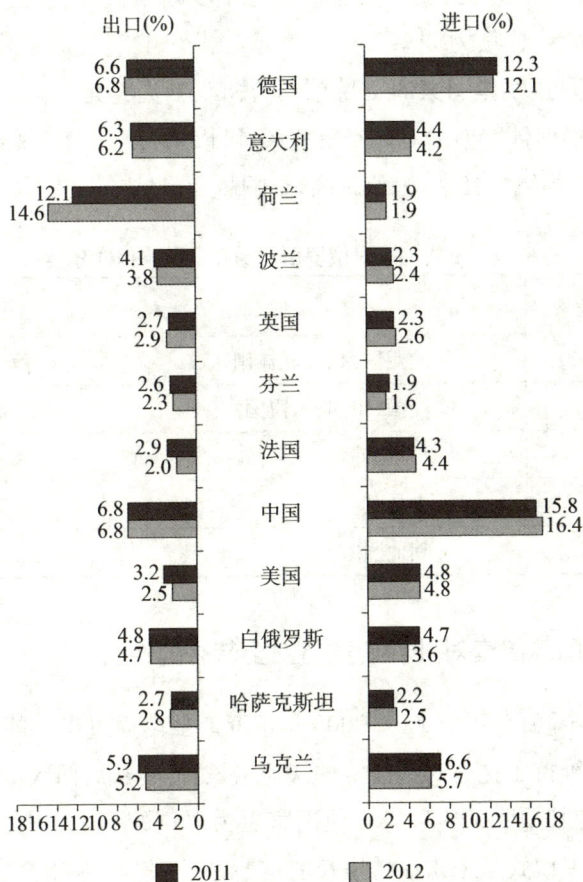

国家	出口(%) 2011	出口(%) 2012	进口(%) 2011	进口(%) 2012
德国	6.6	6.8	12.3	12.1
意大利	6.3	6.2	4.4	4.2
荷兰	12.1	14.6	1.9	1.9
波兰	4.1	3.8	2.3	2.4
英国	2.7	2.9	2.3	2.6
芬兰	2.6	2.3	1.9	1.6
法国	2.9	2.0	4.3	4.4
中国	6.8	6.8	15.8	16.4
美国	3.2	2.5	4.8	4.8
白俄罗斯	4.8	4.7	4.7	3.6
哈萨克斯坦	2.7	2.8	2.2	2.5
乌克兰	5.9	5.2	6.6	5.7

■ 2011　□ 2012

图6-2　2011年与2012年俄罗斯与主要贸易伙伴的进出口占比情况

资料来源:Russian Federation Federal State Statistics Service (FSSS),俄罗斯联邦国家数据服务中心。①

俄罗斯对欧盟的贸易依赖过重,贸易地位不平等。俄罗斯的主要贸易伙伴

---

① 网址 http://www.gks.ru/wps/wcm/connect/rosstat_main/rosstat/en/figures/activities/。

国是德国、荷兰、中国、意大利等国,但与俄罗斯对外贸易联系最紧密的是欧盟国家。2008 年 10 月 27 日,俄罗斯政府发布了《2020 年前俄罗斯对外贸易战略》,其中规定了至少在 15 年之内,对外贸易关系伙伴的重点对象首先是欧亚经济共同体国家,其次是伊朗、印度、中国、阿富汗和蒙古。[①] 2015 年 2 月 9 日,俄罗斯联邦海关总署发布的数据显示,欧盟依然是俄罗斯最大的贸易伙伴,2014 年俄罗斯与欧盟的贸易总额为 3 773.6 亿美元,占 2014 年俄贸易总额的 48.2%;2014 年俄罗斯同独联体国家的贸易总额为 955.1 亿美元,占 2014 年俄贸易总额的 12.2%。根据俄罗斯的对外经贸关系,可以将各个国家对俄罗斯贸易安全的影响分为五个等级。其中,分值越高,影响越大(见表 6-7)。

表 6-7　不同国家对俄罗斯贸易安全影响程度分类表

分值	国家	标识
5 分	欧盟国家、独联体国家	★★★★★
4 分	美国、中国、东盟国家	★★★★
3 分	日本、韩国	★★★
2 分	土耳其	★★
1 分	其他国家	★

(三) 其他国际因素对俄罗斯贸易安全带来的冲击

第一,国际金融危机。2000—2008 年俄罗斯虽然通过出口能源及原材料赚取了巨额美元,维持了这一时期经济的快速增长,但转轨后两次世界性金融危机的破坏作用都使其遭受了比世界其他国家更为严重的打击。因此,对俄罗斯而言,改变经济发展模式是未来保持增长的重要途径。[②] 2008 年全球金融危机后,俄罗斯政府对俄罗斯的贸易安全状况进行分析,时任俄罗斯总统梅德韦杰夫于 2009 年 5 月 13 日签署命令,批准了 2020 年前俄联邦国家安全战略。《新国家安全战略》明确提出"从造成损失的规模看,国际金融危机后果的影响可与大规

---

① 熊伊眉:《俄罗斯政府制定 2020 年前长期对外贸易战略》,《经济参考报》2008 年 10 月 30 日。
② 邢玉升:《俄罗斯经济发展模式的转变》,《俄罗斯中亚东欧研究》2009 年第 2 期,第 33-39 页。

模战争相提并论",强调了国际金融危机对俄罗斯贸易安全的重大威胁。

第二,俄罗斯入世后,对国际贸易的宏观调控难度加大,受世界经济波动的影响增加。一是加入 WTO 后,围绕市场、资金和资源分配的争夺战加剧,原本属于国家经济主权范围的有关政策、制度和法律成为国际斗争的焦点。二是俄罗斯产品对国际市场的依赖程度增加。三是由于跨国公司对国内市场的渗透度和占有率扩大,特别是由于俄罗斯产业结构、企业素质和商品的国际竞争力及抗风险能力还很弱,对俄罗斯的贸易安全会产生许多副作用。入世结束了俄罗斯长期游离于世界贸易管理、组织、协调机制之外的局面,消除了国际市场对其出口的歧视,享有在世界贸易体系中的平等地位。这对促进和扩大俄罗斯对外贸易的发展具有划时代意义。如何利用入世机遇,推进俄罗斯经济朝着多元化和现代化模式发展,是俄罗斯面临的主要任务。[①]

第三,国际资本市场的波动对俄罗斯贸易安全产生重大影响。按照加入 WTO 的承诺,银行、证券、外汇等金融市场将全面向外资开放,国际资本市场的波动对俄罗斯的影响将十分明显。金融安全一旦出现问题,就必将对俄罗斯的贸易安全产生重大影响。

第四,一些突发性的国际事件对俄罗斯贸易安全的冲击,如国际冲突、国际制裁等。受乌克兰危机的影响,2014 年 3 月欧美等国家逐步联合对俄实施制裁,目前制裁范围已经扩大到能源、金融等关系俄罗斯国民经济命脉的行业。与此同时,油价暴跌使得深度依赖能源出口的俄罗斯经济雪上加霜。三大国际评级机构纷纷下调了俄罗斯主权债务的评级。穆迪与惠誉将俄罗斯主权信用评级下调至第二低的投资级评级,而标准普尔早将俄罗斯的评级登记降至仅比垃圾级高一档的等级。

三、俄罗斯的贸易监管法律、制度与政策

(一) 贸易安全指标清单

俄罗斯联邦安全会议于 1996 年 10 月根据俄罗斯的现实国情及历史发展水

---

① 张健荣:《俄罗斯入世及其影响》,《国际关系研究》2013 年第 2 期。

平,俄罗斯个人、社会、国家的实际消费需要,俄罗斯国家经济生存与发展的必要条件,以及现代西方发达国家通常的做法和指标确定了 22 个指标来衡量俄罗斯的经济安全状况,并对每一项指标都规定了明确的临界值参数。[①]"指标清单"特别注明,如果国家的某一项指标低于(或超过)指标清单中所列的该项指标的临界值,即表示经济安全在该领域正受到威胁,必须予以高度重视,尽快解决。其中,与贸易安全相关的指标有:进口在国内消费占 30%,其中食品占 25%。

2000 年初,俄罗斯科学院金融中心提出由 150 项主要指标组成的经济安全《目录清单》。此后,阿·奥列尼柯娃提出 39 项经济安全指标。在众多的研究成果中,克·先恰科夫提出的"经济安全临界值"19 项指标占有重要的地位,其中与贸易安全相关的指标有:进口粮食占粮食总消耗量的 30%～35%。[②]

(二) 与贸易监管相关的法律法规

该领域的主要法律法规有《俄联邦海关法典》《海关税则法》《技术调节法》《对外贸易活动国家调节原则法》《对外贸易活动国家调节法》《关于针对进口商品的特殊保障、反倾销和反补贴措施联邦法》《外汇调节与监督法》《在对外贸易中保护国家经济利益措施法》等。

2003 年 11 月,俄罗斯国家杜马通过了《外汇调节与监督法》,以确保国家统一外汇政策的落实,保障俄罗斯卢布和外汇市场的稳定。该法允许俄自然人在经济合作发展组织成员国或反洗钱金融措施工作组成员国境内的银行开设账户。

2003 年 12 月,俄罗斯修改并重新颁布了《俄联邦对外贸易国家调节法》,取代了《对外贸易活动国家调节法》。新法旨在使货物贸易、服务贸易和知识产权贸易领域最大限度地接近 WTO 的各项原则与规则,规定除了针对货物贸易的关税和非关税调节措施,针对服务贸易和知识产权贸易的禁止与限制措施,以及新法所规定的促进外贸发展的经济措施和行政措施以外,不允许实行其他的对

[①] 顾海兵、刘玮、周智高:《俄罗斯的国家经济安全:经验与借鉴》,《湖南社会科学》2007 年第 1 期,第 110 页。

[②] 林治华、赵小妹:《俄罗斯经济安全状况的动态分析——以两次世界金融危机的影响为例》,《东北亚论坛》2010 年第 1 期,第 99 - 100 页。

外经济活动国家调节措施。该法规定了俄罗斯发展对外贸易的基本原则、对外贸易的参加者、俄联邦调节对外贸易的措施(包括关税调节和数量限制、许可证等非关税调节)、装货前的检验、边境贸易等内容。该法不仅适用于货物贸易,而且还适用于服务贸易和知识产权贸易。

实际上,从2001年起,俄罗斯政府就已开始着手制定符合WTO标准与准则的相关立法措施规划。据安永会计事务所研究报告初步统计,从2001—2011年的10年之间,俄罗斯政府所颁布的与入世相关的各种法规、修改条例及总统令共计33项。其中,2003年通过了新的《海关法》,颁布了《关于调节对外贸易活动原则》新法规,对外贸活动中一些主要概念进行了新的界定。同年还对国家外汇调控管理进行了立法,使之进一步符合国际外汇交易规定的要求,并通过了《关于进口商品反倾销、补偿等相关特殊保护措施》。该法的宗旨是"在俄罗斯关税区内出现商品进口增加、进口商品倾销和受补贴商品进口时,保护俄罗斯商品生产者的经济利益",并就采取和实施相关措施的具体程序作出了规定。

其他主要法规还有:《特许证法》《租赁法》《产品和服务验证法》《产品标识、服务标识和产品产地名称法》《出口监管法》《出口发展联邦纲要》《联邦税则与外贸商品名录》《联邦特许证法》《电子数字签名法》《关于对自俄罗斯联邦出口的两用商品和技术进行监督的办法条例》《调整肉类进口管理办法》等。[①] 2004年3月,俄联邦政府颁布了《调整肉类进口管理办法》,对肉类进口配额的使用办法进行了调整,主要内容是:如某一国家爆发严重动物疫情,持有从该国进口肉类许可证的俄罗斯进口商有权改从未发生疫情的国家进口肉类。

2005年6月,俄罗斯颁布了《商品外贸许可证制度和许可证银行组建管理条例》,以取代此前的《商品(劳务)进出口许可证条例》。新法明确规定了许可证制度的实施办法,同时公布了许可证的发放种类和拒绝发放许可证的理由清单。

2005年7月公布的《医用药品进出口条例》取代了1998年颁布的《医用药品进出口法》。新法规定,需根据俄联邦卫生保健和社会发展署签发的药品进口许可证发放可行性结论向经贸部申请进口许可证。

2005年9月,俄罗斯政府签发了《就关税计征与关价确定等法规执行情况

---

① 《俄罗斯贸易投资管理体制》,《公共商务信息导报》2006年9月19日,第4版。

对海关机构实行监管的条例》。条例规定,经贸部与财政部将对海关部门在关税计征与关价确定过程中出现的违规和执法不力情况进行监管,并就此成立部门间监督机构以解决相关问题。

(三) 关税制度

俄联邦海关关税作为俄联邦调整国内商品市场和与之相关的国际市场贸易政策的工具,是货物或物品通过海关时征收的。征收海关关税的主要目的是保持商品进出口的合理化关系和俄联邦境内的货币流通稳定。为俄联邦生产机构和商品消费的进步和改变创造条件。保护俄联邦经济,使它不受到国外商业竞争的影响。1993 年 6 月 18 日,时任俄罗斯总统叶利钦颁布了《俄罗斯联邦海关法》。2003 年 5 月 28 日,俄罗斯总统普京签署了新的《俄罗斯联邦海关法》。自 2004 年 1 月 1 日起,新《海关法》开始实施,对原先的进出口货物海关制度进行了修正。进入 2006 年以来,先后于 1 月 1 日、2 月 18 日、11 月 14 日三次修改海关法典。俄罗斯通过关税制度来维护贸易安全主要体现在以下三方面。

第一,征收特殊关税。为保护俄联邦进口商品的利益而采取的特殊关税包括专项税、反倾销税和代卖税。专项税是当进口到俄联邦的商品对本国生产带来损失和危险时采取的措施。这是对其他国家及组织的歧视行为和限制俄联邦利益的行为采取的措施。反倾销税是当商品以比实际价格还低的价格进口到俄联邦时,如果这种进口商品给本国同类产品带来物质损失或出现妨碍俄联邦的生产机构,妨碍扩大生产同类产品的情况时采取的措施。代卖税是当进口俄联邦的商品在生产、出口或间接使用津贴时,如果这种进口对本国类似产品带来物质损失或出现妨碍俄联邦的生产机构,妨碍扩大生产同类产品的情况时的措施。

根据《海关税则》,俄罗斯海关对来自享受最惠国待遇国家的进口产品按基本税率计征关税,对来自其他国家的进口产品按基本税率的两倍计征;对来自与俄罗斯签有自由贸易协定的独联体国家和最不发达国家的进口产品免征关税;对来自享受普惠制待遇国家的进口产品按基本税率的 75% 计征关税,中国属此列。目前,俄罗斯进口关税的平均有效税率为 10%~11%,绝大部分进口货物按从价税计征关税,小部分商品实行从量税和复合税。近年来,实行复合税的货

物种类渐趋增多。另外,俄罗斯对大宗进口商品实行较重的关税税率,例如农产品及食品、医疗用品、家电、汽车及其用品和酒类产品等。[①]

《海关法典》规定,进出口产品除需缴纳进出口关税外,进口产品(有特殊规定的除外)还需缴纳增值税和消费税。根据《税法典》,对部分食品和儿童用品等进口产品征收 10% 的增值税,其他进口产品的增值税率为 18%。需缴纳消费税的产品包括原料酒精及制品、食用酒精及产品、烟草制品、轿车和发动机功率 112.5 kW 的摩托车、汽油、柴油燃料、发动机油和直馏汽油。另外,部分进口产品需缴纳特种关税、反倾销税和补偿税,具体税率另行规定。

第二,拒绝放行商品。其条件有:①只要有足够证据认为商品产自根据俄罗斯参与签定的国际协议和俄法令不允许放行的国家,可以拒绝让商品通过俄边境。②不妥善的商品产地证明书或者商品产地信息都是拒绝放行商品的根据。③确实没有查明的商品可在按俄联邦海关最高税率征收关税后放行。

第三,设置进出口壁垒。①关税壁垒的设置。一是平均关税。二是反倾销和保障措施。三是海关估价。四是针对某国(中国)的某些进口商品规定高于正常进口关税的歧视性税率,并实行海关监控。②非关税措施。一是进出口配额。二是进出口许可证。③出口控制。1992 年 6 月,俄政府引进了对所谓"战略性原料"的出口额度及许可制度(包括原油、石油产品、天然气、有色金属、化肥、木材、黄金、钻石、电能等),这些产品在俄国内市场的价格明显低于国际市场价格。经济部与各专业部协作确定额度,对外经济关系部负责控制许可的颁发。④进口许可。对于一些不同种类产品的进口,包括格斗及体育用武器,军需以及密码仪器、放射性材料、废料如铀,剧毒以及麻醉品、贵金属、合金以及宝石等,均须申请进口许可。[②]

1996 年 7 月,俄罗斯曾全面取消出口关税。1999 年 1 月起又恢复了对部分产品征收临时出口关税,这些产品主要包括煤、石油、天然气、成品油、非变性酒精、部分化工产品、有色金属、木材、皮革、大豆、油菜籽、葵花籽等。

---

① 《俄罗斯贸易投资管理体制》,《公共商务信息导报》2006 年 9 月 19 日,第 4 版。

② 顾海兵、姚佳、张越:《俄罗斯国家经济安全法律体系的分析》,《湖南社会科学》2009 年第 3 期,第 57 页。

随着俄罗斯的入世,俄罗斯对关税制度也适时进行了调整,主要体现在以下几方面:

第一,降低平均关税税率。加入 WTO,俄罗斯首先要面临的是降低关税问题。根据俄罗斯入世议定书的规定,俄罗斯在入世之后要将平均约束关税从2011 年的 11% 调整为 7.8%,其中农业品平均关税从 2011 年的 13.2% 调整为10.8%,下调 2.4 个百分点;工业品平均关税从 2011 年的 9.5% 调整为 7.3%,下调 2.2 个百分点。在加入 WTO 2~3 年的过渡期后(敏感商品 5~7 年),俄罗斯工业品的平均进口关税将降为 3%,农业品将降为 4.4%,大约 30% 的商品关税税率不超过 5%。[①] 就部分商品而言,俄罗斯削减后的平均关税税率降幅明显,乳制品的平均关税由 19.8% 降至 14.9%,降幅为 4.9 个百分点;谷物由15.1% 降至 10%,降幅为 5.1 个百分点;木材及纸张由 13.4% 降至 8%,降幅为5.4 个百分点;而信息技术产品关税削减为 0,降幅为 5.4%(见表 6-8)。

表 6-8　入世后俄罗斯部分商品平均关税水平(%)

	乳制品	谷物	油料	化学品	汽车	机电产品	木材、纸张	信息技术产品
削减前平均关税税率	19.8	15.1	9.0	6.5	15.5	8.4	13.4	5.4
削减后平均关税税率	14.9	10	7.1	5.2	12.0	6.2	8.0	0
减让幅度	4.9	5.1	1.9	1.3	3.5	2.2	5.4	5.4

资料来源:俄罗斯入世承诺,参见网址 http://www.wto.org/。

第二,降低配额外关税水平。加入 WTO 以后,俄罗斯对禽肉、猪肉、牛肉及部分乳清制品仍然实施关税配额,但是对配额内外关税水平做了让步。其中,禽肉的配额内关税为 25%,配额外关税为 80%,这较 2011 年,配额内关税提高了10%,配额外关税降低了 15%;猪肉配额内关税为 0,配额外关税为 65%,与2011 年的 75% 相比,降低了 10%;牛肉的配额内关税为 15%,配额外关税为55%,与 2011 年保持一致(见表 6-9);部分乳清制品的配额内关税为 10%,配额外关税为 15%。

---

① Logistics and customs clearance in Russia. Article Alley:http://www.articlealley.com/

表6-9 入世后俄罗斯肉类进口配合内外关税变化情况(%)

	2011		2012	
	配额内关税	配额外关税	配额内关税	配额外关税
禽肉	15	95	25	80
猪肉	15	75	0	65
牛肉	15	55	15	55

资料来源:俄罗斯入世承诺,参见网址 http://www.wto.org/。

俄罗斯还将在过渡期之后进一步消除农产品关税壁垒。根据俄罗斯关税减让表,从2020年1月1日起,俄罗斯将免除猪肉的配额,以后还将免除牛肉和禽肉的配额。一旦关税配额免除,包括猪肉、牛肉、家禽在内的肉类产品进口将按照平均从价税计征关税,牛肉的最高税率将为27.5%,猪肉的为25%,禽肉的为37.5%。[1] 加入WTO,俄罗斯必将在国际规则的约束下开放农产品市场,改变农产品贸易扭曲的现状。

第三,完善关税制度,遵循国际标准的商品命名。俄罗斯商品命名所依据的法律经过了三个阶段的变化,目前俄罗斯适用的是关税同盟框架下的共同对外关税代码命名法(the CET Code nomenclature)。该方法主要依据世界海关组织制定的2007年版《商品名称及编码协调制度》。税种改革在世界各国的实践中,为了增加透明度、减少贸易扭曲,通常使用从价税和复合税来代替从量税。而俄罗斯13%的商品征收从量税或复合税,因而,俄罗斯需要改革从量税。俄罗斯承诺,对于征收复合税的商品,与从量税对等的从价税将会以平均海关估值为基础,不会被高估。

(四) 进口管理制度

俄罗斯主要通过进口配额和许可证制度、产品标识和认证制度、进口货物的

---

[1] Sergey Kiselev, Roman Romashkin, Possible Effects of Russia's WTO Accession on Agricultural Trade and Production, ICTSD Pgrogramme on Agricultural Trade and Sustainable Development. See http://ictsd.org/downloads/2012/04/possible-effects-of-russias-wto-accession-on-agricultural-trade-and-production.pdf.

外汇管制制度等方式对进口贸易进行监管。

（1）进口配额和许可证制度。《进出口产品许可证与配额法》规定，化学杀虫剂、工业废物、医药原料及制品、麻醉剂、毒药、食品原料、食用酒精、军备武器、核技术、放射性原料等涉及国家安全和国民健康的产品必须向经济发展贸易部申请进口许可证。

（2）产品标识和认证制度。根据俄联邦经济发展贸易部 1997 年 5 月签发的第 21—154 号公函，自 1997 年 5 月起，俄罗斯境内禁止销售无俄文说明的进口食品。另外，根据俄联邦国家关税委员会 1997 年 10 月签发的第 N01—15/18803 号公函，自 1998 年 7 月起，禁止在其境内销售无俄文说明的进口商品。对于酒类制品、音像制品和计算机设备等产品，俄罗斯境内禁止销售无防伪标志及统计信息条的产品。

对化学生物制剂、放射性物质、生产废料以及部分初次进口到俄罗斯的产品尤其是食品需在进口前进行国家注册；工业、农业和民用建筑等用途的进口产品需具备卫生防疫鉴定。

俄罗斯联邦海关于 2005 年 1 月发布《需强制认证的进口产品名单》，对动植物及其产品、食品、酒精和非酒精饮料、纺织原料及其制品、机器设备和音像器材等部分进口产品实行强制性认证。

（3）对进口货物的外汇管制制度。俄罗斯规定，进口商必须在指定银行内开户且只能向境外汇出与卢布等值的其他可自由流通货币；银行可以向进口商收取最高达合同价格 0.15% 的手续费。[①]

（五）出口管理制度

俄罗斯对出口贸易进行监管的制度主要包括出口配额、出口许可证、出口合同登记制、统一验证制度等。

（1）出口配额和出口许可证制度。俄罗斯对以下三类产品实行出口配额和许可证管理：第一类是国际协议规定要求限制数量的产品，如纺织品、个别黑色金属制品、碳化硅等；第二类是某些特殊产品，包括野生动物、药物原料、密码破

---

① 《俄罗斯贸易投资管理体制》，《公共商务信息导报》2006 年 9 月 19 日，第 4 版。

译设备、武器及军民两用产品、核材料及其装置、贵金属及宝石、矿物及古生物学的收藏资料、半宝石及其制品、麻醉剂、镇静剂、毒药、有关能源信息等；第三类是俄罗斯国内需求较大的产品，如1998年10月俄政府决定，自1998年11月起对未加工皮（牛皮、羊皮及其他皮）和油籽（葵花籽、油菜籽及大豆）的出口实行许可证管理（无数量限制）。出口配额的分配主要是通过招标和拍卖进行。配额如有剩余，亦可根据出口实际进行增发。出口许可证由经济发展贸易部驻地方特派员办事处负责发放。

（2）军民两用产品的出口监督制度。1996年10月，俄罗斯政府发布了《关于对自俄罗斯联邦出口的两用产品和技术进行监督的办法条例》，规定出口军民两用产品和技术需申领出口许可证，颁发依据为出口产品是否符合俄罗斯承担的有关国际义务。

（3）出口合同登记制度。从1996年10月起，俄罗斯要求对所有金额超过5万美元的进出口合同进行登记。合同登记工作由俄罗斯经济发展贸易部驻地方特派员办事处负责。

（4）统一验证制度。1996年1月起，俄罗斯对出口商品的数量、质量和价格实行统一的强制性验证制度，规定出口商品，特别是重要的战略性原料商品，均须在起运地接受验证机构的检验，验证其数量、品质是否与报关单上填写的内容一致，其价格是否合理。验证完毕后，由验证机构向出口商出具"验讫证书"，对缺少该证书的出口商品，海关不予放行。自1996年3月起，这一制度不再具有强制性。目前，由于技术原因，"统一验证制度"尚不能全面实施，实践中只能对石油、成品油、天然气、煤、黑色及有色金属、木材、矿肥等部分商品进行验证。

（5）加工贸易出口规制制度。俄罗斯将来料加工和本地购料加工均纳入加工贸易管理范围，加工贸易产品出口时可享受一定的税收优惠。

（六）其他相关贸易监管制度

除了关税、进口管理、出口管理等方面外，俄罗斯其他贸易监管制度还包括：

（1）海关监管制度。自2004年1月起，俄罗斯实施修改后的《海关法典》，进一步简化海关监管手续，提高通关效率，相关准法律文件数量从3 000件减少到100件。海关监管的方式主要包括：文本证件及其内容的检查；口头问询；获

得书面解释;海关监察;对商品及运输工具的检查和查验;人身查验;特殊标识和识别码的检查;海关设施和关境地区的巡查等。

(2)税收制度。俄罗斯对进出口产品征收消费税和增值税。自 1993 年 2 月起,俄罗斯对部分进口产品征收消费税,征税不区分进口产品的来源地。目前,被征税的产品包括酒类、香烟、汽油、首饰、小轿车等五大类。俄罗斯对部分出口产品征收消费税,包括石油和天然气,以及通过易货合同出口的产品,同时规定向非独联体国家出口的产品(石油和天然气除外)免征消费税;向爱沙尼亚、拉脱维亚和立陶宛三国出口的、以非自由兑换货币结算的产品,免征消费税。自 1993 年 2 月起,俄罗斯对来自非独联体国家的进口产品征收进口环节增值税。进口环节增值税的税基为产品海关申报价值、进口关税额、消费税额三项之和,税率为 20%(部分食品和儿童用品的税率为 10%)。2004 年 1 月起,进口环节增值税税率降至 18%,同时,在俄罗斯境内加工和销售进口商品过程中的新增价值部分也需缴纳增值税。俄罗斯规定向独联体国家出口产品征收全额增值税,一般产品增值税税率为 20%,部分食品和儿童用品为 10%,向非独联体国家出口产品免征增值税。①

(3)农业补贴制度。加入 WTO 之后,俄罗斯承诺农业补贴的总额仍然为 90 亿美元,2018 年降至 44 亿美元(见表 6-10),并按照 WTO 规则取消部分出口补贴。俄罗斯农业工作组正在研究如何根据 WTO 的法律法规制定对本国农业以及工业的扶持政策,并筹备在 2013—2020 年国家农业发展规划第二阶段考虑削减对农业的直接扶持。为了避免对农产品的过度支持,从加入 WTO 之日起至 2017 年 12 月 31 日,俄罗斯每年对特定农产品的国内综合支持量(AMS)将不会超过对非特定农产品支持的 30%,这有利于排除俄罗斯由非特定农产品支持向特定农产品支持转变,防止农产品贸易扭曲。② 俄罗斯还将取消所有的农产补贴和适用于国内某些农产品免征增值税的政策。

---

① 吴景峰:《俄罗斯贸易体制政策调整及中国的应对对策》,《求是学刊》2008 年第 5 期,第 68 页。

② Sergey Kiselev, Roman Romashkin, Possible Effects of Russia's WTO Accession on Agricultural Trade and Production, ICTSD Pgrogramme on Agricultural Trade and Sustainable Development. See http://ictsd.org/downloads/2012/04/possible-effects-of-russias-wto-accession-on-agricultural-trade-and-production.pdf.

表6-10　入世后俄罗斯国内农业补贴水平　　　　　　　　　单位:亿美元

年份	2012	2013	2014	2015	2016	2017	≥2018
国内综合支持量(AMS)	90	90	81	72	63	54	44

资料来源:俄罗斯入世减让表第4部分有关农产品补贴的承诺,参见网址 http://www.wto.org/。

从2000年至今,俄罗斯一直维持着对本国农业及农产品的补贴,农业对于俄罗斯有深远的战略意义。因此,在同欧盟、美国关于农产品的谈判中,出于保护本国农业生产的需要,俄罗斯并没有过多地限制或削减本国的农业补贴。加入WTO,俄罗斯的农业补贴水平不降反升,2011年俄农业补贴水平为30多亿美元,而2012年和2013年俄罗斯保持每年90亿美元的农业补贴量,同时,俄罗斯还保留对部分农产品征收进口税的权力。由此可见,俄罗斯在农业问题上是从本国实际出发,设置较长的过渡期以维护本国农业企业以及农民的利益,农业补贴及法律完善还要随着俄罗斯农业状况的改善而逐渐调整。

四、结论

近年来,俄罗斯贸易监管制度与政策的调整始终围绕着WTO这条主线展开,并受到WTO规则的约束。经济体制转轨与俄罗斯贸易监管制度的调整是同步的。经济体制转轨的方向、目标以及效果都会影响到俄罗斯对贸易监管制度和政策的选择,通过吸收借鉴WTO的制度要素,俄罗斯能够通过制度模仿降低制度变迁的学习成本,从而推动俄罗斯的经济转轨进程。俄罗斯面临的困境是,如何在WTO允许的范围内采取有效措施保护本国的弱势产业,确保调整后的贸易监管制度及相关政策能够得到有效实施,利用好WTO规则进一步改善本国资源的出口状况,维护贸易安全。

第一,俄罗斯对外贸易在经济增长过程中尽管做出了积极贡献,为其实现了经济发展中重要的原始积累,但是由于贸易结构的低级化使得经济发展长期陷于资源依赖型发展模式的怪圈。俄罗斯对外贸易结构中主要出口产品集中在具有资源优势的产品上,而工业制成品中的资本密集型和技术密集型产品出口量十分有限。而且,俄罗斯主要出口商品市场占有率大多集中在上述原材料出口

方面,这也表明俄罗斯的贸易结构失衡状况十分严重。① 有学者从"资源诅咒"的视角将俄罗斯贸易结构失衡与经济增长相联系,指出资源依赖型经济增长面临诸多风险,如国际油价的不确定性将给俄罗斯经济持续发展带来不确定性;资源产业关联性将导致贸易结构、产业结构长期处于低水平;原料化经济发展模式将导致社会结构二元化现象长期存在;汇率不断升高使得"荷兰病"滋生;寻租活动泛滥导致贫富差距日益扩大。②

第二,俄罗斯日益重视经济安全问题,经济安全成为俄罗斯优先考虑的战略性问题。从俄罗斯经济安全战略的变迁中,可以发现俄罗斯贸易安全战略的主要特点是根据国内外经济形势的变化、国家发展战略的变化,不断调整和修订贸易安全战略。为使俄罗斯经济安全保障措施具有可操作性,俄联邦政府责令有关部门制定监控本国经济安全的指标和参数,对威胁经济安全的各种因素进行监测,一旦这些指标偏离经济安全"临界值","就迅速做出反应"。俄罗斯是世界上唯一官方正式明确并公布经济安全指标清单的国家。由政府明确公布经济安全指标,一方面可以为国家的宏观调控提供相对较为准确的依据,另一方面有利于国民形成稳定的预期,对于保障国家的稳定有非常重要的意义,值得我们加以借鉴。

第三,在俄罗斯,贸易安全问题是俄罗斯经济发展过程中的一个必经阶段。俄罗斯畸形的对外贸易结构、产业结构已经对经济长期增长产生阻碍作用,长期坚持这种发展模式将会危害俄罗斯的贸易安全。2008年俄罗斯经济危机后,对外贸易额大幅萎缩,国际原油价格暴跌和全球流动性紧缩是导致俄罗斯2009年经济大幅衰退的外部诱因,而其内在缺陷在于其脆弱的经济体系和畸形的贸易结构、产业结构及其不稳定的增长模式。③ 以能源、原材料为主导的经济发展模式是俄罗斯经济发展初期采用的必然经济措施,是实现资本积累的必要手段,但长期坚持这种结构模式将对经济发展产生诸多负面作用。④ 尽管俄罗斯国内普

① 王维然:《俄罗斯对外贸易实证分析》,《新疆财经大学学报》2008年第3期,第16-21页。
② 王智辉:《俄罗斯资源依赖型经济的产期增长》,《东北亚论坛》2008年第1期,第93-96页。
③ 程亦君:《俄罗斯经济衰退的内在原因分析》,《俄罗斯中亚东欧研究》2009年第6期,第53-58页、96页。
④ 马蔚云:《俄罗斯经济安全中的经济结构问题》,《俄罗斯中亚东欧研究》2011年第2期,第52-58页、96页。

遍认识到畸形的产业结构、贸易结构、经济结构已经和将要对俄罗斯贸易安全带来的危害,然而,这种偏重能源等原材料的经济结构是俄罗斯无法避免的一个发展阶段,有其必然性,在今后一段时间内将会继续存在,这是制定经济政策和观察经济结构的基本出发点。

第四,随着俄罗斯加入世界贸易组织,俄罗斯的贸易安全问题将充满着不确定和风险。从俄罗斯正式入世至 2020 年,俄罗斯将经历极其复杂的过渡期。期间,俄罗斯政府将千方百计地不断完善其各方面的保护措施,以保证入世给其带来最大利益,并把各种风险降到最低。俄罗斯能否通过入世契机,逐步加快实现现代化的步伐,是影响俄罗斯对外贸易发展的关键。

第五,在俄罗斯,贸易安全问题并不单纯是关税和贸易壁垒,而是来自俄罗斯国内低效的经济质量及法治严重缺失的政治。普京尤其强调俄罗斯所具备的操纵国际能源市场的能力,试图借用"石油大国"地位来营造俄罗斯的强势地位。[1] 在俄罗斯经济改革和发展进程中,政府具有异乎寻常的关键作用[2]。俄罗斯政府可以在保障贸易安全问题上有所作为。由于各国在政治制度、经济水平、外部环境、利益需求等方面的不同,各国对外贸易管制的程度和内容也各有不同,但其根本目标都是在贸易自由化中获得最大的利益。然而,随着贸易自由化程度和范围的进一步加深和扩大,国家为了追求本国的贸易利益,在积极运用国际贸易规则的同时,也实施严格的对外贸易管制措施。[3]

---

① 秦宣仁、韩立华:《普京发展经济的新思路》,《国际石油经济》2004 年第 10 期,第 8 - 12 页。

② 唐朱昌、杨特:《试论政府在经济转型和改革过程中的作用——中印俄三国之比较分析》,《世界经济研究》2007 年第 3 期,第 73 页。

③ 李雪平:《贸易自由化与国家对外贸易管制——从中国和平发展遭遇的贸易保护主义谈起》,《武汉大学学报(哲学社会科学版)》2006 年第 6 期,第 835 页。

第三篇
中国贸易安全与监管的实践

在贸易安全涵盖的内容中,不仅涉及粮食、能源和信息等具有特殊战略地位的贸易对象,而且与航运、跨境电子商务等贸易实现途径紧密相关。随着服务贸易成为促进国际贸易增长的主要动力,扩大服务业开放势在必行,这对我国贸易安全与监管提出了新要求。作为维护贸易安全的关键途径,以海关为主的职能部门如何提高贸易管制执法能力将起到决定性作用。同时,迫切需要重构中国贸易监管制度体系,各职能部门不仅要在职责范围内提升效率,更要通过相互协调与配合实现监管效能最大化。由于贸易安全涉及的领域较多,我们选择了对中国贸易至关重要的粮食、能源、信息、航运、电商、服务贸易等领域展开研究。对这些重点领域的研究将有利于提高中国贸易安全与监管的总体水平。因此,本篇的研究包括以下九个部分:我国贸易安全与监管的现状分析;我国粮食产业贸易安全与监管;我国能源产业贸易安全与监管;我国国际航运产业贸易安全与监管;我国信息产业贸易安全与监管;我国跨境电子商务贸易安全与监管;服务业全面开放下的我国贸易安全与监管;我国贸易安全与贸易管制执法;整体性治理观下的中国贸易安全监管体系重构。

第七章
中国贸易安全与监管的现状分析

贸易安全是在贸易全球化和贸易自由化的大背景下产生的(Maureen Appel Molot, 2003)。建国初期,由于以美国为首的资本主义国家对我国实行严酷的经济封锁,我国被动地陷入"闭关锁国"状态,对外贸易发展停滞,这时基本上不存在贸易安全方面的问题。但是,与国际的隔绝、外贸的停滞令我国陷入了生产技术落后、生产效率低下、国民经济增长缓慢的状态。改革开放后,我国向社会敞开了大门,在南部沿海城市设立了经济特区,采取特殊政策和灵活措施吸引外商投资,引进先进生产技术和管理理念,极大地促进了我国对外贸易的发展。经济技术开发区、高新技术开发区和保税区、出口加工区、综合保税区等海关特殊监管区域的相继出现,我国加入 WTO,自由贸易战略的实施等,令我国的对外贸易发展不断加速,我国已经成功地融入全球经济一体化中。与此同时,贸易的安全性也成为维护经济安全,保障国家政治稳定、经济健康发展过程中需要高度重视的问题。本章主要分析改革开放后我国对外贸易发展的基本情况、对外贸易安全状态,以及我国的贸易监管机制。

一、中国对外贸易发展现状

十二届三中全会以来,改革的春风吹遍神州大地,给我的对外贸易发展带来勃勃生机,进出口总额迅速增长,中国在全球贸易中的地位不断提高。1978年我国占全球贸易的比重仅 0.6%;2013 年我国已成为世界第一货物贸易大国,

占全球贸易的比重接近 12%。2014 年我国对外贸易再创新高,占全球贸易的比重达 12.2% 左右,进一步巩固了货物贸易第一大国的地位。近年来,我国对外贸易发展总体概况如下。

(一) 货物贸易规模迅速扩大

1978—2013 年,我国对外贸易总额从 206 亿美元增加到 4.16 万亿美元,年均增长 16.4%,中国占全球贸易的比重从 1977 年的 0.6% 上升到 2013 年的约 12%,首次成为世界第一货物贸易大国。

2014 年,我国进出口商品总值达 4.30 万亿美元,同比增长 3.4%,其中出口 2.34 万亿美元,同比增长 6.1%,进口 1.96 万亿美元,同比增长 0.4%。贸易顺差 3 824.6 亿美元,同比扩大 47.3%。在剔除 2013 年套利贸易垫高基数因素后,全国进出口同比实际增长 6.1%,出口增长 8.7%,进口增长 3.3%。从全球范围看,2014 年全球贸易预计仅增长 2% 左右,1~11 月美国进出口增长 3%,欧盟和日本分别下降 0.5% 和 2.5%。而我国外贸增速明显高于全球的平均增速,第一货物贸易大国地位进一步巩固。全年我国出口占全球份额达 12.2% 左右,较 2013 年提高 0.5 个百分点(见图 7-1)。

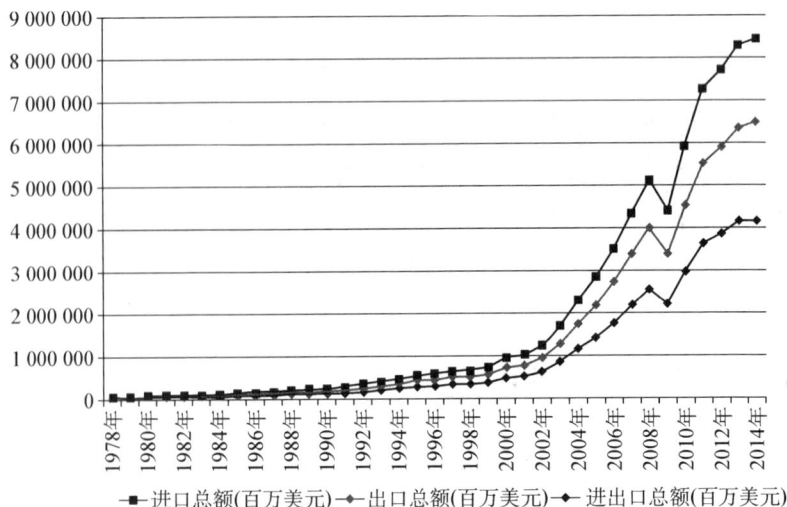

图 7-1 我国进出口贸易发展(1978—2014 年)

（二）外贸对经济增长贡献突出

据商务部研究院的测算，目前我国从事与外贸直接或间接相关工作的人员约 1.5 亿人，其中与外贸直接相关的从业人员约 1 亿人。总之，进出口贸易已成为我国经济增长的重要动力，对外贸易对我国经济增长的贡献越发凸显。

在当前我国经济下行压力加大的情况下，外贸对经济增长起到了重要的支撑作用。按支出法核算，2014 年前三季度，货物和服务净出口对国内生产总值增长的贡献率达 10.2%，全年贡献率在 10.5% 左右，创 2008 年以来最高水平。

（三）对外贸易的主导方式发生改变

改革开放后，加工贸易作为一种新的贸易方式在我国出现。从最初接受香港加工业转手的订单开始，规模从小到大快速增长，并一度成为我国主要的贸易方式。1981 年，我国加工贸易进出口总值 26.4 亿美元，占进出口总值的 6.0%，比例很低。此后经过 10 多年的快速增长，在 1990 年代不断创造奇迹：1993 年加工贸易和一般贸易的贸易总额基本持平；1994 年加工贸易进出口首度超越一般贸易跃升为我国外贸进出口第一大贸易方式，贸易额突破千亿美元，达 1 045.5 亿美元；1996 年，加工贸易在我国贸易进出口中所占比重首度突破 50%；1998 年这一比重达到 53.4%，为改革开放 30 多年间的峰值。此后，所占比重开始小幅回落（见表 7 - 1）。

表 7 - 1   1990—2011 年我国加工贸易主导方式变化情况

年份	一般贸易（亿美元）	加工贸易（亿美元）	加工贸易占贸易总额比重（%）
1990	616.6	441.8	38.3
1991	676.6	574.6	42.3
1992	773	711.6	43.0
1993	812.5	806.2	41.2
1994	970.8	1 045.5	44.2
1995	1 147.4	1 320.7	47.0
1996	1 022	1 466	50.6

（续表）

年份	一般贸易（亿美元）	加工贸易（亿美元）	加工贸易占贸易总额比重（%）
1997	1 170	1 698.1	52.2
1998	1 179.2	1 730.5	53.4
1999	1 461.8	1 844.6	51.1
2000	2 052.6	2 302.1	48.5
2001	2 253.4	2 414.1	47.4
2002	2 653	3 021.3	48.7
2003	3 696.8	4 047.6	47.6
2004	4 917.5	5 496.6	47.6
2005	5 947	6 904.8	48.6
2006	7 492.7	8 318.3	47.3
2007	9 670.7	9 860.4	45.4
2008	12 349.6	10 534.9	41.1
2009	10 637.0	9 093.2	41.2
2010	14 887.1	11 577.6	38.9
2011	19 245.8	13 052.2	35.8

尽管 1998 年以后我国加工贸易总额一直保持较高增长，依然是我国对外贸易的主要形式，但其领先于一般贸易的优势逐渐消失，2008 年被一般贸易总额超越，成为第二大贸易方式。

2014 年，我国对外贸易中一般贸易占比持续上升。全年一般贸易进出口 2.31 万亿美元，增长 5.3%，占全国进出口总额的 53.8%，较 2013 年提高 1 个百分点，比重连续两年提高。加工贸易进出口 1.41 万亿美元，增长 3.8%，增速较 2013 年加快 2.7 个百分点。

（四）商品结构进一步优化

改革开放前，我国工业水平比较低下，主要出口初级产品。1978 年我国初级产品出口比重为 53.5%，高出工业制成品 7 个百分点。到 1986 年工业制成

品比重大幅上升到 63.6%,反超初级产品 27 个百分点。此后,工业制成品比重迅速攀升,到 2014 年,工业制成品占出口总额的 95.2%,较 2013 年提高 0.1 个百分点,占比连续三年提高。大型成套设备、特色产品出口高速增长,2014 年,电力、通信、机车车辆等大型成套设备出口继续快速增长,增速达 10% 以上,出口占比为 4.7%,比 2013 年提高 0.2 个百分点。机电产品占出口总额的比重已达 56.0%。七大类劳动密集型产品出口达 4 851 亿美元,增长 5%。生物技术产品、航空航天技术产品、计算机集成制造技术产品等高新技术产品进口增速均在 15% 以上。消费品进口达 1 524 亿美元,增长 15.3%,占进口总额的 7.8%,较 2013 年提高 1 个百分点。初级产品出口仅占总出口的 4.9%,工业制成品成为我国出口商品的主要力量。

(五) 贸易伙伴趋向多元化

美欧日是我国传统的贸易伙伴。在 2008 年全球金融危机后,美国、欧洲、日本纷纷陷于经济低迷状态,我国不断开拓新兴市场,新兴市场和发展中国家占出口比重进一步提升。2014 年,我国对新兴市场和发展中国家出口占总出口比重为 45.4%,比 2013 年提高 1.6 个百分点;我国与发展中国家进出口比重较 2013 年提高 0.4 个百分点,其中,对东盟、印度、俄罗斯、非洲、中东欧国家等进出口增速均快于整体增速。实施自贸区战略效果明显,不含港澳台地区的其他 17 个自贸伙伴在我国出口总额的占比较 2013 年上升 0.6 个百分点。对发达国家市场保持稳定增长,全年对欧盟和美国进出口分别增长 9.9% 和 6.6%。①

二、中国贸易安全状态

(一) 中国贸易安全与国家安全、经济安全的发展

贸易安全是经济安全的重要组成部分,而经济安全又是国家安全体系的核心要素之一。中央政府报告第一次出现"国家安全",是 1983 年第六届全国人民

---

① 详见商务部网站,2014 年中国对外贸易情况,http://www.mofcom.gov.cn/article/i/jyjl/k/201501/20150100877243.shtml。

代表大会第一次会议上的政府工作报告,"国务院提请批准设立国家安全部,以加强对国家安全工作的领导。"20世纪80年代中期～90年代,中共中央和中央政府主要是把传统安全要素——领土安全、主权安全、国防安全、政权安全、政治安全、军事安全等作为国家安全的内容。90年代后期～21世纪初,我国的国家安全内涵由传统安全向非传统安全过渡,最早出现在对外安全领域和对国际安全的认识上,然后逐渐延伸到国内安全领域及对中国国家安全的整体认识上。自2002年《中国与东盟关于非传统安全领域合作联合宣言》起,非传统安全已上升为国家战略与政府的重要议题。2004年9月,第16届四中全会通过的《中共中央关于加强党的执政能力建设的决定》依次涉及"公共安全""人民生命财产安全""政治安全""经济安全""文化安全""信息安全""国防安全"七个不同类型和不同层级的安全构成要素,并且集中强调"确保国家的政治安全、经济安全、文化安全、信息安全、国防安全",这是第一次把传统安全要素与非传统安全要素放在一起综述。此后,国家安全的构成要素不断扩展和丰富,在2012年中共十八大报告中,涉及安全的领域不断扩大,依次包括:食品安全、药品安全、信息安全、粮食安全、公共安全、企业安全、人民生命安全、人民财产安全、生态安全、能源安全、生存安全、发展安全、海洋安全、太空安全、网络空间安全、国际安全、军事安全、资源安全、网络安全等。

2014年4月15日,习近平主席在主持召开中央国家安全委员会第一次会议时提出,坚持总体国家安全观,走出一条中国特色国家安全道路。这是我国首次提出"总体国家安全观",并首次系统提出"11种安全"。习近平主席指出,要构建集政治安全、国土安全、军事安全、经济安全、文化安全、社会安全、科技安全、信息安全、生态安全、资源安全、核安全等于一体的国家安全体系。由此可见,总体国家安全观既重视外部安全,又重视内部安全;既重视国土安全,又重视国民安全;既重视传统安全,又重视非传统安全;既重视发展问题,又重视安全问题;既重视自身安全,又重视共同安全。

国内有关经济安全的研究始于1996年。在1997年亚洲金融危机爆发之后,经济安全开始成为热点问题。在经济安全的概念问题上,国内存在几种代表性观点,即国家安全说、经济主权说、竞争力说和抗风险说。在经济安全的内涵方面,一般认为,它主要包括金融安全、资源(如石油、粮食和人才)安全、产业安

全、财政安全、信息安全、贸易安全等。

我国关于贸易安全的研究在 20 世纪末开始兴起。当时主要是基于中国加入 WTO 会对我国贸易安全带来的挑战、对国内产业造成的威胁等问题进行探讨。后来的研究主要集中于对外贸易依存度高、产品的国际竞争力弱、对外贸易方式的构成、国际贸易新规则对我国贸易的威胁等方面。本节将从这几个方面分析我国的贸易安全现状。

(二) 全球贸易新规则的影响

目前全球区域经济一体化发展呈现了多元化发展态势,TPP 谈判、TTIP 谈判、TISA 谈判并驾齐驱,成为全球瞩目的焦点,这些谈判及其相互之间的互动必将成为塑造未来全球贸易新规则新版图和全球区域经济合作格局的重要力量。

《跨太平洋战略经济伙伴协定》(Trans-Pacific Partnership Agreement, TPP)是由美国主导的高标准的地区一体化安排,是美国实施战略重心向亚太地区转移,全面介入亚太地区经济整合过程,重获其在亚太经济主导权的重要工具。2011 年 11 月,时任美国国务卿希拉里发表题为"美国的太平洋世纪"的演讲,表示:"在下一个 10 年,美国要锁定在外交、经济、战略和其他方面持续不断地增加在亚太地区的投入,并把它当作是美国治国理政的最重要任务之一。"

2009 年以来,在美国的积极推动下 TPP 谈判进展迅速,成员国不断扩大。APEC 现有的 21 个成员中除中国、中国香港、印度尼西亚、韩国、巴布亚新几内亚、菲律宾、俄罗斯、中国台北和泰国外,其余 12 个成员已全部加入了 TPP。作为美国高调重返亚太的重要战略工具,美国积极推动 TPP 发展的意图在于直接参与并主导亚太地区贸易合作机制,继续引领制定亚太地区乃至世界自由贸易的新标准。根据美国的设想,TPP 是一项"面向 21 世纪、高标准、全面的"自由贸易协定。美国加入 TPP 后主导了 TPP 谈判并在不少章节上提出了新的方案。一旦这样的高标准在亚太地区的影响力和地位不断扩大,美国自然而然也就成为了亚太区域贸易规则的主导者。

美国在加快推动 TPP 谈判进程的同时,也在启动跨大西洋的贸易投资协定谈判。2013 年 2 月 13 日,美国总统奥巴马和欧洲理事会主席范龙佩、欧盟委员

会主席巴罗佐发表联合声明，宣布双方将启动《跨大西洋贸易与投资伙伴关系协定》(Transatlantic Trade and Investment Partnership, TTIP)的谈判。

其实，TTIP并不是美欧之间一个新的贸易规则，其产生可以溯源到20世纪末的"新跨大西洋市场"(New Transatlantic Marketplace, NTM)。早在1995年欧美马德里峰会达成的"新大西洋议程"(New Transatlantic Agenda, NTA)中，双方首次提出创立"新跨大西洋市场"以强化欧美"跨大西洋关系"的经济维度，要求双方在政府及非政府层面展开磋商，克服主要贸易障碍，密切经济合作。1998年，在时任欧盟贸易委员布里坦爵士的主导和推动下，欧委会发表题为"新跨大西洋市场"的公报，呼吁欧美间进行"经济整合"，在2010年前实现欧美间完全取消工业制成品关税、创建双边服务贸易免税区等具体目标。由于当时欧盟对美国《赫尔姆斯-伯顿法》和《1996年伊朗、利比亚制裁法案》持反对意见，要求将解决双方在上述问题上的分歧作为推进NTM的先决条件。同时，由于法国、荷兰等欧盟成员国出于自身利益考虑反对建立NTM，德国、比利时等国也对NTM不太感兴趣，最终欧美只是达成了具有象征意义的"跨大西洋经济伙伴关系"。

在当前WTO多哈回合谈判陷入僵局，以及发展中成员国在WTO中的话语权增强，而美国在WTO的领导地位日益遭到削弱的背景下，美国意欲借与欧洲的跨大西洋合作谈判重塑全球贸易规则。与此同时，欧债危机令欧盟国家的经济发展非常不容乐观，经济衰退和失业率上升的压力也令欧盟在积极寻找解决途径。在美欧双方共同需要和利益的驱使下，搁置了好几年的"跨大西洋经济伙伴关系"以新面貌TTIP登上了历史的舞台。2013年6月，八国集团峰会在英国北爱尔兰西部厄恩湖闭幕，欧盟和美国在此期间宣布将正式展开价值超过千亿美元的TTIP谈判，双方领导人计划两年内完成谈判内容，于2015年底前完成谈判并签定建立美欧自由贸易协议。由此，从1995年的"新跨大西洋市场"到2013年的TTIP，历经八年的曲折，美欧终于启动了跨大西洋的贸易与投资伙伴关系协定，预示着以美国为主导的另一个全球贸易新规则的诞生。

根据目前美欧已经协议的TTIP协定情况，双方有如下约定：①双方要求尽可能取消跨大西洋贸易领域工业品和农产品全部关税；②进一步开放服务市场，加强在公共采购、政策制定领域的合作；③在竞争、贸易便利化、劳工、环境等领

域制定最新规则；④加强知识产权保护力度，并推动其在第三国市场和国际组织的实施；⑤共同制定并实施联合策略，以解决中国、俄罗斯、日本、乌克兰等国的市场准入及其他贸易事宜。

从 TTIP 的成员情况来看，欧盟是世界最大的区域国家集团，美国是当今世界最大的经济体，欧盟和美国分别占世界 GDP 的 25.1% 和 21.6%，占世界贸易总额的 17.0% 和 13.4%，这两大经济体联合起来组建世界上的最大自由贸易区，对世界经济的发展和全球贸易规则的制定必将带来重大影响。美欧间的贸易与投资关系也是全球规模最大、最复杂的经济关系。这个协定因为拥有两个约占世界 GDP 的一半、世界贸易额的 1/3 的经济发达体的强强结合，如果最终达成，将成为史上最大的自由贸易协定。

由于 TTIP 涵盖巨大市场，其他欲和该区域打交道的第三国或区域一体化组织（如东盟、BRICS 等）也将被迫提高合作规则标准以保持竞争力。未来更多的国家可能会寻求成为美国主导的区域经济一体化组织的成员，这样，美国就可以迫使这些国家制定有利于深化市场改革的国际贸易和投资规则。许多国家一旦无法面对美欧建立的全球监管以及产品标准的压力，就会成为美欧规则的跟随者。因此，美欧在 TTIP 谈判中制定的任何条款、内容、技术和法规标准都将可能成为许多其他国家未来在双边、多边和区域贸易谈判上参考或借用的标准，美欧可借此进一步巩固它们在全球贸易规则制定方面的垄断地位和话语权，以维护它们在全球贸易和投资中的领导地位。

2013 年 3 月 1 日，奥巴马政府向国会提交《2013 年总统贸易政策议程》报告，将五年出口翻番计划、TPP 和 TTIP 谈判列为工作重点。美国政府一系列的举措令其主导全球贸易新规则、重塑世界贸易新版图的勃勃野心昭然若揭。而这一切都直接将矛头指向中国，企图钳制中国的贸易发展。

（三）中国对外贸易依存度偏高

改革开放以来，在出口导向型外贸战略和加工贸易为主的贸易发展方式的双重推动下，我国对外贸易依存度一直处于较高水平。1985 年，我国外贸依存度仅为 25%。21 世纪初，对外贸易依存度不足 40%，此后一路上升，到 2006 年达到峰值 65.17%。2007—2009 年期间，受全球经济危机的影响，我国的外贸出口有所放缓,这时期我国的对外贸易依存度逐年下降,到 2009 年达到谷底 44.24%。而后,对外贸易依存度有所上升,目前基本维持在 46%～47%的水平 (见图 7－2)。

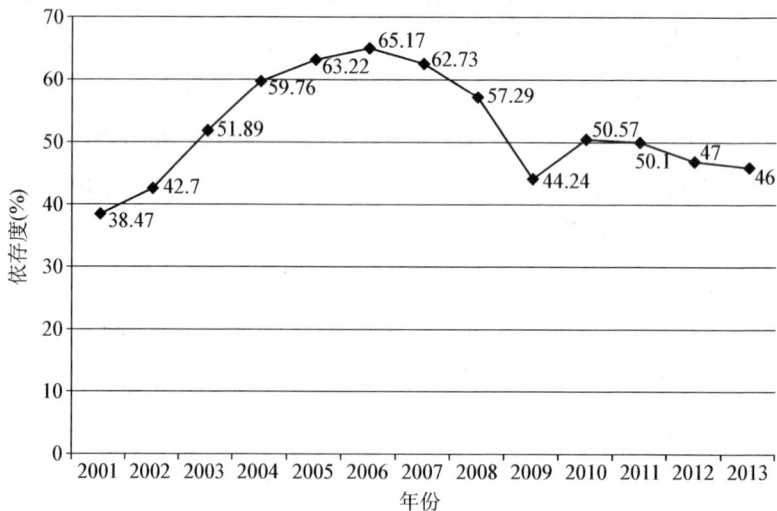

图 7－2　我国对外贸易依存度(2001—2013 年)

谢锐,赵果梅(2014)基于 WIOT 数据库提供的单区域(进口)非竞争型投入产出表,对发达国家和新兴经济体共 18 个国家和地区 1995—2009 年的外贸依存度进行了测算。计算发现,1995—2001 年期间,中国外贸依存度仅高于美国、日本、巴西、土耳其和印度,与澳大利亚、法国和墨西哥相近,低于加拿大、欧盟、英国、德国、意大利等发达经济体和韩国、俄罗斯、印度尼西亚、中国台湾等新兴经济体。但加入 WTO 之后,中国大陆外贸依存度持续攀升,2002 年开始超过英国和意大利;2004 年超过韩国;2006 年超过加拿大和印度尼西亚;2007 年超过俄罗斯;2008 年仅次于中国台湾,成为这些经济体中第二大高外贸依存度的国家;2009 年虽有所回落,但也仅低于中国台湾、韩国、欧盟和德国等经济体,中国外贸依存度已经达到较高水平。[①]

---

① 谢锐、赵果梅:《基于贸易国内增加值视角的中国外贸依存度研究》,《国际商务——对外经济贸易大学学报》2014 年第 5 期。

欧盟、美国、日本一直是我国的贸易伙伴。从 2013 年的贸易统计数据来看，我国的贸易伙伴主要集中在欧盟、美国、东盟、中国香港、日本和韩国等国家和地区，其中对欧盟、美国、东盟三大市场的依存程度最高，超过了对外贸易总额的 1/3（见表 7‑2）。

表 7‑2　2013 年我国前十大贸易伙伴进出口情况

	进出口（亿美元）	同比(%)	占比(%)	出口（亿美元）	同比(%)	进口（亿美元）	同比(%)
合计	41 603.3	7.6	100	22 100.4	7.9	19 502.9	7.3
欧盟（28 国）	5 590.6	2.1	13.4	3 390.1	1.1	2 200.6	3.7
美国	5 210	7.5	12.5	3 684.3	4.7	1 525.8	14.8
东盟	4 436.1	10.9	10.7	2 440.7	19.5	1 995.4	1.9
中国香港	4 010.1	17.5	9.6	3 847.9	19	162.2	−9.3
日本	3 125.5	−5.1	7.5	1 502.8	−0.9	1 622.8	−8.7
韩国	2 742.5	7	6.6	911.8	4	1 830.7	8.5
中国台湾	1 972.8	16.7	4.7	406.4	10.5	1 566.4	18.5
澳大利亚	1 363.8	11.5	3.3	375.6	−0.4	988.2	16.8
巴西	902.8	5.3	2.2	361.9	8.3	540.9	3.4
俄罗斯	892.1	1.1	2.1	495.9	12.6	396.2	−10.3

偏高的对外贸易依存度、较为集中的贸易市场会使我国的经济发展容易受到国外经济波动的影响，影响对外贸易的安全，从而影响我国的产业安全和社会稳定。

（四）国内严重的产能过剩影响贸易安全与发展

国际金融危机以来，我国产能过剩呈现出新的特点，表现为从潜在、阶段性过剩转变为实际和长期性过剩，从低端、局部性过剩转变为高端、全局性过剩，产能过剩问题非常严重。[①] 根据企业提供的材料，结合有关统计数据分析，当前钢

[①] 李晓华：《后危机时代我国产能过剩研究》，《财经问题研究》2013 年第 6 期。

铁、水泥、平板玻璃、电解铝4个行业都存在明显的甚至严重的产能过剩现象,特别是阶段性、结构性的产能过剩。2012年,我国粗钢产能约为9.5亿吨,粗钢产量7.2亿吨,产能利用率为75.8%;水泥产能约为30.0亿吨(其中新型干法水泥28.5亿吨),产量21.8亿吨,产能利用率为72.7%;平板玻璃产能约为10.4亿重箱,产量7.1亿重箱,产能利用率为68.3%;电解铝产能约为2 850万吨,产量1 988万吨,产能利用率为69.8%。[①] 产能利用率明显低于国际通常水平。李晓华(2013)通过对比2002—2011年间38个两位数工业行业(不包括"其他采矿业")的产出资本比,发现与2002—2007年的数据比较,2008年以后出现产能过剩的行业数量明显增加,产能过剩成为一种全局性的现象。

2011年以来,不仅钢铁、水泥、平板玻璃、电解铝、煤化工等传统行业因产能过剩而处于全行业亏损,甚至几年前还被推崇为"新兴产业"的太阳能多晶硅和风电设备等行业,也陷入产能全面过剩的困境。2012年底的中央经济工作会议指出,2012年除了钢铁、水泥、平板玻璃、煤化工和造船等传统行业产能大量过剩外,氮肥、电石、氯碱、甲醇和塑料等一度热销的化工产品也因为产大于需而销售困难;铜、铝、铅锌冶炼等有色行业生产形势低迷,产能过剩问题凸现,甚至多晶硅、风电设备等新兴产业领域的产品也出现产能过剩,大型锻件也存在着产能过剩的隐忧。国际金融危机前产能显著过剩的主要是低端产品,而国际金融危机后高端产品也出现过剩,甚至出现同一产业内部高端产品卖不过低端产品的情况。产能过剩造成行业利润大幅下滑,企业普遍经营困难。2012年,中钢协所属的80家会员大型钢铁企业实现利润仅15.8亿元,同比下降98.2%,亏损面为28.8%;水泥行业在很多地方价格出现倒挂,全行业实现利润657亿元,同比下降32.8%;平板玻璃行业实现利润仅为9.8亿元,同比下降66.6%;电解铝全行业长期处于负利运行状态,企业亏损面高达93%。[②]

[①] 中国企业联合会"去产能化"调研组:《当前部分行业产能过剩情况及化解建议》,《中国经贸导刊》2013年4月下。

[②] 陈剩勇、孙仕祺:《产能过剩的中国特色、形成机制与治理对策——以1996年以来的钢铁业为例》,《南京社会科学》2013年第5期。

（五）中国贸易频遭反倾销

大量数据显示，我国长期以来都是全球遭受反倾销最多的国家，是反倾销的最大受害国。据 WTO 官方统计，从 WTO 成立后的 1995—2012 年，全球实施最终反倾销案共 4 230 起，其中中国遭遇反倾销案累计 916 起，占全球 21.7%，位列全球之首，是排在第 2 位韩国（306 起）的 2.99 倍，是排在第 3 位美国（244 起）的 3.75 倍。其中，2008、2009 年对华倾销案分别达到 76、77 起，分别占全球的 35.7%、36.8%，为史上最高。到 2010 年虽然有所下降，但是自 2010 年起，全球对华反倾销案一直在稳步增长（见图 7-3）。

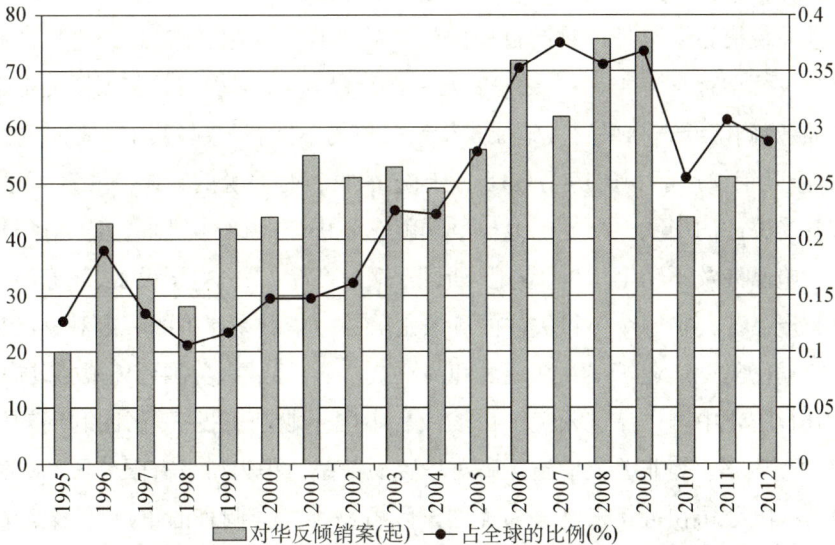

图 7-3　1995—2012 年中国遭遇 WTO 成员国反倾销情况

资料来源：WTO 网站。

2012 年，全球针对中国产品的反倾销和反补贴调查分别为 60 起和 10 起，居各国（地区）之首，针对中国产品的反倾销和反补贴调查数之和占同期全球反倾销和反补贴调查数之和的 30.3%。而同期中国出口额只占世界出口总额的 11.3%，二者比例极不相称，可见我国遭受的贸易保护主义壁垒非常严重。根据 WTO 的统计，我国已连续 18 年成为全球反倾销调查的最大受害者，连续 7 年成

为全球反补贴案件的最大被诉方。[1]

根据 WTO 网站数据统计,1995—2012 年全球对华反倾销案件数量居前 10 位的国家以美国、欧盟和新兴经济体国家为主。位居世界前 3 位的是印度、美国、欧盟,对华反倾销数量分别为 154 起、112 起、111 起,合计占全球反华倾销案的 41.2%。排名前 5 位国家的反华倾销案则占全球的 57%。

据中国贸易救济信息网统计,2013 年上半年对华发起反倾销调查的主要国家在发展中国家中不断扩大;电子产品新立案数同比大幅上升,闪存产品首次成为国外反倾销调查的对象;农产品首次成为国外反补贴调查的对象。我国主要的贸易伙伴欧美对华贸易依旧争端不断,并且手段不断升级。欧盟委员会一份贸易统计报告显示,2013 年 1~7 月,欧盟发起的反倾销和反补贴调查以及征收惩罚性关税措施多数是针对产自中国的产品。其中,欧盟针对相关进口产品发起的"双反"调查案有 4 起,全部是针对中国产品,涉及无缝钢管和太阳能电池板组件;欧盟确定调查结果后实施征收特定关税的案件有 7 起,其中 5 起针对中国产品,涉及钢铁产品和厨房用具;欧盟确定征收临时关税的案件有 4 起,一段时间来备受关注的中欧太阳能电池板争端就在其中。2013 年以来,美国对华贸易保护措施已涉及不锈钢水槽、应用级风塔、钢丝产品、手机电子设备、冰冻温水虾等多类产品。其中一个值得关注的迹象是美国对华贸易保护的打击对象已从此前的劳动密集型产业扩展到新能源和高科技产业。此外,美国还以威胁"国家安全"为由,阻止中国产品进入美国市场或者中国企业赴美投资,试图利用知识产权和"国家安全"等非关税措施提高对华贸易壁垒。华为科技有限公司和中兴通讯股份有限公司在近年来已成为美国国际贸易委员会调查的重点,涉案产品包括带有可伸缩 USB 连接器的电子设备、电子成像设备及无线消费电子设备等。美国对华光伏电池双反案已于 2012 年 10 月作出肯定性终裁,反倾销税率为 18.32%~249.96%,反补贴税率为 14.78%~15.97%。中国在成长为世界贸易大国的过程中,已经成为全球遭受贸易救济措施打击面最广、打击最严重的国家。

---

① 裴红萍:《2012 年全球贸易救济案件综述》,《中国贸易救济》2013 年第 8 期。

三、中国贸易监管机构及其监管措施

从贸易活动的整个流程来看,我国对外贸经营者资格、进出关境的物品、承运人资格、资金流等有一套完整严格的协作监管体系,涉及商务部、财政局、国家税务总局、海关总署、国家出入境检验检疫局、国家外汇管理局等国家机构。以下就对其中几个机构的主要职责和监管方式进行说明。

(一) 商务部

商务部于 2008 年设立,是为适应中国加入世贸组织后,中国市场与全球市场将会融为一体,很难再继续严格地区分内贸和外贸,根据第十一届全国人民代表大会第一次会议批准的国务院机构改革方案和《国务院关于机构设置的通知》(国发〔2008〕11 号),而将原国家经济贸易委员会内负责贸易的部门和原对外经济贸易合作部合并成"商务部",由其统一负责国内外经贸事务。商务部的主要职责包括:

制定国内外贸易和国际经济合作的发展战略、宏观政策,制定进出口商品、加工贸易管理办法和进出口管理商品、技术目录。

拟订多双边(含区域、自由贸易区)经贸合作战略和政策,牵头负责多双边经贸对外谈判,协调谈判意见并签署和监督执行有关文件,建立多双边政府间经济和贸易联系机制并组织相关工作,处理国别(地区)经贸关系中的重要事务,管理同未建交国家的经贸活动,根据授权代表我国政府处理与世界贸易组织的关系,牵头承担我国在世界贸易组织框架下的谈判和贸易政策审议、争端解决、通报咨询等工作,负责对外经济贸易协调工作。

拟订并执行对外技术贸易、出口管制以及鼓励技术和成套设备进出口的贸易政策,依法颁发防扩散等与国家安全相关的进出口许可证件。

承担组织协调反倾销、反补贴、保障措施及其他与进出口公平贸易相关工作的责任,建立进出口公平贸易预警机制,依法实施对外贸易调查和产业损害调查,指导协调产业安全应对工作及国外对我国出口商品的反倾销、反补贴、保障措施的应诉工作。

监测市场运行,进行预测预警和信息引导。

以上这些是与进出口货物贸易紧密相关的一部分职能。由此可以看出,商务部主要是从维护国家安全、促进经济发展、保障国家利益的根本点出发,负责拟定进出口贸易发展战略、政策,推进国际合作,实施贸易保护、预测预警、贸易救济、境外风险防范等方面的工作。

以出口商品为例,1979 年,美国制定了《美国出口管制条件》,对涉及威胁美国国家安全的战略性技术和物资禁止出口(王自立等,2009)。我国商务部也不断根据时局形势动态调整出口许可证管理货物目录。譬如对于稀土这种特殊的资源性物质,其应用优势集中体现在制导、卫星、探测、通信、激光等以军事为先导的高精技术领域。据了解,中国以占世界总储量约 23% 的稀土资源承担了世界 90% 以上的市场供应,而拥有丰富稀土资源的美国等国家,并不开采自己的稀土,而是大量进口中国稀土。我国一直以来都实行出口配额制,意在稳定稀土价格,维护稀土资源的可持续发展。不过,也因为出口配额制度,国际市场上一直纷争不断。商务部在 2014 年 12 月 31 日发布的《2015 年出口许可证管理货物目录》指出,稀土出口执行出口许可证管理,企业只需凭出口合同申领出口许可证,无需再提供批准文件。这意味着稀土出口配额正式取消。一同取消出口配额管理制的还有矾土、焦炭、钨及钨制品、碳化硅、锰、钼和氟石。在《2015 年出口许可证管理货物目录》中,共有 48 种货物分别实行出口配额许可证、出口配额招标和出口许可证管理。小麦、玉米、大米、小麦粉、玉米粉、大米粉、棉花、锯材、活牛(对港澳)、活猪(对港澳)、活鸡(对港澳)、煤炭、原油、成品油、锑及锑制品、锡及锡制品、白银、铟及铟制品、磷矿石实行出口配额许可证管理;蔺草及蔺草制品、滑石块(粉)、镁砂、甘草及甘草制品实行出口配额招标;活牛(对港澳以外市场)、活猪(对港澳以外市场)、活鸡(对港澳以外市场)、冰鲜牛肉、冻牛肉、冰鲜猪肉、冻猪肉、冰鲜鸡肉、冻鸡肉、矾土、稀土、焦炭、石蜡、钨及钨制品、碳化硅、消耗臭氧层物质、铂金(以加工贸易方式出口)、部分金属及制品、钼、钼制品、天然砂(含标准砂)、柠檬酸、青霉素工业盐、维生素 C、硫酸二钠、氟石、摩托车(含全地形车)及其发动机和车架、汽车(包括成套散件)及其底盘实行出口许可证管理。

（二）财政局、国家税务总局对进出口商品关税税率进行管理

关税是指进出口商品在经过一国关境时，由海关向进出口商所征收的税收。根据《中华人民共和国海关法》的有关规定，获准进出口的货物、进境物品，除法律、行政法规另有规定外，海关都要依照规定征收进出口关税。由于国家仅对少数资源型产品及易于竞相杀价、盲目出口、需要规范出口秩序的半制成品征收出口关税，故通常所说的关税是指进口关税。征收关税会引起进口商品的国际价格和国内价格的变动，从而影响到出口国和进口国在生产、贸易和消费等方面的调整，引起收入的再分配。一般说来，当一国的经济实力强大，在国际竞争中处于优势时，往往奉行较低的关税税率政策，关税体现的主要是财政关税的职能；相反，当一国经济发展落后，国际竞争力不强时，则往往奉行贸易保护主义政策，推行较高的关税税率，这时候关税的保护职能居于重要甚至主要地位。因此，从某种程度来说，进出口商品关税税率可以被看做是一道屏障，关税税率越高，屏障越高，以阻挡国外商品进入，保护国内市场和国内相关的产业；关税税率越低，屏障越低，以引入更多的进口商品。

关税虽然是由海关征收，但是税率的制定是由财政部、国家税务总局等部门商议，国务院关税税则委员会审议并报请国务院批准的。

为支持产业转型升级，推动对外贸易发展方式转变，促进经济持续健康发展，我国自2015年1月1日起对进出口关税进行部分调整，对部分进口商品实施低于最惠国税率的进口暂定税率。其中，首次实施进口暂定税率和进一步降低税率的产品包括光通信用激光器、全自动铜丝焊接机等先进制造业所需的设备、零部件；电动汽车用电子控制制动器等有利于节能减排的环保设备；乙烯、镍铁等国内生产所需的能源资源性产品；降脂原料药、夏威夷果、相机镜头等药品和日用消费品。同时，统筹考虑产业、技术发展和市场情况，对制冷压缩机、汽车收音机、喷墨印刷机等商品不再实施进口暂定税率，适当提高天然橡胶等商品的暂定税率水平。

2015年继续对小麦等七种农产品和尿素等三种化肥的进口实施关税配额管理，并对尿素等三种化肥实施1%的暂定配额税率。对关税配额外进口一定数量的棉花继续实施滑准税，税率不变。

2015 年中国继续以暂定税率的形式对煤炭、原油、化肥、铁合金等产品征收出口关税。根据国内化肥、煤炭供需情况的变化，适当调整化肥出口关税，对氮肥、磷肥实施全年统一的出口关税税率，适当降低煤炭产品的出口关税税率。

2015 年依据中国与有关国家或地区签署的自由贸易协定或关税优惠协定，继续对原产于东盟各国、智利、巴基斯坦、新西兰、秘鲁、哥斯达黎加、韩国、印度、斯里兰卡、孟加拉、瑞士、冰岛等国家的部分进口产品实施协定税率，部分税率水平进一步降低。在内地与香港、澳门更紧密经贸关系安排框架下，对原产于港澳地区且已制定优惠原产地标准的产品实施零关税。根据海峡两岸经济合作框架协议，对原产于台湾地区的部分产品实施零关税。对原产于埃塞俄比亚、也门、苏丹等 41 个国家的部分商品实施特惠税率，其中对埃塞俄比亚等 24 个国家的 97％税目商品实施零关税特惠税率。[①]

（三）海关

海关是国家的进出境监督管理机关，是捍卫国家对外经贸往来合法权益的国家行政机构。国家以立法的形式明确规定了中国海关的任务。《中华人民共和国海关法》规定，"海关依照本法和其他有关法律、行政法规，监管进出境的运输工具、货物、行李物品、邮递物品和其他物品，征收关税和其他税费，查缉走私，并编制海关统计和其他海关业务。"监管、征税、缉私、统计被称为海关的传统四大职能或基本职能。其中，监管是海关最基本的任务；征收关税和其他税费是当前海关的重要任务之一，是保证对外贸易活动中国家财政收入的重要关口；海关统计是对进出口货物贸易进行统计，是国民经济统计的组成部分，是国家制定对外经济贸易政策、进行宏观经济调控、实施海关严密高效管理的重要依据；走私是一种违反进出境活动的非法行为，海关在对进出境货物进行执法监管的过程中要严厉打击走私犯罪行为，保护国家的政治经济利益不受损害。

随着全球经济一体化发展，海关如何促进贸易自由化和便利化，加强海关管理，维护贸易安全成为世界海关共同关注的问题。由于世界各国之间关税同盟、

---

① 2015 年 1 月 1 日起中国调整进出口关税，http://china.huanqiu.com/News/mofcom/2014-12/5271450.html。

自由贸易协定的缔结使关税收入的重要性下降,海关管理的重点逐渐向反恐、知识产权保护和维护贸易安全与便利等非传统职能转变,海关在经济安全体系中发挥着更加重要的作用。

20世纪90年代初,美国、荷兰、澳大利亚等发达国家海关率先引入风险管理。1994年我国海关开始有组织地研究学习西方发达国家海关的风险管理经验。1995年全国海关关长会议主题报告中提出要建立中国的海关风险管理制度。1997年风险管理被纳入我国海关战略规划,开始关注美国、荷兰、澳大利亚等发达国家经验。1998年起全国海关在业务管理实践中引入风险管理的理念、方法和手段。2003年,海关总署在制定新的海关现代化发展战略中,把风险管理正式确立为第二步发展战略的中心环节,统领海关各项业务改革,发挥其在战略实施中的核心引导作用,真正实现海关管理现代化。

2005年,世界海关组织WCO通过的以维护国际贸易安全与便利为目标的《全球贸易安全与便利化标准框架》倡导守法便利并建立国际化的企业信用认证体系——AEO制度。AEO是Authorized Economic Operator的缩写,中文翻译为"经认证的营运商",是指在国际贸易供应链中,经海关或其授权部门批准为符合世界海关组织或者具有同等效力的供应链安全标准的企业。经认证的营运商在向海关递交符合最低要求的信息以后,应当被授予享受简化、快速通关便利的权利,即将海关从对物的监管转移到对企业的监管上来,并且根据企业的信用程度、守法情况等进行差别化管理,令"诚信守法便利,失信违法惩戒",促进全球贸易的便利化与安全化发展。

分类通关是我国响应世界海关组织倡导的守法便利和贸易安全而进行的改革试点。首先在出口环节试点、推广,并逐步在进口环节试点。海关总署于2009年在全国海关范围内启动了分类通关改革,并于2010年修订发布了《中华人民共和国海关企业分类管理办法》(海关总署令第197号),将中国海关签署的世界海关组织《全球贸易安全与便利标准框架》中的AEO制度转化为国内制度。海关通过风险管理的理念和方法,以企业守法管理为基础,根据企业遵守法律、行政法规、海关规章、相关廉政规定和经营管理状况,以及海关监管、统计记录等,设置AA、A、B、C、D五个管理类别,按照守法便利原则,对适用不同管理类别的企业,制订相应的差别管理措施,其中AA类和A类企业适用相应的通

关便利措施,B类企业适用常规管理措施,C类和D类企业适用严密监管措施。2014年12月,充分采纳世界海关组织《全球贸易安全与便利标准框架》中关于AEO制度的先进理念,明确规定"认证企业"就是中国海关经认证的经营者(AEO),《海关企业信用管理暂行办法》正式实施,在海关注册企业的管理类别不再按照AA、A、B、C、D分类,而是以企业的信用状况为基础,分为认证企业、一般信用企业和失信企业。其中,认证企业又分为高级认证企业和一般认证企业,分别对应AA类、A类企业,原B类企业将适用为一般信用企业,原C、D类企业将重新评定信用等级。认证企业将享受简化单证审核、优先办理进出口货物通关等便利,一般信用企业适用常规管理措施,而失信企业将受到海关的严密监管。

2014年7月1日,北京、天津海关开始了京津两地海关的通关一体化运作,河北于10月1日加入,全面实现京津冀地区的通关一体化。继京津冀地区之后,海关总署计划10月在长三角地区、珠三角地区也逐渐推行区域通关一体化。其中,"长三角区域通关"一体化改革于2015年4月启动,6月,改革方案由原来长三角区域三省一市的五个海关,扩大到长江经济带九省两市,包括上海、南京、杭州、宁波、合肥、南昌、武汉、长沙、重庆、成都、贵阳、昆明海关等在内的12个海关。

区域通关一体化的基本框架是"一个中心,四个平台",一个中心是指区域通关中心,四个平台是指统一申报平台、统一风险防控平台、统一专业审单、统一现场作业(见图7-4)。在此框架下,原不同地区内、地区间的海关执法可以相互协作、统一,实现不同关区之间在海关风险防控下的执法互认,跨区域通关更便捷。即通关一体化区域内所有企业都被视作一个关区的企业,都能享受一体化通关待遇;各类口岸之间信息可以互联互通,共享物流信息和通关信息;企业也可以根据需要自主选择区域内任何空运、海运港口进出境,均可自由选择申报、纳税、放行地点。除了需要查验的货物要在实际进出境地海关办理验放手续外,可以实现跨关区的放行,加速口岸快速分流货物。货物放行后,企业可以直接将货物运输到厂,降低企业的流通成本,进一步构建贸易便利化环境,吸引企业投资经营。在这个体系中,海关对进出口贸易中的风险防控处于非常核心的环节,区域风险参数成为联调测试的重要内容。

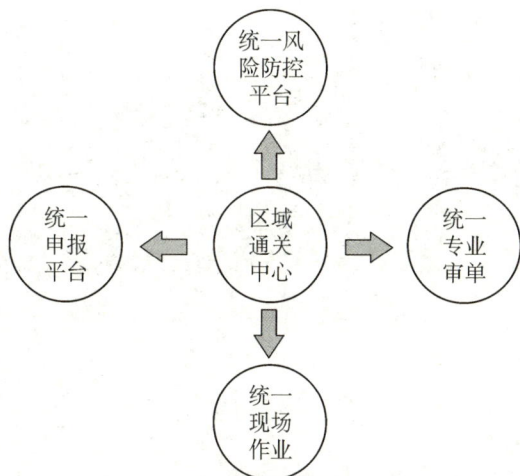

图7－4　区域通关一体化体系

2014年11月6日,海关总署正式出台了《海关全面深化改革总体方案》,从体制机制、业务职能实现方式、组织管理和能力提升等各个方面对海关全面深化改革进行了系统设计,提出建立风险防控中心和税收征管中心,改革报关审核管理、税收征管方式、协同监管等制度,构建全国一体化通关管理格局。风险防控中心的提出,表明了我国海关对维护贸易安全职责的明确认识,以及海关在贸易安全监管中的重要性。

(四) 出入境检验检疫局

出入境检验检疫局以保护国家整体利益和社会利益为衡量标准,以法律、行政法规、国际惯例或进口国的法规要求为准则,对出入境货物、交通运输工具、人员及事项进行检验检疫、管理及认证,并提供官方检验检疫证明、居间公证和鉴定证明的全部活动。出入境检验检疫局的主要职责包括查处重要动物疫病和有害生物,保证进口食品安全,负责出入境交通运输工具和容器的卫生除害处理等,以保障国民人身安全、生态环境安全,维护稳定的社会秩序和国家安全。

第八章
中国粮食产业贸易安全与监管

民以食为天,食以粮为本。粮食关系到人们的正常生活、社会的稳定和发展,以及国家的安全。粮食安全是一个国家安全系统必不可少的组成部分。21世纪以来中国的粮食安全问题引起了全球极大的关注。从国内看,据估计到2030年中国人口将增加到15亿左右,伴随着国内体制转型和经济发展的进行、城市化和工业化的不断加快,以及人均收入的增长和生活方式的转变,国内对于粮食的需求将大量增加。从国际上看,贸易自由化是大势所趋,中国粮食贸易的开放程度也在不断提高。对于中国这样一个高速发展中的人口大国而言,无论是口粮还是工业用粮的数量都是不容小觑的,因而国内粮食的供给压力会比较大。为了能够实现供需的平衡,粮食的进口贸易显得尤为重要。因此,如何解决粮食供求矛盾,保障国家粮食贸易的安全是关系国家全局的重大战略问题。

一、粮食贸易安全

(一) 粮食

在我国,有关粮食的界定有广义和狭义之分,狭义的粮食是指谷物,主要包括玉米、稻谷、小麦、大麦、高粱、燕麦、荞麦等。广义的粮食,不仅指谷物类,还包括豆类和薯类。其中,豆类包括大豆、绿豆、蚕豆、豌豆、小红豆等;薯类包括马铃薯、甘薯、木薯等。广义上来说,粮食的概念基本上是将国内所有的生产及流通

的品种都包含在内了，包括农业的各种粮食作物和粮食部门经营的全部品种。通常，粮食产量指当年某一地区谷物、豆类和薯类作物生产量的总和，也称为粮食总产量，这与国家统计局每年公布的粮食产量概念基本一致。

　　国际上，不同的国家对粮食的界定有所不同。如美国把小麦、玉米、高粱、大麦、稻谷、燕麦、黑麦及其他杂粮界定为粮食；在法国，大麦、玉米和小麦是其三大主要粮食品种，还包括高粱、黑麦和燕麦；澳大利亚的主要粮食品种是小麦，还包括大麦、燕麦、稻谷等。

　　根据联合国粮农组织（以下简称"粮农组织"）年鉴中所列的食物产品目录，粮农组织的粮食概念是指谷物，包括小麦、粗粮、稻谷，其中粗粮包括玉米、大麦、高粱等。这里，联合国粮农组织的粮食概念与我国传统的狭义粮食概念基本一致。而在我国粮食作物中，玉米、稻谷、小麦作为中国三大粮食作物占据举足轻重的地位，因此，将玉米、稻谷、小麦作为粮食产业贸易的主要研究对象。

（二）粮食安全

　　现代意义上的"粮食安全"源自 20 世纪 70 年代初的全球粮食减产，当时全球粮食储备由 18％下降至 14％，粮价上涨 2 倍，导致了二战后最严重的粮食危机。为应对危机，1974 年 11 月，粮农组织在罗马召开了第一次世界粮食首脑会议，通过了《世界粮食安全国际约定》，首次提出了"粮食安全"（Food Security）的概念。粮食安全是指"保证任何人在任何时候都能得到为了生存和健康所需要的足够粮食"。

　　1996 年 11 月，在罗马召开的第二次世界粮食首脑会议上，粮农组织对这一概念作了新的表述：只有当所有人在任何时候都能够在物质上和经济上获得足够、安全和富有营养的粮食来满足其积极和健康生活的膳食需要及食物喜好时，才可谓实现了粮食安全。这其中包括个人、家庭、国家、区域和世界各级均要实现粮食安全。粮食安全包括粮食可供性、可获得性、利用率和稳定性。可供性意味着个人可以获得足够数量的合理而必要的粮食种类；可获得性即个人必须有足够的收入或其他资源来获得能够维持足够的营养水平的合理的粮食水平；利用率指应该合理利用粮食；稳定性指食物供应的稳定性。该观点既注重食物的供给数量和质量，也强调食物的生产和利用方式。

现代粮食安全的概念可包含数量安全、质量安全和生态安全三个层面。即在保障充足的食物供给和分配数量的同时，还要求营养全面、结构合理、卫生健康，食物的生产和获取要建立在保护生态环境和资源可持续利用的基础上。

从数量上看，粮食的供需平衡是重点，也是粮食安全的基本内容。关于粮食供需平衡主要是指一国粮食的供求余缺的情况。一般如果供给过剩或需求过剩都认为是供需不平衡。在开放经济的条件下，国际粮食市场已经成为一国平衡国内供需的途径。当然，国际市场调节水平的高低还与全球粮食供求平衡状况有关，只有确保了世界粮食供需的平衡才能实现每个国家的粮食数量安全。

从质量上看，全球各地食物质量安全问题频发，造成了诸多的不利影响。伴随着人们收入水平的不断提高，人们对于食物质量安全的要求也就越来越高，植物性农产品存在的农药、重金属、化肥污染，及动物性农产品存在的抗生素、激素残留，转基因农产品的安全性已成为人们关注的焦点。

从生态安全上看，主要是针对粮食生产资源和环境而言的。由于人类发展进步的需要，在工业化的过程中，我们的生态环境遭受了极大的破坏，以至于出现了水土流失、水资源短缺以及土地沙漠化等现象。生态环境的破坏，一方面会导致粮食耕种面积的下降，造成减产；另一方面还会使得所生产的粮食产品在质量安全上出现问题。

可以说，粮食安全是一个国家或地区为保证任何人在任何时候都能得到与其生存与健康相适应的足够粮食，而对粮食生产、流通与消费进行动态、有效平衡的政治经济活动。粮食安全涉及粮食生产、流通、消费及其相应的宏观调控保障体系，即通过生产、流通和消费等"多链条互动"，保证一国的国民能够获得与其需求相适应的粮食。从粮食生产到流通再到消费的整个流程，可以将粮食安全问题概括为三个层面的内容：一是"供得够"；二是"送得到"；三是"买得起"。供得够，是指粮食安全首先要考虑供给问题，确保粮食有充足的供应来源。送得到，即将粮食有效送达给国民。买得起，是确保居民有足够的购买能力获得粮食。因此，粮食安全具有经济社会和生态安全的属性，涉及生产安全、流通安全、消费安全、储备安全、国内流通安全、进出口安全等方面。

保障粮食安全，不仅仅只是针对粮食的生产和供应，而且包括粮食的质量安全、粮食的节约、粮食的有效利用以及粮食的自产自给和进口的协调等问题。粮

食安全问题已成为国际社会关注的焦点问题,所以需要客观分析我国粮食供求状况,采取有效应对措施,改善粮食供求形势,这是保障国家粮食安全,保持社会稳定发展的必然要求。

(三) 粮食贸易安全

国家粮食局调控司认为,从本质上讲,粮食安全是指粮食需求以及抵御可能出现的各种不测事件的能力,它和国家经济发展水平、外贸状况有着密切的联系。在开放的市场经济条件下,利用国际市场来调节国内粮食的供给与需求,确保本国粮食安全是绝大多数国家采取的手段,而不同国家资源状况的差异性,使得这种国家间的相互调剂有利于在全球范围内实现资源的优化配置并实现更高程度上的粮食安全。

粮食贸易安全指一国能采取有效措施抵御粮价大幅波动、粮食禁运、国际政治和经济危机等外部因素的冲击,通过贸易途径获得平抑国内粮食缺口所需的粮食。简言之,即一国能随时随地从国际市场上购买到足够的粮食。

一国通过参与国际粮食贸易实现本国粮食安全有三种方式:第一种,出口粮食。当一国的粮食供过于求时,存在大量的粮食过剩导致不安全的可能,这时需出口粮食,消减过剩造成的负面影响。第二种,进口粮食。当一国的粮食供不应求时,因粮食短缺而导致粮食不安全的可能,此时就需要通过进口粮食以弥补本国生产的不足。第三种,部分粮食进口,部分粮食出口。当一国粮食供给总体平衡,但有些粮食品种供不应求,有些供过于求时,就需要出口过剩的品种而进口短缺的品种,从而实现本国粮食品种的结构平衡。不管是哪种情况,都充分地说明了一国粮食安全与粮食贸易有着密切的联系。运用粮食贸易的方式,解决粮食安全问题的方式应当包括进口和出口两种,目的在于实现粮食供给的总量和品种结构的双重平衡从而降低粮食风险。当一国粮食严重供不应求,其安全程度也就受到了严重的威胁。基于这一点,人们通常将粮食国际贸易理解为进口。

粮食贸易有别于一般商品贸易,经济性仅仅是进行贸易的一个原因,而且很多时候,经济原因不是最关键的,还必须充分考虑政治的因素,考虑世界市场粮食的供求贸易状况等。在经济全球化的时代,完全排斥粮食的国际贸易,仅仅依

靠本国力量解决粮食安全问题的可能性已经越来越小,如今,我们要考虑的问题已经不是要不要进行粮食贸易问题,而是如何高效地进行粮食贸易以及粮食贸易的规模和品种问题。

因此,为了确保国家粮食安全,就必须参与粮食贸易。要实现国家粮食安全就离不开粮食贸易,一国开展粮食贸易其根本目的也就是为了确保一国粮食安全。

二、中国粮食贸易现状

(一) 中国粮食安全问题

1996 年,国务院发布《中国的粮食安全问题》白皮书,明确表示中国能够依靠自己的力量实现粮食基本自给。它提出的立足国内资源、实现粮食基本自给的方针,成为中国至今未变的粮食战略总纲。在此方针指导下,以粮食为代表的农产品自给一直受到官方的高度重视,并形成了占据主流地位的中国粮食安全观:种植业是农业的重要基础,粮棉油糖是关系国计民生的重要商品,保障粮食有效供给是农业发展的首要任务。

在农业部制定的农业"十二五"规划中,也就中国的粮食安全概念给出了具体的数字衡量标准:努力实现"一个确保、三个力争"。即确保粮食基本自给,立足国内实现基本自给,确保自给率 95% 以上,其中水稻、小麦、玉米三大粮食作物自给率达到 100%。即根据粮食生产现状和资源条件,保障国家粮食安全的目标是,谷物应保持 95% 以上的自给率,口粮应保持百分之百的安全。

(二) 中国粮食生产现状

根据国家统计局发布的最新公告,通过对中国 31 个省(区、市)农业生产经营户的抽样调查和农业生产经营单位的全面统计,2014 年中国粮食总产量达60 709.9万吨(12 142 亿斤),比 2013 年增加 516 万吨(103.2 亿斤),增长 0.9%。其中谷物总产量 55 726.9 万吨(11 145.4 亿斤),比 2013 年增加 457.7 万吨(91.5 亿斤),增长 0.8%(见图 8-1)。这是中国粮食产量连续增加的第 11 个年

头,粮食总产量实现"十一连增"。

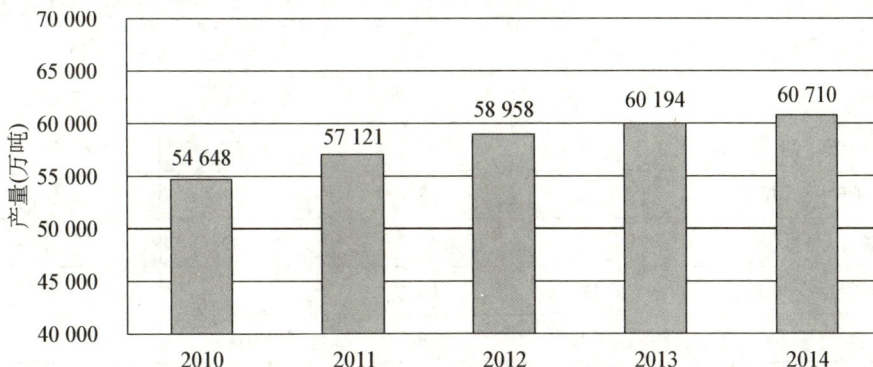

图 8-1　2010—2014 年粮食产量

资料来源:国家统计局《统计年鉴》(历年)。

增产数字背后,"丰年缺粮"的现实却鲜被提及:同样在过去的 10 年中,除 2008 年、2009 年两年间产稍大于需,其余年份中国的粮食状况均是产不足需,且缺口日益增大。虽官方多年来一直仍将 95% 的粮食自给率作为目标,但到 2012 年底,这一数字已跌破 90%。

在粮食进口上,中国一直采取较为保守的政策,甚至在 2011 年以前,中国仅允许进口少量的优质大米和小麦,而玉米进口量近乎为零。数据显示,2012 年谷物净进口为 1 316.9 万吨,小麦、玉米、大米的净进口量分别达到 341.5 万吨、515.3 万吨和 208.8 万吨。不仅如此,继玉米在 2011 年进入"全面进口元年"后,中国亦有望超越埃及,成为全球最大的小麦进口国。那些忧虑的人们已经预警,中国的粮食自给率将受到威胁,并可能突破中国政府早前制定的粮食自给率须保持在 95% 以上的政策"红线",就在人们争议是否有必要严守这个"红线"时,来自国外的担心正日趋严重,中国的粮食需求将导致全球粮食供应短缺。

2013 年,农业部农业贸易促进中心消息,中国三大主要粮食作物全部转为净进口。尽管粮食特别是大米和小麦的净进口量有限,但从 10 多年的发展变化看,我国大宗农产品进入净进口阶段的趋势十分明显,呈现主粮进口常态化的现象,国内农产品生产和粮食安全面临挑战。

表 8-1 2014 年主要商品进口数量、金额及其增长速度

商品名称	数量（万吨）	比上年增长（%）	金额（亿元）	比上年增长（%）
谷物及谷物粉	1 951	33.8	382	20.7
大豆	7 140	12.7	2 474	5.0
食用植物油	650	−19.7	364	−27.3
铁矿砂及其精矿	93 251	13.8	5 748	−12.8
氧化铝	528	37.7	118	35.5
煤（包括褐煤）	29 122	−10.9	1 366	−24.4
原油	30 838	9.5	14 017	2.8
成品油	3 000	−24.2	1 439	−27.7
初级形状的塑料	2 535	3.0	3 167	4.0
纸浆	1 796	6.6	741	4.9
钢材	1 443	2.5	1 101	4.0
未锻轧铜及铜材	483	7.4	2 188	0.8

（三）中国粮食结构

从粮食进出口品种结构分析，我国粮食出口以玉米、大米和小麦三大类产品为主，大豆出口量很小。粮食进口主要有大豆、大米和小麦。从 1950—2003 年，我国从国际市场上进口的粮食品种结构发生了很大的变化，在 1995 年以前，我国主要从国际市场上进口小麦，小麦进口量占粮食进口总量的 80% 以上；1996年以后，小麦的进口量急剧下降，稻谷和玉米的比例逐渐减少，大豆的进口量迅速上升，成为主要的进口粮食品种，2003 年大豆的进口量占进口粮食总量的90.6%，2006 年大豆的进口量占进口粮食总量的 88.7%。出口的粮食品种结构也发生了很大的变化。大豆的出口量和出口比例减少，玉米的出口量和出口比例逐渐增加，小麦出口的比例也开始增加，稻谷出口所占的比例则有所下降。下面分品种对小麦、大米、玉米和大豆的贸易情况进行分析。

1. 小麦贸易

在 1978—2007 年间，中国小麦生产总体上不能满足国内消费需求，产销缺

口达到 17 823 万吨。中国小麦进口总量累计大于出口总量,经过净进口调节后的国内供求市场盈余为 1 421 万吨。2004 年我国小麦进口高达 723 万多吨,是连续近十年来的最高点。从 2004 年开始,小麦的进口量逐年大幅度下降,直到 2008 年小麦进口量只有 323 吨,仅占 2004 年小麦进口量的 4.47%。小麦出口在 2000—2003 年逐年增加,然后在接下来的两年里出口量大幅下降,之后又出现了回升,直至 2007 年到达历史最高水平,出口量达 2 336 621 吨。从以上分析可以看出,不管是小麦的进口还是出口,2008 年都有大幅度的缩水,但总的来说我国是净出口国。这主要与 2008 世界经济形势和我国出台的一系列政策有关。2008 年国际经济风云变幻,全球性的金融危机爆发,商品价格由过热骤然变为过冷,对于小麦这一关系到国计民生的大品种,国家出台了一系列的政策。2007 年底,为了抑制国内的通货膨胀,中国从 2007 年 12 月 20 日起取消小麦、稻谷、大米、玉米、大豆等原粮及其制粉的出口退税。与此同时,中国财政部于 2007 年 12 月 30 日宣布,将从 2008 年 1 月 1 日至 12 月 31 日,对小麦、玉米、稻谷、大米、大豆等原粮及其制粉产品征收 5%～25% 不等的出口暂定关税。中国商务部宣布,从 2008 年 1 月 1 日起,对小麦粉、玉米粉、大米粉等粮食制粉实行出口配额许可证管理。

2. 大米贸易

在中国,大米是关系到国计民生的重要农产品,是国家宏观调控的重点商品,因此,大米的进出口贸易属国家一类管理商品,国家对此实施严格的出口计划和配额管理。1999—2003 年我国粮食连续四年减产,稻谷产量下降直接导致大米供应减少,市场供应水平的下降,使得当时大米价格快速飚升,大米出口数量明显下降。历史数据显示,2003 年、2004 年、2005 年我国大米出口量分别为 140 万吨、85 万吨、66 万吨。自 2004 年以来,在政府农业政策的大力支持下,我国粮食生产得以迅速恢复,产量连续四年保持增长势头,大米出口市场稳步恢复。但在 2008 年,由于粮食恐慌和金融危机的影响,以及我国为保证国内市场的粮食供应,接连出台限制粮食以及制粉的出口,包括调整出口税率、实行配额制管理等,大米出口量在 2007 年的水平上又有了大幅下降。

3. 玉米贸易

中国不仅是世界玉米生产、消费大国,也是世界主要贸易大国之一,玉米出

口居世界第三位。我国玉米出口不仅是调节国内市场,缓和东北玉米库存压力的有效途径,也是向世界展示我国玉米大国的窗口之一。自1984年开始我国玉米出口逐步增加,1992年突破1 000万吨。1995—1996年受国家政策调控影响出口大幅缩减。"九五"期间年均出口439万吨。"十五"期间,国家出台鼓励玉米出口的补贴政策,年均出口量上升到900万吨。2003年玉米出口达到历史最高的1 638.9万吨,占全球出口量的20%,仅次于美国,居世界第二位,这主要得益于政府每吨高达44美元的补贴,以后国家加大玉米出口宏观调控力度,玉米出口呈下降趋势。2004年玉米出口下降到232万吨,2005年恢复到861万吨。2006年再次下降到307万吨,仅占全球出口量的4.8%,2007年出口量虽有回升,但到2008年由于国际形势和国内宏观政策的影响,玉米出口量又降到了近十年来的历史最低点。

4. 大豆贸易

在我国粮食进口贸易中,大豆进口量远高于其他品种。在1995年之前,中国一直是传统的大豆出口国,但从1995年起,我国大豆进口量逐年增加。从1996年开始至2008年,我国每年从国外进口大豆的数量呈逐年递增的趋势。从数据上看,1996—2001年六年的进口量分别为111万吨、279万吨、320万吨、432万吨、1 042万吨、1 394万吨。我国已成为世界最大的大豆进口国,进口量约占世界贸易量1/3。2003年中国进口大豆达到2 650万吨,这一年国内大豆进口量首次超过国内产量。同时来自美国农业部的资料显示,2002—2003年度中国大豆的进口数量首次超过欧盟跃居世界第一。2004年是2 023万吨、2005年是2 659万吨、2006年则为2 826万吨。2007年我国大豆进口量高达3 082万吨,比2000年的1 042万吨增加1.95倍,年均增长了16.7%。2008年,我国大豆进口量达到3 744万吨。

中国是世界上最大的大豆进口国之一,而且未来国内大豆仍存在较大的供给缺口。我国大豆进口逐年递增的主要原因有以下几点:随着我国人民生活水平不断提高,对肉、蛋、奶的需求持续增加,进而带动国内饲料养殖业的快速发展,在其他饲料蛋白原料难以大幅增加的情况下,国内饲料养殖业对豆粕需求强劲,导致国内大豆压榨量逐年提高,是大豆进口量不断增加的主要原因。最近几年我国大豆蛋白产业快速发展以及国内传统大豆蛋白食品需求不

断增加,食用大豆消费需求逐年增加,国产大豆压榨量呈现下降趋势,进而导致国内大豆压榨行业对进口大豆的依赖性增强,也是大豆进口量不断增加的一个重要原因。

此外,我国是一个食用植物油严重短缺的国家,最近两年每年都进口 800 多万吨的食用植物油用以满足国内消费需求,这也是刺激国内大豆进口量和压榨量逐年提高的一个重要原因。

(四) 中国粮食安全的影响因素

1. 资源禀赋

中国主要粮食生产中只有大米和玉米具有一定的竞争优势。我国大米的优势状况呈上升趋势,但优势度不大。我国玉米整体上虽然具有一定的竞争力,但很不稳定。大豆则由最初的具有显性比较优势到现在处于极度劣势。小麦则一直缺乏竞争力且处于极度劣势状态。所以,我国参与粮食贸易,适当进口我国不具有比较优势的产品是十分必要的。同时,我们也要提高自身的竞争力,不能对世界粮食市场过于依赖。

2. 生产成本

从生产成本水平上看,总体上讲我国小麦、玉米、大豆的生产成本水平较高。我国每公斤小麦的生产成本是美国的 1.2 倍,是阿根廷的 1.4 倍,是加拿大和法国的 2 倍以上。每公斤玉米的生产成本是美国和阿根廷的 1.1～1.2 倍,是法国的 2 倍多。大豆的生产成本大约是主要大豆出口国美国和阿根廷的 1.2～1.3 倍。在四种主要粮食作物中,只有稻谷在生产成本上有一定的优势。从成本结构看,中国四种主要粮食产品的生产成本结构与其他国家相比存在较大差异。第一,活劳动成本占比较大。中国四种主要粮食作物中的活劳动成本在总成本中占的比例依次为:小麦(35%)、稻谷(36%～38%)、玉米和大豆(46%),而美国和加拿大等国家这四种农作物产品的生产成本中活劳动成本比例仅为 9% 左右。第二,成本外支出比例较大。第三,机械费用和土地费用比例低于其他国家。中国农作物产品生产机械费用在总成本中所占比例,不同作物虽有差异,但大致在 10%～20% 之间。机械费用在总成本中占的比例,除了小麦外,其他作物都明显低于对比国家。土地费用在总成本中占的比例较低。

3. 进口关税

面对低价进口农产品的不断冲击,中国实施的关税水平难以发挥"门槛"保护作用,而且关税保护的政策空间已经非常有限。据了解,目前世界农产品平均关税水平为62%,最高关税水平甚至能达到1 000%以上,而中国农产品平均关税水平为15.2%,不足世界平均水平的1/4。尽管中国对小麦、玉米、大米、食糖、棉花、羊毛等重要农产品实行关税配额管理,但配额外关税最高也只有65%。

我国农产品进口增势强劲本身不是问题,问题是缺乏足够的关税等政策手段来进行有效调控。中国农业生产规模小、成本高,国内外价差扩大是必然趋势,但越开放越需要关税保护。以大豆为例,当前国内大豆产业面临的困境,严格意义上讲不是进口本身造成的,而是缺乏必要的关税保护和进口调控政策造成的。大豆的关税水平只有3%,而且不能使用特殊保障机制,这使得大豆进口几乎没有调控。下一个令人担忧的将是玉米。受劳动力成本和物资成本推动,如果国内玉米最低收购价每年上涨10%,而玉米的配额外关税只有65%,再过五六年就难以挡住玉米的配额外进口。随着大宗农产品净进口量增加,一方面对国内产业形成了抑制,导致产业发展缺乏必要的激励和动力,另一方面给农产品长期供给安全带来潜在风险。尽管国家不断提高粮食等农产品最低收购价格,但政策支持效应很大程度上被低价进口农产品消解。

4. 外汇支付能力

如果一国外汇储备充足,外汇收入稳定,而且其外汇储备除够用于粮食进口外还可以满足该国其他各项开支,那么其利用世界粮食市场就不存在风险。反之,则存在风险。庞大的外汇储备是我国粮食进口的坚实经济支柱。

与外汇储备不断增加相对应的是我国粮食进口占汇的比例一直在下降。这说明相对于我国庞大的外汇储备而言,粮食进口金额是微不足道的,也表明我国购买力稳定,完全有能力进口更多的粮食,甚至于目前进口量几倍的粮食。

5. 粮食安全指标

监测一个国家粮食安全的指标主要有粮食自给率、粮食储备水平、粮食进口中口粮的比率。

(1)粮食自给率。国家粮食自给率越高,则受国际粮食禁运的影响越小。

多数经济学家认为，自给率大于95%，即表明一个国家已经基本实现了粮食自给；只要自给率大于90%，就可以认为达到了可以接受的粮食安全水平。在2012年底我国粮食自给率跌破90%，突破了长期以来我们所认为的粮食自给率保持在95%的国家粮食安全目标，触及我国粮食安全警戒线。我国自改革开放至20世纪90年代初外汇储备变动不大，从20世纪90年代开始，随着开放力度的加大，外汇储备一路飙升。庞大的外汇储备是我国粮食进口的坚实经济支柱。

（2）粮食储备水平。储备水平越高，短期内调节粮食供需矛盾的余地越大，则禁运的影响程度越小。联合国粮农组织提出的最低储备水平为需求量的17%～18%，以保证必需的粮食供应量。当粮食储备水平低于17%，粮食形势即处于不安全状态；低于14%，粮食安全即处于紧急状态。按照该标准，中国实际上只要储备250亿公斤粮食即可，多数专家预估我国储备粮的规模达到750亿公斤以上，因此，从这一方面看粮食禁运不会对我国粮食安全构成影响。

（3）粮食进口中口粮的比率。口粮需求基本上是刚性的，如果进口粮食中口粮比例较大，则必将极大地影响国家的粮食安全。例如日本，其粮食自给率低于30%，但日本进口的主要是玉米和小麦，用高于国际市场好几倍的价格保护其大米市场，一直保证口粮自给自足。我国粮食进口中，小麦占了64%左右，而且小麦是我国特别是北方地区的重要口粮。一旦发生粮食禁运，对我国人民的生活将直接产生重大影响。

6. 粮食消费结构

口粮、饲料用粮、加工用粮、贸易用粮、种子用粮以及损耗是当前我国粮食消费的主要方式，其中口粮是最主要的粮食消费途径，另一重要途径是饲料用粮。由于近年来食品、医药等工业的迅速发展，加工用粮成为粮食消费中仅次于口粮和饲料用粮的又一重要消费渠道。

我国人均口粮消费量逐年下降，但全国口粮消费总量平缓增加。饲料用粮是粮食消费的重要渠道，近年来，我国饲料用粮大体上呈平稳增长的趋势，但增幅较慢。加工用粮不断增加，粮食在加工业上用途广泛，工业用粮主要用于酿酒、制作调味品、淀粉、制药等。

7. 转基因技术

与发达国家相比，我国转基因技术的研发和产业化还有一定差距。一是具

有自主知识产权和产业化潜力的基因相对较少,尤其是和粮食安全密切相关的抗旱、耐盐以及提高营养利用率的基因;二是转化体系不够完善,转化技术仍处于小规模实验性研究状态,大豆、小麦未构建成熟的基因转化平台;三是转基因技术与传统育种结合程度低,尤其是未形成多基因聚合的育种体系,转基因技术对粮食安全的保障作用未能充分发挥。

科学技术是一把双刃剑,转基因技术在基因转移范围和效率上具有明显优势,但另一方面又具有安全应用的潜在风险。比如一些环境保护组织坚决反对转基因技术;一些国家把转基因生物安全作为技术性贸易壁垒;一些国家和民众由于文化背景、社会伦理和认识理念的差异,难以接受转基因产品。人们不希望转基因技术在提高粮食产量的同时,增加新的环境和食品风险。因此,安全成为转基因技术应用于农业生产所面临的最大问题,并越来越受到关注。

三、其他国家保障粮食安全的措施

(一) 德国

1. 德国粮食生产与贸易基本情况

德国农业发达,是欧盟三大农产品主产国之一。目前德国共有耕地 1 190万公顷,农场平均规模 36 公顷,德国农业从业人口占社会从业人口的 2.1%,农业占全国 GDP 的 0.77%。从 20 世纪 60 年代起,德国依靠科技进步和机械化发展,粮食单产不断提高,粮食生产总量持续上升,从 60 年代初的 1 726 万吨提高到 2006 年的 4 347 万吨。从 1990 年开始,该国从一个粮食进口国转变为欧洲重要的粮食出口国,主要出口品种是小麦、大麦和黑麦。

2. 德国保证粮食安全的措施

德国粮食政策的基础是欧共体共同农业政策。德国首先必须遵循欧盟的政策和法律,在此前提下,联邦及各州可以根据实际情况制定一些具体的政策措施。欧盟农业政策的重要目标之一是保证粮食安全,即保证任何人在任何时候都能买得到和买得起所需要的食品。

(1) 政府补贴保证粮食安全。德国对粮食生产补贴由对产量进行补贴转为

对农民收入进行补贴大致经历了三个阶段。第一阶段,在20世纪50～60年代。欧盟主要通过价格政策,即设立较高的政府收购价,农民收入与产量挂钩,从而促进农产品供给。第二阶段,1992—1999年。经过几十年的发展,生产过剩,财政负担沉重,1992年开始改革,大幅度降低目标价格,对面积进行补贴与对所种植的农作物品种进行补贴并存。第三阶段,从1999年开始,经过1999年和2003年两次改革,补贴完全和产量脱钩,按照土地面积进行补贴,不论种植什么作物,甚至不种植作物也可以获得补贴。同时,进一步降低目标价格,使其成为最低收购价。通过收入支持保证农民收入。

(2)发展规模经营促进粮食生产。德国鼓励农地合并经营。在1955年,德国政府制定《农业法》,允许土地自由买卖和出租,使土地规模很小的小农场转变为"富有生命力的农场"。20世纪50年代中期,政府又开始实施《土地整治法》,调整零星小块土地使之连片成方,其结果是农场规模不断扩大。德国政府还利用信贷、补贴等经济手段来调整土地结构,凡出售土地的农民可获得奖金或贷款以帮助转向非农产业,凡土地出租超过12年的,每公顷租地可获奖金500马克。这些措施促进了土地的自由流动,扩大了农场规模。在过去的50年间农场数量减少了90%,目前有18万个农场,农场平均规模36公顷。

(3)建立粮食储备制度确保粮食安全。德国储备粮有两种:一种是国家储备粮,为发生自然灾害、战争等时用;一种是欧盟干预粮,农民以干预价格出售给农业部储备局。德国没有大量的储备粮,这是因为曾经存在大量的生产过剩,所以对粮食的供给满足需求有信心。

德国对储备粮采取招标形式进行。对于国家储备粮,供应者和储备者都是通过招标进行确定的;对于欧盟干预粮,农业部对储备者进行公开招标,粮食所有权属于欧盟,联邦政府执行欧盟的政策。按最低收购价收购的粮食由私营仓储企业承担保管责任,具体程序是:首先,每年由私营企业提出申请,政府对申请企业的财务状况、设施条件、管理能力以及仓储商对其设施的控制能力等进行审核并进行现场核查;其次,政府与获得批准的私人企业签订仓储合同,确定储存费用补贴;第三,运用高科技手段对仓储进行监控。德国制定了一系列的管理规则,促进管理手段现代化,基本实现粮食出入库、质量检验检疫、装卸等业务环节的全过程机械化、自动化和电子化,降低了监督的成本。

（4）发挥国际贸易补充作用。欧盟采用进口限制。高质量的小麦、玉米和高粱等，采用的进口关税是干预价格的 155％；低质量的小麦、大麦和玉米等，采用的是配额管理。其中，小麦配额 290 万吨，税率每吨 12 欧元；大麦 30 万吨，每吨 16 欧元；玉米，242 万吨，零关税。2007 年 11 月欧盟委员会负责农业和农村发展的委员已提议在 2008 年 6 月 30 日前暂时中止对燕麦之外的粮食产品征收关税。

（二）韩国

1. 韩国粮食生产与贸易基本情况

2006 年，韩国总耕地面积为 181 万公顷，户均耕地规模 1.5 公顷，农村人口占总人口的比重为 8％，农业 GDP 占全国 GDP 的比重为 3％。韩国粮食生产主要是大米，2006 年大米产量占粮食总产量的 88％以上。随着工业化的发展，韩国粮食生产量不断下降。粮食播种面积从 1970 年的 270 万公顷下降到 2006 年的 118 万公顷，同期粮食产量由 690 万吨下降到 530 万吨。为了满足国内消费者需要和养殖业发展，每年要进口大量粮食弥补供需缺口，除大米完全自给并有少量出口外，其他粮食品种特别是饲料用粮基本依靠进口，是一个典型的粮食净进口国。

2. 韩国保证粮食安全的措施

韩国粮食政策旨在提高粮食生产效率，保证粮食稳定安全供应，努力夯实粮食生产基础，增加农民收入，促进粮食结构调整。

（1）政府补贴保证粮食安全。进入 21 世纪，引入大米价格补贴制度和公共储备制。2005 年 7 月制定《大米收入保全保障法》，设定目标价格，如市场价格低于目标价格，政府将向农户补贴差额的 85％。同年，引入公共储备制度。如果释放储备仍不能稳定价格，可采取增加市场最低准入量和关税配额的方式稳定价格。

（2）发展农业科技发展粮食生产。近年来，韩国推进大米优质化品牌政策，打造一批优质大米品牌。第一，大力发展生命科学，培育肥料使用少、质量高的大米新品种；第二，扩大优良种子供给，政府大力推广普及高产品种；第三，提高栽培技术，促进优质品牌大米生产；第四，改革大米处理场管理体系，推广农户与大米处理场开展合同栽培，统一大米品种，实现大米质量均一化和栽培技术标准化；第五，韩国自 1997 年起开始推行直接支付政策，推动经营规模，并

对出售或出租土地达 5 年以上的 63～69 岁的农民政府给予支持,保障老龄农民生活。

(3) 建立粮食储备制度确保粮食安全。韩国公共储备是为应对灾荒、战争而储存一定量粮食,在符合 WTO 规定前提下通过买入和释放来调节市场。根据国际粮农组织的建议,韩国粮食储备量为 86 万吨。每年储备买入量原则上是43.2 万吨。所有的储备都是由农协来进行的。政府决定收购量和价格,约定农协先支付给农民 95％的货款。储备粮由农协保管,政府支付保管费并监管。政府决定销售时间和价格,由农协负责销售。

(4) 发挥国际贸易补充作用。韩国的粮食进口战略是对国营品种的大米和大豆通过国际招标进口。大豆是国营品种,由农水产品流通公社招标进口。大麦、玉米、小麦等国内需求量大的品种由实际需求商根据自律原则自行进口,政府鼓励企业共同购买,与出口国开展长期合同贸易。

韩国在主动取消了饲料玉米进口关税的基础上,从 2008 年 1 月 1 日起,又将制粉小麦的进口关税由 1％调低到 0.5％,将食用玉米的进口关税从 1.5％调低到 0.5％,并取消大豆 0.5％的关税。

(三) 日本

1. 日本粮食生产与贸易基本情况

日本农林水产省的数据显示,截至 2012 年,日本全国耕地面积(包括水田、旱田)为 454.9 万公顷,日本的耕地面积自 1962 年起已连减 50 年。若按总人口1.27 亿估算的话,日本人均耕地面积不足世界平均水平的 1/10。日本大部分农产品依赖进口,粮食自给率长期处于较低水平。冷战后,日本政府不断尝试调整粮食安全保障政策,以适应复杂多变的粮食安全形势。特别是进入 21 世纪以来,日本面临更多新的粮食安全问题,日本政府在粮食的可持续生产、粮食储备制度的强化、粮食的卫生安全及消费者信赖的构建、粮食安全教育、海外圈地种粮、区域粮食安全协作等方面采取了一系列新的举措。

2. 日本保证粮食安全的措施

粮食自给率低下是日本长期面临的难题,日本在主要发达国家中粮食自给水平最低。2010 年 3 月,日本政府为应对农业发展及粮食自给问题制定第三版《粮

食、农业及农村基本计划》(以下简称第三版《基本计划》),试图通过对生产和消费两方面进行改革,从而实现粮食自给率由 2008 年的 41％上升到 2020 年的 50％。

首先,在生产方面。第一步是最大限度地开发利用水田资源,大力推广运用"二毛作"耕法,小麦、大豆等与大米配合生产,同时利用技术开发和扩大水田面积、提升水田效率,提高粮食产量和质量。根据计划,大米(除米粉用米和饲料用米)的产量从 2011 年的 836.5 万吨增长到 2020 年的 855 万吨。米粉及饲料用米要从 2010 年的 10.9 万吨增加到 2011 年的 22.3 万吨,而第三版《基本计划》中更是计划到 2020 年达到 120 万吨。2011 年,日本自产小麦的面积比 2010 年提升了 2.1％。另外,自产大豆的产量在 2020 年拟计划达到 60 万吨,而在 2011 年时还仅为 22 万吨。

其次,在消费方面。日本政府采取了改善国民"早餐欠食率"、限制脂肪蛋白质摄取量,以及国产大豆、小麦及米粉的利用扩大等方法来提升大米及其他粮食的自给率。日本国民的"早餐欠食率"较高且呈上升趋势。据日本厚生劳动省统计,2010 年日本男性的"早餐欠食率"为 14％,女性为 10％。日本农林水产省制定了相关对策,采取以改善国民"早餐欠食率"和以大米为中心的"日本型食生活"政策,即增加早餐的普及,以"米饭早餐"的形式增加大米和米粉制面包的消费比例。另外,日本政府还在学校食堂增加米饭的供应比例。日本农林水产省网站上对增加大米消费的宣传口号是"再多吃一口饭,自给率提高 1％"。在大豆、小麦以及饲料的消费方面,因生产面积扩大及自产提高的原因,自给率也得到了一定的提升。

(1) 政府补贴保证粮食安全。在 2007—2008 年的全球粮食危机中,日本没有发生粮食安全问题,部分原因是日本的主粮稻米实现了自给自足。尽管日本粮食自给率很低,但稻米自给率始终维持在较高水平,除某些灾害年份外,稻米自给有余。这是因为日本对稻米一贯采取了强固的国境保护政策,通过高补贴、高关税保护稻米产业。1995 年,日本颁布实施《新粮食法》,实行各种直接或间接的价格补贴政策。直接的生产补贴政策包括生产资料购置补贴、保险补贴和自然灾害补贴等。2007 年,日本实施了"新的农业经营稳定政策",将补贴对象由全体农户转向了具备一定经营条件的骨干农户,不分品种地对目标农户整体经营收入进行补贴。补贴对象的转变意味着日本把保障粮食安全的重任放在了

骨干农户身上,通过补贴政策刺激骨干农户的生产积极性。另外,日本制定的《新粮食法》也对国内大米市场实行贸易保护,实施进口数量限制、关税化管理、进口大米用途限制、进口粮买入和卖出同时招标等措施,尽量降低国外低价稻米对本国稻米生产的冲击。

(2)农业科技和规模经营是发展粮食生产的重要途径。日本人多地少,户均农地经营规模较小,效率不高。为实现规模经营,政府制定了一系列政策。1975年,日本在局部地区实施"农地利用促进事业"以促进农地流转。到了1980年,政府修改《农地法》,并提出《农地利用增进法》以促进土地使用权的流转,制定了租金补贴、减免土地收入税等优惠措施,鼓励农户出租或出卖土地。1993年,日本修订了《农地法》和《农地利用增进法》,推行"认定农业生产者"制度,鼓励农地向认定农业生产者集中。在政策作用下,日本农地开始大规模流转和集中,表现为大规模农户增加和小规模农户减少,但"认定农业生产者"的经营规模仍难以超过5公顷。1999年7月,日本制定《新农业基本法》,提出发展"有效率和稳定的农业经营体",继续鼓励农地向"认定农业生产者"集中。可以说,1960年以后,日本农业政策的一个突出特点就是促进农场规模扩大,进而提高农业生产效率和维持农业顺利发展。

(3)建立粮食储备制度确保粮食安全。经历过大地震的考验后,日本政府更加重视粮食的安全储备,强化了原有的粮食储备政策。在大米方面,为保障国民的安定供给,日本到2012年6月末大米的储备量达到100万吨;在小麦方面,储备量达到正常2.3个月的需求量;在其他饲料谷物方面,为应对国外供给断绝及灾害不测等,至少确保35万吨的储备量。

(4)积极开展国际合作。在当前经济全球化和贸易自由化的背景下,由于日本高度依赖粮食进口,通过国际协作来确保粮食安全是其必然选择。20世纪八九十年代,日本政府就逐步转变了传统的粮食安全思路,依靠加强生产、保障进口和增加储备为主要手段的现代粮食安全观念,在粮食安全方面的国际协作策略也更加被强化。

第一,积极参与国际会议,重视国际粮食协作。2010年10月,APEC首次粮食安全部长会议在日本新潟举办,会议发表了《新潟宣言》,确定了农业的"可持续发展"和"加快贸易投资"两大共同目标,并制定了解决由于人口增加、气候

变化等产生的粮食不足问题的具体计划。并于 2011 年 10 月,正式签署了《东盟与中日韩大米紧急储备(APTERR)协议》。

第二,国际贸易自由化的应对策略。从 2001 年启动多哈回合谈判之后,日本参与贸易交涉的积极性明显增强,次数也在不断增多,这在日本相关的 EPA/FTA 乃至 TPP 的相关谈判中皆有所体现。截至 2012 年,日本已缔结 EPA/FTA 数为 13 个,说明日本在传统的农业保护方面已取得了一定的突破和进展,在应对农业及粮食安全问题上,较之前的政策更具灵活性和开放性。

第三,日本农业政策积极应对"东亚共同体"建设和其他区域合作的双边、多边谈判的重要表现。此外,日本在农业政策中强调的技术创新以及多功能和可持续农业的实践,亦为东亚的农业合作提供可能。中日韩三国均属农产品进口国,三国在农业及粮食安全上的交流、合作,不仅有利于东亚整体农业水平的提高和地区粮食安全的实现,也为东亚区域合作开辟了一个新的领域。

第四,海外粮食生产投资。近年来,为确保粮食安全,日本政府扩大了对海外耕地及农业用水等投资和开发利用。首先是海外"圈地种田"。据统计,2004 年日本的海外开发使用的耕地面积为 1 200 万公顷,约占日本当时国内总耕地面积的 2.5 倍。2011 年,由日本农林水产省和外务省主导,财务省、经济产业省、日本国际协力银行(JBIC)、日本国际协力机构(JICA)等参加,讨论并形成了官民一体的农业海外投资模式,并在该模式的推动下,日本政府积极鼓励国内企业走出去,在农业基础比较发达的地区进行农业直接投资和企业并购,尽可能多地掌控农业资源,建立海外粮食供应链。

四、中国粮食贸易安全的策略

(一) 完善粮食安全调控机制

一要建立政府责任体系。由于公共产品、市场垄断、外部经济、信息不对称等原因,以及粮食生产受价格调节、粮食产业的天然弱质性等原因,粮食市场必须在充分发挥市场配置资源的前提下,建立政府责任体系,政府要通过建立宏观政策组合,提高政府对粮食市场的宏观调控能力。二要完善粮食产业政策。完

善财政支出结构,加大农业基础设施改造、农业科研和推广力度,提高收入补贴和农业结构调整补贴规模,提高农业财政投入比重。建立由目标价格、最低收购价和市场价格构成的粮食三元价格体系。平衡粮食主产区与主销区关系,完善利益补偿机制。三要加强风险管理体系建设。建立短期、中期及长期粮食供求平衡预警模型及指标系统,最大限度实现政府为粮食安全付出成本最小化、农民获得粮食价格的收益最大化。设立粮食安全管理组织和机构,创新粮食安全风险管理工具和产品,完善粮食安全风险管理制度和政策。

(二)稳步提高粮食综合生产能力

一要继续实行最严格的耕地保护制度,确保18亿亩耕地"红线"不动摇,严格审批农地转用,积极推进土地开发复垦,加大补充耕地投入,保障粮食自给能力。二要加强水资源的有效利用。严格执行用水配额管理制度,在流域区域用水上加强管控;同时实行分阶段分区域有偿用水制度,利用价格杠杆对水资源配置进行调节。三要加强基础设施建设。加大政府投资特别是中央政府投资,多方式多渠道吸引社会资本投入,加强大型农田水利设施建设。四要加快粮食主产区建设。按照资源禀赋、生产条件和增产潜力等因素,加快建设粮食生产核心区和开发后备产区。实现主要粮食作物全程机械化、生产专业化和标准化,提高产业链配套水平,提高粮食产业的经济利润水平。五要强化生产资料供给。通过补贴降低农资价格,加强质量和价格监管,提高生产资料的技术含量,保证种子、农药、化肥等基本农用生产资料的供给。六要提高自然灾害防御能力。加强农业灾害保险,完善农业保险体系。加大科研力度,培育具有耐寒、耐旱、耐涝、耐虫等特性的粮种,提高抗灾能力。

(三)合理引导粮食消费结构调整

一要提倡科学健康的粮食消费观。随着我国经济发展和群众消费水平的提高,粮食消费中谷物消费比重将继续下降,肉、蛋、奶和植物油的比重会持续提高,应提倡和推广植物性食物为主、动物性食物为辅、"中热量、高蛋白、低脂肪"的消费模式。二要多方开辟饲料资源。合理调整种植结构和养殖结构,扩大高效饲料作物种植,充分利用饼粕、糠麸、糟渣、秸秆等原料制作混合饲料,提高饲

料转化率,缓解饲料对粮食需求的压力。三要严格控制加工用粮。我国的基本国情决定我国不能以牺牲粮食安全为代价来发展生物能源,应严格控制利用玉米、油料等作物制作生物质原料。四要减少粮食浪费。据估算,在消费环节,全国每年浪费食物总量折合粮食约 1 000 亿斤,可满足约 3.5 亿人一年的需要,相当于全国粮食总产量的 1/10。此外,在种植、收获、储藏、运输、加工等环节也存在巨大浪费。因此,减少粮食浪费,对降低粮食需求和保障粮食安全意义重大。五要开发非粮食物资源。积极发展优质畜牧业、水产养殖业、远洋渔业、油料豆类果蔬类及野生食品类等非粮食物,拓宽食物源,提供非粮食物供给,补充和调整粮食消费结构。

(四)积极利用国际资源促进粮食贸易平衡

一要积极利用国际资本。创新投融资体制,创造良好投资环境,引导外资投资农资生产、农技服务和农业基础设施建设。二要推动国际技术贸易。加强政府间、政府与国际组织合作,以无偿或低成本获取技术援助、科技合作、学术交流、技术考察等技术转移。三要有效分解国际压力。与主要粮食出口国签订长期稳定的粮食进口合同,稳定获取粮食资源。加快自由贸易区建立步伐,加强各成员国在农业方面的合作。加强海外投资,建立海外农产品供给基地和化肥基地,有效避免国际粮食价格波动和化肥价格垄断。

(五)加强粮食流通体系建设

一要加强粮食储备体系建设。优化中央和地方储备粮布局,调整粮食库存储备结构。加强中央储备粮宏观管理,维护粮食市场平稳运行的能力。深化地方储备粮体系改革,落实粮食安全责任。二要加强粮食物流体系建设。建立沟通协调机制,统一协调政策性和经营性粮食物流的组织和运行。加强流通基础设施建设,统筹规划、整体推进,提升粮食运输能力。改造跨区域粮食物流通道,编制粮食现代物流网络,畅通北粮南运通道,加强西部与中东部粮食运输通道建设。建立粮食物流公共平台,提高物流效率。

第九章
中国能源产业贸易安全与监管

2011 年《BP 世界能源统计年鉴》指出,中国的能源消费占世界能源消费总量的 20.3%,超出美国的能源消费占比 19%,成为全球最大的能源消费国。能源安全不仅是一个国家的经济问题,也是具有国际化倾向的政治问题,特别是对于我国这样的能源消费大国,因此,我国的能源安全现状如何,是否存在较大风险,如何进行有效监管等是我国亟需解决的问题。

一、全球能源格局和中国能源消费结构的国际比较

(一) 全球能源消费现状

2014 年《BP 世界能源统计年鉴》显示,2013 年全球一次能源消费 127.3 亿吨油当量,相比 2012 年增长 2.0%。从消费构成中看,化石能源(石油、天然气、煤炭)消费量为 110.32 亿吨油当量,比上年增长 1.7%,占一次能源总消费量的 86.7%,占比较 2012 年下降 0.2%,但是,化石能源仍是最主要的能源消费。从消费主体看,新兴经济体能源消费占全球能源消费增长总量的 80%,绝对值为 OECD 国家一次能源消费 55.33 亿吨油当量,同比增长 0.9%,而非 OECD 国家一次能源消费为 71.97 亿吨油当量,同比增长 2.8%。从地区看,亚太地区是全球一次能源消费增量最大的地区,其消费增量占全球总增量的 63.9%,其次是北美洲地区,消费增量占全球的 25.6%。从国别看,中国一次能源消费位居世

界第一,达到 28.52 亿吨油当量,占全球总量的 22.4%;美国、俄罗斯、印度和日本分别位居第二至第五位,这五个国家消费能源量占全球能源消费总量的 54.1%(见表 9-1)。

表 9-1　2013 年主要国家一次能源消费情况

排名	消费总量				消费增量		
	国家	数值(亿吨油当量)	同比(%)	占比(%)	国家	数值(亿吨油当量)	占比(%)
1	中国	28.52	4.4	22.4	中国	1.21	49.1
2	美国	22.66	2.6	17.8	美国	0.58	23.4
3	俄罗斯	6.99	0.0	5.5	印度	0.22	8.8
4	印度	5.95	3.8	4.7	巴西	0.08	3.3
5	日本	4.74	−0.8	3.7	德国	0.08	3.2
世界		127.3	2.0	100.0	世界	2.47	100.0

资料来源:王睿:《2013 年世界能源供需浅析——〈BP 世界能源统计 2014〉解读》,《当代石油石化》2014 年第 9 期,第 37-46 页。

(二) 中国能源消费结构的国际比较

2008 年开始,全球能源格局就在不断变化中,目前最明显的特点便是中国经济持续稳定增长并成为能源消费国,美国能源独立进程加快,同时世界能源消费中心向亚洲转移。从 2013 年的情况来看,北美和欧洲地区的能源消费增长速度比较缓慢,亚洲地区成为能源消费增长最快的地区,主要集中在中国、日本、韩国和印度四国。

以美、英、法、德为主要代表的发达国家在工业化时期煤炭的消费量巨大,经过 30 多年的发展,这些国家的煤炭消费比重有较大幅度下降,呈现明显的能源结构调整的结果。结合图 9-1～图 9-6,可以发现,美、英、德三国的能源消费主要集中在石油和天然气,法国主要集中在核能、石油和天然气,这些发达国家随着工业化进程以及技术的不断完善,使用清洁能源的比重在不断加大。反观

中国,我国的能源消费最主要来源是煤炭,其次是石油,其他能源使用所占比例甚少,与发达国家相比有很大差距。

以上分析说明,我国在未来一段时间仍然是能源消费大国,化石能源所占比重仍然会维持,为了较好地维护国家能源安全,借鉴和吸收发达国家已有的成果,避免重复他们走过的弯路,这对我国进行的能源生产与消费结构调整都有着较为重要的意义,后文将会对此进一步阐述。

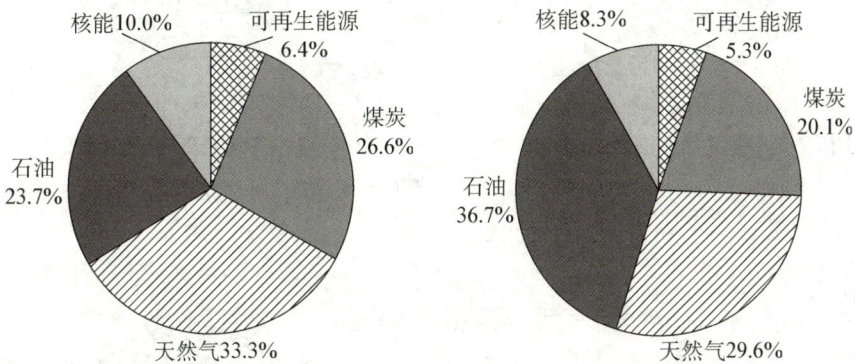

图 9 - 1　2013 年美国能源生产和消费结构

资料来源:BP Statistical Review of World Energy 2014。

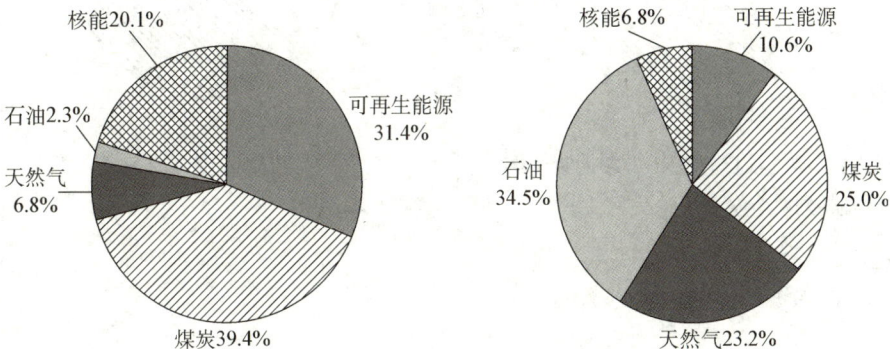

图 9 - 2　2013 年德国能源生产和消费结构

资料来源:同图 9 - 1。

可再生能源
5.4%
核能
8.0%
煤炭
18.3%
石油
34.9%
天然气
32.9%

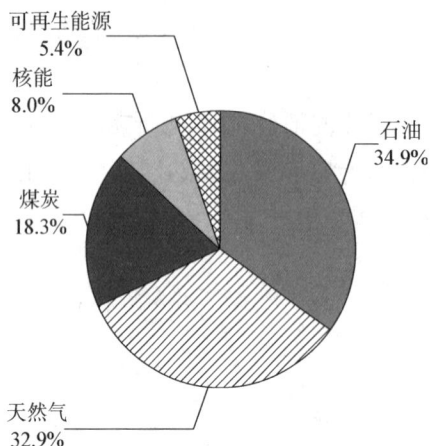

图 9-3　2013 年英国能源消费结构

资料来源:同图 9-1。

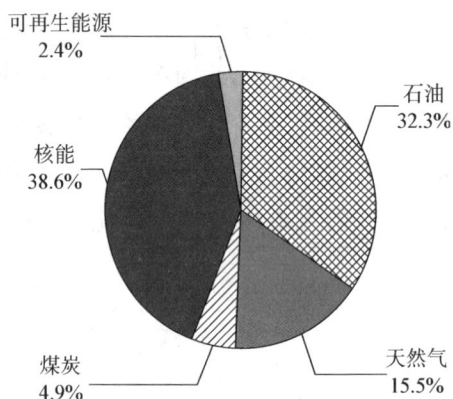

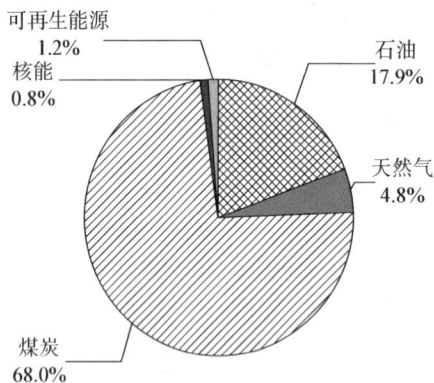

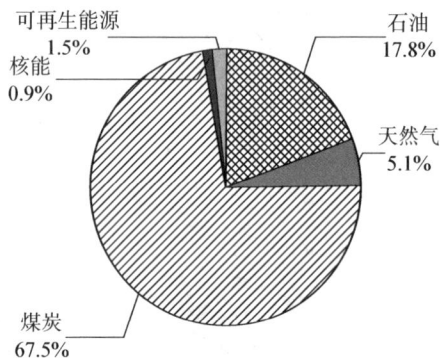

可再生能源
2.4%
核能
38.6%
煤炭
4.9%
石油
32.3%
天然气
15.5%

图 9-4　2013 年法国能源消费结构

资料来源:同图 9-1。

可再生能源
1.2%
核能
0.8%
石油
17.9%
天然气
4.8%
煤炭
68.0%

图 9-5　2012 年中国能源消费结构

资料来源:同图 9-1。

可再生能源
1.5%
核能
0.9%
石油
17.8%
天然气
5.1%
煤炭
67.5%

图 9-6　2013 年中国能源消费结构

资料来源:同图 9-1。

二、中国能源安全现状

(一) 中国能源需求状况

受我国能源禀赋"多煤、贫油、少气"的影响,虽然我国能源结构已有所改善,天然气、石油、水电核能的比重在逐步提升,但煤炭依旧是我国最主要的能源种

类。2013 年中国一次能源生产和消费结构中，煤炭的比重分别是 76％和 66％。图 9－7 和图 9－8 显示的我国 2001—2013 年我国能源消费结构变化情况，可以清晰地看出，我国能源消费总量和增速变化均较快，并且在消费结构中，煤炭所占比重最高，在 2007 年以 71％达到峰值，之后有所下降，石油所占比重呈现下降趋势，天然气、水、核电、风电所占比重呈现明显上升的局面。

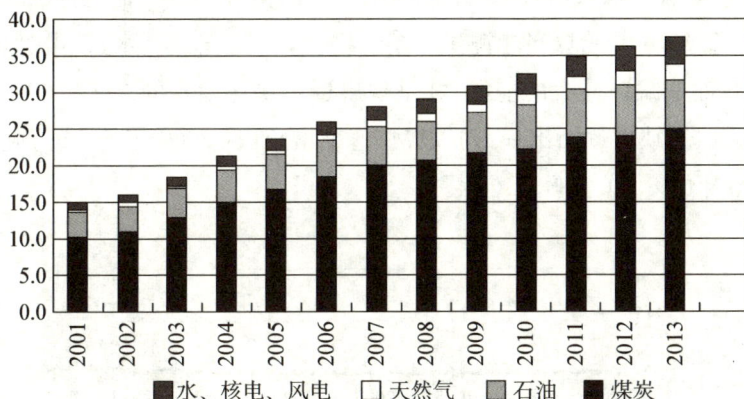

图 9－7　2001—2013 年中国能源消费结构变化（单位：万吨标准煤）

资料来源：中国统计年鉴。

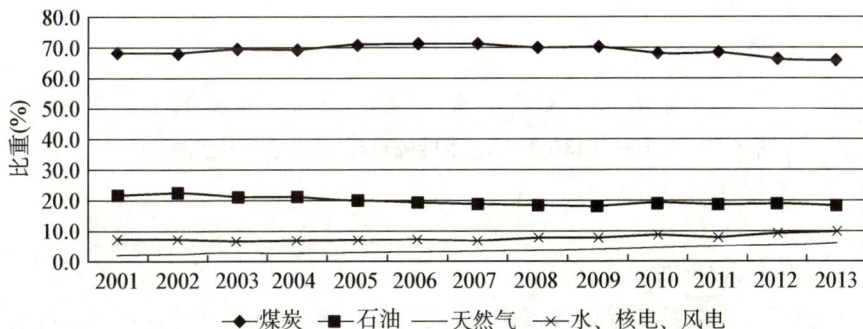

图 9－8　2001—2013 年中国能源消费结构比重变化情况

资料来源：中国统计年鉴。

(二) 中国能源对外依存度

1. 中国能源缺口

图 9-9 显示的是我国能源结构中各类能源缺口情况。从总量上看,我国能源总量缺口在 2001—2007 年呈现显著扩大的趋势,之后的 2008—2012 年基本维持在 3 亿吨标准煤,2013 年较 2012 年有所提升,升至 3.5 亿吨标准煤。从能源构成看,2009 年开始煤炭能源生产多于消费,2011 年开始水、核电、风电稍有剩余,而石油是缺口最大的能源,并呈现出逐年快速增长的态势,从 2007 年开始,我国天然气缺口逐渐出现,并以较快速度增长,从 2007 年的 74 万吨标准煤增至 2013 年的 6 110 万吨标准煤。

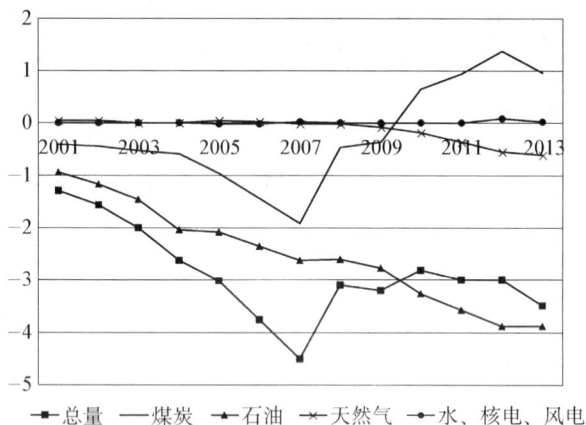

图 9-9　2001—2013 年中国各类能源缺口情况(单位:亿吨标准煤)

资料来源:中国统计年鉴。

2. 中国能源对外依存度

该指标对于能源净进口国家来说,反映的是本国能源消费量对进口能源的依赖程度,一般用公式 $S = \dfrac{Q_m - Q_x}{Q_m - Q_x + Q_p}$ 表示,其中 Q_m 表示本国能源进口量,Q_x 表示本国能源出口量,Q_p 表示本国能源生产量,即公式分子表示该国能源净进口量,分母表示该国能源消费量,该指标在大于等于 0 和小于等于 1 之间,一般来说,一国的 S 越接近 1 表示该国对国际能源市场的依存度就越大。我们设

定30%是国际公认的安全警戒线①,超过则表示不安全。

《世界能源中国展望(2013—2014)》报告称,中国能源对外依存度将由2011年的9%上升到2015年的11%,2020年将接近26%。石油对外依存度将由2011年的55%左右上升到2015年的60%。天然气对外依存度将由2011年的19%左右上升到2015年的35%,2020年将接近40%②。从目前的情况,现有能源对外依存度的发展状况基本符合预期。

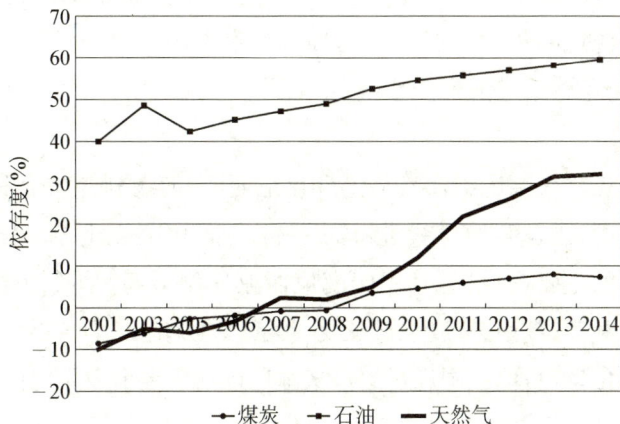

图9‑10　2001—2014年中国各类能源进口依存度

资料来源:中国统计年鉴,中国能源统计年鉴。

图9‑10显示的是我国2001—2014年三大类能源的对外依存度(或称进口依存度)的变化情况。我国能源总体的对外依存度没有超过30%的警戒线,这主要是由于我国能源结构中仍以煤炭资源为主。改革开放后较长一段时间内,我国煤炭进出口总量变化不大,2009年首次进口量超过出口量,我国成为煤炭进口国,但是我国煤炭较为丰裕,进口依存度一直维持在10%以下。然而,我国石油进口依存度一直在40%以上,并且呈现逐年增高的趋势,2014年已接近60%;天然气的进口依存度增速更快,2013年超过30%。因此,即使能源进口整体上的依存度没有超过警戒线,但是石油和天然气这两大类能源产品以较高的

① 借鉴林珏(2014)的安全评价指标和标准。

② 社科院:《中国能源对外依存度六年内或升至26%》,《中国对外贸易》2014年第3期,第18页。

消费速度在增长,进口依存度也在快速升高,超过警戒线,已属于不安全范畴。

在考察一个国家能源安全问题时,除了进口依存度是一个重要指标外,作为能源进口国,能源进口来源地是否集中也同样很重要。

(三)中国能源贸易集中度

对能源净进口国来说,能源贸易集中度主要考察两方面。一方面,考察本国来自某一地区或某几国的能源进口量之和在能源总进口量中的比重,它反映的是能源进口来源地的集中情况;另一方面,考察本国进口能源的运输方式和通道,它反映的是运输渠道的安全性。

1. 煤炭

我国进口煤炭来源地中,2013年,印度尼西亚、澳大利亚和俄罗斯是前三位出口煤炭来源国,占据我国煤炭进口的74%。近几年,以上三个国家和越南一直是我国煤炭的主要进口国,其中印度尼西亚比例最高,是我国煤炭第一进口国。除了澳大利亚、越南、印度尼西亚之外,俄罗斯、南非、加拿大等国也增加了对我国的煤炭出口,目前我国煤炭进口来源地逐渐呈现出多元化特征。

表9-2 2006—2013年我国煤炭进口主要来源国比重

国家	2006年	2007年	2008年	2009年	2010年	2011年	2012年	2013年
印度尼西亚	13.5%	27.6%	27.7%	24.1%	33.4%	35.5%	41.1%	38.4%
澳大利亚	18.0%	8.9%	8.8%	34.9%	22.4%	17.8%	20.6%	27.0%
俄罗斯	2.6%	0.5%	1.9%	9.4%	7.0%	5.8%	7.0%	8.3%
蒙古	6.1%	6.4%	10.0%	4.8%	10.1%	11.1%	7.7%	5.3%
朝鲜	6.5%	7.3%	6.3%	2.9%	2.8%	6.1%	4.1%	5.1%
越南	52.5%	48.3%	41.8%	19.1%	10.9%	12.1%	6.0%	4.0%
南非	0.0%	0.0%	0.0%	0.6%	4.2%	5.1%	5.0%	3.9%
加拿大	0.4%	0.4%	1.4%	3.3%	3.2%	2.5%	2.9%	3.7%
美国	0.0%	0.0%	0.4%	0.6%	2.9%	2.7%	3.2%	2.6%

资料来源:蔡鹏:《中国进口煤炭运输船队发展规划研究》,大连海事大学,2014。

从运输方式和航线看,我国煤炭进口大部分通过水路进行运输,结合以上主要来源国家,因此,其航线也在一定程度上呈现多元化特征,包括中国—东南亚、

中国—大洋洲、中国—远东地区、中国—非洲、中国—北美洲等几条航线,途经的主要要道包括台湾海峡、巴拿马运河、马六甲海峡。此外,和俄罗斯的贸易正在不断加快铁路运输能力。

2. 石油

从来源国所属地区来看,长期以来,中东地区一直是我国石油的主要进口来源地,进口量基本保持在我国石油总进口量的50%左右,最高年份曾高达60%。虽然近几年我国石油进口的来源地有所增加,但仍旧集中在中东地区。例如2011年我国石油进口量前10位的国家中有6个国家在中东地区,2012年我国石油进口前三国集中度和前五国集中度分别为43.7%和59%。

从来源国发展阶段来看,在我国石油进口来源国中,发展中国家居多,占总数的80%左右。在这些发展中国家中,大多数国家石油资源储量较大,自身消耗量较低,并且其中部分国家的外贸经济来源主要依赖于石油的出口,如沙特、俄罗斯、伊拉克、科威特和伊朗等国。而由于受发达国家石油储备较少并且消耗较高的情况的影响,向我国出口石油的发达国家较少,基本上包括英国、加拿大和挪威等。

如果将石油再细分后发现,如表9-3所示,尽管我国石油进口量的速度有所放缓,但我国对原油的需求却越来越大。目前我国所需原油的50%以上需要从海外进口,且进口量以年均超过10%的速度在增长。从具体国别看,2013年,我国从沙特、安哥拉、伊朗、俄罗斯、阿曼五国进口原油量占前进口总量的70%左右(见表9-4)。

从运输方式和航线看,进口石油主要采取海上运输,由于中国石油进口的60%以上来自于中东和北非,而这些地区的石油运输一定会通过马六甲海峡,其再一次成为我国能源进口的制约要道。

表9-3 2003—2013年我国石油净进口情况 单位:万吨

年份	净进口量				石油净进口量合计
	原油	成品油	液化石油气	其他石油产品	
2003	8 299.29	1 439.24	634.40	232.95	10 605.89
2004	11 732.39	2 641.63	635.42	141.84	15 151.28
2005	11 901.63	1 745.86	611.45	101.96	14 360.90

（续表）

年份	净进口量				石油净进口量合计
	原油	成品油	液化石油气	其他石油产品	
2006	13 884.31	2 401.57	520.54	127.64	16 934.06
2007	15 934.62	1 829.03	371.66	212.99	18 348.30
2008	17 515.96	2 183.81	192.50	174.64	20 066.91
2009	19 860.50	1 191.84	324.25	461.58	21 838.17
2010	23 626.93	1 000.00	227.95	512.46	25 367.33
2011	25 002.72	1 480.71	223.81	455.61	27 162.84
2012	26 865.63	1 553.06	206.33	688.40	29 313.41
2013	28 052.37	1 107.13	295.26	967.69	30 422.46

资料来源：中国统计年鉴。

表9-4 2008—2013年我国原油进口主要来源国　　　　单位：万吨

年份	沙特	安哥拉	伊朗	俄罗斯	苏丹	阿曼	伊拉克	科威特	利比亚	哈萨克斯坦
2008	3 637	2 989	2 123	1 164	1 050	1 458		590		567
2009	4 195.3	3 217.2	2 314.7	1 530.4	1 219.1	1 163.8	716.3	707.6	634.4	600.6
2010	4 464.2	3 938.1	2 131.9	1 524	1 259.9	1 586.7	1 123.8	983		1 005.4
2011	5 027.8	3 114.9	2 775.7	1 972.5	1 298.9	1 815.3	1 377.4	954.2		1 121.1
2012	5 391.6	4 015.2	2 192.2	2 432.9		1 956.7	1 568.4	1 048.9		1 070.4
2013	5 390.6	4 000.1	2 144.2	2 434.7		2 547.1	2 351.2	934.3		1 195.1

资料来源：海关总署。

3. 天然气

我国天然气进口主要为液化天然气（LNG）和管道天然气。海关统计数据显示，2006年我国开始从澳大利亚进口LNG73.4万吨，2010年开始有管道天然气的进口。2012年，我国进口管道天然气220亿立方米，占总进口气量的52%，首次超过LNG的进口量。2013年，我国进口管道天然气279亿立方米，同比增长27.1%，占总进口气量的53%，进口LNG250亿立方米，同比增长22.7%，占总进口气量的47%。图9-11呈现的是我国2006—2013年进口的天然气构成。

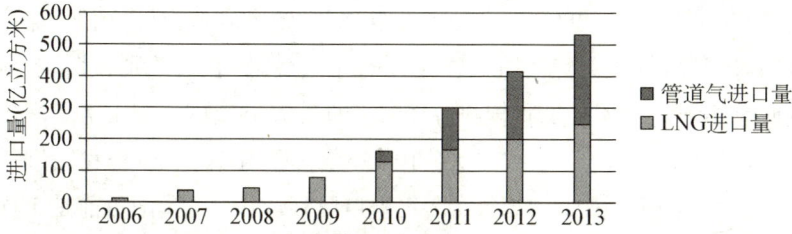

图 9-11　2006—2013 年我国天然气进出口构成

资料来源:海关总署。

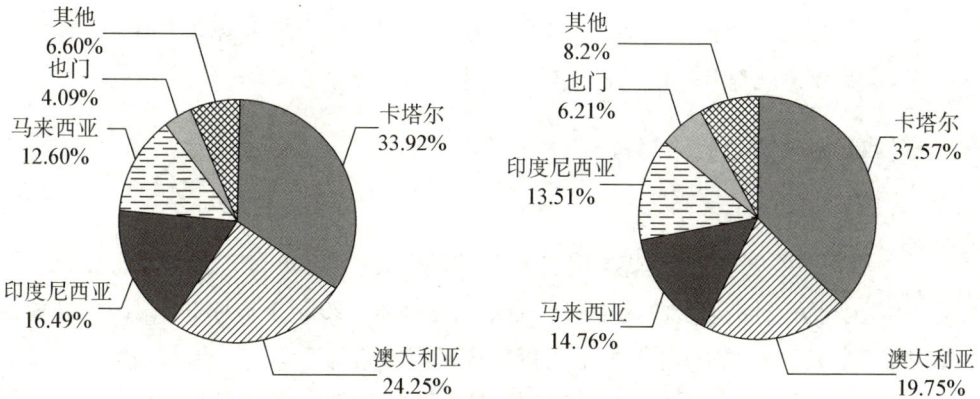

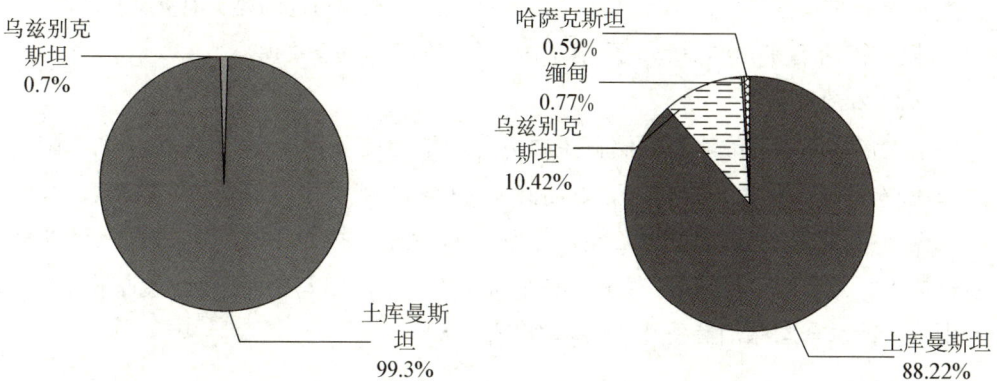

图 9-12　2012—2013 年我国 LNG 进口主要来源国

资料来源:海关总署。

图 9-13　2012—2013 年我国管道天然气进口主要来源国

资料来源:海关总署。

2013 年,我国 LNG 的进口来源国有卡塔尔、澳大利亚、马来西亚、印度尼西亚和也门等国家,管道天然气进口国主要有土库曼斯坦、乌兹别克斯坦、缅甸和哈萨克斯坦四国。卡塔尔是我国进口 LNG 的最大供应国,2013 年卡塔尔对华出口 LNG92 亿立方米,比 2012 年增加 35.6％,而土库曼斯坦是我国进口管道天然气的最大供应国,2013 年比 2012 年进口量猛增 22％,我国目前是土库曼斯坦最大的天然气出口市场。

从运输方式和线路上看,进口天然气主要采取陆上运输的方式,兼有海上运输。由于中国天然气主要来自于亚洲,而这些地区的天然气运输一般会通过西伯利亚大铁路、中亚天然气管道、马来西亚海域、越南海域、菲律宾海域、台湾海峡等,这些要道就对我国的天然气进口产生重要影响。

(四) 中国能源战略储备

1. 煤炭储备

虽然我国是全球最大的煤炭消费国,但我国煤炭人均占有量远远低于国外水平。煤炭资源作为一种战略资源,也需要一定的战略储备。2011 年 6 月 1 日,《国家煤炭应急储备管理暂行办法》出台,标志着国家煤炭应急储备工作正式启动。2011 年 11 月,国家发改委下达第二批煤炭战略储备目标,计划完成 1 000 万吨煤炭储备,之后,国家发改委下达了 2014 年国家煤炭应急储备任务 670 万吨,分别由现有的储备点和承储企业承担,届时我国达到 3 000 万吨煤炭储备规模。但是,每年我国煤炭消费量为 30 亿吨左右,这些储备煤炭也只是很小的一部分,按照目前的煤炭消费速度,3 000 万吨煤炭储备仅够全国消费一天时间,因此我国的煤炭储备规模很小。

2. 石油储备

大多数国家的战略能源储备主要以化石能源储备为主,对于能源净进口国来说,石油储备是重点强调的。石油储备度指标一般使用可消费的天数来表示。截至 2013 年底,我国商业原油储备能力 1.41 亿桶。按照我国 2013 年每天消耗石油 139 万吨的规模计算,我国战略原油储备只够使用 8.9 天,商业原油储备可用 13.8 天,全国原油储备能力估算为 22.7 天[①]。

---

① 陈躲:《战略油储进展有点慢——访中国社会科学院研究生院院长、国际能源安全中心主任黄晓勇》,《观察》2015 年第 1 期,第 38-40 页。

3. 天然气储备

和石油不同,天然气交易主要是以双边商业合同为供货基础和保障,如果出口国有意减少天然气供应也会损害其名誉。另外,天然气战略储备的费用要远远高于石油储备的费用,因此,在这种情况下,在国家层面上建立并实施天然气战略储备或建设战略地下储气库的国家实际上并不多。只有部分天然气进口国真正落实或实施了天然气战略储备,建设了一定规模的战略地下储气库[①]。例如,欧洲天然气进口国主要采取供应和需求管理,条件和基础较好的国家会通过建设地下储气库来保证天然气供应安全。我国的天然气储备开始的标志是2006年深圳LNG(液化天然气)进口接收站投产。2013年开始陆陆续续有专家学者提出我国应考虑建设战略地下储气库,目前国家层面并没有像石油储备那样大规模地建立储存库,一个主要原因是目前我国天然气消费占我国能源消费的比重不到5%。

三、目前中国能源安全存在的风险点

(一)能源消耗总量的大幅提升

《2013—2014年中国煤炭行业发展形势报告》提到,从中长期来看,我国今后一段时间经济增速将维持在7%,那么测算煤炭系数将保持在3%左右。到2020年,全国煤炭需求总量将会在48亿吨左右,煤炭在我国一次能源消费当中仍将达到60%。《2014年国内外油气行业发展报告》预计,2015年我国经济发展对石油需求为5.34亿吨,成品油需求首次突破3亿吨,石油对外依存度将突破60%。《2013年国内外油气行业发展报告》显示,2013年,我国天然气消费超过伊朗,成为全球第三大天然气消费国。近些年,经济发展和环境保护的影响导致天然气需求量增长过快,进口依存度持续增高。再加上各地"煤改气"工程的实施,共同导致我国天然气需求缺口持续扩大。图9-14是中国石油技术研究院对未来一段时期内我国天然气需求的预测。

[①] 胡奥林、余楠:《国外天然气战略储备及其启示与建议》,《天然气技术与经济》2014年第8期,第1-5页。

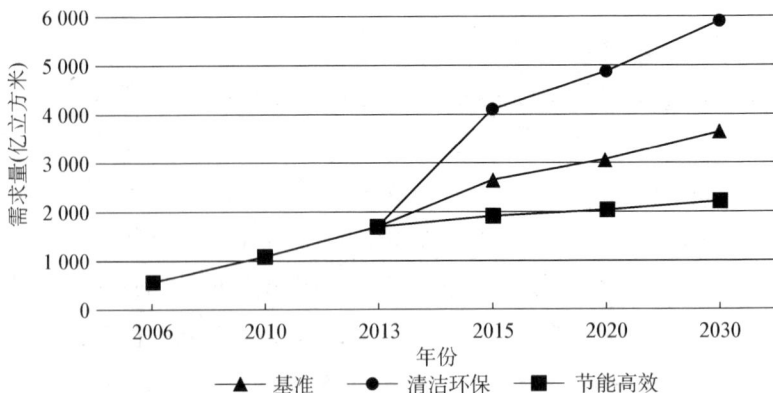

图9-14　到2030年中国天然气需求预测

资料来源:张利娟:《我国天然气需求缺口如何修补?》,《中国报道》2014年第3期,第66-67页。

(二) 能源对外依存度较高

余敬等(2014)在APEC能源安全概念框架的基础上,提出一个"2AST"的能源安全框架,在此基础上对2001—2010年我国石油、天然气、煤炭安全水平进行了评价。结果显示,煤炭安全主要体现在进口及环境保护上,石油安全水平的影响主要在资源禀赋及进口两个方面,天然气安全水平主要体现在资源禀赋及新技术开发上。因此,可以看出,作为能源净进口国,在我国煤炭等能源的探明储量和生产能力没有大幅度变化的条件下,上述能源消费量的增长将使得我国能源进口依存度出现明显上升。

1. 煤炭

从能源种类上看,目前我国煤炭依然具有较强的自给能力,由于我国政府对资源出口的相关保护,同时作为我国进口来源国的澳大利亚、印度尼西亚等国家的煤炭资源的价格优势,导致我国自2009年起变为煤炭净进口国。之后的一段时间内,我国煤炭净进口量快速增长,进而在2013年我国煤炭进口依存度增至8.1%,但2014年又稍微有所降低,达到7.5%。我国煤炭目前依然处于产能释放的阶段,供求总量较为宽松,同时从安全警戒线的划分看也是低于一般标准的,因此,我国煤炭的生产和使用依然具有一定的生产和保障能力,对外依存度

也相较于其他化石能源处于较低的水平。

2. 石油

1993 年开始,我国就已经变为石油净进口国,直到目前,我国石油的进口依存度一直居高不下,并呈现快速上升的局面,2014 年已接近 60%。国际能源署(International Energy Agency,IEA)预测,2030 年我国石油的对外依存度将超过 75%,英国石油公司(BP,2012)预测将超过 80%[1]。另外,陈璐(2014)的模型结果显示,煤炭需求的价格弹性高于原油需求的价格弹性:煤炭价格上升 1%,煤炭需求将下降 0.31%;原油价格上升 1%,原油需求将下降 0.061%。

结合以上情况可以看出,在没有国际石油定价权的情况下,我国的石油进口需求将在很大程度上依靠国际市场,石油缺口过大将给我国能源安全造成极大风险。此外,目前的风险还有一个重要影响因素,即我国石油进口来源地高度集中。历年的我国石油进口排名中前五的国家里有 3~4 个国家在中东地区,进口量至少占到我国石油总进口的 50% 以上,这种高度集中的情况不利于分散风险,如果中东地区陷入战争,我国石油进口量将大幅度受到影响。例如叙利亚关闭伊拉克过境的输油管道导致其石油输出降低 30%[2]。另外,前十位的进口来源国家中除了中东地区的国家外,还有一些发展中国家,这些国家本身正处于发展阶段,自身对能源的需求也比较强烈,因此,将石油进口来源国集中于这些国家存在较大风险。

3. 天然气

从以上分析可以看出,我国天然气需求增长快速。但是,从我国自身的生产来看,当前我国天然气管网比较分散,天然气生产、运输和配送系统都不够完善,尽管我国现已建成的天然气管线总长已达到 6 万多公里,但这和其他国家相比差距还很大,即我国天然气开采技术等方面较为欠缺。因此,在未来一段时间内,我国消费的天然气很大程度上仍要依靠进口。

我国天然气进口依存度在化石能源进口中的增速最快,虽然低于石油进口

---

① 杨宇、刘毅:《世界能源地理研究进展及学科发展展望》,《地理科学进展》2013 年第 5 期,第 818 - 830 页。

② 哈奔:《我国重要能源资源进口风险评价与渠道选择研究》,西安科技大学,2014 年。

依存度,但是 2013 年开始已超过 30%。另外,天然气对外依存度过高还隐藏着其他的风险,受区域分布的影响,我国大部分管道天然气进口局限在周边几个国家,液化天然气的 90% 左右来源于卡塔尔、澳大利亚、印度尼西亚、马来西亚,而管道天然气的 90% 来源于土库曼斯坦,这类靠管道进口的货物又出现来源地高度集中的情况,使我国天然气进口面临的风险更大[①]。

综上所述,从能源类别来看,煤炭的能源进口依存度安全风险较低,而石油和天然气面临的风险较高,而且石油尤为突出。我国所进口的石油和天然气目前来看有相当一部分来自周边国家,如俄罗斯、土库曼斯坦、伊朗、伊拉克、缅甸和印尼等,因此,中东、非洲及周边局势的变动都会在很大程度上影响我国的能源安全。

(三)中国能源运输安全和可靠性存在较大风险

对于能源净进口国来说,能源安全的另外一大关注点是运输通道。整体上看,我国能源进口来源地主要在中东、非洲和东南亚地区,另外,从运输方式上看,90% 的进口能源是通过海上运输通道进行运输的。表 9-5 和表 9-6 分别是我国能源运输的海上和陆上航线。

表 9-5　我国主要的能源运输海上航线承载进口能源种类和比重

航线	来源国	路线	进口能源	所占比重
中东航线	沙特阿拉伯、伊朗、伊拉克、阿曼、科威特、阿联酋、卡塔尔、也门	波斯湾-霍尔木兹海峡-印度西海岸-印度洋东北部-马六甲海峡-越南海域-菲律宾海域-台湾海峡	石油、天然气	石油 50%,天然气 20%
北非航线	利比亚、苏丹、埃及	利比亚海域-地中海海域-苏伊士运河-苏丹海域-亚丁湾-阿拉伯海-马六甲海峡-菲律宾海域-台湾海峡		

① 张利娟:《我国天然气需求缺口如何修补?》,《中国报道》2014 年第 3 期,第 66-67 页。

（续表）

航线	来源国	路线	进口能源	所占比重
西非航线	安哥拉、尼日利亚、赤道几内亚	尼日利亚海域-喀麦隆海域-安哥拉海域-南非海域-好望角-印度洋东北部-马六甲海峡-马来西亚海域-菲律宾海域-台湾海峡	石油、天然气	石油 25%，天然气 4%
南美航线	委内瑞拉、哥伦比亚、巴西、秘鲁	委内瑞拉海域-巴西海域-好望角附近海域-印度洋北部-马六甲海峡-马来西亚海域-菲律宾海域-台湾海峡		
大洋洲航线	澳大利亚	澳大利亚东南海域-所罗门海域-菲律宾东部海域-台湾海峡	煤炭、天然气、煤炭	煤炭 50%，天然气 26%
东南亚航线	印尼、马来西亚	马来西亚海域-越南海域-菲律宾海域-台湾海峡		
	越南	越南北部海域-琼州海峡		

资料来源：由哈奔（2014）整理得到。

表 9 - 6　我国主要的能源运输陆上航线承载进口能源种类和比重

线路	来源国	路线	进口能源	所占比重
中俄线路	俄罗斯	铁路包括西伯利亚大铁路、俄罗斯远东伊尔库茨克-中国满洲里 管道包括中俄原油管道、中俄天然气管道	煤炭、石油、天然气	煤炭 15%，石油 13%，天然气 50%
中亚线路	哈萨克斯坦土库曼斯坦	铁路包括哈萨克斯坦-中国新疆阿拉山口 管道包括中亚天然气管道、中哈石油管道、中哈天然气管道	石油、天然气	
中蒙线路	蒙古国	公路包括蒙古国-中国新疆塔克什肯口岸 铁路包括嘉策铁路、哈策铁路、集二铁路等	煤炭	

资料来源：由哈奔（2014）整理得到。

以上信息显示,我国面临着潜在的能源运输风险。

首先,从总体上看,我国能源海上进口运输过于依赖中东和非洲航线,由于这些地区政治和安全环境不理想,存在着安全隐患,同时很多咽喉要道又是众多政治必争之地。因此,这些通道的不安全性及一些国家对其的威慑都增加了中国能源供应的安全隐患。能源进口的陆上运输方式主要有管道运输、铁路运输,还有少量的公路运输。我国从陆上进口能源资源的地区主要是与我国相邻的中亚和北亚,具体包括俄罗斯、土库曼斯坦、哈萨克斯坦和蒙古国等国。相较来看,目前我国能源运输安全主要风险来自于海上运输。

其次,具体来看,我国能源进口的重要要道过于集中,包括马六甲海峡、霍尔木兹海峡、苏伊士运河和好望角。其中,马六甲海峡是印度洋与太平洋之间的重要通道,连接了世界上人口众多的三个大国:中国、印度与印度尼西亚,是全球著名的海上咽喉要道,我国能源进口的近90%都要经过此地,马六甲海峡在我国能源进口安全方面扮演着举足轻重的角色。霍尔木兹海峡位于阿曼和伊朗之间,是出入波斯湾的唯一水道,素有"海湾的咽喉"之称,历来成为西方各国争夺和控制的重要战略目标。而霍尔木兹海峡是我国获取中东石油的必经之路,其在我国能源进口安全中的战略位置尤显重要。苏伊士运河连接地中海和红海,是连接亚洲和非洲的重要通道,是世界使用最频繁的航线之一,其以石油和金属货运为主。好望角是沟通大西洋和印度洋的必由之路,尽管苏伊士运河开通后为欧洲到亚洲节省了50%左右的航程,但若是25万吨以上的巨轮仍然需要绕道好望角,而我国能源中也有近30%来自西非和南美地区。

再次,我国面临着海上能源运输的恐怖活动。马六甲海峡、霍尔木兹海峡等通道的海盗"恐怖活动"突发事件等都有可能造成海上能源运输的中断[①]。由表9-5可见,"霍尔木兹海峡—印度洋—马六甲海峡—南海"是我国海外石油重要运输线,在这条运输线上的亚丁湾与东南亚水域经常出没大量的海盗。亚丁湾这一带海盗活动更趋频繁,曾多次发生劫持、暴力伤害船员事件。其中,索马里海盗活动异常猖獗,每年从索马里附近海域经过的各国船只近5万艘,除了无法下手的各国军舰外,多数都是大大小小的货轮。2012年以来,索马里沿海累计

---

① 赵旭等:《我国海上能源运输通道安全保障机制构建》,《中国软科学》2013年第2期,第8-15页。

已经发生 80 多起海盗袭击事件,平均每 4 天就有一艘船遭劫。总之,从能源运输的路线来看,我国石油运输路线缺少选择性,严重威胁我国石油运输安全。

最后,潜在的运输风险是来自于美国等发达国家出于对世界能源供给的控制而采取的政治和军事行动。例如,中东地区素来是世界上石油资源最为丰富的地区,控制着世界石油储量的 70%。为了控制中东地区,美国积极制定中东战略布局,使得控制石油资源成为美国在中东的基本战略利益和目标。而且,1986 年 2 月,美国海军制定了控制全球 16 个海上咽喉航道的计划,这 16 条重要的战略通道包括了苏伊士运河、霍尔木兹海峡、曼德海峡和马六甲海峡等重要海上战略通道,其中至少有 3～4 条通道关系到我国能源运输的安危。

除此之外,我国海上石油运输能力不足。根据国外经验,需要大量进口石油的国家一般都控制着一支比较强大的油轮船队。我国海上运输能力较弱,油轮船队平均船龄为 13.3 年,与国际船龄相比处于中下水平。同时,与国际油轮联合体相比,我国在高标准、高质量的船舶经营管理服务方面还存在较大差距,国内航运企业如中海集团、大连远洋、长航油运等,仍处于起步的初级阶段[①]。可见,运输航线和能力问题都已经成为制约我国能源安全的重要因素。

(四) 能源储备总体不足

我国能源战略储备起步较晚,能源储备体系尚未完善也是造成我国能源安全受到威胁的原因之一,主要是石油储备情况。前文所述可以发现,我国三大化石能源中,国内煤炭产能较强,仍有较大可采空间,天然气的耗用在我国能源使用中所占的比例不到 5%,而且其能源储备设施的建立须耗费巨大时间和财力,而作为第二大能源消耗来源的石油,国内的消费量越来越大,并且其储备体系正在完善中,早已因其重要地位而引起重视。因此,石油储备是目前的主要风险点。

2014 年 11 月 20 日,国家统计局发布消息,国家石油储备一期工程建成投用,包括舟山、镇海,大连和青岛四个国家石油储备基地,储备原油 1 243 万吨。据估算,即使目前筹划的战略储备建设全部建设投用,石油储备也只够使用

---

① 刘沁源:《造船业削减多少产能合适?》,《珠江水运》2014 年第 6 期,第 37 页。

28.5～30.5天[①],远低于国际能源署规定的 90 天安全标准,更远远低于一些国家的能源储备能力。美国的石油储备量可供使用 240 天,日本可供使用 165 天,韩国可供使用 198 天,国际能源署成员国的平均使用天数为 147 天,石油净进口国成员平均水平是 172 天。但我国石油储备可供使用的天数,尚未公布准确的官方数据[②],据估算为 20～30 天。

而且,我国的石油消费规模仍在逐年扩大,我国自身的石油生产规模已达到峰值,为了维持这一水平的使用,意味着我国未来仍需大量进口石油,进口依存度会继续上升,这是双向因果关系。另外,如果按照国际能源署的规定其成员国至少要储备 90 天,约 8 500 万吨的石油进口量,以每桶 100 美元来计算,那么我国购进储备的资金将是一个巨大的数字。同时,大型石油储备基地建设与日常管理的维护费用也会大大增加,这些资金投入对政府的财政带来巨大的压力。从储备库来看,我国已经建成的储备库均在地面,暴露目标大,从安全角度上看,地上储备库的安全性弱,从防御军事打击角度就给能源安全带来巨大风险。

综上所述,我国能源安全度总体上处于不安全状态。

四、中国能源监管体系重构的相关想法和建议

(一) 适当扩大煤炭进口量,加强与周边国家的合作开发

如前文所述,我国国内能源需求量快速增长,虽然和其他能源相比,我国煤炭储藏量较为丰富,但是,我国仍是人均煤炭资源小国,适当扩大煤炭进口量符合国家利益,并且有利于保障能源安全,因为和石油、天然气相比,我国煤炭对外依存度较低,应该保持这种状况,降低我国能源总体风险。因此,从政策上,国家应当鼓励煤炭进口,适当限制出口。

从国家合作的角度看,我国煤炭进口国前十位中,除了南非、澳大利亚、加拿大和美国外,其他的而且主要是前五位的国家都是与我国领土接壤的(见表 9 -

---

① 陈躲:《略油储进展有点慢——访中国社会科学院研究生院院长、国际能源安全中心主任黄晓勇》,《观察》2015 年第 1 期,第 38 - 40 页。

② 刘佳:《构建世界能源格局下的中国新安全版图》,《经济》2013 年第 Z1 期,第 41 - 43 页。

2),这样可以有效降低运输费用和成本。因此,我国在处理对外关系时需要将资源因素考虑进来,与资源大国保持良好的合作关系,弥补我国的煤炭供给和储备。其中,与蒙古国的合作开发是一个重要方向。由于我国和蒙古国濒临且共享较长的边境线,物流环节的费用较澳大利亚等国家都要低,同时,蒙古国煤炭勘探和开采技术比较落后,但其煤炭资源丰富并且质量优良,特别是炼焦煤,据国家发改委的数据,我国炼焦煤储量和产量呈现逐年下降的趋势①,蒙古又是我国炼焦煤的主要进口国,因此,在国家政策的指导下,我国煤炭企业应争取与蒙古国开展煤炭开采合作,这在运输成本和资源控制上都对我国能源安全具有积极影响。

(二) 大力发展石油合作开发,拓展进口渠道,加强石油储备

从上文的分析可以看出,虽然石油在我国能源消费中所占的比重不到20%,低于煤炭,但是我国石油开采可使用量少于消耗量,进口依存度过高,因此,较其他化石能源,石油是目前我国安全风险较大的能源。

从进口国来看,中东地区石油丰裕,但是该地区本身的政治问题,其战略地位以及运输回国的海上航线都存在较大风险,因此,我国必须在稳定中东石油供给的情况下扩展进口渠道,加强与非洲、俄罗斯、缅甸等国家的国际合作,降低对中东石油的高度依赖。一方面,在非洲地区可以考虑采用"贷款换石油"的非政治方案。在市场经济日益成熟的今天,这类不包含任何政治附加条件的交易不仅可以使得对方放松心理戒备,还可以充分发挥企业的作用,调动各方面的力量拓宽我国石油进口来源;另一方面,积极合作建设类似于已建设投产的中哈石油管道、2012 年签约的中俄石油管道、2015 年 1 月开始输油的中缅原油管道等的石油管道。这些管道的建成使用都为我国开辟了一条重要的陆上通道,是有效避开马六甲海峡的运输方案,为我国原油进口增加了进口线路,有利于增强石油供应的安全性。而且,这些管道还可以把里海周边产油国家的石油输送到我国境内,同时,这些管道基本不经过第三国,所经过的区域政治稳定,政治战争的风险相对较小,这都给两国开展能源合作打下了坚实的基础。

---

① 中国煤炭资源网 http://www.sxcoal.com/coal/3333622/articlenew.html。

从石油储备库的角度看,首先,根据美国的石油储备经验,我们应该着眼未来,要有前瞻性。其次,如果学习美国在国际油价下降时及时补仓的做法,其前提也一定要有储备库。目前,国家建设的储备库仍不足,而且所建之处也有一定的军事风险。即使不像美国将石油储藏在墨西哥海岸的盐矿洞内,也应该将其埋在地下,尽管运输的便利性会受影响,成本也会升高,但是石油储备必须具有防备性,储备库的修建要考虑其安全性和隐蔽性。再次,无论是哪种形式的储备库,都需要国家支持,因为石油储备需要耗用大量人力、物力和财力,同时国际石油价格波动较大,仅靠企业自身发挥能力存储,其承受的成本和风险都较大,必须赋予企业一定的义务并且利益上有所倾斜,以法律和制度予以辅助,才能保证我国石油储备大规模建设和使用。最后,应该鼓励民营企业深层次参与石油储备的建设中。据中国商业联合会石油流通委员会的统计数据显示,我国民营石油批发企业有 663 家,仓储企业 247 家,总储量约为 2.3 亿吨,但多数处于闲置状态[1],因此,国家应该有效利用其闲置的石油储备库。企业的参与除了能够增加国家总的石油储备,也可以增强企业自身抵御风险的能力。

(三)加快能源结构的调整,加快发展天然气的使用和进口

虽然我国现在的能源结构中煤炭以 65% 的比重位居第一,但是其比重逐年下降,受到环保压力和优质高效清洁能源消费的驱使,再结合全球发达国家的能源消费结构的发展历程和现行的结构,可以推测,未来天然气的国内消耗将大幅增加。而我国天然气资源量居世界第 15 位,只占世界总量的 0.9%,天然气资源人均占有量仅为世界人均水平的 4.5% 左右。因此,天然气进口量和进口依存度也都将持续增长。但是,就分析来看,天然气进口的风险要低于石油,因此,我国可以着眼于未来,加快天然气进口的合作谈判、输气管道的合作修建,以及天然气储备库的修建等。

从前文分析可知,由于天然气自身的特性和储备库修建成本巨大,全球修建战略性质的天然气储备库的国家很少,因此,对于我国来说,可以将天然气进口的合作谈判、输气管道的合作修建作为核心关注点,分散天然气对外依存的

---

[1] 马波、许锐辉:《论石油储备模式的中国选择》,2014,(12):35-41。

风险。

就天然气来源国的角度,由于我国管道天然气的进口来源过于集中在中亚,接入管道也集中在我国的西北和东北,如中亚-中国天然气管道的新管线C线已于 2014 年正式投产,C 线的天然气年设计运送能力为 250 亿立方米。其中,大约 100 亿立方米天然气将来自土库曼斯坦,100 亿立方米天然气将来自乌兹别克斯坦以及 50 亿立方米天然气将来自哈萨克斯坦。[①] 2014 年,中石油和俄罗斯天然气公司签署的《中俄东线管道供气购销合同》约定,从 2018 年起,俄罗斯开始通过中俄天然气管道东线向中国供气,最终达到每年 380 亿立方米,累计合同期 30 年。[②] 同时,为了分散天然气进口管道来源和路线的风险,西南方向的管道基础设施也开始建设。其中,中缅天然气管道在 2013 年开始向国内供气,当年即向我国输送天然气 2.1 亿立方米,成为我国天然气进口绕开马六甲海峡海上航线而直接连接中东气源的战略通道。此外,南线方面,我国和卡塔尔签署每年进口液化天然气 500 万吨,合同期 25 年的合约;和伊朗签订每年进口 300 万吨,合同期限也为 25 年的合约;与印度尼西亚签署每年进口液化天然气 260 万吨,为期 25 年的合同约定;与马来西亚签署每年进口 100 万吨液化天然气,2012年以后每年 300 万吨,合同期限为 25 年的合约;与澳大利亚签署了 3 个液化天然气长期采购合同,每年进口 770 万吨。

因此,在未来一段时间内,我国仍然要延续现在的合同签署情况,同时加快对天然气接收、存储、管道等基础设施的建设。加强与俄罗斯、乌兹别克斯坦、哈萨克斯坦和土库曼斯坦的天然气合作谈判,搭建起多渠道、多来源的长期稳定的进口网络。

(四)保障我国运输通道的安全,同时配备军事力量予以护航

能源的获得具有风险,获得后如何安全地输入至国内事实上同样重要。如前所述,我国能源进口的 90％ 要依赖海上航线,其中主要为石油。因此,保障我国运输通道的安全是能源安全的重要组成部分。军事安全是经济安全的强大后

---

① 中研网,http://www.chinairn.com/news/20140604/114054345.shtml。

② 中研网,http://www.chinairn.com/news/20140814/163923686.shtml。

盾,而且美国重返亚太也给我国能源安全施加了压力,此时,强大的海军军事实力在确保能源运输安全时尤显重要。

根据联合国安理会有关决议并经索马里过渡联邦政府同意,我国政府于2008年12月26日派遣海军舰艇编队赴亚丁湾、索马里海域实施护航。截至2012年12月,共派出13批34艘次舰艇、28架次直升机、910名特战队员,完成532批4984艘中外船舶护航任务,其中中国大陆1510艘、香港地区940艘、台湾地区74艘、澳门地区1艘;营救遭海盗登船袭击的中国船舶2艘,解救被海盗追击的中国船舶22艘。[①]

保障我国的海上运输航线需要一支强大的远洋海军。据2013年国防白皮书报告称,目前,我国海军仍是以执行近海防御任务为主,主要由潜艇部队、水面舰艇部队、航空兵、陆战队、岸防部队等兵种组成。按照近海防御的战略要求,海军注重提高近海综合作战力量现代化水平,发展先进潜艇、驱逐舰、护卫舰等装备,完善综合电子信息系统装备体系,提高远海机动作战、远海合作与应对非传统安全威胁能力,增强战略威慑与反击能力。海军现有23.5万人,下辖北海、东海和南海3个舰队,舰队下辖舰队航空兵、基地、支队、水警区、航空兵师和陆战旅等部队。2012年9月,第一艘航空母舰"辽宁舰"交接入列,我国发展航空母舰对于建设强大海军和维护海上安全具有深远意义,但是,我们还需要与之配套的巡洋舰和护卫舰,并至少有3艘航母形成轮换构成航母战斗群,才能形成战斗力。

综上所述,为了有效保护能源运输安全,我国海军远洋作战能力有待提升。未来的中国应该积极参与国际军事活动,加强海上护卫与国际合作,向海盗与恐怖组织等表明中国的实力与态度,增强海军实力和加强防御来保障海运路线的通畅,为我国能源安全稳定供应和运输保驾护航。

---

① 2013年中华人民共和国国防白皮书。

第十章
中国国际航运产业的安全与监管

对于航运安全的定义,迄今为止没有形成权威统一的表述。理论界一般对航运安全有两种定义的划分:一种观点将航运安全定义为航运过程中所存在的危险以及隐患,主要指海上交通安全以及交通运输安全生产范畴,这是一种狭义的定义。另一种观点认为,航运安全是指有关航运的综合安全保障体系,包括水上安全监督、船舶防污染、航海保障、相关海上公共服务和水上主权管理,[①]是一种相对广义的定义。

一、问题的提出

本文所探讨的航运安全,是在开放经济框架下的航运安全问题,是研究开放经济形势下,航运所面临的安全威胁,其包含两个方面的内容:其一,开放经济下的航运安全与国际贸易具有关联性;其二,开放经济下的航运安全需要政府监管。

(一) 开放经济下的航运安全与国际贸易的关联性

从国际贸易的角度而言,航运是基于国际贸易的需求而存在的。国际航运

---

① 王蕾、史春林:《关于目前中国航运法规安全问题研究》,《长春理工大学学报(社会科学版)》2013 年第 2 期,第 37 页。

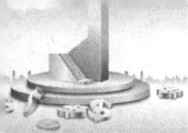

将世界各个国家与地区联系起来，实现了相互之间技术、经济、贸易的沟通交往，它将全球范围内的生产者、经营者与消费者以两两组合的形式广泛而普遍地联结在一起，从而使生产和消费活动转变为世界性、全球性的活动[1]。所以，航运安全不应该是一个孤立的安全问题，而是贸易安全的重要组成部分。

1. 航运安全是贸易安全的重要组成部分

据世界银行统计，国际贸易的空间位移70%是通过海上运输实现的[2]。海运是国际贸易供应链中重要的环节，海运货物安全意味着国际货物贸易供应链体系的安全。以美国政府对国际供应链的监管为例。"9·11"事件后，美国政府以保障国家安全为目标，加大了反恐的力度，特别强调国际贸易供应链中的安全问题，美国海关与边境保护局(CBP)在全世界主要港口推行《集装箱安全倡议》(Container Security Initiative，CSI)，CSI是美国全球反恐战略的重要组成部分，其主导原则是，在集装箱运往美国之前，通过风险分析锁定高风险货物集装箱，并由出口国海关进行查验，经过查验的集装箱在抵达美国时可享受快速放行待遇，从而使"美国的边境或港口由第一道防线变为最后一道防线"。CSI计划主要针对的是海运集装箱货物，充分说明国际货物贸易与航运贸易安全具有较高的重合性。

2. 航运安全是国际贸易繁荣与发展的保障

"水运开拓了比陆运广大得多的市场"。航运不仅可以繁荣和发展国际贸易，同时航运安全是国际贸易的保障。纵观整个国际贸易的历史，可以总结出一个规律：越是国际贸易繁荣和发展的时期，对航运安全的需求越迫切，航运安全的立法活动越多。中国在开放经济后，制定了16部有关航运安全的法律法规，并参加了12个国际上通行的航运安全公约，截至2009年，中国与全世界68个国家和地区签署了海运协定，其中都包括在海运安全方面进行合作的内容。[3]

---

[1] 张峰：《基于分工理论的中国国际航运中心战略的经济学分析》，《河海大学学报》2012年第3期，第68页。

[2] 更早的数据是85%，根据WTO数据库有关MARITIME TRANSPORT的数据，目前国际贸易采用海运实现的近70%。

[3] 王蕾、史春林：《关于目前中国航运法规安全问题研究》，《长春理工大学学报(社会科学版)》2013年第2期，第37页。

（二）航运安全中政府监管的必要性

自由主义的奠基人亚当·斯密所提出的自由经济理论,受到企业的广泛认同。自由经济理论认为,作为市场主体的企业最了解自己的情况,能为自己利益做最优打算,国家或者政府不可能比企业更了解其自身的情况和利益追求,当然也不可能做出优于企业的经济策划。这种理论蔓延到国际贸易中,也形成了赞成自由竞争,反对国家干预或者政府监管的贸易自由理论。然而完全的贸易自由是不存在的,也是不可靠的,一个缺乏政府监管的市场会产生一系列问题:因企业盲从性而造成的资源配置的浪费;因企业恶性竞争而造成的市场秩序崩溃,因企业的逐利性而带来的影响国家利益的贸易安全问题。同样在航运经济中,也离不开政府监管。试想如果缺乏政府对船舶技术以及安全的监管,船舶的不适航就会导致重大的海难事故以及引发海洋环境安全的恶性事件;如果缺乏政府对航运企业准入的监管,就会造成大量的外资航运企业的涌入,给本国航运企业的发展造成阻碍和实质性的损害,从而造成航运企业的萎靡,影响国民经济;如果缺乏政府对航运贸易货物的监管,则危害国家经济及国民健康的货物进入一国关境,甚至会诱发整个国际贸易链的瓦解。所以说,在开放经济下,航运安全离开政府监管是不可行的,政府监管在保证航运安全中是必要的。

在航运经济中,运输工具、运输主体以及运输对象是航运相关的三要素,因此本文拟从船舶、航运企业以及航运贸易(货物)来探讨开放经济下的航运安全与政府监管。

二、中国政府监管航运安全的标准

（一）政府监管航运安全之一:船舶

1. 政府监管机构及职权

亚当斯密在《国富论》中阐述:"技术发达的地方往往是水运便利的地方。"①

---

① 张峰:《上海国际航运中心国家战略的政治经济学研究》,《中国流通经济》2012第9期,第39页。

在经济全球化的今天,船舶仍然是实现国际货物贸易空间位移最重要的运输工具。船舶为全球经济发展做出重要贡献的同时,也容易带来航运安全与海洋污染的隐患。船舶安全管理一直是全球各国政府监管的主题。

一般来说,监管船舶的主管机构都是一国的海事部门,有的国家称之为航运管理局。在我国监管船舶安全的主要机构是海事局。海事局是交通部直属行政机构,主要履行水上交通安全监督管理、船舶及相关水上设施检验和登记、防止船舶污染和航海保障等行政管理和执法职责,实行垂直管理体制。作为行政机构,海事局享有法律赋予的职能范围的执法权限,主要包括:第一,监督管理权。由海事局统一管理水上交通安全和防治船舶污染,负责对外国验船组织在华设立代表机构进行监督管理,并负责外国籍船舶入出境及在我国港口、水域的监督管理;负责船舶保安和防抗海盗管理工作;负责船舶载运危险货物及其他货物的安全监督;第二,调查权。调查、处理水上交通事故、船舶污染事故及水上交通违法案件;第三,审批权。负责中国籍船舶的登记、发证、检查签证和进出港(境)审批外国籍船舶临时进入我国非开放水域。第四,登临权。在公海上,中国海事可以对没有国籍或者是船舶虽悬挂外国旗帜或拒不展示旗帜而事实上却属于中国籍的船舶,靠近和登上这两类商船进行检查;第五,紧追权。如商船发生重大事故、造成重大污染事故而逃逸时,中国海事可以行使紧追权。紧追可以从内水、领海、毗连区开始,也可以从专属经济区开始。

2. 政府监管的标准:船籍国标准和港口国标准

对于船舶安全的监管,一直有两种主要的标准,一是船籍国标准,另一种是港口国标准。所谓船籍国标准就是船舶一旦取得一国的国籍,即要受到船籍国海事主管部门的监督和管理。根据《海洋法公约》第 91 条和第 92 条的规定:每个国家应确定对船舶给予国籍、船舶在其领土内登记及悬挂该国旗帜的权利和条件;船舶应具有悬挂其所属国家旗帜的国籍;每个国家应向其给予悬挂该国旗帜权利的船舶颁发给予该权利的文件。据此,船舶必须具有国籍,而且船舶具有取得国籍的权利,船旗国必须以颁发文件的形式证明船舶已取得该国国籍。[①]港口国检查(Port State Control, PSC)特指港口国政府海上安全主管当局针对

---

① 司玉琢:《海商法详论》,大连海事大学出版社 1995 年版,第 68 页。

船舶安全和防污染方面的监督检查。国际海事公约对港口国的职责要求体现在通过船舶设计技术状况和船员操作状态的监督检查,对最低标准船舶采取包括滞留在内的强制性整改措施,以确保海上安全,防止船舶污染环境,维护港口国利益,监督船旗国履约。①

在航运安全中,船籍国监管是保证安全的第一道防线。船籍国海事管理部门通过船舶登记的方式,实现对具有本国国籍船舶的监管。保证航运安全的最基础的监管义务包括:第一,监管船舶的适航性。作为国际贸易的运输工具,船舶具有适合海上航运的性能是一切国际贸易活动开展的基础。国际社会要求船籍国政府将对船舶适航性监管作为第一要务。根据《海洋法公约》规定,船旗国有义务确保船舶的构造、装备和适航条件等满足在公海上航行的安全标准,要求船旗国采取措施确保每艘船舶,在登记前及其后适当的间隔期间,受合格的船舶检验人的检查,并在船上备有船舶安全航行所需要的海图、航海出版物以及航行装备和仪器。同时,《海洋法公约》也规定船旗国监管部门要确保其船舶的设计、建造和装备符合国际规则和标准的规定后,才可以出海航行。第二,监管船员是否适任。根据数据统计,影响航运安全的海难事故有 80% 左右是人为因素所造成的。因此在现代船舶管理中,要求船员的配备具有相应的资质。世界海事组织(IMO)通过了《海员培训、发证和值班标准国际公约》(International Convention on Standards of Training, Certification and Watchkeeping for Seafarers, STCW 公约)②。STCW 公约含有一套完整的关于人员培训和发证的国际规则,通过对船员进行资质认证,以减少人为因素对航运安全的负面影响。《海洋法公约》第 94 条规定,船旗国必须确保船长、高级船员和在适当范围内的船员,充分熟悉并须遵守关于海上生命安全,防止碰撞,防止、减少和控制海洋污染所适用的国际规则和标准。除此之外,船籍国海事管理部门可以监管船

---

① 杨新宅:《港口国监督》,大连海事大学出版社 2000 年版,第 26 页。

② 国际海事组织在 1978 年制定《海员培训、发证和值班标准国际公约》,是国际海事组织约 50 个公约中最重要的公约之一,生效日期为 1984 年 4 月 28 日。1993 年 IMO 着手对 STCW 公约进行全面的修改,通过了 1995 年 STCW 公约修正案和 STCW 规则,即当前的《经 1995 年修正的 1978 年海员培训、发证和值班标准国际公约》,简称为《STCW78/95 公约》,其生效日期为 1997 年 2 月 1 日,过渡期为 5 年。我国的生效日期为 1998 年 8 月 1 日,过渡期至 2002 年 2 月 1 日。

舶航运的安全措施,积极进行防污染防控。《海洋法公约》第94条、第95条要求船旗国在行使管辖权时,应对"信号的使用、通信的维持和碰撞的防止"采取措施。这些措施必须遵守一般接受的国际规章、程序和惯例,并采取为保证这些规章、程序和惯例得到遵行所必要的任何步骤。

相比较船籍国政府监管的天然属性,港口国检查是在特定的历史背景下产生的。20世纪80年代,世界航运业蓬勃发展,巴拿马、利比里亚等国家大力推行船舶开放登记制度,对船舶所有人除了按船舶吨位缴纳少量的注册费用外,几乎无其他方面的要求。而传统海运国家对本国籍船舶却规定了严格的营运条件,如必须雇用本国船员,或本国船员人数必须达到某种比例,缴纳高昂的所得税,规定较高的船舶设备技术标准和安全要求。因此在本国登记船舶国籍使船舶所有人需投入更多的经营成本。开放登记制度使得以追求最大利润为目的的发达国家的船舶所有人,为了逃避本国的高额税收和严格控制,纷纷更换船舶国籍,悬挂开放登记国的国旗。在当时,传统海运国家的航运业遭受重创,造成船队缩减、海员失业、资金撤出、税收流失等。在近半个世纪的发展中,方便旗船队规模不断扩大。表10-1是我国船舶境外登记比例变化情况。

表10-1 我国船舶境外登记比例变化[①]

年份	全球份额(%)	世界排名(位)	控制总吨位(DWT)	境外登记吨位(DWT)	境外登记(%)
2001	5.43	5	40 733 770	18 392 826	45.15
2002	5.52	5	41 924 489	20 250 807	48.30
2003	5.77	4	44 303 603	21 623 434	48.81
2004	6.10	5	47 401 888	23 195 756	48.93
2005	6.77	4	56 812 000	29 703 000	52.28
2006	7.22	4	65 488 000	35 656 000	54.45
2007	7.19	4	70 390 000	38 162 000	54.21

---

① The Unctad Secretariat. Review of Maritime Transport [R]. New York and Geneva: UNITED NATIONS, 2001-2012. ,转引自刘海燕、顾睿:《船舶关税待遇初探》,《海关与经贸研究》2014年第6期,第109页。

（续表）

年份	全球份额(%)	世界排名(位)	控制总吨位 （DWT）	境外登记吨位 （DWT）	境外登记(%)
2008	8.18	4	84 881 703	50 530 684	59.53
2009	8.40	4	92 799 221	55 594 490	59.91
2010	8.96	3	104 452 389	63 426 314	60.72
2011	8.63	4	107 969 510	61 762 042	57.20
2012	8.91	4	124 001 740	72 285 422	58.29

开放登记制度使得开放登记国的船队规模迅速扩大，但是随之也产生一直为航运界所诟病的方便旗船舶管理难题，主要是由于开放登记国对船舶的管理缺失或不到位，而很多航运公司为了追求更大的经济利益，逐渐减少了安全管理的投入，导致船队安全状况下降。[①] 船舶选择方便旗国家登记，使得传统海运国家失去船舶管理中最主要的司法管辖权，即船旗国监督管理权。然而，船舶航线并没有随着船籍的更改而发生变化，因此，这些船舶安全状况的下降给国际贸易安全带来了巨大的隐患。

1982年《海洋法公约》第211条第3款赋予了港口国法律监管的立法管辖权。根据该款内容，各国有权制订关于防止、减少和控制海洋环境污染的特别规定，作为外国船只进入其港口、内水或在其岸外设施停靠的条件，并将这些规定进行公布；此外，公约第218条规定了港口国在执法和司法方面的管辖权，即当位于一国港口或岸外设施的外国船舶违反了相关的国际规则和标准而在该国内水、领海或专属经济区排放压载水时，港口国主管机关有权进行调查，并在有充分证据的情形下，提起司法程序。据此，港口国有权授予相关主管机关根据所加入的国际公约和国内法的规定，独立地对外国籍船舶行使监督检查权，确保到达本国港口的外国籍船舶符合本国加入的国际公约的要求。

我国从1990年开始实施港口国检查。港口国检查内容也从最初的证书和文件扩展到几乎覆盖船舶安全与船舶防污染的所有方面。目前，港口国检查在航运界已被广泛认可，被认为是消除低标准船舶，提高船舶安全与防止船舶污染

[①] 李文丰：《港口国外籍船舶监督问题探析与对策建议》，厦门大学硕士学位论文，2013年。

海洋环境,促进船旗国全面、充分、有效履行国际公约的最有效措施。

(二)政府监管航运安全之二:航运企业

航运业一直被视为一国重要的支柱产业,各国政府对于航运企业的本国化属性都非常重视。然而,随着全球经济一体化的衍生和发展,自 1995 年,WTO将服务贸易纳入到全球贸易自由化的体系中,要求各缔约国逐步开放本国的服务贸易,航运服务贸易也在其中。航运服务贸易的开放,大量的外资航运企业进入本国市场,政府需要对此进行监管,以避免本国航运企业受到剧烈的冲击。政府监管对外资航运企业进入本国市场进行监管,实质上是一个航运准入标准的问题。外资航运企业进入中国市场经历了大约 20 年的时间,在这个过程中,我国政府采用不同的准入标准。

1. 政府监管机构及职权

我国航运市场是否对外资航运企业进行开放? 外资航运企业是否可以获得在我国市场提供航运服务的机会? 这涉及市场准入和市场待遇的问题。我国商务部根据我国所签订的多边或者双边的服务贸易开放的协定,对外资航运企业的投资领域、投资资金以及投资形式进行审批。由于航运企业所开展的航运管理、航运服务以及航运辅助服务具有明显的行业特色,因此除商务部要对外资航运的投资进行监管外,我国的交通主管部门具有审批权。比如《海运条例》第 33条规定,经国务院交通主管部门批准,外商可以依照有关法律、行政法规以及国家其他有关规定投资设立外商独资企业,为其拥有或者经营的船舶提供承揽货物、代签提单、代结算运费、代签合同等船舶代理业务。商务部与交通部门对于航运企业不仅体现为双重监管,甚至在一些航运服务领域还表现出了权力的分属性。比如,同为航运辅助业务,船舶代理要在交通部进行备案登记,而货运代理需要在商务主管部门备案登记。

2. 政府监管的标准

(1)采用合资形式及股权比例标准。基于海运业的战略性产业地位,在入世之前,中国对于航运服务贸易长期采取保守的保护政策,比如采用货载保留、国货国运来保护本国航运企业的利益。随着经济全球化的快速发展,航运业被

推上了自由化的道路①。2001 年，中国成为世界贸易组织的成员，世界贸易组织体系下有关航运业开放的相关法律规范主要是由《建立世界贸易组织协议》、《服务贸易总协定》(GATS)、以《关于海运服务谈判的部长决议》为主的相关决议、决定等三个层次的法律规范组成。我国在海运服务贸易方面对 WTO 的承诺主要体现在国际海运服务、海运辅助服务、集装箱服务、海运代理服务和国内航行权等方面。② 基于我国航运企业和发达国家航运企业服务贸易的差距，全面放开航运服务贸易会给中国经济带来难以想象的冲击，因此尽管中国对海运服务贸易的开放表现得比较积极，但是我国仍然采用了股权比例、合资形式等标准以保证航运服务贸易的安全。

第一，在国际海运服务方面。中国完成了对 WTO 的相关承诺，逐步取消了国内海运业务方面的管制，同时鼓励国际海运方面的投资。但是国外海运服务提供商只可以通过与中国合营者在中国建立合资公司，从事沿海和内河运输。设立合资的船运公司，外国出资者的出资比例不得超过 49%。同时规定合资企业的高层负责人，如董事会主席和总经理，须由中方任命。该承诺通过《中华人民共和国国际海运条例》(以下简称《海运条例》)第 32 条加以法条化。

第二，在海运辅助服务方面。我国开放海运理货、海运报关、集装箱堆场等海运辅助服务，但是规定外商只能以合资形式进入；对海运货物仓储服务仅限于合资企业形式，外资股比不得超过 49%；允许外国公司通过合营形式在中国建立集装箱运输企业，从事装卸、仓储、拼装箱等业务；允许外资企业建设货主码头和专用航道，并且可在所投资的开发土地内建设和经营专用泊位；鼓励中外合资企业建设并经营公用码头泊位。

第三，海运代理服务方面。海运代理业主要包括国际船舶代理和国际货运。对这两方面的承诺仅限于合资企业形式，外资股比不得超过 49%。此外，《海运条例》将无船承运业务代理和国际船舶代理视为两种不同的海运代理服务，对无船承运代理是否向外资开放未作规定，而我国在入世承诺表中也只是针对国际船舶代理做出了开放承诺。③

---

① 郑玲丽：《WTO 海运服务贸易自由化谈及中国的因应措施》，《法治研究》2007 年第 7 期。
② 唐颖峰：《我国海运服务市场开放与海运服务贸易自由化》，《世界贸易组织动态与研究》2011 年第 6 期，第 31 页。
③ 唐颖峰：《我国海运服务市场开放与海运服务贸易自由化》，《世界贸易组织动态与研究》2011 年第 6 期，第 33 页。

表 10 - 2　中国在海运服务贸易方面的入世承诺[①]

项目	服务形式	入世承诺
		承诺开放形式及义务
海运服务	限制跨境支付	合资/外资比例不得超过合资企业注册资本的 49％；合资企业的董事会主席和总经理应由中方任命
海运辅助服务*	限制跨境支付	外商在中国境内只能设立合资企业，允许外资拥有多数股权
海运代理服务	商业存在/跨境支付	外商在中国境内只能设立合资企业，外资持股比例不超过 49％

注：* 此处海运辅助服务包括海运理货服务、海运报关服务、集装箱堆场服务。

　　经济全球化对国家利益的冲击，导致各国经济不平衡加剧，激化了各国之间的矛盾，使得以 WTO 为主的多边贸易谈判陷入了僵局。在多边贸易停滞不前的时候，区域经济集团化趋势的增强区域，然而双边自由贸易协定也没有为我国进一步的海运服务贸易开辟新的路径，我国仍然采用合资形式和股权比例的形式对航运企业准入进行限制和监管。

　　目前，我国已签署并实施的自贸协定有 12 个[②]，涉及 20 个国家和地区，分别是中国与东盟、新加坡、巴基斯坦、新西兰、智利、秘鲁、哥斯达黎加、冰岛和瑞士的自贸协定，内地与香港、澳门的更紧密经贸关系安排（CEPA），以及大陆与台湾的海峡两岸经济合作框架协议（ECFA）。[③] 在这些自由贸易协定中，除中国与智利的自由贸易协定没有涉及海运服务贸易，其他的 11 个贸易协定都涉及海运服务贸易的开放。值得注意的是，这些自由贸易协定中，除中国内地与香港和澳门的 CEPA 协议之外[④]，中国所承担的海运服务贸易开放义务与中国在世界贸易组织 GATS 中的具体承诺是一致的。各国之间缔结自由贸易协定的目的是

[①] 《中国入世承诺》，商务部网站，2006 年 11 月 6 日，http://www.mofcom.gov.cn/aarticle/Nocategory/200612/20061204000376.html。

[②] 中国与韩国于 2015 年 2 月 25 日完成自由贸易区协定的草签，中国与澳大利亚的自由贸易区协定有望在 2015 年完成正式签署。

[③] 《中国对外商谈自由贸易区总体情况》，中国自由贸易区服务网，访问时间 2014 年 11 月 4 日。

[④] 基于国家利益以及政治因素、经济因素、地理因素的等综合考量，中国内地与香港和澳门的 CEPA 协议有关海运服务贸易的开放超出了中国在 WTO 的承诺范围。

为了寻找彼此之间的共同利益,以增加与他国之间的联系,加强经济活动之间的相互渗透,以便使自由贸易协定的各经济体从合作中相互受益。但是任何自由贸易协定的缔结都是以实现国家利益为根本目标的,在中国所缔结的自由贸易协定中,海运服务贸易并没有更进一步地开放,这说明中国政府对海运服务贸易开放持适当和审慎的态度,并实施合资形式及股权比例的监管。

(2)保留沿海运输权。沿海运输权指一国国内沿海从事运输贸易的权利。我国在 GATS 中明确表示不开放沿海运输和内河水运,只承诺给予国外船舶在通往港口的航线上航行的权利,却仍然将沿海运输权保留给中国航运公司和中国籍船舶,不对外国籍船舶开放。因为沿海运输权是 WTO 允许各国保留的"自留地"。根据我国《海商法》第 4 条规定:"中华人民共和国港口之间的海上运输和拖航,由悬挂中华人民共和国国旗的船舶经营。但是,法律、行政法规另有规定的除外。"对于沿海运输权的政府监管不仅牵涉国家的经济利益,还关系到国家的主权和安全。不开放沿海运输权也是国际惯例。目前,世界上大多数国家均未开放沿海运输权,有的也只有在区域性集团的成员国之间相互开放。许多国家都通过立法规定,禁止悬挂外国旗的船舶在本国从事沿海运输贸易而将沿海运输权赋予本国船队独享。在美国,有关沿海运输权的法律有 30 多部,适用于美国港口之间的客货运输,美国水域内的渔业,美国港口内或者两地之间的拖航,美国水域内所有的疏浚、救助,以及 200 海里的专属经济区内的矿产和其他能源的开采等作业[①]。

(3)中国(上海)自由贸易试验区航运企业准入标准。中国(上海)自由贸易试验区(以下简称"上海自贸区")从设立之日起就肩负着特殊的历史使命和功能,承载着带动中国主动参与全球投资规则体系重构的特殊使命。在航运企业的准入方面,上海自贸区采用了不同于以往的政府监管标准:最大限度开放,最基本安全标准。

第一,取消国际海运业务与海运辅助业务股比限制。

上海自贸区成立之后,交通部与上海市政府联合出台了《关于落实〈中国(上海)自由贸易试验区总体方案〉,加快推进上海国际航运中心建设的实施意见》,

---

① 於世成、胡正良、郑丙贵:《美国航运政策、法律与管理体制研究》,北京大学出版社 2008 年 6 月第一版。

明确规定取消国际海运业务与海运辅助业务股比限制,放宽中外合资、中外合作国际船舶运输企业的外资股比限制,在上海自贸区,中外合作、中外合资的国际船舶运输企业不再强调中方控股;国际船舶管理方面,商业存在的形式不再局限于中外合作、中外合资,允许外商独资管理。

第二,采用负面清单管理。

2013 年版以及 2014 年版上海市政府公布的《中国(上海)自由贸易试验区外商投资准入特别管理措施(负面清单)》明确对海运服务贸易开放的限制。国民待遇在外国投资领域主要体现在"准入"和"营运"两个阶段,[1]在上海自贸区内,准入阶段的国民待遇也称"准入前国民待遇",指在企业设立、取得、扩大等阶段给予外国投资者及其投资不低于本国投资者及其投资的待遇,即给予外资和内资包括"准入权"和"设业权"在内的国民待遇。这是将国民待遇提前至投资发生和建立前阶段,其核心是给予外资准入权。它是将国民待遇由"准入后"提前至"准入前"。[2] 对外资开放采取准入前国民待遇和负面清单的管理模式是一种制度性的创新。当然,这种将国民待遇前置到准入阶段,并不意味外资与内资在准入领域没有任何区别。任何一个国家都会在宣布给予准入前国民待遇的同时,公布一份限制外资准入的清单,该清单的英文表述"negative list",中国学者有的将之翻译成"否定式清单",在上海市人民政府文件"沪府发(2013)75 号"中将之翻译成"负面清单"。[3] GATS 虽然将国民待遇作为基础性非歧视原则,但是在 GATS 框架下,市场准入和国民待遇是既有联系又存在区别的,只有成员国承诺开放的部门,才可以享受国民待遇,可以说市场准入是国民待遇的基础,国民待遇是市场准入后的保证。所以 WTO 实行的是一种准入后国民待遇,具体承诺表也采取的是正面清单的方式。相比较之下,"准入前国民待遇"的做法就比较透明,除了负面清单上明确禁止外资进入的领域外,其余所有领域都对外资开放。根据 2014 版《中国(上海)自由贸易试验区外商投资准入特别管理措施(负面清单)》的规定,海运服务贸易被归类到 G 类,属于交通运输、仓储和邮政

---

[1] Joel P. Trachtman, "Toward Open Recgnnition—Standardization and Regional Intergratoin under Article XXIV of GATT", Journal of international economic law, No. 2, 2003

[2] 胡稼祥:《国际投资准入前国民待遇法律问题分析》,《上海交通大学学报》,2014 年第期,第 67 页。

[3] 同上。

业。2014版负面清单中只针对三类提出特别管理措施,主要表现在对于海运服务企业商业存在的形式有限制,一般限制为合作或合资,再者对外国海运服务企业的投资有限制,一般要求中方控股(见表10‑3)。

表 10‑3　上海自贸区负面清单(2014)有关海运服务贸易的规定

部门	领域		特别管理措施
G 交通运输、仓储和邮政业	水上运输	水上运输服务	限制投资国内水路运输服务(中方控股),投资国际运输必须合资或合作
		船舶代理	除从事公共国际船舶代理业务的,外资比例不得超过 51% 外,限制投资船舶代理(中方控股)
		海上辅助业务	外轮理货(合资、合作)

根据负面清单所包含的"法不禁止即可为"的理念,除上述三类外,海运服务贸易在其他的领域都可以开放,即不存在开放形式及股比的限制。

第三,有限度地开放沿海运输权。

我国一直以来对沿海运输权的控制是非常严格的,在入世承诺中,我国也特别强调不开放沿海运输权。但是,中国的船舶在沿海运输权的问题上却处于一种特别的困境,原因在于中资外籍船的比例在我国一直处于很高的水平。据数据统计,从 2001 年 1 月 1 日到 2010 年 1 月 1 日的 10 年时间里,我国船吨位占全球总吨位的比例从 5.43% 增加到 8.96%,世界排名也从第五位升至第三位;总吨位从 0.41 亿载重吨增加到 1.04 亿载重吨,共增长了 2.56 倍;而境外注册吨位从 0.18 亿载重吨增加到 0.63 亿载重吨,增长了 3.50 倍;境外注册吨位比例不断提高,从 45.15% 提高到 60.72%,年均提高 1.56% 的比例[1]。这种特殊的状况大大限制了中资控股的船舶沿海运输权的获得和使用。

国务院制定的《中国(上海)自由贸易试验区总体方案》附件《中国(上海)自由贸易试验区扩大开放措施》中规定:"允许中资公司拥有或控股拥有的非五星旗船,先行先试外贸进出口集装箱在国内沿海港口和上海港之间的沿海捎带业

---

① 董岗:《中资船舶境外注册的衡量指标和比较分析》,《中国港口》2011 年第 11 期。

务。"上海自贸区方案对中资外籍船的沿海捎带业务的放开,允许中资外籍船可以进行外贸进出口集装箱在国内沿海港口和上海港之间的沿海捎带业务,是对原有沿海运输权只限于中国船籍的船舶的一个重大突破,是平衡传统的沿海运输权和航运现状的灵活应变。但是需要明确的是,放开中资外籍船可以从事沿海捎带业务,需要满足两个条件:第一,中资外籍船;第二,只限于集装箱沿海捎带,不包括沿海疏浚和救助。也就是说,沿海运输权的放开只适用于运输目的的商业行为,而不适用于其他需要更多行政干预的航运行政行为。

除了上述航运企业的准入标准之外,根据《中国(上海)自由贸易试验区条例》,政府应建立综合监管体系,加强事后监管,在国家安全、反垄断审查等方面保障航运安全。[①] 所以说,在上海自贸区内,采用了最大限度开放、最基本安全保障的政府对航运企业准入的监管标准。

(三) 政府监管航运安全之三:航运货物

1. 政府监管机构及职权

在开放经济下,政府对航运货物进行监管,是为了防范船舶从境外运到本国关境的货物所带来的安全威胁。海关是航运货物跨境监管的主要机构。船舶由于其巨大的运载能力,对于货物进出境贸易安全问题,主要集中在航运贸易货物。海关主要通过舱单管理航运贸易货物的进出境。《中华人民共和国海关进出境运输工具舱单管理办法》第 21 条规定:出境运输工具预计载有货物、物品的,舱单传输人应当在办理货物、物品申报手续以前向海关传输预配舱单主要数据。对于集装箱货物,舱单传输人应当在船舶装船的 24 小时以前向海关传输预配舱单其他数据,对于非集装箱船舶,舱单传输人应在开始装载货物、物品的 2 小时以前向海关传输预配舱单其他数据。海关对舱单有审核权,对货物有查验、放行权。

2. 政府监管的标准

大量的航运贸易货物带来一港,甚至是一国贸易的繁荣,但是也必须防范因为恐怖主义、流行疾病所带来的航运货物贸易的不安全。海关对航运贸易货物的监管标准要兼顾贸易便利与安全。在航运贸易货物的跨境过程中,贸易便利

[①]《中国(上海)自由贸易试验区条例》三十六条、第三十七条和第三十八条。

一直是商界关注的焦点,各国政府也力图通过简化跨境手续、无纸化通关、单一窗口等方式实现贸易便利化的目标,惠及商界。然而,自"9·11"事件后,各国政府都意识到海关在监管航运贸易货物方面的安全职能,提出了保障货物跨境流转过程中的贸易安全目标。在此背景下,WCO 在经济全球化背景下,制定了《全球贸易安全与便利标准框架》(以下简称《标准框架》),强调在满足安全标准的前提下便利贸易的发展。《标准框架》的出台无疑是对经济全球化背景下简化海关手续、便利贸易发展趋势的重大挑战,国际海关出现偏重贸易安全,甚至借贸易安全而干预商业活动的倾向。① 我国于 2005 年签署了实施《标准框架》的意向书,积极参与并稳步推进协议中有关贸易安全的各项标准。第一,舱单电子数据的提前传输。舱单电子数据的提前传输是《标准框架》的一个重要内容。因此我国在 2008 年制定了《中华人民共和国海关进出境运输工具舱单管理办法》。为了更好地保障海运货物贸易安全,规定舱单电子数据的传输包括两部分,一部分是舱单电子数据,另一部分是与舱单相关的其他电子数据,如理货报告等。舱单电子数据的主体相应地分为两类:一类是舱单传输人(主要包括运输工具负责人、无船承运业务经营人等义务主体);另一类是相关数据传输人(包括理货部门、监管场所经营人及出口货物发货人)。此外,还明确规定上述两类传输主体应当向海关备案,使得海关可以充分了解舱单传输人及相关数据传输人的有关信息,便于海关开展风险管理工作。第二,参与保障国际贸易供应链安全的国际合作。为防止恐怖组织和恐怖分子利用海运集装箱袭击美国,美国海关与边境保护局(CBP)在全世界主要港口推行《集装箱安全倡议》(CSI)。CSI 是美国全球反恐战略的重要组成部分,其主导原则是,在集装箱运往美国之前,通过风险分析锁定高风险货物集装箱,并由出口国海关进行查验。中美签署了《CSI 合作原则声明》,使 CSI 对上海和深圳两个港口适用,使中美海关双边合作的安排直接参与到海运集装箱运输中。第三,采用非侵入设备对集装箱货物进行查验。在对集装箱的安全查验中适用《标准框架》的标准,采用非侵入式的查验手段,保证贸易便利和安全的目标。比如《洋山保税港区通关操作指南》中就规定"海关部门借助 H986(固定式集装箱检查系统),运用非侵入性的检查手段,直接对交

---

① 陈晖、邵铁民:《海关法理论与实践》,立信会计出版社 2008 年版。

通运输工具运载的进出口货物实施检查,降低企业成本,提高查验效率"。

三、未来中国政府监管航运安全的防范重点及对策

(一)政府监管船舶的防范重点及对策

如前所述,在开放经济形势下,我国有两个对于船舶监管的标准:船籍国标准和港口国标准。船籍国标准实际上是一国海事部门对本国船舶的内部控制和管理,而港口国检查是对外国船舶的监控。在全球经济开放的今天,相对于本国籍船舶而言,外国籍船舶带来了更多的航运安全与防污染威胁,因为外籍船舶的船公司安全管理、船员适任能力、船舶安全与防污染技术状况往往更难以全面掌控。因此,外国籍船舶应当是我国政府监管船舶防范的重点,尤其是悬挂方便船旗的船舶更应是监管的重点。因为方便旗国对船舶的适航性、安全管理几乎没有要求,而我国诸多港口,比如上海港、宁波港都是全球吞吐量排名前列的港口,这样的船舶从事贸易运载,往来于我国各个港口,极容易给港口国造成航运安全的威胁(见图 10-1)。

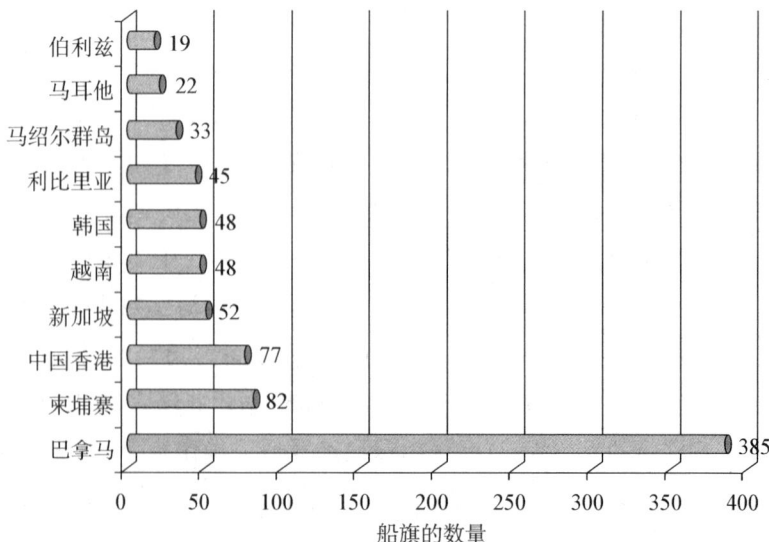

图 10-1 我国 2012 年 PSC 检查发现问题前十名的船旗

资料来源:《2012 年中国 PSC 检查报告》,中国海事局网站,http://www.msa.gov.cn/Upload/201305161007476445.pdf。

既然外籍船舶是我国船舶安全防范的重点,那么我国政府应该完善和加强我国港口国检查的标准。第一,采用风险评估体系,事前布控。我国目前的港口国监督制度属于事后监督,即任何船舶自由进港甚至装卸货后,海事局官员进行登轮检查。这种情况下,对港口安全和海洋环境存在威胁的低标准船舶先行进港,待海事部门检查人员察觉或锁定后再登轮检查,但此时港口国监督的作用已大大减弱,监督时效也消失殆尽,只是在进港过程中侥幸没有发生事故。[1] 我国应该在港口国检查中采用风险评估体系,围绕船舶管理人、船旗国、认可组织、船舶接受检查历史、船型五类因素进行综合评估,确定每艘进港船舶旳风险等级。根据我国口岸管理规定,所有拟进入中国港口的外国籍船舶需提前向海事主管部门提交"国际航行船舶进口岸申请",应将与港口国检查有关的风险等级评估因素纳入入港申请书考量,对于低标准船舶禁止进港,从而保障我国港口的海洋环境以及航运安全。第二,严格的制裁措施与事前审查制度相结合。2009 年的《中华人民共和国船舶安全检查规则》第 12 条尽管也对低标准船舶给予严厉的制裁措施,包括禁止进港、驱逐船舶出港等措施,但是这些措施仍都是以海事官员登录船舶做出决定为前提,事中事后检查的方式无法有效保障航运安全。应该针对低标准、高风险船舶采用事前审查制度和严格制裁并举的制度,有效保障港口安全。第三,差异化监管机制。目前,我国港口国检查中规定,船舶接受一次港口国检查后,可以在 6 个月内不再重复检查。这种统一的标准对高标准船舶是不公平的,对低标准船舶又缺乏严密的监管。因此应该进行差异化的监管,对于高标准船舶可以延长再次检查的时间,而低标准船舶可以在 6 个月内多次检查。

(二) 政府监管航运企业的防范重点及对策

开放经济下,政府对航运企业的监管主要是指监管外资航运企业的准入和进入本国市场的行为。在经济全球化的驱动下,国际航运业已经成为全球化程度最高的行业。自 2001 年以来,我国海运服务贸易连续十多年保持逆差状态,

---

[1] 李文丰:《港口国外籍船舶监督问题探析与对策建议》,厦门大学硕士学位论文,2013 年。

并呈现扩大的趋势。[1] 出现海运服务贸易逆差的原因很多,但也说明我国海运服务贸易的竞争力水平还较低。对比我国在多边/双边贸易协定以及在上海自贸区航运服务贸易开放的标准,我国的航运服务贸易更加开放:股比限制——无股比限制;准入后国民待遇——准入前国民待遇;正面清单管理模式——负面清单管理,政府在航运贸易准入方面的限制越来越少,对航运服务贸易准入的监管要求几乎取消。在上海自贸区设立之后,海运服务贸易更加开放,有可能加剧海运服务贸易逆差。要警惕由于海运服务贸易开放所带来的风险,防止由于外资航运服务企业的涌入对我国航运市场秩序的冲击。既然航运贸易市场准入放开,那么应加强政府对航运市场竞争行为的规范,政府对航运服务贸易的管理应由注重事先审批转为注重事中事后监管,提高监管参与度,推动形成行政监管、行业自律、社会监督、公众参与的综合监管体系。

在航运服务贸易深度开放的形势下,对航运企业进行反垄断和反不正当竞争监管是政府未来监管的主要方向。2014年6月,我国商务部对P3联盟的否决就是一个政府监管航运市场很好的范例。P3联盟是由全球前三大集装箱班轮公司马士基航运、地中海航运和达飞轮船在2013年6月宣布成立,计划合计拿出约260万TEU的运力(各自分别贡献42%、34%和24%的联盟运力),在全球东西主干航线合作运营[2]。对于P3联盟案,商务部审查了其相关市场份额、市场控制力、市场进入、行业特点等因素,认为P3联盟交易方将形成紧密型联营,亚洲—欧洲航线集装箱班轮运输服务的合并运力份额高达约47%,市场集中度亦有大幅提高,因此否决了P3联盟。

在我国,航运企业发展不均衡,国有资本、外资、私人资本共同参与其中,需要政府培育航运市场,加大对航运市场的规范。第一,协调《反垄断法》《海运条例》及《海运条例实施细则》等法律规范的冲突,加强反垄断执法机构的权限。《中华人民共和国海运条例实施细则》第33条规定:"中国国际船舶运输经营者之间或者中国国际船舶运输经营者与外国国际船舶运输经营者之间的兼并、收

[1] 李晨:《我国海运服务贸易国际竞争力研究》,《中国海洋大学学报》2013年第4期,第26页。
[2] 中国否决P3联盟航企松了口气,http://finance.sina.com.cn/world/20140619/012519453911.shtml,2014年6月19日。

购，由兼并、收购的一方将兼并、收购协议按照《海运条例》第 24 条的规定报交通部审核同意。《实施细则》第 52 条规定，利害关系人认为国际海上运输业务经营者、国际海运辅助业务经营者存在限制竞争或者不正当竞争情形的，可依照《海运条例》第 35 条的规定请求交通部实施调查。交通运输部在收到利害关系人的申请后，须对是否实施调查进行评估，认为应当实施调查的才将评估的结果通报价格部门和工商部门。《海运条例》的这类规定赋予了交通主管部门对于船舶运输经营者集中的审核权以及调查权是与《反垄断法》规定相悖的。根据此规定，交通运输部具有完全的案件管辖权，价格部门和工商部门只有在交通运输部认为应当进行调查的时候方能参与到联营体的反垄断调查中，这完全有悖于《反垄断法》对反垄断执法机构独立调查权的规定，反垄断执法机构的执法受制于交通运输部的评估结果，使反垄断执法机构处于被动的参与地位，难以发挥反垄断执法机构的职能。反垄断执法机构的独立行动权不应当受行业监管机构掣肘，应该在监管航运市场方面强化反垄断执法机构的权限。第二，完善《反垄断法》对班轮运输协议的豁免制度和备案制度。国际班轮运输协议是指两个或两个以上国际班轮运输经营者之间订立的关于收费项目及其费率、运价或者附加费等内容的协议，包括班轮公会协议和协商协议。国际班轮运输协议的产生是源于航运市场的特殊性，激烈的价格竞争使各班轮公司的边际成本趋于近似，甚至会造成航运市场的崩溃。因此，国际班轮运输协议在竞争法下的法律效力具有一定的特殊性，不应简单地否定限制竞争行为的有效性，而应综合考虑相关因素，就是否适用除外条款做出特别规定。[①] 以《反垄断法》第 15 条规定的反垄断豁免制度为基础，运用合理原则对国际班轮协议进行具体评估，结合禁止卡特尔协议的原则，细化班轮公司信息交换及其成员进入或退出的自由权、成员转租剩余舱位的自由权等具体规定，从而建立完善国际班轮运输协议的反垄断豁免制度。《海运条例》32 条规定："国际船舶运输经营者之间订立的涉及中国港口的班轮公会协议、运营协议、运价协议等，应当自协议订立之日起 15 日内，按下列规定向交通部备案。"基于班轮运输协议的特殊性及对航运市场限制竞争的影响性，建议增加反垄断执法机构对班轮协议的备案规定。

---

① 蔡莉妍：《基于 P3 联盟的国际班轮运输协议法律规制》，《水运管理》2014 年第 3 期，第 12 页。

（三）政府监管航运贸易货物的防范重点及对策

按照运输工具划分，航运贸易货物可以分为两大类：一是集装箱货物，二是散装货物。基于贸易便利与安全的标准，政府监管航运贸易货物的重点仍然是集装箱货物，这是由集装箱货物的特点所决定的。集装箱是一个坚固密封的箱体，作为一种货物的装运工具其本身就是一个坚固的包装。国际标准化组织（ISO）要求集装箱"能长期反复使用，具有足够的强度"，根据此条件，ISO 更进一步将通用集装箱定义为："用于运输和储存若干单元货物、包装或散货的风雨密型方型集装箱；它可以限制和防止货损货差。"ISO 甚至对集装箱的规格、技术和参数都做了规定。集装箱运输消除了具体运输货物的物理、化学特性，在这种运输方式中，外形、特征各异的具体货物，都演变成了千篇一律的金属箱子，原来可凭借人们的视觉、嗅觉等感官直接加以区别的特征都已不复存在。因此，海关要对集装箱货物进行监管或查验，则必须开启集装箱。如果海关对抵达关境的每一个集装箱进行开箱查验，则无法发挥集装箱运输的优势，同时相对于有限的海关管理资源而言也是"无法完成的任务"。[①] 对于集装箱货物的跨境流转，要实现贸易便利和安全的目标，海关除了 24 小时舱单申报等措施外，应该建立完整守法便利企业信用认证体系——经认证经营者制度（Authorized Economic Operator，AEO）。AEO 制度是《全球贸易安全与便利标准框架》所提出的主要内容，WCO 明确要求海关对参与国际供应链的企业，包括生产商、进口商、出口商、报关行、承运商、理货人、中间商、港口、机场、货站经营者、综合经营者、仓储业经营者和分销商等按 WCO 或同等供应链安全标准实施认证，建立一个国际化的企业识别系统，把那些在供应链中具有高度安全保障的企业纳入其中，并使这些企业能够享有快捷通关或其他便利措施。[②] AEO 制度是平衡贸易便利和安全的一个良好选择。各国政府在对航运贸易货物进行跨境监管时，纷纷引入了 AEO 制度。需要说明的是，许多国家的 AEO 制度都是将海运承运商、物流商纳入认证体系之中的。比如美国为保障进口贸易安全实施的"海关、商界合作

---

① 刘海燕：《海关国际合作对上海集装箱运输的影响及启示》，《中国航海》2010 年第 2 期，第 93 页。
② 陈苏明：AEO 制度及国际海关 AEO 互认研究，《国际商务研究》2012 年第 5 期，第 45 页。

伙伴计划"(C-TPAT),将海运承运人、货物代理商、无船承运人都纳入 AEO 认证体系,甚至我国的中国远洋运输公司(COSCO)也在之内。而目前我国海关对商界的合作关系、信用认证体系主要依据《中华人民共和国海关企业信用管理暂行办法》,以企业信用状况为基础,分为认证企业、一般信用企业和失信企业。海关依据企业的信用级别进行差异化的监管。遗憾的是,海运承运商、无船承运人以及货物代理商等和航运贸易密切相关的企业,海关都没有对其实施信用评价的差异化监管。在开放经济下,政府要实现贸易便利和贸易安全的双重目标,应建立以供应链为基础,针对进口环节的、完整的 AEO 认证体系,将进口商、海运承运人、货物承揽商、货物代理商、无船承运人、码头经营商、报关行、第三方物流商全部纳入信用体系认证。

第十一章
中国信息产业贸易安全与监管

信息产业是国民经济的战略性、基础性、先导性产业,是加快工业转型升级及国民经济和社会信息化建设的技术支撑与物质基础,是保障国防建设和国家信息安全的重要基石,发挥着经济增长"倍增器"、发展方式"转换器"、产业升级"助推器"的重大作用。信息产业包括信息制造业和信息服务业两大类。党的十六大以来,我国信息制造业抓住国家经济社会发展和国际产业转移的重大机遇,克服国际金融危机的不利影响,积极推进结构调整,着力加强自主创新,实现了产业的稳步增长,对经济社会发展的支撑引领作用愈益凸显。随着信息化的高速发展,其中的信息服务业,特别是现代信息服务业也成为推动信息化发展的重要力量。

虽然信息产业得到快速的发展,但是信息安全面临的威胁也日益加剧。据调查,中国约有50%的企业遇到过信息安全攻击,很多企业称因攻击行为或病毒入侵而受到不同程度的信息损失,26%的企业称公司的机密信息曾被盗取或泄漏。自中国(上海)自由贸易试验区成立以来,信息服务业的贸易形式更加的多元化,信息服务业的贸易量也在上升。随着信息技术在社会各个领域的广泛应用,安全已经成为信息系统中最重要的组成部分之一,信息的安全性要求也越来越高。与此同时信息安全紧密联系信息产业,特别是紧密联系信息服务业。要进一步推动信息产业,特别是信息服务业的发展,有必要加强对信息服务业的信息安全保护和控制。信息安全是国家安全、社会公共安全工作的重要内容之一,做好信息安全工作,必须依照国家提出的"积极防御、综合防范"的信息安全

保障原则,构建信息安全。

本章将以上海信息产业的贸易情况为突破口,阐述信息安全在信息贸易和监管中的重要影响。

一、信息产业贸易安全的定义

美国国家标准技术组织提出了信息安全由各种技术和非技术的要素连接在一起组成安全链的概念,攻击者往往从最薄弱的环节突破。

叶又新教授在题为"关于信息安全的学科与科技建设"的论文中,从信息对抗的角度将信息安全定义为:在信息的各种应用领域中,由于各种动机的驱动,实际存在着损坏信息资产、妨碍信息设备和系统的正常转运、破坏信息应用的人为活动及与之相抗衡的保护信息资产的归属性和完整性,维护信息设备和系统的正常运转,维持正常应用的人为活动,这两者共同构成信息领域的"信息对抗"现象,即信息对抗中的防御性活动称之为信息安全。

李天木教授在题为"信息安全管理标准及综合应用"的论文中,从信息安全管理的角度对信息安全进行界定:信息安全是一个多层次、多因素、综合的动态过程,要求对信息系统和组织体系进行综合思考和统一规划,同时要注意监控系统内外环境的变化,很可能某一环节上的安全缺陷就会对整个系统组织构成威胁。因而信息安全作为一个多层面、多因素、综合的动态过程,是一个需要系统体系来保证的持续发展过程。如果凭一时的需要,对某些方面加强控制,而没有整体全面的考虑,都难免存在顾此失彼的问题,使信息安全链在某个薄弱环节断裂。所以,信息安全管理是,用于指导、管理和控制信息安全风险的、一系列相互协调的活动,要尽可能做到,应用有限的资源,保证安全"滴水不漏"。

结合前人对信息安全的定义以及本章的研究内容,我们将信息产业安全定义为:在双边或多边贸易中,为信息处理系统建立和采取的安全保护技术叫做信息安全。信息安全包括物理安全和逻辑安全。物理安全指保护信息系统设备及相关设备免遭干扰和破坏。逻辑安全指保证信息的完整性、保密性、真实性和可用性。信息安全要依靠安全技术与管理的结合。对信息读写的限制措施和技术以及对数据的加密技术是现代信息安全技术的基础。

二、贸易安全视角下上海信息产业安全模型构建和评价

(一)上海信息产业失衡结构的三元边际模型

在贸易活动中,产品的价值总量可以分解为 3 个纬度:种类、数量和价格。因此在进出口贸易中贸易数据也可以分解为贸易产品种类(广度)、贸易产品数量和贸易产品价格。在不同的贸易方式中,这三个方面的相对比重和增长速度也不尽相同。在国际贸易研究领域,不同的贸易理论侧重点不同:传统的产业间贸易理论强调的是贸易产品数量;水平产业贸易理论强调的是贸易产品广度;垂直产业贸易理论强调的是贸易产品价格。本节以新新贸易理论为基础,以产品间的替代弹性为逻辑起点,综合考虑产品广度、产品数量和产品价格对贸易失衡的影响。并且借鉴施炳展教授(2010)首创的三元边际分析框架,即将贸易失衡分解为广度失衡、数量失衡和价格失衡,利用非参数技术研究安全视角下的中国信息产业失衡结构效应。

贸易失衡是指进出口价值量存在差异的现象,由出口价值量与进口价值量的比值表示。我们进一步将贸易失衡分解为三个方面:广度失衡、价格失衡和数量失衡。

$$r = \frac{VEX_{ij}}{VIM_{ij}} = \frac{\sum\limits_{k \in EX} ex_{ijk}}{\sum\limits_{k \in IM} im_{ijk}} \tag{11-1}$$

其中:r 表示出口与进口的比值,即贸易失衡度,若 $r>1$ 表示顺差,$r<1$ 表示逆差,$r=1$ 表示均衡;

VEX_{ij} 表示出口价值量,VIM_{ij} 表示进口价值量;

i,j,k 分别表示出口国、进口国和产品。

EX,IM 分别表示出口与进口产品的集合,

其交集为 $EXIM$,即 $EXIM = EX \bigcap IM$。

1. 贸易失衡结构的广度失衡

广度失衡是基于出口商品种类的定义,主要是指进出口商品种类的差异。

从经济含义上看,贸易广度表示 i 国与 j 国出口到 m 国重叠商品贸易量占世界总贸易量的比重。这一指标越大,重合程度越高,说明 i 国在更多的商品上实现了出口,从而产品广度越大。定义如下:

$$extensive = \frac{\sum\limits_{i \in I_{jm}} p_{rmi} x_{rmi}}{\sum\limits_{i \in I_{rm}} p_{rmi} x_{rmi}} \qquad (11-2)$$

其中:r, j, m 分别表示参考国、对象国和进口国;

I_{rm}, I_{jm} 分别表示参考国和对象国向 m 国出口的全部商品的集合;

$\sum\limits_{i \in I_{jm}} p_{rmi} x_{rmi}$ 表示 j 国的 i 类商品出口量;

$\sum\limits_{i \in I_{rm}} p_{rmi} x_{rmi}$ 表示 r 国的 i 类商品出口量。

式(11-2)中,分母表示进口广度,分子表示出口广度,$extensive$ 表示出口广度与进口广度的比值。如果出口产品的种类大于进口产品的种类,那么产品集合 $EX \subset IM = IM$,因此 $extensive > 1$,即出口广度要大于进口广度。考虑本章研究的是贸易安全视角下的上海信息产业失衡情况,因此我们假设 r 国为整个世界,j 国为中国,故而保证 $I_{jm} \subset I_{rm}$ 类商品为信息产品。因此,式(11-2)中,分子表示中国与世界信息产业的出口量,分母表示世界出口总贸易量,这个比值越大说明重合程度越高,表明中国更多信息产业实现了出口,信息产业的贸易广度越大。

2. 贸易失衡结构的数量失衡

数量失衡指进出口商品的数量差异,公式定义如下:

$$q_{jm} = \prod_{i \in I_{jm}} \left| \frac{q_{jmi}}{q_{rmi}} \right|^{jmi} \qquad (11-3)$$

权重
$$w_{jmi} = \frac{\dfrac{s_{jmi} - s_{rmi}}{\ln s_{jmi} - \ln s_{rmi}}}{\sum\limits_{i \in I_{jm}} \dfrac{s_{jmi} - s_{rmi}}{\ln s_{jmi} - \ln s_{rmi}}}$$

$$s_{jmi} = \frac{p_{jmi} x_{jmi}}{\sum_{i \in I_{jm}} p_{jmi} x_{jmi}} \qquad s_{rmi} = \frac{p_{rmi} x_{rmi}}{\sum_{i \in I_{jm}} p_{rmi} x_{rmi}}$$

其中:q_{jm} 表示 j 国向 m 国出口信息产业的数量指数;

w_{jmi} 表示此类商品在整个世界贸易中的权重;

s_{jmi} 表示 j 国信息产业出口量占 j 国在 m 国总出口量的比重;

s_{rmi} 表示 r 国信息产业的出口量占 r 国在 m 国总出口量的比重。

3. 贸易失衡结构的价格失衡

价格失衡是指剔除广度差异和数量差异对进出口商品的影响,主要体现在进出口商品价格的差异。公式定义如下:

$$P_{jm} = \prod_{i \in I_{jm}} \left| \frac{P_{jmi}}{P_{rmi}} \right|^{jmi} \tag{11-4}$$

权重
$$w_{jmi} = \frac{\dfrac{s_{jmi} - s_{rmi}}{\ln s_{jmi} - \ln s_{rmi}}}{\sum_{i \in I_{jm}} \dfrac{s_{jmi} - s_{rmi}}{\ln s_{jmi} - \ln s_{rmi}}}$$

$$s_{jmi} = \frac{p_{jmi} x_{jmi}}{\sum_{i \in I_{jm}} p_{jmi} x_{jmi}}$$

式中:P_{jm} 表示 j 国向 m 国出口信息产品的价格指数。

进一步定义深度指标并分解为价格 p 与数量 q,如式(11-5)所示:

$$IM = \frac{\sum_{i \in I_{jm}} p_{jmi} x_{jmi}}{\sum_{i \in I_{jm}} p_{rmi} x_{rmi}} = q \times p \tag{11-5}$$

产品深度表示在重合商品出口量中,j 国出口占世界总出口的比重,这一指标越大,说明在相同的商品上 j 国实现了更多的出口,从而产品深度越大。本文将用广度比、价格比与数量比的乘积来表示出口与进口的价值量之比,即 $r = extensive \times p \times q$,然后对该式两边取对数,得到以下公式:

$$\ln r = \ln extensive \times \ln p \times \ln q \tag{11-6}$$

式(11-6)即为贸易失衡三元分解的最终式,它的经济意义在于从数理层面研究贸易失衡的结构效应,由于贸易失衡为广度失衡、数量失衡和价格失衡之和,所以通过分析广度、数量和价格的变化及相对贡献,我们就可以明确贸易失衡的三元边际并找到贸易失衡的主导因素,从而为进一步研究贸易失衡的结构效应奠定数理基础。

(二)信息产业贸易失衡经济效应的 CMS 模型

Tyszynski(1951)首先提出并应用恒定市场份额模型(Constant Market Share Model,以下简称 CMS 模型)。经过实践验证,CMS 模型逐渐成为国内外学术界评价一个国家出口竞争力的重要计量分析方法。1988 年 Jepma 通过改进传统的 CMS 模型,扩大了其研究范围,CMS 模型成为研究出口贸易增长的重要工具。其核心是,将一个国家(出口国)对另一个国家(进口国)出口贸易的增长效应分解为"进口需求效应""出口竞争力效应"和"产品结构效应"三个因素,鉴于贸易失衡是贸易发展过程中的重要经济现象,本节将利用 CMS 模型研究中国信息产业贸易的增长情况,进而分析贸易失衡的经济效应,公式定义如下:

$$\Delta Q = \sum_i p_i(0) \Delta q_i + \sum_i \Delta p_i q_i(0) + \sum_i \Delta p_i \Delta q_i$$

$$C_i = \frac{X_i - M_i}{X_i + M_i}$$

$$RCA_{ij} = \frac{X_{ij}/X_{it}}{X_{wj}/X_{wt}} = \frac{X_{ij}/X_{wj}}{X_{it}/X_{wt}} \qquad (11-7)$$

式中:ΔQ 表示 t 时期出口国对进口国的出口总额变化;

$p_i(0)$ 表示基期出口国在进口国 i 类产品(信息产业)进口总额中所占的份额;

$q_i(0)$ 表示基期进口国 i 类产品(信息产业)的进口总额;

Δp_i 表示 t 时期出口国在进口国 i 类产品(信息产业)进口总额中所占份额;

Δq_i 表示在 t 时期进口国 i 类产品(信息产业)的进口变化。

1. 产品进口需求效应

进口需求效应是指因商品进口国产品进口规模及进口结构发生变化而导致的出口国的出口变化。进口需求效应可以进一步分解为需求规模效应和需求结构效应。其中,需求规模效应反映的是因进口国进口需求规模变动而引起的出口国出口的变化;需求结构效应反映的是因进口国进口结构变化而引起的出口国的出口变化。公式定义如下:

$$\sum_i p_i(0)\Delta q = p(0)\Delta q + \left[\sum_i p(0)\Delta q_i - p(0)\Delta q\right] \qquad (11-8)$$

式中:$\sum_i p_i(0)\Delta q$ 表示进口需求效应;

$p(0)\Delta q$ 表示需求规模效应;

$\sum_i p(0)\Delta q_i - p(0)\Delta q$ 表示需求结构效应。

2. 产品出口竞争力效应

出口竞争力效应是指出口国产品出口结构变化而导致的出口变化。出口竞争力效应可以进一步分解为"综合竞争力效应"与"产品竞争力效应"。其中综合竞争力效应反映的是因出口国对进口国的出口占进口国进口总额的比重变化而导致的出口变化;产品竞争力效应反映的是因出口国对进口国的产品出口占进口国进口总额的比重而导致的出口变化。公式定义如下:

$$\sum_i \Delta p_i q_i(0) = q(0)\Delta p + \left[\sum_i \Delta p_i q_i(0) - q(0)\Delta p\right] \qquad (11-9)$$

式中:$\sum_i \Delta p_i q_i(0)$ 表示出口竞争力效应;

$q(0)\Delta p$ 表示综合竞争力效应;

$\sum_i \Delta p_i q_i(0) - q(0)\Delta p$ 表示产品竞争力效应。

3. 产品交叉结构效应

结构交叉效应是指因出口国出口结构与进口国进口结构的交互变化而导致的出口国的出口变化。结构交叉效应可以进一步分解为"净交叉效应"和"动态交叉效应"。其中,净交叉效应反映的是出口国出口结构与世界进口规模的交互变化而导致的出口国的出口变化;动态交叉效应反映的是出口国出口结构与进

口国进口结构的交互变化而导致出口国的出口变化。公式定义如下：

$$\sum_i \Delta p_i \Delta q_i = [q(t)/q(0) - 1] \sum_i \Delta p_i q_i(0) + \tag{11-10}$$

$$\left\{ \sum_i \Delta p_i \Delta q_i - [q(t)/q(0) - 1] \sum_i \Delta p_i q(0) \right\}$$

式中：$\Delta q_i \Delta p_i$ 表示结构交叉效应；

$[q(t)/q(0) - 1] \sum_i \Delta p_i q_i(0)$ 表示净交叉效应；

$\left\{ \sum_i \Delta p_i \Delta q_i - [q(t)/q(0) - 1] \sum_i \Delta p_i q(0) \right\}$ 表示动态交叉效应；

如果 $[q(t)/q(0) - 1] \sum_i \Delta p_i q_i(0) > 0$，表明出口国的出口结构能够适应进口国的进口规模变化。如果 $\left\{ \sum_i \Delta p_i \Delta q_i - [q(t)/q(0) - 1] \sum_i \Delta p_i q(0) \right\} > 0$ 则表示出口国对进口国那些进口需求增长较快的产品具有较高的出口市场份额。

三、贸易安全视角下上海信息产业贸易失衡的实证分析

信息产业发展日益成为我国国民经济发展的重要体现，城市信息化和不断增加的信息产业对外贸易有力地拉动了上海区域经济的可持续增长。可是在此过程中，上海的信息产业对外贸易存在着不可忽视的问题。上海信息产业对外贸易大而不强、增长的基础薄弱、与其他产业的协调发展不够，进出口贸易也长期存在失衡现象。本文所指的信息产业包括以下三大类信息产品（附编码信息）：电子计算机通信和集成制造技术（84）、电器与电子产品（85）、电子技术（90）。

本节将通过相关数据，利用三元边际模型、CMS 模型分析上海信息产业贸易失衡的结构效应和经济效应，并在此基础上评价贸易失衡下上海信息产业的产业安全状态，为构建上海信息产业贸易监管体系提供实证依据。

（一）基于三元边际模型的上海信息产业贸易失衡结构效应的实证分析

本节选取历年上海海关相关统计数据和上海信息产业发展现状作为参考，利用三元边际模型从广度失衡、数量失衡和价格失衡入手分析上海信息产业贸易失衡的结构效应。

全球贸易活动的频繁，一方面使得世界资源在全球范围内得到了优化配置，一定程度上提升了全球经济福利，但是另一方面由于世界各国经济发展水平不均衡，国际分工地位不同，不同国家参与世界经济活动的程度也不尽相同，所以贸易失衡存在其必然性。通过观察图 11-1，我们发现 1950—2010 年，整个世界都处于贸易失衡的状况，但贸易失衡度数值基本稳定在 0.93～0.99 之间，失衡并不严重。中国各个阶段的贸易失衡状况如下：中国 1950—1955 年贸易失衡度指数：0.63～0.94，此阶段由于新中国成立，经济处于起步阶段，生产力不足，我国参与国际经济活动并不多，属于贸易净进口国；1956—1977 年贸易失衡度指数：0.98～1.4，此阶段中国经济经过三大改造，慢慢有所起色，生产力得到一定程度的提高，加之中国外交的破冰，贸易往来增多，但是 1966—1976 年的"文化大革命"，影响了中国经济的正常运行，出现了滑坡，但是总体来看中国渐变为贸易净出口国，起伏较大：1978—2000 年贸易失衡度指数：0.88～1.17，80 年代末 90 年代初中国出现了明显的逆差，90 年代中期通过国内经济政策的调整，企业抓住国际产业转移的契机，大力发展生产，对外贸易日趋稳定；2001—2010 年中国贸易失衡度指数：1.09～1.27，随着改革开放的深化和生产力的解放，中国进出口贸易额都有了明显的增加，但是出口的增长速度高于进口的增长速度，所以这个时期中国的贸易失衡日益凸现，但不是特别的严重，仍需要引起相关部门的重视和关注。

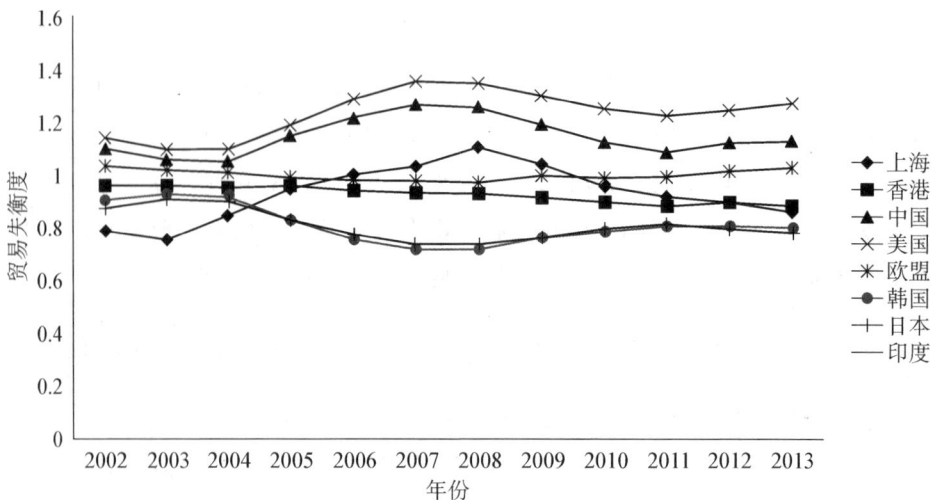

图 11-1　2002—2013 年上海及主要国家和地区贸易失衡度

资料来源：上海海关。

综上所述,由于各国经济发展水平不一,处于发展阶段,所以贸易失衡是一种常态,有其必然性。我们将在全球经济失衡的大环境下探寻上海信息产业贸易失衡的结构效应(见表 11 - 1)。

表 11 - 1　2002—2013 年上海信息产品贸易失衡度

	2002	2003	2004	2005	2006	2007
贸易失衡度	0.704 893 955	0.739 783 68	1.074 756 305	1.216 491 32	1.195 767 751	1.235 613
	2008	2009	2010	2011	2012	2013
	1.651 88	1.745 597	1.534 44	1.616 477	1.603 525	1.812 995

资料来源:上海海关。

根据贸易失衡的定义,通过计算 2002—2013 年上海信息产业的贸易失衡度(见图 11 - 2),我们发现,上海信息产业的贸易失衡度呈现逐年波动上升趋势,截至 2013 年上海信息产业的贸易失衡度达到 1.813,是 2002 年的近 3 倍,在 2008 年及 2009 年受全球经济危机影响失衡度达到小高峰。这是对上海信息产业近 12 年发展的真实写照,也反映出上海信息产业贸易失衡严重。

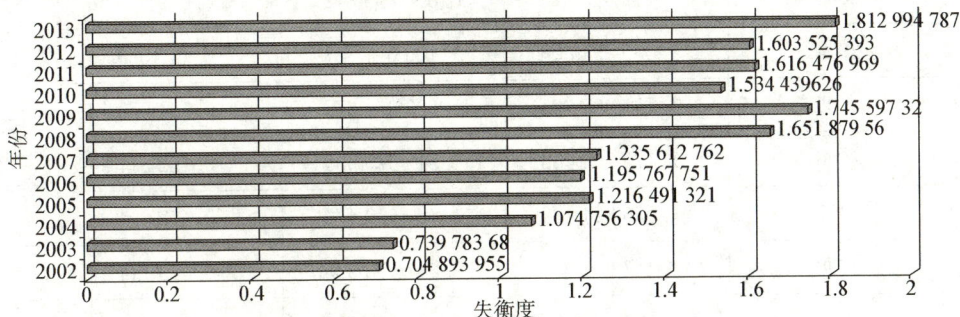

图 11 - 2　2002—2013 年上海信息产品贸易失衡度

数据来源:上海海关。

如表 11 - 2 和图 11 - 3 所示,2002—2013 年上海的信息产业得到了长足的发展,但是各大类的发展均表现为失衡:除了第 90 章,电子技术是贸易净进口以外,另外两章在国际上基本都是贸易净出口。第 84 章电子计算机通信和集成制造技术以及第 85 章电器与电子产品的对外贸易失衡度都是逐年波动上升,且基本都是贸易净出口。可见在这两个领域,上海取得了较为良好的发展,出口与进口的比值在不断攀升,尤其是 2008 年开始,上海在电子计算机通信和集成制造技术以及电器与电子产品领域的贸易失衡度迅速上升,之后几年一直保持在1.5～2之间,这虽然一定程度上能够反映上海信息产业的资源禀赋和比较优势,但是从长远角度来讲,不利于产业的健康发展。因为这种失衡,对于上海而言,将使得更多的人力、财力资源流动到这些发展较为成熟的产业,由于恶性竞争,造成产能过剩,与此同时也会使得其他信息产业子行业发展面临资源短缺的困境,从而使整个产业发展畸形。对于国外,由于贸易失衡引发的贸易摩擦日渐增多,影响了货物的正常进出口,也造成了国家之间的关系紧张。因此研究上海信息产业的贸易失衡结构效应对于查找贸易失衡原因、解决贸易摩擦有着重要的经济意义。

表 11-2　2002—2013 年上海信息产业三大类贸易失衡情况

三大类编码	84	85	90
2002	0.686 621 19	0.732 895 823	0.072 020 96
2003	0.712 449 816	0.805 859 812	0.079 615 88
2004	1.089 294 828	1.105 641 337	0.145 089 46
2005	1.191 995 681	1.309 355 378	0.191 075 48
2006	1.173 194 483	1.312 670 365	0.132 314 24
2007	1.156 824 186	1.469 559 473	0.175 204 3
2008	1.417 602 059	2.081 873 823	0.313 144 57
2009	1.527 094 098	2.058 129 589	0.502 711 62
2010	1.235 924 027	2.044 645 027	0.389 780 23
2011	1.351 917 623	1.982 300 465	0.407 834 14
2012	1.656 226 471	1.618 898 283	0.406 862 71
2013	1.781 386 942	1.917 055 604	0.440 243 61

资料来源:上海海关。

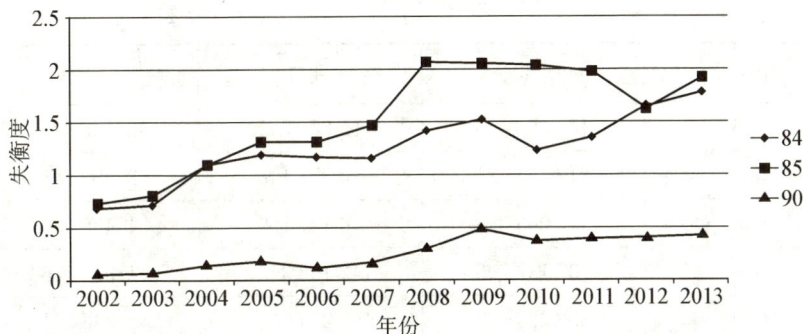

图 11-3 2002—2013 年上海信息产业三大类贸易失衡情况统计

鉴于上海和美国信息产业贸易往来具有代表性,我们将利用 2002—2013 年上海与美国信息产业贸易数据来研究上海信息产业的贸易失衡结构效应。

1. 贸易失衡结构的广度失衡实证分析

如表 11-3 所示,截至 2013 年上海信息产业贸易的出口广度为 911 826 832,进口广度为 117 708 513,比较以往几年,出口广度呈逐年上升趋势,进口广度自 2010 年起开始有所下降,2012 年下降幅度较大,说明上海信息产业的出口量逐渐增多,进口量却在近年逐渐下降。究其原因,一方面是上海信息产业发展更加成熟,国际市场对上海信息产品的认可度提高使得出口的商品种类增加。另一方面,自 2012 年起,上海对国外信息产品需求的品种数量有一个突然的下降。2002—2013 年,出口广度与进口广度的比值都是大于 1,说明中国信息产业是出口广度大于进口广度,但是呈现上升趋势,可见信息产业进出口存在愈加明显的失衡现象,进出口差距在拉大,比例日益不合理,一定程度上体现了信息产业发展的特点。

表 11-3 2002—2013 年上海信息产业的进出口商品品种差异情况

年份	出口	进口	比值
2002	63 383 073	38 612 915	1. 641 499 301
2003	84 214 756	56 181 520	1. 498 976 105
2004	111 144 083	62 558 330	1. 776 647 219
2005	142 233 977	66 981 682	2. 123 475 744

（续表）

年份	出口	进口	比值
2006	169 008 615	65 882 051	2. 565 321 092
2007	212 185 721	90 277 148	2. 350 381 306
2008	520 065 043	116 181 109	4. 476 330 511
2009	707 137 708	142 192 345	4. 973 106 731
2010	892 695 208	167 289 047	5. 336 244 207
2011	930 630 917	165 067 127	5. 637 893 71
2012	904 264 870	126 329 871	7. 157 965 593
2013	911 826 832	117 708 513	7. 746 481 616

资料来源：上海海关。

　　贸易广度反映的是一国某产业出口商品种类的水平，数值越大，表明该产业生产的商品大多实现了出口。2002—2013 年上海对美国信息产品贸易广度失衡情况显示，上海出口美国的信息产品在广度上一直持续逆差，且在 2009、2010和 2011 年三年中的广度失衡度最大（见图 11 - 4）。如图 11 - 5 所示，2002—2003 年贸易广度对于上海对美国信息产品的贸易顺差的贡献度为负值，且数值很小，即贸易广度对于整个贸易顺差是反作用的；2004—2013 年变为正值，且数值逐年增长，可见贸易广度对于上海对美国信息产品的贸易顺差的贡献度较大。

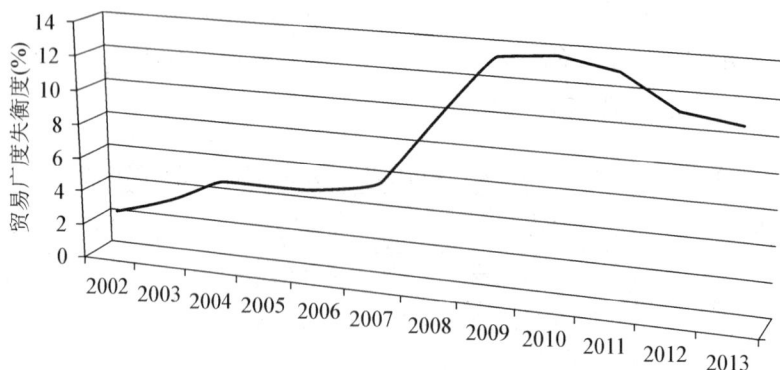

图 11 - 4　2002—2013 年上海对美国信息产品贸易广度失衡度

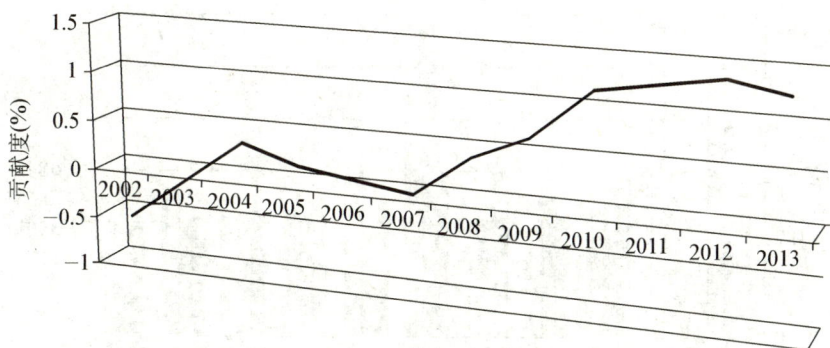

图 11‐5　2002—2013年上海对美国信息产品贸易失衡广度的贡献度

2. 贸易失衡结构的数量失衡实证分析

如图 11‐6 和图 11‐7 所示,受 2008 年美国次贷危机的影响,国际市场发展缓慢,各国经济不同程度上受到影响,上海信息产业的进口量在 2008—2012 年逐年下降。在中国特色社会主义市场经济体系下,我国政府在 2008 年金融危机的冲击下稳定经济、调节市场,努力减小经济危机对国内的影响,上海信息产业的出口量在 2008 年达到一个小高峰,之后世界各国逐渐从危机中复苏,2009—2013 年的上海信息产业出口量未见增长反而有比 2008 年前下降的趋势。究其原因,主要是因为金融危机的持续,全球经济不景气,消费信心不乐观,再者加上人民币升值,降低了出口型企业的竞争优势,出口受阻,因此出口量没

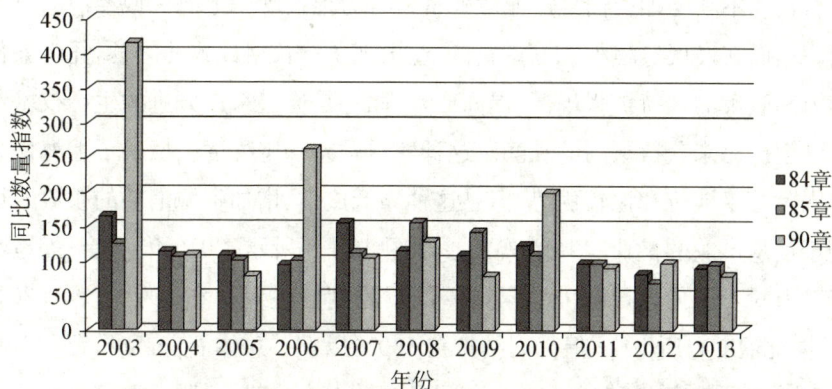

图 11‐6　2003—2013年上海信息产品进口同比数量指数

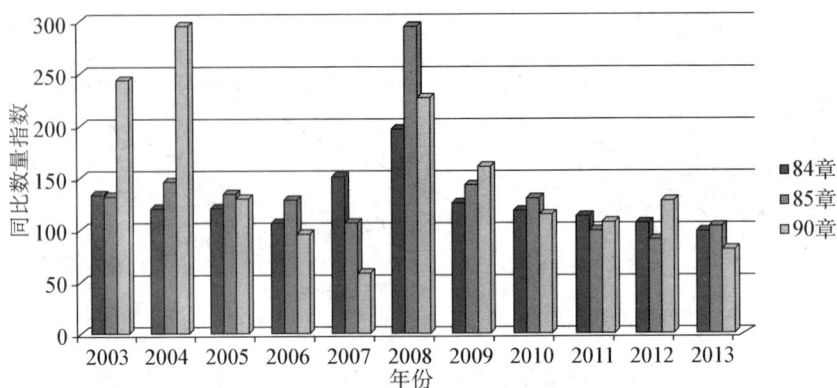

图 11-7   2003—2013 年上海信息产品出口同比数量指数

有多大的增长反而下降。特别注意上海信息产业的进口量在 2007 年明显增加，即随着世界经济贸易的持续增长、全球信息化的快速提升和产品技术创新的不断发展，电子信息产品市场需求呈现出快速增长的局面，加之上海信息产品国际竞争力的明显提高，我国电子信息产品进出口贸易实现了高速增长。

贸易数量反映的是一国某产业出口其产品的数量，在上海海关进出口数据的基础上，通过计算，如图 11-8 所示，我们发现 2002—2013 年上海对美国信息产品在数量出口方面，中国有明显的数量顺差，并且这种数量顺差有扩大趋势，这主要是由于近年来信息产业发展日益成为我国国民经济发展的重要体现，城市信息化和不断增加的信息产业对外贸易有力地拉动了上海区域经济的可持续发展。然而在发展过程中，上海信息产业出现了增长粗放式的问题，凭借廉价的劳动力和政策的扶持扩张规模、提高产量，而不是通过采用先进的生产技术和提高劳动生产率来获得更高的利润。这种数量顺差一定程度上反映了上海信息产业的国际分工地位和比较优势，但是这种靠低成本、增加资源消耗的粗放式增长不利于信息产业的健康可持续发展。如图 11-9 所示，2010 年开始，贸易数量对于上海对美国信息产业的贸易顺差的贡献度一直保持在 100% 以上，2012—2013 年贡献度有所下降，但仍旧维持在 100% 以上。总体而言，贸易数量对整个贸易顺差的贡献度在 2002—2013 年间呈波动上升趋势，说明上海信息产业的贸易顺差受数量失衡影响越来越大。

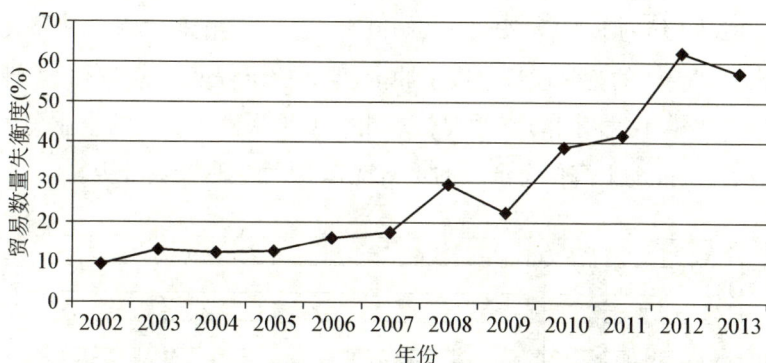

图 11‐8　2002—2013 年上海对美国信息产品贸易数量失衡度

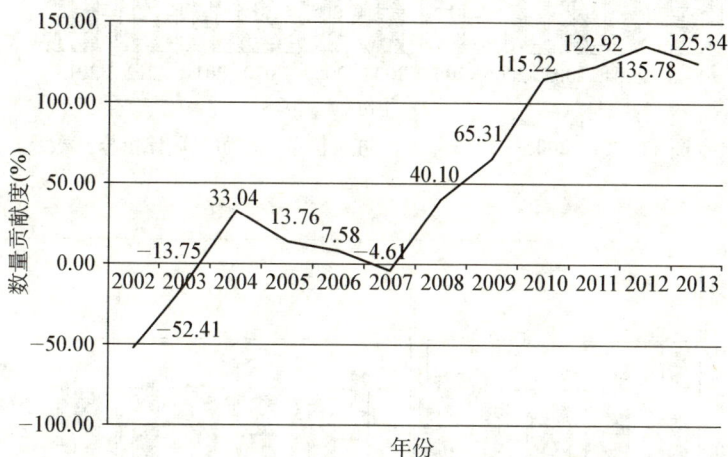

图 11‐9　2002—2013 年上海对美国信息产品贸易失衡数量的贡献度

3. 贸易失衡结构的数量失衡实证分析

如图 11‐10 和图 11‐11 所示,2003—2013 年上海信息产品进出口价格指数呈现逐渐平衡稳定和波动增长的趋势。三个章节的信息产品的进出口价格指数在 2003—2007 年波动幅度较大,发展较不稳定。在经历了 2008 年的经济危机之后,信息产品价格指数从 2009 年开始略有普遍下降,随着各国政府经济政策的调整,经济得到一定的稳定,2010 年价格指数逐渐上升,动力主要来自于两个方面:一个是全球原材料价格上升,推动价格指数上升;另一方面是由于人民币升值造成的价格上升。综合这两方面因素,上海信息产品的价格指数在经历

2008年和2009年的下跌后,2010年、2011年又开始逐渐回归和趋于平衡稳定。这对于出口型企业的竞争优势造成了冲击,但是一定程度上能够优化产业结构,将那些生产规模小,技术落后,主要依靠粗放型扩张模式发展的企业淘汰出局,整合产业资源,推动上海信息产业的重新洗牌,从而实现产业升级。

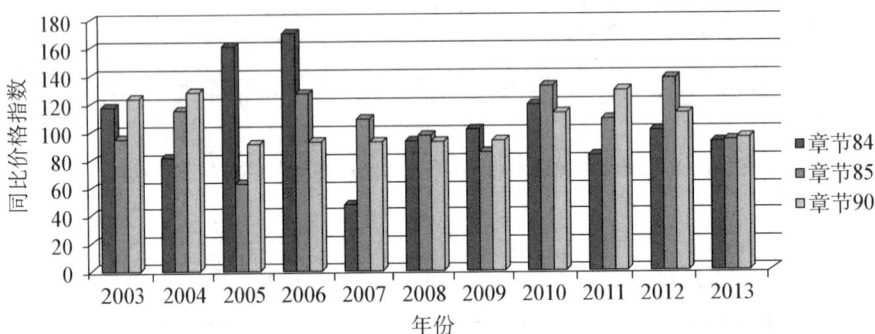

图11‑10 2003—2013年上海进口信息产品贸易同比价格指数

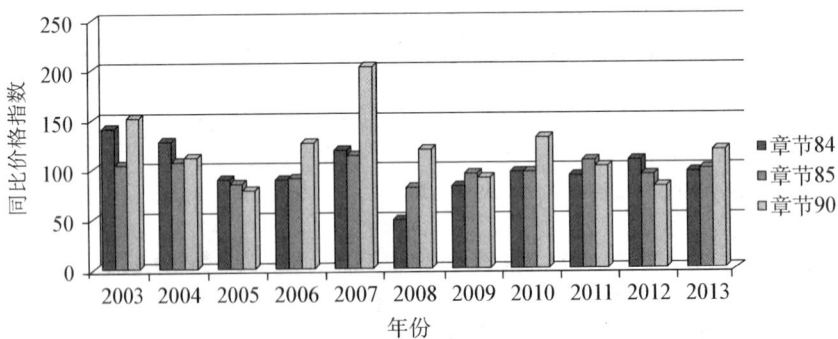

图11‑11 2003—2013年上海出口信息产品贸易同比价格指数

价格由价值决定,同时受供求影响。如图11‑12所示,2002—2013年上海对美国信息产品的出口长期处于逆差状态。虽然失衡度不大,但是一定程度上说明上海信息产品出口到美国的价格低于美国同类产品的价格。这主要是由产品的内在价值决定的,上海出口美国的大多是低价的大众品牌,价格较低,并且多以加工贸易为主,缺少自主研发品牌以及核心技术,而从美国进口的多是高价的知名品牌。由于两地经济处于全球价值链的不同位置,所以这种现象短期内很难改变。如图 11-13 所示,贸易价格对于上海对美国信息产业的贸易顺差产生的是正向作用,2002—2013 年贡献度基本在 4%～17%之间,这主要是由于市场的恶性竞争,许多信息产品企业为了攫取市场,不惜大打价格战,故而压低了上海信息产品的出口价格。综合分析,上海对美国信息产业的价格失衡度数值并不大,说明上海对美国信息产品的进出口贸易虽出现价格逆差,但是对于整个信息产业贸易顺差的贡献并不大。

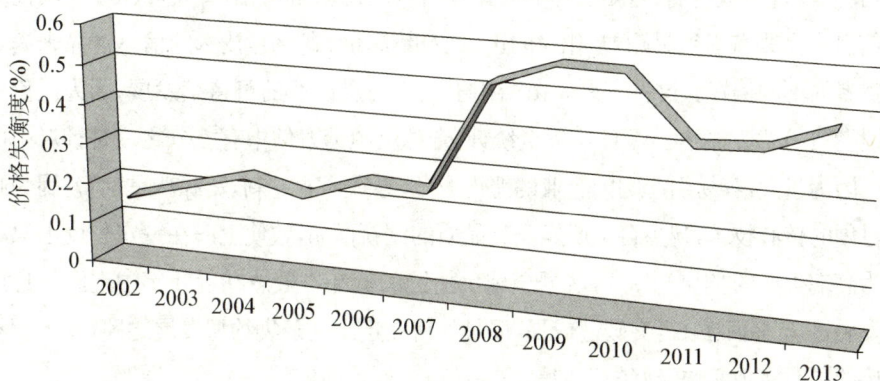

图 11-12　2002—2013 年上海对美国信息产品贸易价格失衡情况

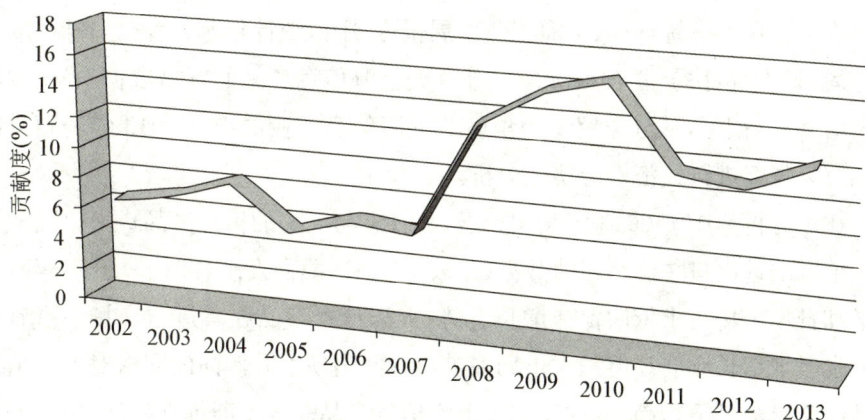

图 11-13　2002—2013 年上海对美国信息产品贸易价格失衡贡献度

4. 小结

本节运用三元边际模型,以上海对美国信息产品的贸易情况为例,分析了2002—2013年上海信息产业的贸易数据,研究了贸易失衡的结构效应,以及各部分的贡献度。发现上海信息产品虽然长期保持较高的贸易顺差,但是这种顺差主要源于贸易数量顺差的推动,价格和广度都呈现逆差,虽然对于总顺差产生反作用的拉力,但对上海信息产业的顺差贡献度不大,并不影响整体顺差结果。深度挖掘,我们发现造成这种现象的主要原因是,上海信息产品以出口大量、低价、低技术的信息产品来获得贸易顺差,相对的进口少量、高价、高核心技术的信息产品来满足消费者的不同偏好。这种贸易失衡结构不利于信息产业的可持续发展,因为低价容易引发贸易摩擦,根据 WTO 不完全统计,全球反倾销案件中有三分之一是针对中国的。因为量大,容易引起国内企业的恶性竞争,导致产能过剩,资源严重浪费;因为缺乏过硬的核心技术,缺少自主研发及高品质的创新商品,致使上海在一定程度上只能成为高端生产的"生产工厂",占据全球价值链的低端。虽然在近几年中上海信息产业发展迅速且不断取得突破性成果,但是如何在走出一条集约型发展之路,减少贸易摩擦的同时实现又快又好的发展是摆在信息产业人面前的一个重大课题。

(二) 基于 CMS 模型的上海信息产业贸易失衡经济效应的实证分析

本节运用上海统计局、上海工业发展报告、中国统计年鉴、美国普查网、欧盟统计局、日本统计局、联合国统计署等有关上海信息产品的贸易数据,采用贸易增长的 CMS 模型,从分类贸易的角度对上海信息产业 2010—2013 年的贸易增长和贸易失衡进行经济效应实证分析。

通过分析 2010—2013 年美国、欧盟和日本与上海的信息产品进出口金额和三个地区的进出口总额绝对值数据(见表 11-4),我们发现,2010—2013 年欧美市场和日本市场需求依旧保持增长态势,上海信息产品在其进口市场中占有的份额也呈现增长倾向。但三大市场在进口总额出现上升倾向的同时对上海信息产品的需求却呈下降趋势,这体现了上海信息产品需要不断创新发展,扩大海外市场。2010—2013 年三大主要进口市场普遍出现进口贸易需求萎缩,上海对三大市场信息产品的需求也在缩小。其主要原因是美国次贷危机的影响还未完全过去,世界主要经济体的经济增长缓慢,消费信心不足,进出口贸易受到影响。

表 11 - 4　2010—2013 年美国、欧盟、日本从上海进口信息产品的情况

年份	进口	
	项目	总额（亿美元）
2010 年	美国总进口	2 328.9
	美国从上海进口	9.4
2011 年	美国总进口	2 546.2
	美国从上海进口	8.6
2012 年	美国总进口	2 977.9
	美国从上海进口	7.2
2013 年	美国总进口	3 088.0
	美国从上海进口	7.7
2010 年	欧盟总进口	3 956.4
	欧盟从上海进口	12.2
2011 年	欧盟总进口	3 759.9
	欧盟从上海进口	13.6
2012 年	欧盟总进口	3 766.2
	欧盟从上海进口	11.9
2013 年	欧盟总进口	3 772.5
	欧盟从上海进口	11.6
2010 年	日本总进口	758.3
	日本从上海进口	31.9
2011 年	日本总进口	747.8
	日本从上海进口	31.0
2012 年	日本总进口	789.8
	日本从上海进口	27.0
2013 年	日本总进口	859.1
	日本从上海进口	21.9

资料来源：美国普查网、欧盟统计局、日本统计局、上海统计局、中国统计年鉴。

基于 CMS 模型的 2010—2013 年美国、欧盟和日本从上海进口信息产品的贸易失衡经济效应测算结果具体如表 11-5、11-6 和 11-7 所示。总的来看，上海信息产品出口额在下降，但出口额下降的变化幅度较小。2010—2013 年欧盟、美国和日本的进口额均在下降，三大市场表现不同。2010—2013 年美国市场的进口额一直表现为逆增长，其中 2011—2012 年（以 2011 年为基期）美国市场的进口额下降幅度为 7%。欧洲市场的信息产品进口额一直呈现下降趋势，2011—2012 年（以 2011 年为基期）信息产品进口额下降幅度高达 21.78%。日本市场的信息产品进口额一直表现为逆增长，2012—2013 年（以 2012 年为基期）信息产品进口额下降幅度达到 13.78%。由于上海信息产品出口市场过于集中，这对上海的信息产品出口造成了严重打击，下文将通过分析具体三个不同效应的贡献值来研究上海信息产业贸易失衡状况。

表 11-5 2009—2013 年美国从上海进口信息产品贸易失衡分析

年份	2009—2010 年		2010—2011 年		2011—2012 年		2012—2013 年	
项目	效应值	占比（%）	效应值	占比（%）	效应值	占比（%）	效应值	占比（%）
实际贸易增长	2 718	100	−65	100	−392	100	90	100
进口需求效应	514	19	879	−1 361	−124	32	143	158
需求规模效应	34 784	1 280	29 839	−46 195	6 855	−1 749	−424	−469
需求结构效应	−34 270	−1 261	−28 960	44 834	−6 978	1 780	567	627
出口竞争力效应	195 903	7 206	−83 613	129 443	−27 327	6 971	−5 117	−5 662
综合竞争力效应	21 510	791	11 275	−17 455	−5 023	1 281	7 596	8 406
产品竞争力效应	174 393	6 415	−94 888	146 898	−22 305	5 690	−12 713	−14 068
结构交叉效应	24 549	903	−10 780	16 690	501	−128	−115	−127
净交叉效应	−40 737	−1 499	12 360	−19 136	800	−204	−9	−10
动态交叉效应	65 285	2 402	−23 141	35 825	−299	76	−105	−117

资料来源：美国普查网、上海统计局、中国统计年鉴。

表 11 - 6　2009—2013 年欧盟从上海进口信息产品贸易失衡分析

年份	2009—2010 年		2010—2011 年		2011—2012 年		2012—2013 年	
项目	效应值	占比(%)	效应值	占比(%)	效应值	占比(%)	效应值	占比(%)
实际贸易增长	976	100	309	100	−1 593	100	−93	100
进口需求效应	−166	−17	−166	−54	−979	61	906	−980
需求规模效应	514	53	514	167	6 189	−388	−2 828	3 057
需求结构效应	−680	−70	−680	−220	−7 167	450	3 734	−4 037
出口竞争力效应	−2 752	−282	−2 752	−891	−59 566	3 739	−161 072	174 131
综合竞争力效应	4 525	463	4 525	1 465	37 670	−2 365	4 399	−4 756
产品竞争力效应	−7 277	−745	−7 277	−2 356	−97 237	6 104	−165 471	178 887
结构交叉效应	69	7	69	22	9 093	−571	−29 624	32 026
净交叉效应	305	31	305	99	7 271	−456	−12 035	13 011
动态交叉效应	−236	−24	−236	−76	1 821	−114	−17 588	19 014

资料来源:欧盟统计局、上海统计局、中国统计年鉴。

表 11 - 7　2009—2013 年日本从上海进口信息产品贸易失衡分析

年份	2009—2010 年		2010—2011 年		2011—2012 年		2012—2013 年	
项目	效应值	占比(%)	效应值	占比(%)	效应值	占比(%)	效应值	占比(%)
实际贸易增长	148	100	−408	100	−9	100	−183	100
进口需求效应	633	428	−38	9	131	−1 462	203	−111
需求规模效应	6 753	4 570	5 878	−1 439	2 013	−22 495	6 545	−3 571
需求结构效应	−6 120	−4 141	−5 916	1 448	−1 882	21 034	−6 341	3 460
出口竞争力效应	−38 988	−26 386	−37 586	9 201	−13 231	147 859	−35 544	19 392
综合竞争力效应	44 282	29 969	4 864	−1 191	−1 364	15 240	559	−305
产品竞争力效应	−83 270	−56 354	−42 450	10 392	−11 868	132 619	−36 103	19 697
结构交叉效应	−9 536	−6 454	520	−127	−744	8 310	−3 117	1 701
净交叉效应	7 399	5 008	3 998	−979	510	−5 695	4 065	−2 218
动态交叉效应	−16 935	−11 461	−3 478	851	−1 253	14 005	−7 182	3 918

资料来源:日本统计局、上海统计局、中国统计年鉴。

1. 进口需求效应实证分析

进口需求效应反映的是假定出口国在所有目标市场中的出口份额不变,由于目标市场进口规模和进口结构变动导致的一国出口额的变化。通过截取2009—2010 年、2010—2011 年、2011—2012 年和 2012—2013 年四个时间段的数据进行分析(见图 11-14),我们发现进口需求的变化是引起上海信息产品出口额变动的最主要因素,而进口需求的变动则主要由进口规模的变动引起。美国市场 2010—2011 年的进口需求效应值为负,且数值绝对值较大,说明上海信息产品出口额的变化受美国市场进口规模和进口结构影响显著,且这种影响是负的。另外三个阶段的进口需求效应虽为正数,但数值并不大,影响较为稳定却不是很显著。同理可以分析日本市场和欧洲市场的情况。欧盟市场在 2009—2010 年的进口需求效应值为正,且数值较大,2011—2012 年效应值为负,数值亦非常大,变化幅度最为明显,2011—2012 年欧盟市场进口规模和进口结构对上海信息产品出口的负影响最大。日本市场的需求效应变动幅度没有欧美那么大,但仍旧变动明显,2012—2013 年负影响较大。综合分析原因,主要是由上海信息产品的出口量不大,国际市场的进口需求不大,在世界信息行业中市场占有率不高,不具备有利的市场地位,易受美国、欧盟、日本等他国市场进口需求规模

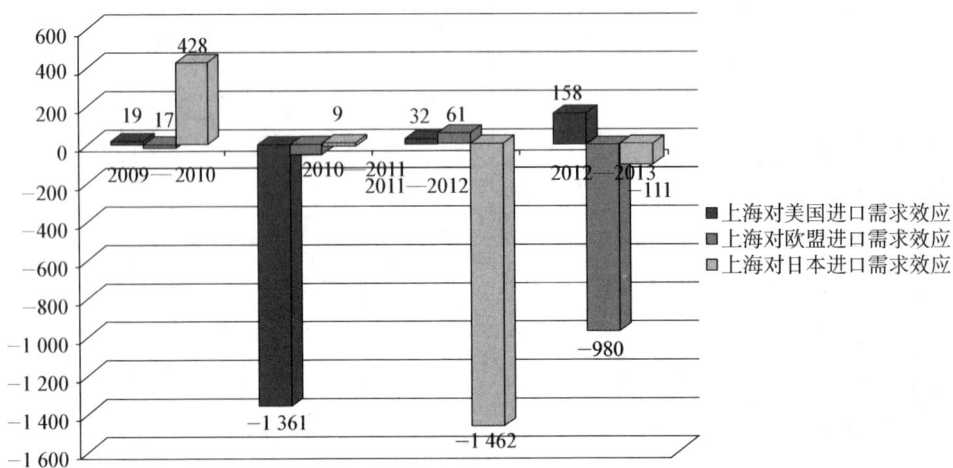

图 11-14　2009—2013 年上海出口美国、欧盟、日本信息产品的进口需求效应

资料来源:美国普查网、欧盟统计局、日本统计局、上海统计局、中国统计年鉴。

和需求结构影响。综上所述,上海信息产品出口受需求规模效应和需求结构效应影响显著,而且需求规模效应多为正,需求结构效应多为负。通过四个阶段的比较,进口需求效应呈上升趋势,而需求结构效应和需求规模效应波动较大,但是整体进口需求效应为正值。由此可知,上海信息产品对进口需求依存度较高,一旦进口需求有较大幅度下降,上海信息行业发展将受到严重威胁。

2. 出口竞争力效应实证分析

出口竞争力效应反映的是由于出口国竞争力的变动而导致的一国出口额的变化,它反映了一国能否在所有目标市场中的所有商品上保持其出口份额。如图 11-15 所示,上海信息产品在欧盟市场的出口竞争力效应和产品竞争力效应为负值,且数值绝对值都有增大的趋势,出口竞争力效应变化幅度尤其大,即信息产品在美国市场的占有率下降了。这种出口竞争力效应的下降主要源于综合竞争力效应的增加幅度远小于产品竞争力效应的下降幅度。2013 年,欧盟的总进口额为 3 772.5 亿美元,从上海进口 11.6 亿美元;2012 年,欧盟的总进口额为 3 766.2 亿美元,从上海进口 11.9 亿美元;2011 年,欧盟的总进口额为 3 759.9 亿美元,从上海进口 13.6 亿美元;2010 年,欧盟的总进口额为 3 956.4 亿美元.从上海进口 12.2 亿美元。欧盟的总进口减少了,从上海的总进口也减少了。但是前者下降的速度远小于后者下降的速度,最后导致上海在欧盟的市场份额下降显著。同理,可分析信息产品在美国和日本市场占有率下降的成因。通过截

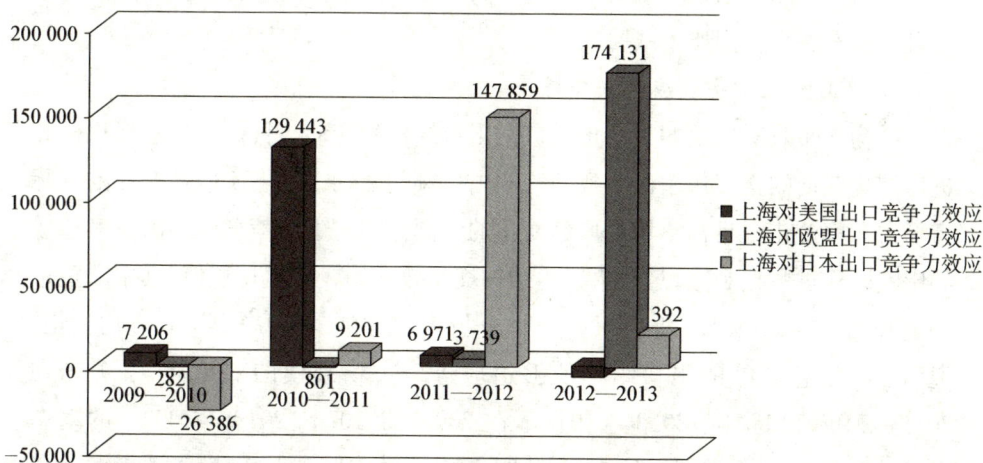

图 11-15 2009—2013 年上海出口美国、欧盟、日本信息产品的出口竞争力效应

资料来源:美国普查网、欧盟统计局、日本统计局、上海统计局、中国统计年鉴。

取 2009—2010 年、2010—2011 年、2011—2012 年和 2012—2013 年四个时间段的数据进行分析,我们发现出口竞争力的变化是引起上海信息产品出口额变动的最主要因素,而出口竞争力的变动则是主要由于综合竞争力和产品竞争力的变化引起的。美国市场 2010—2011 年、2011—2012 年、2012—2013 年这三阶段的出口竞争力效应为负的,说明上海信息出口额的变化受美国市场综合竞争力效应和产品竞争力效应影响显著,且这种影响是负的。而 2009—2010 年这阶段的出口竞争力效应为正,说明上海信息出口额的变化受美国市场综合竞争力效应和产品竞争力效应影响显著,且这种影响是正的。欧盟市场和日本市场2009—2010 年、2010—2011 年、2011—2012 年、2012—2013 年这四阶段的出口竞争力效应均为负,说明上海信息出口额的变化受美国市场综合竞争力效应和产品竞争力效应影响为负。欧洲市场四个阶段的变化幅度最为明显,效应值由−2 752 亿美元下降到−161 072 亿美元。综合分析原因,主要是由上海信息产品的技术含量不高,上海信息行业没有掌握世界信息产品的核心技术和重要专利技术,在世界信息行业中处于不利地位,出口竞争力不大,国际市场占有量下降,导致信息产品贸易出口额下降。综上所述,上海信息产品出口受综合竞争力效应和产品竞争力效应影响显著,并且是负的。对四个阶段进行比较,出口竞争力效应呈上升趋势,其中产品竞争力效应下降最为显著,综合竞争力效应得到一定的改善,但是改善的速度不及前者下降的幅度,所以整体为负值。由此我们得知上海信息产品对出口竞争力依存度过高,一旦竞争力有较大幅度下降,则整个信息行业发展将受到严重威胁。

3. 产品交叉结构效应实证分析

结构交叉效应反映的是由于出口国出口结构的变动与目标市场进口规模和进口结构变动的交互作用而导致的一国出口额的变动。即上海信息产品的国际市场占有率变化与目标市场进口额变化的共同作用对上海信息产品出口额造成的影响。通过数据观察,三大市场的结构交叉效应均较多出现正值,其中欧盟市场上升幅度较大(见图 11 - 16)。具体分析为:三大市场的净交叉效应均为正,说明上海信息产品的出口结构能够适应进口市场规模的变化;除了美国在2011—2012 年、2012—2013 年和日本在 2009—2010 年、2010—2011 年的动态交叉效应为负,其余阶段美国市场、欧盟市场、日本市场均为正值,说明上海信息

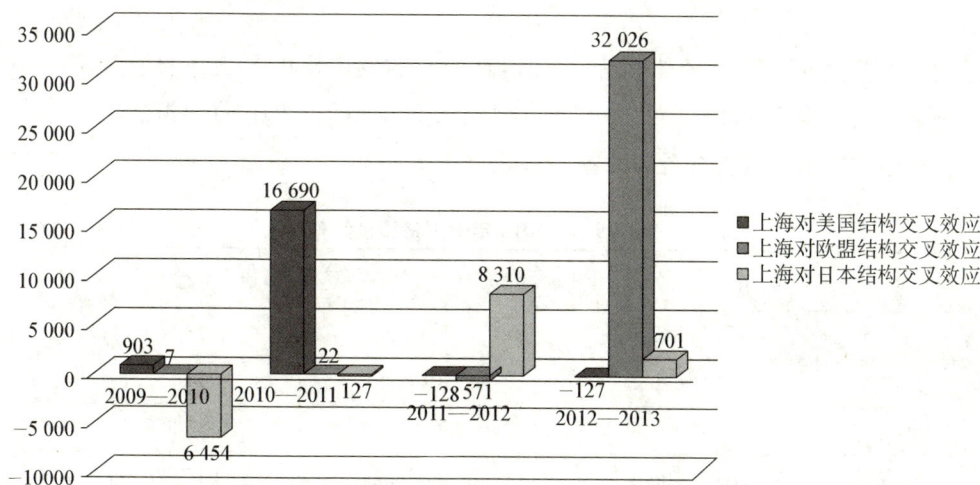

图 11 - 16 2009—2013 年上海出口美国、欧盟、日本信息产品的结构交叉效应

资料来源：美国普查网、欧盟统计局、日本统计局、上海统计局、中国统计年鉴。

产品对于欧盟市场、和日本市场进口需求增长较快的产品依旧具有较高的市场份额，美国则不然。综上所述，除了 2012—2013 年的欧洲市场，这种增量的结合对总增量的影响不明显，因此相对于进口需求效应而言，结构交叉效应的影响是相当微弱的。

4. 小结

本节通过建立 CMS 模型，选取 2010—2013 年的贸易数据分析上海信息产业贸易失衡的经济效应，得到结论：上海综合竞争力和产品竞争力变化导致出口竞争力效应变化和市场占有率变化，进而导致上海信息行业进口需求效应的变化，这是上海信息产业产品出口额变化的主要动因，结构交叉效应影响不大。自2008 年美国的次贷危机对全球经济造成冲击后，全球经济都在以不同的速度复苏，使得近年上海信息行业出口的进口需求效应、出口竞争力效应和结构交叉效应均出现不同程度的上升和波动，其中出口竞争力上升最明显，说明上海信息产业对上海信息产品的综合竞争力和产品竞争力依赖度很高，在贸易失衡下，上海信息行业的经济效应表现一般。

（三）上海信息产业贸易失衡的产业安全实证分析

1. 资本效率

通过比较 1999—2013 年中国货币供应量增长情况（见表 11 - 8），现阶段国

内市场资金处于相对宽裕状态,这为信息产业的发展提供了良好的金融环境。加之随着金融行业的国际化发展,以及大力发展中小企业的信贷政策的出台,信息产业的资本效率将会得到改善。

表 11 - 8　1999—2013 年中国货币供给情况 单位:亿元

指标	货币和准货币(M₂)供应量	货币(M₁)供应量	流通中现金(M₀)供应量
1999 年	119 897.9	45 837.3	13 455.5
2000 年	134 610.3	53 147.2	14 652.7
2001 年	158 301.9	59 871.59	15 688.8
2002 年	185 006.97	70 881.79	17 278.03
2003 年	221 222.8	84 118.57	19 745.9
2004 年	254 107	95 969.7	21 468.3
2005 年	298 755.7	107 278.8	24 031.7
2006 年	345 603.59	126 035.13	27 072.62
2007 年	403 442.21	152 560.08	30 375.23
2008 年	475 166.6	166 217.13	34 218.96
2009 年	606 225.01	220 001.51	38 245.97
2010 年	725 851.8	266 621.5	44 628.17
2011 年	851 590.9	289 847.7	50 748.46
2012 年	974 159.46	308 672.99	54 659.81
2013 年	1 106 524.98	337 291.05	58 574.44

数据来源:中国统计局。

综上所述,上海信息产业的资本效率指标评价结果为较差。

2. 资本成本

资本成本主要通过企业的商业贷款利率来反映,通过观察 1999—2012 年我国商业贷款利率的变动情况,我们发现有两个峰值,第一是在 2008 年,第二个小高峰则是在 2012 年(见图 11 - 17)。2008 年美国次贷危机爆发,我国政府为了刺激经济发展对贷款利率进行了调整,2012 年由于我国进行的金融改革强调利率市场化,我国银行贷款利率亦有所波动,其余各年总体是稳定在 4.5% ~

6.5%之间,这为我国以及上海信息产业提供了稳定的金融市场。随着我国金融业的开放程度和透明程度不断提高,上海信息产业的融资渠道将会得到拓宽,将会获得更多的产业发展基金,融资成本也会大大降低。因此,上海信息产业的资本成本指标评价结果为一般。

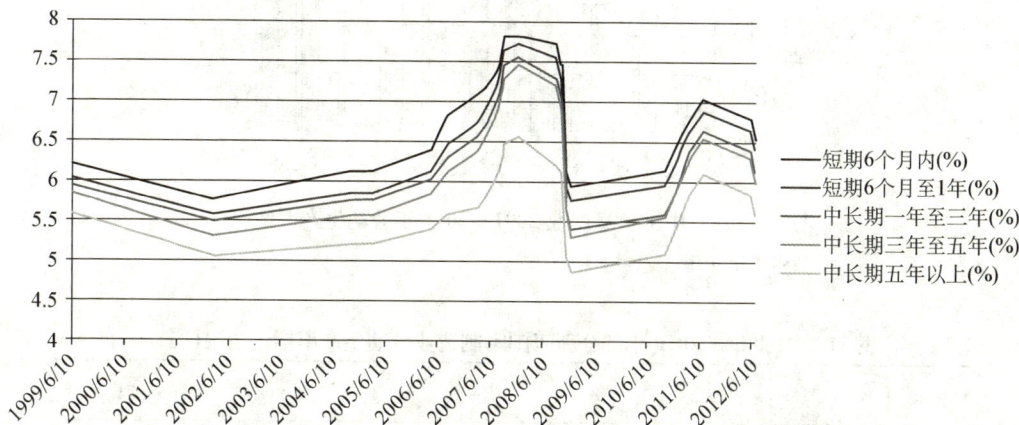

图 11‑17　1999—2012 年中国银行商业贷款利率情况

3. 劳动者素质

上海信息产业是我国信息产业发展的龙头,在体现我国信息产业发展水平上具有高度的典型性。由于上海信息产业劳动生产率情况较难调查,我们选用了中国信息产业劳动生产率数据,以此来反映上海信息产业的劳动生产率。图 11‑18 表明,2001—2011 年,我国信息产业的劳动生产率呈现波动上升趋势,且 2008 年开始上升速度显著增大。由此可推,上海信息产业的劳动生产率也存在这样的发展趋势。上海信息产业的迅猛发展一方面得益于上海市整体科学技术水平的提高和大量高素质人才的涌现,另一方面源于上海信息产业劳动生产率的大幅度提高。劳动生产率是指劳动者在一定时期内创造的劳动成果与其相适应的劳动消耗量的比值,近年来上海信息产业劳动生产率相较其他新兴国家有着显著提升,但是与发达国家比还有很大差距,究其原因是信息产品对设计制造的技术与专业知识要求较高,而上海的相关技术还欠成熟,在生产过程中创造的劳动成果和相应的劳动消耗不成正比,从而制约着上海信息产业劳动生产率的提高。

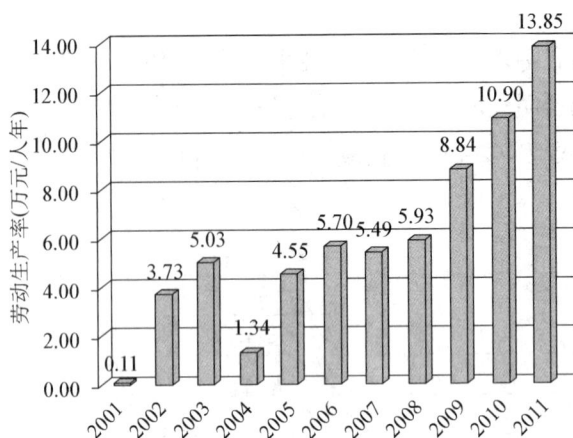

图 11－18　中国信息产业 2001—2011 年劳动生产率情况

资料来源：中国信息产业年鉴。

表 11－9　2005—2010 年部分新兴国家制造业劳动生产率增速情况(%)

国家	2005	2006	2007	2008	2009	2010
巴西	0.2	2.4	4.3	2.3	−1.7	4.7
中国	10.4	11.6	13.3	8.9	8.4	9.5
印度	6.6	7.6	7.2	3.4	6.0	6.5
马来西亚	5.0	3.1	3.9	3.5	−3.9	4.4
泰国	3.0	3.9	3.3	0.3	−4.0	5.9
越南	5.8	5.3	5.9	3.6	5.3	4.6

资料来源：根据 2010—2011 年中国工业发展报告整理。

4. 劳动力成本

上海信息产业在 20 世纪迅速崛起的一大原因就是凭借廉价的劳动力资源。但是随着我国经济的发展，用工成本也随之上升(见图 11－19)，相比一些亚非国家，我国的廉价劳动力资源优势在逐渐削弱，部分东南亚国家的用工成本非常低。这一方面可以体现上海市经济的发展，人民工资水平的提高，另一方面，纵观全球劳动力市场，上海的竞争优势在消退。加之上海信息产业劳动力资源在 2015—2020 年出现供应高峰后将会出现逆转，这将迫使上海信息产业必须改变现有依靠低价劳动力扩张的发展模式，迎来产业升级改良的大浪潮。

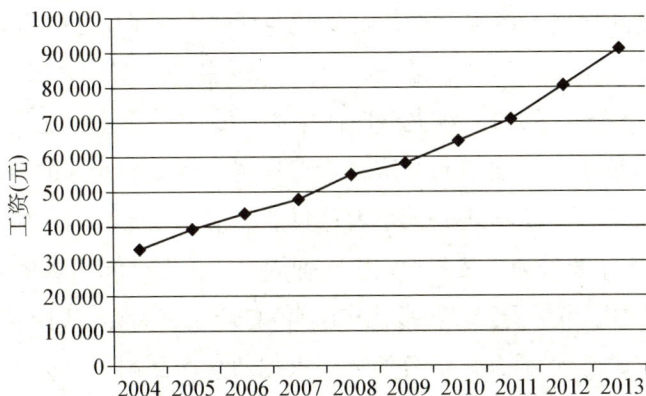

图 11-19　2004—2013 年上海信息产业人均工资情况

5. 境内市场需求增长率

如表 11-10 所示,上海信息产业销售收入下降明显,工业总产值和销售产值同比下降最高达到 12%,在国内销售比较稳定的情况下,这种下降的原因是:我国对主要信息产品无定价权,易受国际价格影响;涉及侵犯知识产权的问题,他国设置贸易壁垒限制我国信息产品出口。

表 11-10　上海信息产业 2013 年销售完成情况

项目/效益指标	工业总产值(亿元)			销售产值(亿元)			产销率	
	本年累计	同比(%)	增减(%)	本年累计	同比(%)	增减(%)	本年累计	增减(%)
笔记本电脑	11 277.67	110.56	−3.35	11 271.10	110.66	−3.42	100.06	−0.09
集成电路	2 583 940.63	122.24	−4.86	2 561 642.80	122.23	−4.49	100.87	0.01
液晶电视机	155.98	103.76	−12.87	158.85	104.44	−12.56	98.20	−0.64
等离子电视机	112.50	108.59	0.34	115.28	109.34	0.09	97.59	−0.68
电子元件	15 597 987.65	114.95	−10.59	15 292 501.48	114.38	−9.50	102.00	0.51

资料来源:上海统计年鉴。

251

　　随着上海市经济总体实力的上升,人民生活水平有了明显的提高,在信息产品上的消费支出也有了明显的增长。表 11－11 的数据显示,2011—2013 年上海城镇居民对信息产品的消费支出比往年增长 5.43%。农村居民对信息产品的消费支出增长尤甚,将近 14%,这在一定程度上得益于我国的新农村建设对农村经济的扶持和发展,同时说明上海信息产品市场充满活力。结合图 11－20 我们发现,上海信息产业主要规模以上企业内销比例在 2007—2009 年间下降了近 20%,由于国际市场受到经济危机影响,信息产品市场亦受到冲击,加之中国具有廉价丰富的劳动力资源,部分西方国家把信息产品制造市场转移到中国以转嫁危机,在中国境内生产后又进行出口,从而使这段时间增加了出口,使内销比例下降。2009—2013 年上海信息产品内销比例保持相对稳定,可见国际市场逐渐从经济危机中恢复,原先转移到中国的信息产品制造市场继续发展,同时可表明,上海信息产品在国际市场上已经占据了一席之地。综上所述,上海信息产业境内市场需求指标评价良好。

表 11－11　2011—2013 年上海城乡居民信息产品支出消费情况统计

年份	城镇居民（元）	占现金消费支出（%）	比上年增长（%）	农村居民（元）	占现金消费支出（%）	比上年增长（%）
2011	3 373.19	17.39	－4.85	879.57	9.81	－3.79
2012	3 498.65	16.67	－4.16	1 212.38	12.57	28.11
2013	4 076.46	17.57	5.43	1 459.45	14.29	13.69

资料来源:中国统计年鉴。

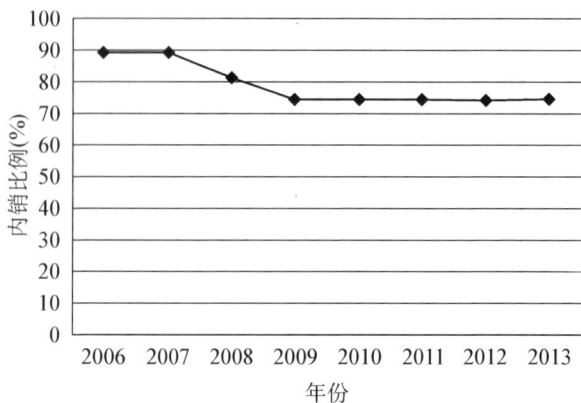

图 11－20　2006—2013 年信息产业主要行业规模以上企业内销比例变化情况

（四）结论

通过对三元边际模型和 CMS 模型两大数学模型的研究以及对上海信息产业安全状况的分析,我们发现上海信息产品以出口大量低价、低技术的信息产品来获得贸易顺差,相对的,进口少量、高价、高技术的信息产品来满足消费者的不同偏好。这种贸易失衡结构不利于信息产业的可持续发展,低价容易引发贸易摩擦;而大量出口低端产品,则易引起国内企业的恶性竞争,导致产能过剩,资源的严重浪费;缺乏过硬的核心技术和缺少自主研发及高品质的创新商品,致使上海在一定程度上只能成为高端生产的"生产工厂",占据全球价值链的低端。

虽然在近几年中上海信息产业发展迅速且不断取得突破性成果,但上海信息产业应不断提高自身综合竞争力,保障信息产业安全,在减少贸易摩擦的同时实现又快又好的发展。

四、国外针对信息产业贸易安全的措施

信息化是整个世界发展的必然趋势,任何国家都无法置身于这个潮流之外。面对全球信息化的迅猛发展,许多国家都从自身的实际情况出发,积极制定信息发展战略以及信息安全战略与措施。

（一）美国针对信息产业贸易安全的措施

美国是最早提出"信息保障"这一概念的国家,在信息保障的政策法律制定方面是起步最早、制定数目最多、法律体系最为完善的国家。

在信息安全法制方面,2009 年美国公布《网络空间政策评估:保障可信和强健的信息和通信基础设施》的报告,强调美国 21 世纪的经济繁荣将依赖于网络空间的安全,并介绍了信息安全相关法律和法规框架的制定情况。法律是行为的标准。在信息安全保障方面,《美国数据管理通告》为信息安全法的制定提供了依据和立法原则。原则包括适度性原则、系统分类、数据安全规划、信息安全责任具体原则。要求对不同的信息安全采取适度、有效的信息安全保障措施,且专人负责专项工作,出现问题后追究到具体人员,责任追究到个人。这些原则,

给美国信息安全提供了很好的依据，并指明了方向。

培养信息安全人才，为信息安全体系的构建与完善提供保障。信息化时代的信息安全需要有一支信息安全高端技术的人才队伍做支撑。根据美国的国家发展战略，美国政府、公司、学校已经制定并启动了一系列与信息安全人才培养有密切联系的项目（如大数据人才培养）。哥伦比亚、斯坦福、纽约大学、西北大学、乔治梅森大学、印第安纳大学、加州大学等学校，专门开设了研究大数据技术的课程，为信息安全建设提供人才支撑。一些美国公司也在向大学提供研究资助，并赞助与大数据有关的比赛，选拔大数据专业人才。例如，美国 IBM 公司在全球范围内与各大高校合作，开展对大数据人才的培养。

在信息安全技术方面，美国建设了信息保障的技术体系。其中主要有美国国防部制定的《国家国防信息安全纲要》和美国国家安全局推出的《信息安全技术构架》(IATF)。这两个政策性文件为确保美国政府和企业的数据与基本设施安全提供了有效的技术规范。从总体上讲，美国信息保障技术体系包括保密技术、信息数据确认技术、保密控防技术和保密防侵技术、洞悉计划技术、加密数据的编程计算技术、X - DATA 计划、信息安全(IA)审计管理系统等。在信息保护中综合运用各种技术，实现良好的信息安全保护，使得美国信息安全保护具有灵活性和层次性。

通过制定信息安全法律、培养信息安全人才、提供信息安全技术，美国逐步地、系统地、科学地实现信息安全。

（二）欧盟针对信息产业贸易安全的措施

欧盟自成立以来，以超国家的形态在欧洲大陆的各个领域发挥着举足轻重的作用。在信息安全保障方面，欧盟通过制定信息安全发展战略、建立信息安全机构、开展信息安全意识和信息安全文化教育等，有效地保证了整个欧盟国家的信息安全，以下是对欧盟在信息安全方面所做的一些措施的简要分析。

制定信息安全发展战略，为信息安全发展指明方向。在欧盟的《德洛尔白皮书》和《本杰曼报告》中提到要把发展信息技术提升到国家战略的高度并在欧盟各国广泛普及。2005 年，欧盟制定了建设欧盟信息社会 5 年战略计划。2009 年欧盟委员会公布了新的重大信息基础设施保护战略，以更好地应对网络攻击和

入侵。通过各种信息安全计划、战略的制定，欧盟将信息安全发展战略提升到超国家的高度。

建立健全信息安全机构，组织信息安全工作。早在2004年欧盟成立了欧洲信息安全局，欧洲信息安全局作为超越成员国和欧盟委员会之外的机构在开展信息安全工作方面发挥着巨大作用。除了欧洲信息安全局外，欧盟各成员国均建立了各具特色的信息安全管理相关机构。包括信息安全决策部门、公共网络与信息安全部门、信息安全联络机构、信息安全研究部门等。各个部门各司其职，相互协作联系。例如德国的信息安全联邦办公室和法国的中央信息系统安全司，它们担负的主要任务都是收集重要的信息安全问题，提供咨询服务，为信息安全领域的重要政策制定提供建议。

开展信息安全演习，提高信息安全意识。2010年欧盟的22个成员国以及冰岛、挪威、瑞士等非欧盟成员国进行了一场名为"欧洲2010网络"的模拟网络战。在欧洲信息安全局的统一组织下，演练持续了7个小时，130名网络安全专家分成3组进行了演练。此次参演虽然只包括政府等公共部门，但也在某种程度上为普通民众、企业敲响了警钟，进一步提高了公民、企业和公共部门的信息安全意识。这次演习有效地提高了各国应对网络黑客攻击的能力，提高了民众、企业、政府的信息安全意识。

重视信息安全文化建设，开展信息安全意识和信息安全文化教育。信息安全的实现不仅要在技术层面做好信息安全工作，更要在思想、教育、文化方面做好信息安全工作。信息安全不仅是技术层面的概念，更应当把它深化到全民文化认识中去，在全社会普及"信息安全文化"。欧盟理事会早在2003年通过了《关于建立欧洲网络信息安全文化的决议》，信息安全保护不仅是要我们保护好自己的信息，更要保护好他人的信息安全，不侵犯他人信息安全。

从制定信息安全战略、完善信息安全机构、举办信息安全演习，到加强信息安全文化建设，欧盟通过超国家形式的一系列措施，很好地建设了欧盟的信息安全体系，保障了欧盟的信息安全。

（三）日本针对信息产业贸易安全的措施

日本具有健全的信息安全产业组织，从中央到地方、从政府到民间已形成有

效整合的环形链接,其不断加强的信息安全技术体系也十分有效。我们将简要介绍日本在信息安全方面所做的一些措施和设定的战略目标。

在政府、国家层面,日本实行"保障型"信息安全战略,强调"信息安全保障是日本综合保障体系的核心"。以下是日本在具体实施"保障型"信息安全战略的一些基本措施。颁布新信息战略计划,将信息安全保障纳入正轨。成立信息安全组织机构,且于2003年成立日本信息安全监查协会。日本信息安全监查协会由担任经济产业省"信息安全监查制度"监查人的企业和团体为中心组成,负责支援运营信息安全监查制度。数据显示,现在日本信息安全监查协会已有77家会员企业和12个后援团体。在2005年日本还建立了监查人认证制度,作为日本信息安全监查协会的后援保障制度。建立官方信息安全分析机构,用于检测和分析计算机操作系统和软件是否有安全缺陷。从系统、软件上防御计算机病毒和降低对信息安全的危害,防止计算机病毒的攻击并阻止其危害的扩大。日本会在信息安全保障方面举行信息安全演习,提前为信息安全做好安全保障工作。日本与美国、东盟、欧盟等地区在信息安全方面有密切的合作。通过日美网络安全会议及日东盟信息安全政策会议的举行,日本与其他各国在信息安全方面交流经验,互助提升。

五、中国针对信息产业贸易安全保障的手段和建议

(一)国家针对信息安全的标准

信息安全标准是我国进行信息安全建设与发展的重要依据,是我国国家信息安全的重要工作。信息安全标准是信息安全保障体系建设的技术支撑,是维护国家利益和保障国家安全的一种重要工具。建立科学的国家信息安全标准体系,将众多的信息安全标准在此体系下协调一致,充分发挥信息安全标准系统的功能,以获得良好的系统效应,取得预期的社会效益和经济效益。

早在1997年,我国就成立了中国信息安全测评中心。该中心是我国专门从事信息技术安全测试和风险评估的权威职能机构,根据国家的信息安全标准,对国内信息系统的安全性、国内外信息技术产品的安全性进行测试、评估。是国家

信息安全保障体系中的重要基础设施之一，在国家专项投入的支持下，拥有国内一流的信息安全漏洞分析资源和测试评估技术装备；建有漏洞基础研究、应用软件安全、产品安全检测、系统隐患分析和测评装备研发等多个专业性技术实验室；具有专门面向党政机关、基础信息网络和重要信息系统开展风险评估的国家专控队伍。中心的主要职能包括：负责信息技术产品和系统的安全漏洞分析与信息通报；负责党政机关信息网络、重要信息系统的安全风险评估；开展信息技术产品、系统和工程建设的安全性测试与评估；开展信息安全服务和专业人员的能力评估与资质审核；从事信息安全测试评估的理论研究、技术研发、标准研制等。

（二）目前中国行业层面对信息安全保障的方法

2006 年年初，作为等级保护的先行者，中国长城资产管理公司开始落实信息安全等级保护的相关工作。在实施等级保护之前，长城资产管理公司采用了防火墙、防病毒、VPN、入侵检测等安全技术，制定了一系列安全管理的规章制度。

实行信息安全等级保护后，进一步评估信息安全风险、进一步明确安全规划的依据、进一步估算信息安全的投入产出、进一步整合安全技术和管理、进一步提升安全与业务的关联度。通过一系列的调整提升，我国广电行业制定了信息安全建设策略：站在战略高度考虑和决策；要建成完善的、有机的安全体系；要依据和参考国家权威的标准；充分吸收前人的经验；通过安全管理的过程逐步逼近理想的安全状态。在具体实施过程中，参照了中国中央办公厅、国务院办公厅关于转发《国家信息化领导小组关于加强信息安全保障工作的意见》的通知，公安部、国家保密局密码管理委员会办公室、国务院信息化工作办公室关于印发《关于信息安全等级保护工作的实施意见》的通知，按照等级保护的思路，制定了信息安全建设的整体规划和实施方案。并且于 2007 年 3 月 31 日，完成了运行管理与状态监控工作。

（三）目前中国政府层面信息安全保障的措施

我国政府对信息安全保护所采取的措施呈现出保密法律法规和保密管理规

章、纪律并重的特点。现在我国传统政府信息保护的主要是通过强化法律手段和完善规章制度(包括选好保密人员、加强保密教育;严肃保密纪律;强化重点领域的保密管理)。

法律保护方面,我国宪法、法律、行政法规、地方性法规中均有相关的信息保护法规。

1. 宪法对信息的保护

我国政府向来重视保密工作的法制建设,积极运用法律武器来查处泄密、窃密和失密行为。早在1951年,国务院就公布了《保守国家机密暂行条例》,1980年4月国务院重新公布了这一条例。1988年,我国制定了《中华人民共和国保守秘密法》。《中华人民共和国宪法》也规定:"保守国家机密,是每个公民应尽的义务。"根据我国的《保密法》和《保密法实施办法》的规定,泄露国家秘密是指违反保密法律、法规和规章的规定,使国家秘密被不应知悉者知悉的;或者使国家秘密超出了限定的接触范围,而不能证明未被不应知悉者知悉的。政府机关的行政管理者,不论职位高低,发现失密、泄密、被窃密的事件后,应该立即追查。根据《保密法》的规定,对泄密事件的查处,应根据泄密的性质不同分别查处。故意或过失泄露国家秘密,不够刑事处罚的,有关单位应当依照规定并根据具体情节,给予行政处分;为境外、国外的机构、组织、人员,窃取、刺探、收买、非法提供国家秘密的,应依法追究其刑事责任。在我国,对信息进行保护的思想在《宪法》中就有所体现。《宪法》第四十条规定,"中华人民共和国公民的通信自由和通信秘密受法律的保护。除因国家安全或者追查刑事犯罪的需要,由公安机关或者检察机关依照法律规定的程序对通信进行检查外,任何组织或者个人不得以任何理由侵犯公民的通信自由和通信秘密。"这两条规定为我国信息保护提供了宪法依据。

2. 法律对信息的保护

《中华人民共和国刑法》第二百五十三条规定:国家机关或者金融、电信、交通、教育、医疗等单位的工作人员,违反国家规定,将本单位在履行职责或者提供服务过程中获得的公民个人信息,出售或者非法提供给他人,情节严重的,处三年以下有期徒刑或者拘役,并处或者单处罚金。窃取或者以其他方法非法获取上述信息,情节严重的,依照前款的规定处罚。单位犯前两款罪的,对单位判处

罚金,并对其直接负责的主管人员和其他直接责任人员,依照各该款的规定处罚。

3. 行政法规对信息的保护

在我国,行政法规对信息的保护也起到了积极的作用。我国《政府信息公开条例》第十四条第四款规定:"行政机关不得公开涉及国家秘密、商业秘密、个人隐私的政府信息。但是,经权利人同意公开或者行政机关认为不公开可能对公共利益造成重大影响的涉及商业秘密、个人隐私的政府信息,可以予以公开。"《电信服务质量监督管理暂行办法》第二十五条规定:"电信管理机构工作人员对调查所得资料中涉及当事人隐私、商业秘密等事项有保密义务。"

4. 地方性法规对信息的保护

为了有效保护信息安全,不少地方性法规也纷纷出台。《广州市政府信息公开规定》在第十四条明确规定了不予公开的政府信息,具体包括个人隐私、商业秘密、国家秘密、除第十九条规定以外的在审议、讨论过程中的政府信息、法律、法规禁止公开的其他政府信息。

5. 规章制度方面

我国推行信息安全等级保护体制。2003 年,国务院国际信息化领导小组发布《国家信息化领导小组关于加强信息安全保障工作的意见》(中办发〔2003〕27号),明确指出实行信息安全等级保护,"要重点保护基础信息网络和关系国家安全、经济命脉、社会稳定等方面的重要信息系统,抓紧建立信息安全等级保护制度。"2006 年我国公安部出台了《信息安全等级保护管理办法(试行)》。在中央召开的信息安全工作会议上,把等级保护定义为国家信息安全的基本方略。有专家指出,当等级化实施的范围已经被明确后,它必须按照结构化原理被不断地细分。这时,整个安全问题已经被结构化为"保护对象框架"。保护对象框架可以看作是由一组"安全目标的需求"组成,通过将安全问题不断细分为保护对象,安全需求也就越明确、越详细。对保护对象框架中的每一项安全需求都设计或选择若干安全控制,这些安全控制的集合构成了"安全对策框架",保护对象框架和安全对策框架之间是映射关系,即每一个需求对应若干个控制,而每一个控制只对应一个需求。在设计安全体系时,要将等级化方法和安全体系方法有效结合,形成一套等级化的安全体系设计方法。

（四）中国可采取的保障信息产业贸易安全的建议

从国家层面上讲，应与国际接轨，多国合作。建议我国在信息保障政策法律的构建中，增强其科学性，提升法律地位，加强与国际信息保障政策法规的一致与接轨，提升信息保障法律的地位和完备性。加强我国信息安全风险管理，完善国家安全风险管理体系的重要环节，有利于我国信息安全管理水平与国际先进水平接轨。

对于企业来讲，建议提高企业的信息安全意识，提升企业自身的信息安全风险管理水平，增强企业抵御信息安全风险的能力。通过提高我国企业的风险识别能力，定期识别和发现企业系统新的威胁点和脆弱点，并对企业系统及时进行更新和风险控制，对企业的关键信息资产进行全面系统的保护，从而降低企业的安全风险，维持我国企业的竞争优势。提高我国企业对信息安全风险的管控能力，通过与风险识别、风险评估、等级保护、应急响应与灾难恢复等工作接续起来，使得我国企业的信息安全风险管理更加科学有效。

就民众而言，应尊重他人的信息，保护他人的信息安全。被美国情报机构前雇员斯诺登披露的美国"棱镜"，从全球通信系统和全球互联网等大数据载体中，挖掘、分析、窃取他国的情报和监视他们所谓的恐怖分子，非法监视其他国家民众的日常信息。这使得我们许多的信息失去了安全。美国"棱镜"让我们清楚地认识到保护自己个人信息的同时也要尊重他人的信息，保护他人的信息安全。

第十二章
中国跨境电子商务贸易安全与监管

　　跨境电子商务是指通过电子商务平台达成交易、实现交收、完成结算的分属不同关境交易主体所进行的商业活动。随着国际贸易的发展,跨境流通环节日益扁平化,跨境电子商务应运而生,主要以跨境 B2B 和跨境 B2C 为主(见图 12-1)。本章将就这个范围讨论跨境电子商务贸易的安全与监管问题。

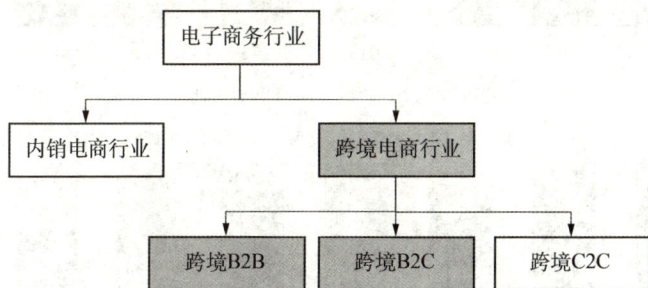

图 12-1　跨境电子商务行业定位与主要分类

一、中国跨境电子商务现状

(一)中国跨境电子商务概况

　　当前,我国电子商务正处于快速发展时期。2014 年我国电子商务市场规模达 12.6 万亿元,同比增长约 23%,维持较高的增速,预计 2016 年有望实现 18.2 万亿元的规模。伴随着电子商务的发展,国内网络零售业近年来增势显著,2014 年已达 2.79 万亿元规模,占社会零售总额比例超过 10%,未来有望进一步提升。

商务部 2014 年的数据显示,我国跨境电商平台企业超过 5 000 家,境内通过各类平台开展跨境电子商务的企业已超过 20 万家。艾瑞咨询的数据显示,2014 年我国跨境电商交易额达 4 万亿元,同比增长 30.6%,占进出口总额的 14.8%,增速远超同期外贸增速(见图 11-2)。

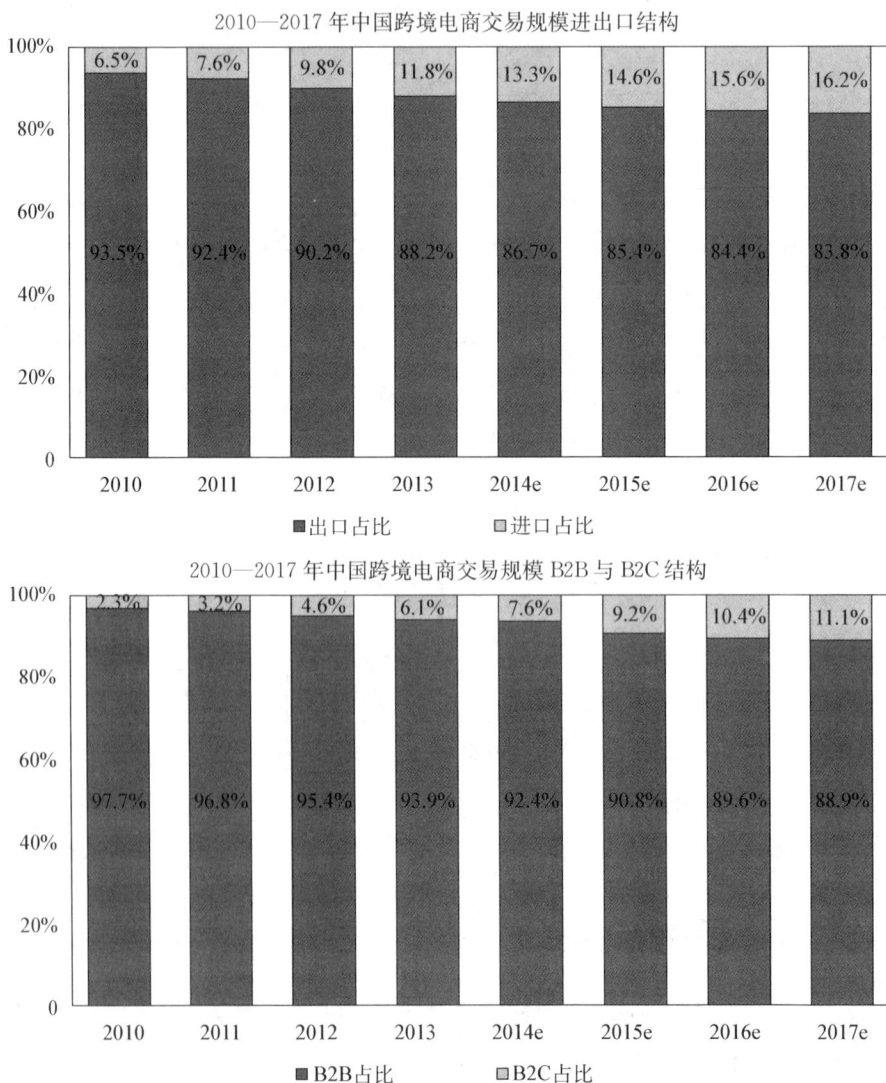

2010—2017 年中国跨境电商交易规模进出口结构

2010—2017 年中国跨境电商交易规模 B2B 与 B2C 结构

图 12-2 我国跨境电子商务交易规模

数据来源:艾瑞咨询 2014 年中国跨境电商行业研究报告。

我国跨境电商市场结构相对集中，以出口及 B2B 交易为主。2014 年出口业务占比为 86.7%，自 2011 年以来年均下降约 2%。进口业务逐年增长，预计至 2017 年可超过 16%。2014 年 B2B 占比为 92.4%，B2C 仅 7.6%。由于 B2B 交易量较大、订单较为稳定，预计未来跨境电商交易仍将以 B2B 为主。随着市场需求细化和业态发展深化，B2C 有望保持快速增长，艾瑞咨询预计 2017 年跨境电商领域 B2C 占比有望达到 11.1%。

（二）中国跨境电子商务分类

根据通关方向，跨境电商可分为跨境出口电商和跨境进口电商，而根据客户类型，跨境电商可分为 B2B 和 B2C。综合上述情况主要分为以下四类：

1. 跨境电商 B2B 出口

正常的规模化出口方式下，仍然按货物方式进行一般贸易出口，这本质上仍属于传统贸易，运作成熟并且流程规范；在碎片化方式出口的情况下，按快件及邮件方式出境，很难拿到海关正式报关单，在通关安检、结汇及退税方面存在问题。

2. 跨境电商 B2B 进口

从跨境电商 B2B 方面看，跨境电商 B2B 进口与跨境电商 B2B 出口整体情况基本一致。在规模化方式进口的情况下，按货物方式进行的一般贸易进口本质上仍属于传统贸易，流程规范，运作相对也较成熟；在碎片化方式进口的情况下，按快件及邮件方式入境，很难拿到海关正式报关单，在通关安检、结汇及退税方面也存在问题。

3. 跨境电商 B2C 出口

由于主要面对海外消费者，订单额较小，频率高，一般采用快件和邮寄的方式出境，暂时未纳入海关货物监管中，在通关商检、结汇及退税方面存在问题。

4. 跨境电商 B2C 进口

快件及邮件方式入境，主要是国内消费者购买的日常消费用品，用作个人自用，不纳入海关统计。由于国内消费者对海外商品需求旺盛，出现了"水客"、非法代购等问题，且目前按现行货物或物品方式监管可操作性较差，海关等部门也逐渐在规范和健全这部分商品的监管。

（三）中国跨境电子商务发展的政策

近年来国家各项政策密集出台,涉及海关、检疫、税收、支付及综合试验等各个领域(见表 12-1),跨境电子商务经营环境得到规范和完善,行业有望获得快速发展。

表 12-1 我国跨境电子商务领域的重要政策

发布日期	重要政策
2012 年底	国家发改委正式批复了海关总署推荐的五城市(上海、重庆、杭州、宁波、郑州)跨境电商试点
2013 年 2 月	外汇管理局公布《支付机构跨境电子商务外汇支付业务试点指导意见》,支持跨境电子商务发展
2013 年 4 月	发改委发布《关于进一步促进电子商务健康快速发展有关工作的通知》,多项条款支持跨境电商发展
2013 年 8 月	国务院发布《实施支持跨境电子商务零售出口的通知》,提出 6 项具体措施解决在海关、检验检疫、税务和收付汇等方面存在的问题
2014 年 2 月	海关总署增列"跨境电子商务"海关监管方式代码"9610",新海关监管方式为电商企业提高通关效率、降低通关成本创造了有利条件
2014 年 7 月	海关总署发布《关于跨境贸易电子商务进出境货物、物品有关监管事宜的公告》("56 号文件")
2014 年 8 月	海关总署发布第 57 号文件,增列海关监管方式代码"1210",全称"保税跨境贸易电子商务"
2015 年 3 月	国务院印发《关于同意设立中国(杭州)跨境电子商务综合试验区的批复》

发改委和海关总署牵头启动的国家跨境电子商务服务试点工作,目前已有上海、重庆、杭州、宁波、郑州、广州等 14 座城市获得跨境电商试点服务资格。跨境电商试点工作的稳步推进,将为行业进一步发展提供鲜活经验。国务院和商务部于 2013 年 8 月推出外贸国六条,这是商务部首次正式表明对跨境电子商务予以政策支持。由此,第三方跨境电商平台以及广大利用平台发展的出口企业将获得扶持,众多小微企业在关税、物流、支付外汇等领域将得到支持。

此外,海关监管方式代码"9610"、"1210"已确立,将跨境电商纳入合法框架。

无论从政策优惠还是完善管理方面,这一举措都将有力促进跨境电商发展。"9610"适用于境内个人或电子商务企业通过电子商务交易平台实现交易,并采用"清单核放、汇总申报"模式办理通关手续的电子商务零售进出口商品。"1210"适用于将保税跨境电商,保税模式将极大幅度降低进口电商的物流成本。

2015 年 3 月,国务院批准杭州建立中国跨境电子商务综合试验区,标志着我国跨境电商综合试点开始。随着综合试验不断推进,将为我国跨境电子商务的发展提供可复制的、可推广的成熟经验,行业有望迎来快速发展机遇。

二、中国跨境电子商务的试点情况分析

(一)主要试点城市模式与平台比较

跨境电商进出口试点口岸有上海、宁波、杭州、重庆、郑州、广州、深圳,其中前五个城市为第一批试点城市。目前 6 个主要试点城市开展跨境电商模式的情况如表 12-2 所示。

表 12-2　主要试点城市跨境电商模式比较

代表城市	直购进口	保税进口	一般出口	保税出口	开放程度
重庆	√	√	√	√	高
广州	√	√	√	√	高
上海	√	√	√		较高
宁波		√			较高
杭州	√	√			较高
郑州		√		√	高

跨境电商出口试点口岸有:苏州、青岛、长沙、平潭、银川、牡丹江、哈尔滨、西安。

在跨境电商平台方面,目前的各类电子商务平台按功能可以分为政府中介服务平台和直销平台。其中政府中介服务平台的作用是与海关、商检等系统对接,为国内跨境消费者提供实名身份备案、税单查询、商品防伪溯源查询,为商家

提供入驻备案等跨境网购服务,但并不参与实际的订单完成和支付。由于消费者是经过实名认证的,因此可以统计确认消费者在各电商网站购买的商品符合海关规定的个人物品合理自用数量及金额。目前,一些试点城市已成立了专门的政府中介服务平台,如宁波的"跨境购"、杭州的"跨境一步达"和重庆的"重庆跨境贸易电子商务公共服务平台"。

同时,各试点城市也如雨后春笋般催生出了各自的"海淘正规军"的直销电商平台,经营完税后的 B2C 保税进口和直邮业务。如宁波保税区网上商城、跨境淘、万国优品等,这些平台除成熟电商阿里巴巴旗下"天猫国际"外,其他大多在近一年内上线,有的为民营商家,也有的为国资背景。

第一批试点城市目前已上线运行的主要跨境电子商务平台如表 12-3 所示。

表 12-3　第一批试点城市上线平台

	政府中介服务平台	主要直销平台或商户	直销平台商品种类
上海	跨境通(2013 年 12 月)	大昌优品、现代百货、新海淘等商户	服装服饰、婴幼儿用品、3C 电子产品、化妆品、箱包,定位主要在中高端商品
宁波	跨境购(2014 年 3 月)	宁波保税区网上商城、跨境淘、又一猫等 19 个电商平台	母婴用品、食品、家居用品等大众消费品
杭州	跨境一步达(2014 年 5 月)	天猫国际平台	母婴用品、食品保健、美妆个人护理、服饰鞋包,部分为奢侈品
郑州	暂无	万国优品平台	母婴用品、食品保健、彩妆、服装、鞋帽配饰、箱包手袋
重庆	重庆跨境贸易电子商务公共服务平台(2014 年 6 月)	跨境宝平台、爱购保税平台	食品、家具日用、美容护肤、母婴用品、数码家电、海外奢侈品服饰鞋帽等

值得注意的是,"跨境通"电子商务平台看似一个直销电商平台,分门别类展示着各种商品,但该平台是一个政府中介服务平台,只负责将消费者引入入驻商

家网站,而不涉及实际支付、物流配送等环节。

(二) 上海"跨境通"电子商务平台试点

2013 年底上海自贸区跨境电子商务试点平台正式启动。位于上海自贸区(浦东机场综合保税区)内约 5 000 平方米的跨境电子商务物流中心也已投入运行,其规划面积约 15 万平方米。试点平台是面向跨境电子商务企业的开放性平台,包含了导购门户网站(跨境通,http://www. kuajingtong. com)、报关报检、跨境外汇支付等系统,目前均已完成建设。"跨境通"依托上海自贸区的跨境电子商务物流中心和已完成建设的报关报检、跨境外汇支付系统,旨在实施跨境贸易电子商务服务试点,为国内消费者提供一条阳光、便利、快捷的跨境网购新渠道。

"跨境通"背后是上海自贸区的独特优势,上海海关、上海检验检疫局、上海外汇管理局都进行了监管模式创新,赋予了"跨境通"制度优势,对消费者来说就是五个方面:正品保障、价格实惠、税费透明、物流便捷和售后有保障。

更重要的是,"跨境通"是一个开放的平台。该公司与 20 多家电商谈"直邮中国"模式,还与包括亿贝、亚马逊在内的 30 多家电商进行深入洽谈。与处于灰色地带的"海外代购"不同,"跨境通"是由上海地方政府主导、企业化运行的公共交易平台,具备了价格实惠、税费透明、正品和售后保障、物流便捷等多重优势,比较好地解决了"海外代购"中普遍存在的物流周期长、产品质量无法保障等问题。

"跨境通"的优势主要有[①]:

(1) 服务前置。针对跨境电子商务的流动性、便捷性和分散性特点,采用"清单核放、定期申报、提前备案"的出口贸易管理模式,实现分类通关、快速验放,并通过与国税、外汇部门的电子数据联网,为企业办理退税、结汇,解决了跨境电子商务碎片化贸易方式的出口退税问题,扶持了中小微电商企业的发展。

(2) 一体化流程。以"跨境通"为载体建立透明跨境直购渠道,同时建立保税区仓储区域,节省了国际邮件运输成本并加快了购物交付时间。

---

① 上海社会科学院经济研究所课题组:《中国跨境电子商务发展及政府监管问题研究》,《上海经济研究》2014 第 9 期,第 3 - 18 页。

由于海关增设了商品备案环节,消费者下单后,海关将之前申报的信息与订单信息、支付信息、物流信息进行自动比对,核对无误就可完成征税、放行等步骤。海关在区内设点监管,出区物品可直接在仓库完成海关查验放行。

(3)协同监管。建立与电子商务相适应的网络化管理模式。通过企业备案和商品备案认证企业资质,对商品范围进行限定,由企业控制监管风险。通过电商、物流、支付企业与海关、国税、外汇等口岸管理部门的系统对接,实现信息及时共享,监管前推后移。通过无纸化申报和随附单据电子化,对交易、支付、物流和申报数据的交叉核对,降低企业通关成本,提升监管效率和严密性。

在商品种类上,上海"跨境通"主要是轻奢侈品、食品等。截至2014年3月底,在上海自贸区保税进口模式下累计成交订单26766笔,订单商品主要为星冰乐、奶粉等进口食品。

(三)宁波"跨境购"平台

相比上海"跨境通"平台,宁波跨境贸易平台"跨境购"更趋向大众消费品。

2012年2月,国家发改委、海关总署等八部委联合发布《关于促进电子商务健康快速发展有关工作的通知》,通知指出"组织利用各示范城市的地方电子口岸平台资源,推动地方电子口岸开展跨境贸易电子商务服务"。

2012年6月,宁波国际物流发展股份有限公司申报的《宁波跨境贸易电子商务综合服务平台》成功纳入国家电子商务示范城市电子商务试点专项的中央政策性试点范围。宁波跨境贸易电子商务服务试点项目旨在规范电商企业的收付汇,解决出口电商无法退税的问题,有效地打破境外贸易壁垒,更准确地反映贸易情况。建立跨境贸易电子商务进口的透明化、阳光化、规范化通道,满足境内消费者对境外进口商品的民生需求,避免进口跨境贸易电子商务存在的各种监管风险,促进跨境贸易电子商务的健康快速发展。宁波跨境贸易电子商务服务平台是跨境试点项目的主要建设任务之一,平台整合商贸基础信息资源,规范电子商务数据标准,搭建数据中心,实现数据共享,提供电子商务通关、物流、数据交换、外贸协同、商务信息、商务信用等综合服务,并为国内跨境消费者提供实名身份备案、年消费额度控制、税单查询、商品防伪溯源查询等服务,为其提供一条阳光、便利、放心的跨境网购新渠道。

宁波"跨境购"平台的定位是搭建一套可以与海关、国检等执法部门对接的跨境贸易电子商务服务信息平台,实现 B2C 跨境贸易通关便利化,同时寻找合适的贸易商、品牌商、电商企业(包括平台式或自主销售式)、通关服务企业、仓储企业、物流企业,共同营造良好的跨境贸易电子商务生态圈。

宁波"跨境购"的服务特点如下:

(1) 针对进口电商企业物流成本较高、非正规通关存在法律风险等问题,该平台为进口电商企业缩短通关时间、降低物流成本、提升利润空间、解决灰色通关问题,为其打造一条透明、阳光、便捷的跨境通道。

(2) 针对"海淘"商品品质难保证、难以处理退换货、商品配送周期长等购买风险,平台应用防伪溯源加签和查询,确保商品品质,让消费者买到纯正进口商品。对商品进行集中采购,保税存储,消费者下订单后,可短时间配送到达,并解决退换货问题。让"海淘族"花钱更少、收货更快、品质更有保证、服务更加贴心。

(3) 针对传统外贸企业面对的外需下滑、国际订单量减少、制造成本一路走高等诸多企业困惑,平台将出口电商渠道与传统外贸及制造企业对接,提供营销、物流、通关、金融相结合的一体化服务,协助企业把国内商品以自己的品牌直接卖给境外终端消费者,显著提高售价,有效提升中国制造的利润。

(4) 针对出口电商企业面临的无法正常收结汇、无法申请退税、运作模式存在政策风险、企业无法做大做强等现状,平台为出口电商企业提供通关、物流全程服务,将订单信息、支付信息、物流信息三维合一,形成通关数据,进行集中申报,解决收结汇和退税的难题。

表 12 - 4　宁波"跨境购"的平台优势

序号	优　势
1	商品预检验,样品先行送检,货物到达口岸后,3～5 天可以进入保税区上架销售,大大缩短了通关时间。
2	商品批量运输,降低物流成本,从而降低商品售价,让利消费者。
3	商品在保税区内保税存储(不需缴纳进口环节税款),减少电商资金压力。
4	保税区备货销售,消费者下单后,商品直接从保税区发出,全国大部分城市 1～2 天到货,缩短运输周期,提升消费者体验。

（续表）

序号	优　　势
5	商品在保税区备货充足,可以及时响应客户的退换货需求,提供便捷的退换货通道,辅助电商完善售后服务体系,提升电商的售后保障水平。
6	国家监管部门出具官方溯源认证,确保商品来源和商品品质。
7	货物按照个人进口物品方式申报出区,只征收进口物品税,消费者享受 50 元免税额,税款由电商代收代缴,提供电子税单查询。
8	配套提供一站式仓储、物流、清关标准化服务,帮助电商快速享受优惠政策,解除后顾之忧。

（四）郑州"万国优品"平台

2014 年 5 月,国家发改委从包括郑州市在内的全国 23 个电子商务示范城市中,原则上按东、西、南、北、中的地理布局,选择 5 个城市开展试点。郑州是全国唯一一家综合性跨境贸易电子商务试点城市。在交易服务方面,河南保税物流中心为 eBay、阿里巴巴等大型企业的电子商务需求做好服务,引入支付宝、贝宝、银联等第三方支付平台交易体系。

2014 年 1 月 18 日,跨境贸易电商平台"万国优品"测试上线,落户郑州航空港区,该平台将为国内消费者网购进口商品提供一个合法、保真、低价、快捷的渠道,也将为海外商家提供中国海关总署特批的 E 贸易跨境零售通关渠道。河南省工业和信息化厅相关负责人认为,"万国优品"的上线,将使国际批量进出口货物通过航空物流向郑州集聚中转,从而提升郑州航空港的国际中转物流配送能力,助推郑州航空港的跨境航空物流发展。

万国优品是在海关监管下运营的合法跨境电商平台,致力打造中国第一跨境零售电商平台。万国优品平台上的商家和商品均在海关进行备案,消费者可以放心在万国优品购买原装进口商品。万国优品在美国、英国、荷兰等地设立境外仓,在境内设立保税仓,通过国际物流进行仓对仓的国际运输将境外商品运至境内,每个订单商品经海关查验放行后派送至消费者手中,从而保障消费者保真、低价、快捷、合法的购买境外原装进口商品。

万国优品对入驻商家和商品进行严格把关,引进境外优质品牌、商家,集聚

百余国家万种优质商品,为消费者提供进口母婴用品、营养保健、家居电器、食品饮料、个护彩妆、服饰鞋帽、运动户外、奢侈品等品类商品,实现境内消费者无需出境即可直接购买保真、低价、快捷、合法的原装进口商品,其主要优势如表12-5所示。

表12-5　万国优品的服务优势

优势	具　体
保真购物	可以购买到在海关备案的原装进口商品
低价购物	可以直接从境外商家购买原装进口商品
快捷购物	可以利用仓对仓国际物流以及快速通关的优势
合法购物	可以享受国家最新跨境零售政策

万国优品在物流上的一大特点是走国家跨境电商试点渠道,主要使用集货清关和备货清关的模式(见表12-6)。

表12-6　万国优品的清关方式

集货清关	商家将多个已售出商品统一打包,通过国际物流运至万国优品保税仓库,万国优品为每件商品办理海关通关手续,经海关查验放行后,由万国优品派送至消费者手中,该模式为集货清关。
备货清关	商家将境外商品批量备货至海关监管下的万国优品保税仓库,消费者下单后,万国优品根据订单为每件商品办理海关通关手续,经海关查验放行后,由万国优品派送至消费者手中,该模式为备货清关。

(五) 杭州"跨境一步达"平台

"跨境一步达"是浙江电子口岸规划建设的杭州市跨境贸易电子商务服务试点一站式平台,面向跨境贸易电子商务企业(包括进口和出口)、物流企业、支付企业和国内消费者,提供第三方多元化信息服务。

杭州作为"电子商务之都"于2012年8月正式获批成为跨境贸易电子商务服务首批试点城市。2013年7月8日,杭州跨境贸易电子商务出口业务启动。2014年5月7日,杭州跨境贸易电子商务进口业务启动。"跨境一步达"(www.kjeport.com)是跨境电子商务通关服务平台的门户,旨在通过专业化的电商出

口业务服务、电商进口业务服务、消费者海淘服务,为跨境电子商务企业及国内消费者提供便捷的通关、退税、结汇、身份认证、查询等服务。

杭州"跨境一步达"对电商和消费者的主要服务业务如表 12-7、表 12-8 所示。

表 12-7　电商进口业务服务

服务类型	具体信息
跨境园区通关物流服务	跨境仓储系统及跨境电子商务通关服务平台和海关特殊监管区域辅助系统无缝对接,实现出入库操作数据化申报,信息化监管,实际库存与海关账册同步比对,仓储操作物动账动。
跨境一站式推广服务	集聚跨境优质商家资源,面向海量海淘消费者,通过跨境一步达网站、微信、线上线下会员活动、跨境高峰论坛等多种渠道,开展商家宣传与推广。
跨境代运营服务	通过线上代运营、品牌推广、关键词优化等服务,让产品推广及市场运作更接地气。帮助跨境电商企业由单纯的"卖货阶段"进化为"品牌建设阶段",节约人力与营销成本。全流程代办服务为跨境电商提供政策咨询、方案设计、服务商推荐、相关口岸监管部门行政审批等全流程代办服务。

表 12-8　消费者海淘服务

服务类型	具体信息
产品认证	在进口报关、检验检疫、网上销售环节上,经过全程的阳光监管通道,依法入境销售,品质得以保证。
精选商品	精选并优先推荐保税区发货、价格更具竞争力的海淘热销商品。
状态跟踪	实时掌握包裹运输状态,海关清关、国内发货收货状态轻松查。
税单查询	在线查询并打印海淘税单及个人物品申报单。
产地追溯	准确追溯商品起运地、发运地,验明货物来路。

2015 年 3 月国务院发布了《国务院关于同意设立中国(杭州)跨境电子商务综合试验区的批复》。按照《批复》,作为试验区,杭州要着力在跨境电子商务交易、支付、物流、通关、退税、结汇等环节的技术标准、业务流程、监管模式和信息化建设等方面先行先试,通过制度创新、管理创新、服务创新和协同发展,破解跨境电子商务发展中的深层次矛盾和体制性难题,打造跨境电子商务完整的产业

链和生态链,逐步形成一套适应和引领全球跨境电子商务发展的管理制度和规则,为推动全国跨境电子商务健康发展提供可复制、可推广的经验。

作为全国电子商务中心,杭州计划经过 3~5 年的改革试验,把跨境电子商务综合试验区建设成以"线上集成＋跨境贸易＋综合服务"为主要特征的全国跨境电子商务创业创新中心、服务中心和大数据中心,通过建立符合现代国际贸易通行规则的新型自由贸易园区,推进跨境电商贸易的便利化。

(六)重庆"爱购保税"平台

由于海关总署的重庆试点方案中包括跨境电子商务的"一般进口"、"保税进口"、"一般出口"和"保税出口"四种业务模式,因此重庆也是全国唯一具有全业务的试点城市。

2014 年 6 月 4 日,重庆市首个跨境电商交易平台"爱购保税"正式运行。"爱购保税"由重庆保税港区进出口商品贸易有限公司全权负责规划运行实施,是由重庆两路寸滩保税港区出资建设的跨境电子商务网站,是重庆保税港区唯一的线上商贸品牌,也是重庆市政府认可的跨境电商试点单位。

"爱购保税"不是单一的购物网站,依托保税港区现有仓储物流资源和保税政策,提供包含通关、仓储、分拣、包装等在内的全产业链服务。采用"统一仓储、统一报关、统一物流"的垂直物流体系。由于所售商品均为海外直采的进口商品,采用与海关对接的辅助平台统一报关。可采用以下三种支付方式:

(1)网银支付。网银支付是银联最为成熟和安全的在线支付功能之一,也是网民在线支付的首选方式。

(2)身份认证。根据《海关法》及海关总署 2010 年第 43 号公告要求,海关监管进境个人邮递物品主要有两个判定的基本原则。一是自用合理原则。二是限定价值原则。通关时应主动向海关出示护照或身份证件。通过"爱购保税"购买物品,海关总署对于个人行邮物品有规定,需要对个人身份证进行验证,以判定个人是否符合以上两项规则。

(3)易极付支付。易极付是一个独立的第三方支付平台,取意于"易支付,极安全",致力于提供"极易、极便捷"的互联网电子商务在线支付方案。

三、中国跨境电子商务的发展趋势

(一) 跨境电子商务产品丰富度大大增加,对外商的吸引程度提高

跨境电子商务网站的兴起,带动了进出口产品品种的多元化。除婚纱、美容、计算机和手机配件、电子产品、服装等传统强项外,玩具、母婴、安全监控、照相器材、家具花园和汽车配件等冷门领域持续翻倍增长。与此同时,有越来越多种类的中国制造产品通过外贸电子商务平台走向全球市场,这些变化趋势表明外贸电商有条件在更大范围内支持中国产品的海外销售。

新兴市场对中国商品的采购需求非常强烈,其中俄罗斯、巴西、印度、荷兰、阿根廷、智利、墨西哥、哥伦比亚等新兴市场通过网络渠道与我国企业开展外贸活动的意愿非常明显。

(二) 外贸零售市场为新兴的增量市场,外贸 B2C 模式正在迅速兴起

随着国际贸易形式的变化,整个外贸流通领域的发展趋势将不断缩短。在这个趋势中,传统外贸渠道将不断衰减,外贸零售市场将快速崛起,并逐渐成为一个新兴的增量市场。

近几年来,外贸 B2C 作为一种新的外贸模式迅速兴起。外贸 B2C 将传统外贸产业链中的六方缩短为三方乃至两方,即工厂或商户直达国外零售商再到消费者,或者直接到达消费者。中国制造的优势加上环节的减少,国内的供应商赚取了更高的利润,国外零售商和消费者享受到更廉价的商品。

四、跨境电子商务贸易安全与监管的主要问题

(一) 涉及的监管领域与主要分析

1. 跨境电商的通关物流方式

在跨境电子商务经营中,B2B 模式大多采用与传统贸易相同的通关物流方式;B2C 模式多以个人行邮为主要的通关物流方式,并由此衍生出小额 B2B 的

灰色和违法货物入境模式,对海关的传统监管方式提出挑战。

2. 跨境电商的支付方式

B2B模式大多采用与传统贸易相同的线下传统结算方式,包括银行转账、汇款、信用证等,近年来有应用线上的大额第三方支付模式。B2C模式采取网络结算方式,包括第三方支付、信用卡支付、银行转账、汇款等多种支付方式。上述多种支付方式对外汇管理部门监管提出更高要求。

3. 跨境电商的检验检疫、结汇与退税情况

B2B模式由于在跨境电子商务的经营者身份备案、贸易真实性确认、支付和结算、通关、检验检疫等方面与传统贸易的方式一样,所以检验检疫、结汇和退税遵照传统国际贸易方式进行。

然而B2C模式由于是以在线零售订单和第三方支付等方式确认交易合同的真实性,主要通过个人行邮、商业快件等非货物贸易方式通关和运输,同时跨境电子商务双方交易者很大概率不进行进出口经营者备案,因此检验检疫部门也无法给出和传统贸易方式同样的检验检疫报告,海关也无法出具相应的商业贸易通关单,由此导致B2C的出口企业无法进行正常结汇和退税,并且商品质量和后续服务难以保证。

根据跨境电商在物流、支付、检验方面的主要特征,政府部门的监管安全问题中主要涉及的问题如图12-3所示。

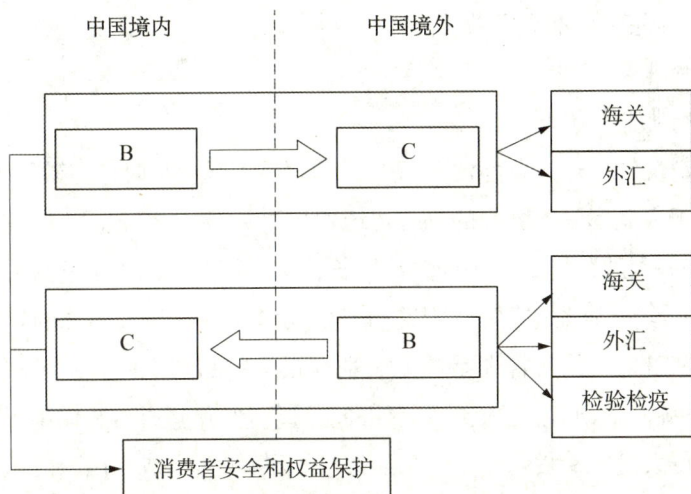

图12-3 政府部门监管主要涉及的安全问题

（二）海关

1. 监管现状

海关对于进出口实物主要按贸易属性区分"货物"和"物品"，并对于这两种适用不同的监管方式。

表 12 - 9 "货物"与"物品"的监管方式比较

监管对象	适用对象	监管方式	通关难度
货物	B2B	按一般贸易方式监管，"一关三检"，根据不同货物征收关税、增值税、消费税，商品需申请商品检验、动植物检疫和卫生检疫	严格
物品	B2C	按行邮方式监管，原则上要求主动申报，按章缴纳"行邮税"，监管尺度上控制在"自用"和"合理数量"	较宽松

小批量 B2B 同 B2C 的边界模糊化，给监管带来一定难度。行邮的监管方式尺度较松，"灰色清关"难禁。特别是海外 B 端到国内 C 端的电子商务交易，由于商品价差较大，如果这些物品从境外带入境内，不是为了个人使用，而是用于转售，就应当按照一般贸易的方式报关，否则就可能会构成走私。因人力、物力、效率等因素，实际操作中无法对每个邮包进行拆包查验，并判断货值、商品种类是否符合监管要求，而且还要断定是否是个人使用。那么其中必然滋生不符合行邮条件的商品利用漏洞而蒙混过关。

2. 主要问题

第一，行邮监管力度不足。

"行邮清关"同"传统贸易清关"在税负上有较大差别，而且在缴税概率上"行邮清关"有很大概率是不缴税的，而"传统贸易清关"是必须缴税。

近年来我国的跨境邮递快件总数增长较快，近 10 年的进出境快件总数年均增长约为 10%，而海关监管能力跟不上业务增长的速度，大部分的行邮监管工作还处于手工操作，同时管理系统无法全程跟踪物品的走向。由于缺乏科技手段和信息系统的辅助，监管人员只能凭经验进行判断与分析，造成难以有效地进行监管，使得大量贸易货物按个人物品按行邮税计税，造成了国家的税款流失。

第二,违法渠道依然存在。

对于奢侈品和化妆品的商品来说,即使通过"行邮清关"方式进入境内,税率仍然较高,时间无法控制。而通过"传统贸易清关",虽然物流成本可控,但货物进口的关税、增值税、消费税(如有)成本仍然较高,某些商品还需要品牌商授权才能入关。因此仍有进口的买家会选择走私这种违法方式入关,通常以这种方式进入中国境内的商品,一般被称为"水货"。

这种方式尽管运费价格便宜,无需清关缴税,而且可以进行大批量货物的交易,但这种做法明显违法,个别情况下货物会被查处和查没。并且该方式本身就是一种非法行为,不受法律保护,所以货物的安全是无法保证的。

3. 对策建议

(1) 以试点城市"阳光化"经验为基础,鼓励保税进口模式,降低商品物流成本。

海关总署 2014 年发布了第 56 号文《关于跨境贸易电子商务进出境货物、物品有关监管事宜的公告》,提供了一种较为合适跨境电商交易的解决方案。海关专门为跨境电商开辟了"阳光化"的通关方式。

电子商务企业或个人通过经海关认可并且与海关联网的电子商务交易平台实现跨境交易进出境货物、物品,并接受海关监管,而其他货物、物品,海关仍按照原有方式(比如一般贸易、邮件、快件等)办理通关手续。跨境电商进口商品都通过海关监管系统备案。这些商品应当由买方自用,而不是转售。如果买方转售这些商品,通过与海关监管系统备案过的商品核对,市场监管机关很容易发现买方的转售行为,从而做出处罚。

将灰色和违法通道"阳光化"的本质是在相关政府部门可管可控的基础上,以满足民众消费需求和体验度为前提,将灰色和违法通道纳入到法定的监管方式之下,解决原来税收流失的问题。在对外贸易方面则是通过将原来无法享受出口补贴的 B2C 销售纳入出口补贴范畴,鼓励出口贸易。

传统灰色和违法渠道存在管理不善、商品假冒、物流时间长、退货难等诸多缺点(见表 12-10)。而"阳光化"通关方式应满足民众对进口商品的消费需求和相比原渠道更加改善消费者的体验,如能在综合成本上进一步降低,则将从"差价"上直接打击传统灰色和违法渠道。

表 12-10　通关方式优缺点比较

通关方式	优点	缺点
阳光化	● 中文网站、支持人民币、多种支付方式，可辐射更多潜在客户； ● 可建立售后制度，退换货成为可能； ● 保税模式下，货物直接从保税区快递给客户，物流体验度好； ● 运营成熟后，可大规模采用物流成本更低的海运。采用商家备案制度，有望保证正品销售	● 碍于国家政策，可选择商品相对较少； ● 行邮税按章征收，价格相比灰色模式高； ● 个人在额度和数量上有一定限制； ● 商家对于渠道的管理可能导致价格高于海外同类型网站
灰色或违法通道	● 大概率逃税，成本有一定优势； ● 商品种类多，更新速度快； ● 规模化公司具备压缩物流成本的能力	● 渠道混乱，难以保障正品销售； ● 存在被监管风险； ● 退货难度大； ● 物流时间长

　　海关 56 号文与自贸区、保税区结合起来则形成新型的物流仓储模式——保税进口模式，节省通关、物流的时间和成本。跨境电商企业可以在试点地区的保税区通过海运方式备货，根据顾客的订单，再通过当地的海关跨境贸易电商系统快速通关。

　　从上面的介绍可以看出，通过多方合作是有可能提高跨境电子商务的效率。由政府做好第三方物流的全局规划和部署，通过和具有规模效应、服务专业、信息化程度高的大型物流企业合作，由它们为跨境电子商务提供快捷、安全的物流服务。这样既能提高配送效率，又降低了物流成本，还为当地的消费者提供了更好的消费体验。

　　（2）建立跨境电子商务的专项管理办法，加强信息化监管力量。

　　政府有关部门可有针对性地完善相应的法律法规，统一跨境电子商务的行邮通关流程，加强征税监管力度。主要有以下手段：

　　第一，针对跨境电子商务中呈现出邮包零散化、批量大、种类多的特点，应当对各类进出境物品的自用合理数量和相应的完税价格表等方面进行精细化界定。

　　第二，运用企业信用分类评级制度，建立风险管理信息化系统。针对在跨境

电子商务平台上进行经营的主体建立跨境电商的信用分类评级制度,设立数据评价指标对跨境电商经营主体进行科学评价分类,并纳入目前的通关管理系统进行联合管理。

根据专项管理办法和企业的评价信息,打造信息化监管系统,增强海关自身的监管力量。目前跨境电商主要通过行邮方式通关,大部分行邮执法工作仍用手工操作方式进行。因此,在行邮物品监管上引入信息化监管模式,开发相应的电子通关系统和辅助决策系统,可以为建立风险管理机制提供信息支持,可以为高评级企业提供通关便利,又可以减轻一线监管的工作压力,整体提升监管和通关的效率。

(三) 外汇

1. 监管现状

B2B 模式多采取线下传统结算方式,包括邮政汇款、银行转账、信用证等,近两年也开始探索线上的大额第三方支付模式。而 B2C 模式采取的网络结算方式包括第三方支付、信用卡支付、邮政汇款、银行转账等多种支付方式。毫无疑问,第三方支付机构在跨境电子商务中发挥着重要的作用。

2013 年 9 月底首批获得国家外汇局颁发的跨境支付业务试点牌照的 17 家机构为:汇付天下、通联、银联电子支付、东方电子支付、快钱、盛付通、环迅支付、富友支付、财付通、易极付、钱宝科技、支付宝、贝付科技、通融通、钱袋网、银盈通、爱农驿站科技服务有限公司。2014 年 4 月,北京有五家第三方支付机构获得跨境外汇支付牌照。

跨境电商的外汇监管现状如下:

(1) 传统结算方式适用企业分类管理。企业分为 A、B、C 三类。其中:

A 类企业外汇收支的合规性最好,此类企业进口付汇单证简化,可凭进口报关单、合同或发票等任何一种能够证明交易真实性的单证在银行直接办理收付汇业务。

B、C 类企业在贸易外汇收支单证审核、业务类型、结算方式等方面实施严格监管,B 类企业贸易外汇收支由银行实施电子数据核查,C 类企业贸易外汇收支须经外汇局逐笔登记后办理。

（2）跨境电子商务中境内电商的结算方法。境内电商与中国银行信用卡公司合作，由银行收单后结汇；境内电商通过境内外币账户收款并向银行提交报关单等，银行根据相关凭证结汇；境内电商在境外收款，由境内符合试点要求的第三方支付机构到外汇备付金银行进行批量代理结汇；境内电商在境外收款，并通过灰色渠道将外汇转换为人民币。

2. 主要问题

（1）资金沉淀风险。从支付过程中资金流动的方向来看，支付资金会存留于第三方支付机构一定时间，变成沉淀资金，有可能导致资金风险；如果第三方支付机构的未来业务规模扩张快速，存在引发系统性支付风险的可能。

（2）交易真实性风险。在跨境电子商务中，第三方支付机构很容易成为跨境电子商务的收付款方，境内和境外的交易双方没有直接交易资金，因此会导致这部分国际收支统计申报信息失真。跨境电子商务交易的特点为高频、小额，逐笔结汇会导致结汇工作繁琐，但通过第三方支付平台代理结汇，则难以确认每一笔资金的来源、流向以及流动原因，存在无法保证交易真实性和洗钱等风险。

根据《关于开展支付机构跨境电子商务外汇支付业务试点的通知》规定，跨境电子商务应由支付机构负责按照交易性质，审核客户每笔交易的真实性。但支付机构工作人员的业务经验、政策水平和法律意识很难保证履行交易真实性的审核责任，短时间内可能无法达到监管层的期望水平。

（3）业务操作风险。根据《关于开展支付机构跨境电子商务外汇支付业务试点的通知》规定，支付机构开展跨境电子商务必须有一套详细可行的业务运营方案，包括资金汇兑和支付整个环节、客户实名制管理、交易真实性审核、国际收支统计申报、数据采集报送、备付金账户管理、业务风险控制等内容。但上述工作的实施复杂、繁琐，对工作人员的素质要求较高，跨境支付机构内部达到合规性要求前还存在较长的磨合期，存在一定程度的业务操作漏洞的风险。

3. 对策建议

（1）有序开放跨境支付机构的业务范围。对于第三方跨境支付机构，可先开放境内再开放境外，控制货物贸易和服务贸易跨境外汇收支范围，防止资金通过电子支付渠道非法跨境转移流动。进一步完善跨境电子商务及支付结算外汇管理办法，在《非金融机构支付服务管理办法》的基础上研究制定第三方支付机

构在跨境支付方面的管理办法,对跨境电商主体资格、跨境贸易支付结算、交易数据管理、外汇收支统计等做出统一明确的管理规定。

(2) 制定跨境支付的管理办法和单证标准。明确结汇必需的有效电子单证、办理结汇的金融机构及第三方支付机构必须核查的相关单证。基于现有的外汇相关法规,结合跨境电子商务特点并结汇业务流程,制定并实施跨境电子商务结汇管理办法及跨境电子商务结汇相关电子单证标准。

(3) 认真执行支付机构跨境支付结算的市场准入和监管。有必要对跨境支付业务的准入制定详细的考核办法。可以参照商业银行办理结售汇业务的准入标准,针对第三方支付机构建立合理规范的跨境支付业务准入机制,加强第三方支付机构的内部管理能力审核,防范可能发生的风险。

(四) 消费者安全和权益保护

1. 监管现状

目前跨境电子商务在国际上缺乏统一的信用评判标准。交易安全的保障基本就决定了消费者对跨境电子商务的信任程度和消费意愿。当前跨境电子商务平台的类型主要有四种[①],分别是:

传统的大宗跨境交易平台。为境内外会员商户提供网络营销平台,传递供应商或采购商等合作伙伴的商品或服务信息,并最终帮助双方完成交易;收取会员费和营销推广费。

门户型 B2B 综合平台。独立第三方销售平台,不参与物流、支付等交易环节;收取会员费、广告费等增值服务费。

专业第三方服务平台。不参与任何电子商务的买卖过程,而是为行业不同、模式各异的从事小额跨境电子商务的公司提供通用的解决方案,帮助客户提供后台的支付、物流、服务、顾问等模块服务。

垂直跨境小额平台。批发零售平台,同时自建 B2C 平台(含物流、支付、客服体系),将产品销往海外;销售收入构成主要收入来源。

尽管跨境电子商务带来了巨大的便利性和低廉的成本,但跨境电子商务的

---

① 黄怡园、王浩:《中国跨境电子商务市场的路径探索》,《新西部》(中旬刊)2013 年第 11 期,第 68、76 页。

制度并不完全规范,主要缺失的方面有:

我国第三方跨境支付缺少统一的管理制度,欠缺监管力度。

各个国家和地区的币值及汇率不同,交易全由第三方支付完成,交易双方不了解对方的信息。同时,资金通过网络流动迅速,容易成为非法资金流动的通道。

因为国内第三方支付平台较多,银行和第三方支付平台存在跨境消费漏洞,某些商户和个人通过信用体系不完善的漏洞,实施销售假冒伪劣产品,甚至欺诈等违法行为。

由于跨境支付的交易为国际贸易,存在许多交易安全方面的问题,其中最典型的包括消费者的信用和支付安全问题。资料显示,约有 1 亿境内在线消费者曾经受虚假信息侵害,被骗金额高达 150 亿元。[①]

另外,跨境电子商务中还存在市场秩序问题,主要是由于信用体系不完善、市场秩序混乱。目前我国跨境电子商务在交易双方的信用信息获取方面存在如下问题:

(1)商户身份资质由跨境电商交易平台验证,对交易平台来说是增加成本的业务流程,其信息来源缺乏可靠性。

(2)买方注册不受限,只需电子邮箱。

(3)商品种类繁多,商品发布标准不统一,跨境电商交易平台审核的工作量大,消费者难以获取准确信息,商品质量无法进行事前监管,只能在事后处理。

目前,与跨境电商交易相适应的相关法规、标准和信用体系建设不够完善,亟待建立完善、有效的信用监管制度和监管体系。

2. 主要问题

(1)信用和争端解决问题。在跨境电子商务中,由于语言和文化的差异使得信息不对称的程度严重,再加上对国外电子商务企业的信任程度低,信息不对称成为交易的巨大障碍。因此,建立一个能够对买卖双方进行身份认证、资质审

---

① 刘洋、熊超、许昊等:《跨境电子商务的安全问题和监管建议》,《电子商务》2014 年第 11 期,第 79 - 82 页。

查、信用评价的信用体系就成为跨境电子商务的当务之急。另外，跨境电子商务涉及两个或多个国家的交易主体，一旦发生争端，适用哪国法律，该如何解决也是跨境电子商务不容回避的问题。

（2）支付安全问题。传统外贸的支付过程成熟规范，具备健全的争端处理机制，而跨境电子商务支付处于起步阶段，面临着较高的支付风险，例如支付系统的稳定性、网络安全、电子货币的发行和使用、法律监管以及争端解决等问题。

3. 对策建议

政府应加强与其他各国政府部门间的国际合作，探索全球跨境电子商务监管合作的新对策，建立各国间有关全球电子商务信用体系、争端解决、税收优惠、关税优惠、数据安全和计算机犯罪等方面的谈判和协调机制，更好地为各国跨境电子商务的发展服务。

（1）信用评判标准和信用体系的信息化。主要以信用信息和产品信息建立一个信息化信用体系，包含以下两个方面内容：

第一，建立跨境电商第三方信用体系平台。统一建立包括交易双方的身份、资质、企业经营状况、个人信用状况、交易双向评价等在内的动态信息，完善跨境电商的交易信用信息，同时与跨境电商平台、第三方支付机构等相关方实现数据共享。

第二，建立跨境商品信息备案和质量监控平台。跨境电子商务的特点是交易数额小，交易频次高，急切需要开展跨境商品信息的备案和质量监管工作。首先应制定跨境电商交易商品、品牌、适用生产标准国别、原产地、检验报告披露等基本信息备案管理标准及办法，再应用上述标准和办法开发跨境商品备案和追溯管理平台，使交易信息、交易凭证、商品信息——对应，并与交易平台、物流公司、第三方支付机构数据联网，保证商品信息的准确性和公正性，从而使跨境交易商品的质量能够得到保证。

（2）支付安全。针对跨境电子商务的支付安全，主要从技术和监管方面着手。

从产业政策上鼓励加强信息安全技术的研发和应用，应用先进的加密技术、密钥管理技术和数字签名技术保证支付系统的稳定性，积极防范支付机构事故，规避技术问题给跨境电子商务支付带来的风险。

在监管政策方面,扶持第三方支付机构开展跨境支付业务,扩大本国的第三方支付机构在跨境支付中的市场份额,同时强化对跨境支付机构在客户备付金、业务流程合规和系统安全等重点领域的监管。

（3）建立跨境电商争端解决和管理平台。首先需要政府相关部门与境外合作的政府部门制定跨境电商纠纷解决的标准和管理办法,然后在此基础上建立跨境电商争端处理和管理平台,面向跨境电子商务的交易双方开放,为交易者提供咨询、调解、仲裁等服务;国内平台运营成熟后,与其他国家的跨境电商争端处理和管理服务机构开展合作,建立国际权益保障和协调机制,为跨境电子商务交易保驾护航。

（五）检验检疫

1. 监管现状和主要问题

检验检疫与海关方面的灰色通道问题类似,跨境电子商务交易的商品具有来源地广泛、批次多、批量小、单件金额低等特点,需要法定检验的商品如果以行邮清关的方式通关,受限于当前的检验检疫查验模式、水平和关检协作机制,则存在检验检疫无法覆盖的风险。

以进境婴幼儿奶粉为例①,跨境电商打破了传统的出口商、进口商、代理商、消费者的贸易链条,实现了从海外供货商直接面对国内终端消费者的交易模式,直接突破了检验检疫部门原来的监管。在跨境电商直面消费者的"行邮通关"物流模式下,检验检疫机构对网购进口婴幼儿奶粉的质量和风险从可控转向了失控。奶粉仅是跨境电商涉及的一个产品类别,其他涉及安全、卫生、环保、健康的商品同样会失去检验检疫机构的质量和安全检验。

另一方面,跨境电子商务交易对检验检疫工作形成的冲击还会威胁中国的生态环境。一些动物、植物以及各种新奇物种等不断通过行邮途径"瞒报"进入中国境内,威胁中国生态安全和农林业生产安全。

2. 对策建议

（1）制定报检的专项管理办法和单证标准。基于现有的检验检疫相关法

---

① 白桦、潘吉红、李赫:《跨境电子商务如何监管》,《中国国门时报》2014 年 6 月 17 日,第 002 版:1-2。

规,结合跨境电子商务特点及商检业务流程,制定并实施跨境电子商务检验检疫管理办法,并同时制定跨境电子商务的报检单、商检证明等单证标准。

(2)实行集中报检、集中审核的模式。针对跨境电子商务商品来源地广泛、批次多、批量小、单件金额低等特点,对某一批商品实行集中报检、集中审核的报检模式,把检验检疫监管的重点转移到可能危及环保、卫生、安全和健康的高风险产品上,防止有毒有害物质、危险性病虫害、疫病疫情随跨境电子商务的产品进入中国国境。

(3)内外部协同监管。检验检疫机构要在自身内部打破传统的商品检验、动植物检疫、卫生检疫职能条块,实现整体联动和共同监管,更要通过与海关、商务、外汇管理、税务等部门的通力协作,提升跨境电子商务的检验检疫覆盖率和贸易便利化水平。

(六)各相关部门的协同监管模式

在协作监管方面有必要建立各政府相关部门的多方协同监管模式。跨境电子商务的商品和支付的监管部门主要涉及中国人民银行、国家外汇管理局、海关总署、税务总局、检验检疫等部门。如果各监管部门都以方便自身管理为出发点来实施监管,则难以形成统一协调、相互配合、运转顺畅的高效监管体系。

1. 建立公共信息平台

实现协同监管首先应加强各个管理单位的联系,建立合作共赢的管理机制。基于跨境电子商务的现状和特征,协同监管的前提就是建立以交易平台为基础的公共信息平台,从物流、资金流、信息流三方面实现对跨境电商的综合监管,达到各监管部门和各参与主体的信息实时共享的目的,提高各相关部门的监管效率和监管质量。

2. 全国复制试点经验,打造全国性的跨境电子商务信息平台

在目前政府试点建设的跨境商务平台的基础上,总结试点的经验复制到全国,推出全国性的公共信息平台,一方面可以推动跨境电商市场的全面阳光化,将通关、征税、报检、外汇结算在一个平台上实现,方便各部门监管,同时又为跨境电商产业链企业开放了一个透明、高效的平台,起到资源和信息汇集的作用(见图12-4)。

另一方面,通过该平台,监管机构可以与跨境电子商务平台、物流企业和支付机构实现合作,由平台和企业进行前端审核,实现信息互通,最终实现统一申报基础信息,分别申报各部门监管信息。这样,相关部门通过该平台在执法和监管过程中即可实现部门间的信息共享,加强对异常交易的监测和审核。

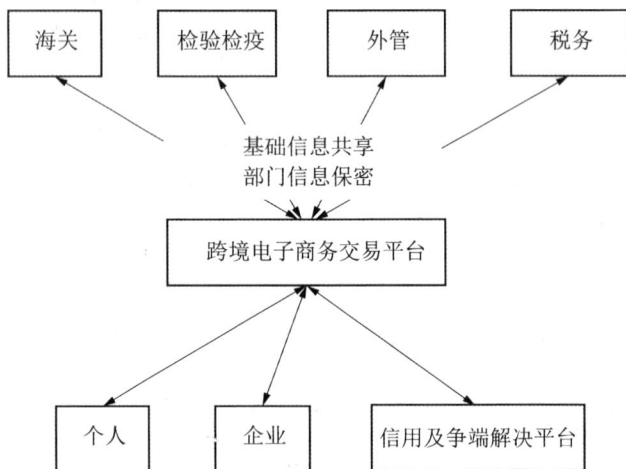

图 12‑4 跨境电子商务公告信息平台试点建议

第十三章
服务业全面开放条件下的中国贸易安全与监管

当前,我国已经成为世界公认的贸易大国,是近十年内由发展中国家通过国际贸易方式强国富民的最佳案例。但是,国内外贸易环境正在经历深刻变化,贸易发展方式日新月异,维持世界贸易第一大国地位,保障我国贸易安全任务艰巨。随着国际分工体系从产品间分工向产品内分工转化,贸易模式由传统贸易模式向以价值链为纽带的贸易模式转化,服务业成为这种转化过程中最为关键的内容。要在竞争激烈的贸易格局中占据有利地位,扩大服务业开放已经成为必然趋势。鉴于服务业的特征,使得如何在其开放过程中维护贸易安全并实施有效监管成为一大挑战。一方面,既要引进服务业以促进贸易模式的升级,最大限度实现我国贸易利益的最大化,另一方面,又要利用制度创新应对可能出现的潜在风险,防止对市场秩序造成负面冲击。在全面扩大服务业开放的形势下,贸易安全与监管将成为我国必须认真研究的热点问题。

一、服务业全面开放条件下贸易安全的特点与变化

(一) 服务业全面开放的必要性

在全球化经济发展的新阶段,我国贸易环境出现了新的动态和变化,服务业全面开放成为趋势。可以从国内环境及国际环境两个角度来分析这种必要性。

从国内环境来看,我国处在工业经济向服务经济转型的关键时期。制造业

一直是我国贸易出口的重点,但是近几年制造业在吸引外资方面出现了新变化——中国外资流入由制造业为主转变为以服务业为主。这种现象至少具有三个层次的涵义:第一,由于我国国内市场饱和度日益提高,加上投资政策导向有所变化,以及原先具有比较优势的要素成本发生变化,造成了制造业吸引外资的能力下降;第二,伴随着外资领域的投资方向变化,我国产业结构面临调整,制造业增长将受到抑制,很可能冲击全球制造业中心的地位,直接导致贸易出口额下滑,对经济增长产生负面影响;第三,目前的国际投资大多是制造业和服务业合并投资,一个国家如果只开放制造业而不开放服务业,外国投资将无法进行。服务业整合制造业的趋势已经出现,制造业的能级提升已经与服务业的水平高低密切相关。从服务业来看,相比制造业而言,由于其开放程度低,国际化发展水平整体处于比较劣势。一方面是与发达国家的先进服务业尚未形成分工合作的关系,各个服务领域的服务外包业务没有全面开展;另一方面,是服务业本身技术能力和知识水平还存在不足,例如金融、保险等服务业处于起步阶段,还需要一段时间的成长才能向国际水平看齐。无论是制造业转型升级,还是服务业加快发展,推进服务业对外开放倒逼国内相关行业发展,基本已经成为社会各界的共识。

从国外环境来看,在发达国家内部政策方面,发达国家相继推行量化宽松政策和"再工业化"战略,吸引实体经济回归,并积极发展新能源、新材料等新兴产业,力图通过货币政策干预以及制造业能级提升两个方面来增强本国产品的国际市场竞争力,扩大贸易出口额,将原先布局于发展中国家的产品制造环节经过升级换代重新实现本土化生产。在贸易战略方面,美国先后推动 TPP、TTIP 及 TISA 等高标准区域性贸易投资协定谈判,以自身为核心聚集盟友加强贸易伙伴关系。这种贸易战略的制定,一方面是适应国际贸易发展的趋势,将服务业开放作为谈判的重点,重构全球贸易市场版图,增加本国服务贸易出口量;另一方面,也是通过高标准贸易规则,对发展中国家在国际贸易活动中崛起的态势进行约束,重夺其全球贸易掌控权和话语权。无论从国内环境还是国际环境来看,扩大服务业对外开放势在必行,将对我国国际贸易产生巨大影响。

（二）服务业全面开放条件下贸易安全的特点与变化

服务业开放成为国际贸易发展的关键环节,这为贸易安全的内涵注入了新特点和新变化。

第一,外扩性。在服务业开放背景下,贸易安全的外扩性特点可以归纳为以下两个层次:第一个层次是贸易安全的范围随着对外投资力度的加大而向外延伸。当前,全球贸易以投资为主要方式深入展开,贸易与投资的整合力度在加强,两者的关系更加紧密,两者的规则体系也趋于一致。对我国来说,加强对外投资,获取更多生产资源和要素,成为贸易安全的重要内容。贸易安全的领域将随着中国资本走出国门而外扩至世界各地。当前我国对外投资的规模较之发达国家还有很大差距,企业在国际市场的开拓能力还比较弱,这些都成为贸易安全所要关注的重点方面。第二个层次是贸易安全直接深入到自由贸易协定的谈判上。由于多哈回合持续陷入僵局,以服务业开放为核心的区域经济一体化正在兴起,主要是以美国等发达国家倡导的高标准、跨区域的自由贸易协定谈判(TPP、TTIP、TISA 等)为主体。这些谈判已经成为各国在全球贸易格局中维护自身贸易安全的重要平台。中国参与谈判的过程也是为本国贸易安全创造有利条件,贸易安全相关领域也因此外扩至整个自由贸易协定覆盖范畴。

第二,内延性。贸易安全的内延性特点表现在贸易规则开始渗透到国内政策层面,包括透明度、劳工环境标准、竞争中立原则、知识产权和争端解决机制等,有些甚至直接关系到政府让渡部分管理权限。例如,在劳工保护方面,美国2012BIT 模板要求提高缔约各方的劳工保护义务,防止缔约方利用较低的劳工待遇标准来吸引外资。具体内容包括以下几点:①协定不影响缔约双方作为在国家劳工组织成员的义务,以及缔约双方在《国际劳工组织的基本原则和权利宣言及后续工作》项下的承诺,即结社自由和有效承认集体谈判权利;消除一切形式的强迫和强制劳动;有效废除童工;消除就业与职业歧视。②要求缔约各方要确保国内劳工立法的有效执行,强化其保护力度,增加了缔约方对于劳工保护的义务,特别强调了缔约方不得为吸引外资而豁免或降低劳工法律的要求。③对劳动法重新做了定义,扩大了劳动法所指的对象范围。

这些规则将对国际贸易产生影响。其正面影响体现在,将对阻碍服务业和

服务贸易发展的规章制度进行整顿与改革,排除其制约因素,进一步理顺国内服务业发展环境。其负面影响体现在,由于各国发展水平存在差距,发展中国家在实施这些规则时面临较大困难,一旦按照规则内容全面实施的话,对贸易活动的掌控力将下降,政策扶持受到规制。为应对这种内延性特征,要通过制度改革实现与高标准规则对接的同时,强调对本国实际情况的适用性,发挥其正面作用,限制其负面作用。

第三,平衡性。我国贸易安全中存在两个不平衡,第一个不平衡在出口额与进口额之间,第二个不平衡在货物贸易与服务贸易之间。这两个不平衡在为我国创造大量贸易顺差的同时,也为贸易安全埋下了隐患。从第一个不平衡来看,自加入WTO以来,利用我国生产要素成本优势,贸易出口量持续增长,出口增速大于进口增速,实现了贸易顺差,创造了外汇收入。但是,大量耗费资源的贸易增长模式越来越显现出瓶颈。随着中国经济进入新常态,生产要素条件发生变化,人口红利逐渐消失、土地资源日渐紧张、能源矛盾突出、环境承载力逼近极限等都对贸易安全造成了潜在威胁。

从第二个不平衡来看,货物贸易成为贸易结构中的主体部分,服务贸易占比则相对较低。发达国家经历金融危机以后,经济增速放缓,导致我国贸易出口遇到了阻碍。从服务贸易竞争力来看,除了在旅游、建筑等传统服务贸易上具有一定优势以外,其余行业均处于劣势地位。如果不采取开放举措,激发服务业活力,这种不平衡将持续下去,甚至会越来越糟糕。

在服务业全面开放下,两个不平衡有望向平衡性收敛。一方面,以往贸易安全的目的是通过促进贸易出口获取更多利益,现在贸易安全的目的将从出口导向往进出口平衡方向发展,更加注重贸易均衡发展。经过30多年经济的高速发展,国内消费能力大幅提升,存在进口高端商品和服务来满足日益丰富的物质文化需要,这成为促进进出口平衡的内在动力。扩大进口将改善我国进出口失衡状况,有助于国际贸易可持续发展,与各国建立更加和谐的贸易关系。另一方面,服务贸易和货物贸易不平衡是影响贸易安全的潜在因素之一。扩大服务业开放后,通过引进生产性服务业,进口高新技术,能够提升加工贸易的附加值,扩大一般贸易的技术含量,实现中国贸易转型和产业升级,摸索中国在资源环境约束下实现贸易安全的新途径。通过知识溢出等效应,可以培育我国服务贸易竞

争力,构筑未来更加合理的贸易结构,实现长期稳定的贸易安全。

第四,动态性。服务业全面开放后,贸易安全必须以动态性视角来诠释国际贸易新变化。我国贸易安全的动态性特征表现在:一方面是全球价值链重构中贸易增值环节带来的动态变化,另一方面是制造业和服务业融合后带来的动态发展。在全球价值链方面,服务业开放将使价值链上各个环节的参与者联系程度更加紧密。各国生产体系将更加显现一体化特征,在价值链各个环节实现合作共赢。贸易安全目标将是动态化发展中寻求建立竞争优势,实现以全球价值链为核心的价值增值过程。聚集更多优势要素,获取更多知识外溢效应,推动技术创新和制度变革,增强本国产业竞争力,最大限度保障贸易安全。

在制造业与服务业融合方面,在全球贸易的服务主导时代,服务业开始全面改造制造业,包括智能制造等新兴业态不断涌现。迅速发展的高新技术以及全新的贸易格局,造就了贸易安全动态化特征。这种动态融合的特征,将从根本上改变贸易模式,使得贸易安全将面对更多服务业领域新兴业态的涌现。针对以上两方面的动态性特征,只有提前应对,才能在未来的国际贸易活动中占据有利地位,支持贸易安全的长远发展。

二、服务业全面开放条件下中国贸易安全面临的挑战

在服务业全面开放条件下,我国国际贸易将面临一系列严峻挑战。这些挑战主要表现在以下几个方面。

(一)在全球价值链中的贸易生存空间将受到压缩

放眼全球,第三次工业革命正进入酝酿期,全球产业转移速度明显趋缓,越来越多的发展中国家以低成本优势争夺全球价值链低端产业转移,承接加工组装业务。事实上,近两年来有不少加工型外资企业陆续离开中国,将生产工厂转移至东南亚国家。与此同时,发达国家则相继实施"再工业化"政策,强调制造环节的回归与更新升级,通过出台专门的国家政策和规划开发智能化制造、页岩气、碳纤维等新一代工业技术,意图塑造本国制造业的全新优势。中国在价值链的生存空间受到发展中国家"低端环节"和发达国家"高端环节"的双重压迫。如

果不能在全球价值链重构中明确定位,那么将对贸易安全埋下隐患。

值得注意的是,价值链本身也在发生变革。信息革命促进了全球生产服务体系的形成,生产加工中各个环节更易分解,分工内容由产品转化为流程或要素,服务作为生产要素的重要性持续上升。我国原有要素成本优势不断稀释,不得不通过引进服务、技术等生产要素来提高效率。需要注意的是,我国会不会因此受制于发达国家在价值链上的主导权,被锁定在低附加值区域。如果无法在技术研发和品牌建设等高附加值领域获得突破,掌控价值链构筑的核心环节,未来贸易安全的潜在风险可能会被放大。

(二)国内贸易安全与监管体系薄弱环节有待强化

服务业开放后,贸易安全与监管的最大挑战在于相关制度体系能否适应和接轨高标准规则。这一次国际贸易投资规则的市场开放度和规范性要求很高,全面超越了 WTO 体系内的各项标准,意在消除那些属于国家主权管辖范围内却对服务贸易造成制约的管制行为。如果制度体系改革到位,那么我国不仅可以保持现有的国际贸易地位,而且能够在与发达国家的市场竞争中争取比较有利的条件。如果改革不到位,我国国际贸易地位将很可能下降,逐步远离国际贸易的核心区域,被发达国家贸易政策所牵制。当初在加入 WTO 时,我国一系列的管理制度改革取得了积极效果,成就了入世十年的国际贸易黄金期。而今,面对再一次融入全球贸易体系的机遇,我国制度体系是否还能做出合理的变革与应对,成为世人瞩目的焦点。

在整个贸易规则体系中,负面清单加准入前国民待遇的外资管理模式无疑处于核心地位。在这种模式下,负面清单将违反投资协定中相关承诺义务的不符措施以列表方式全部罗列出来,在负面清单以外的领域则完全按照相关承诺义务执行。政府审批权将仅限于负面清单明确列出的领域,大大约束了政府的自由裁量权,虽然符合打造国际化营商环境的趋势,但是也对政府实施有效监管造成了很大压力。尤其是对中国这样还处于市场经济转轨期间的发展中国家而言,计划经济时代的审批制度尚未消除,社会各界依然受到审批制惯性思维的影响,实现整个管理体系转型的改革难度可想而知。尤其在"互联网+"等新兴业态持续出现、经济活动越来越复杂多变和法律真空地带不时扩大的情况下,如何

既充分发挥负面清单在激发市场活力方面的优势,又获得相关管理制度的配套支持,成为我国没有退路的前进目标。

(三) 生产要素流动性带来的不确定因素增多

服务业开放以后,认识到服务业开放与制造业开放在规则、管理等方面的根本性差异,是我国应对贸易安全新挑战的基础。其中最显著的特点就是,国际国内生产要素流动性将加强,资本、能源、技术、信息、人员和知识等在全球生产网络中的跨境流动将更加活跃。这一变化能够促进资源配置效率的提升,也将带来很多的不确定性,意味着影响贸易安全的风险系数在加大。要素市场不仅涉及经济体制中的深层次问题,而且牵涉到整个社会在经济和政治等方面的基本制度安排。例如,网络教育、网络电影等新兴贸易模式就直接涉及意识形态等较为敏感的领域。从当前的情况看,我国各级政府还比较缺乏应对这些新问题的经验,相应的管理制度还存在空缺,需要尽快对这种不确定性做好相关预防。否则,不仅仅是贸易安全,整个国家的经济安全都可能会受到较大冲击。

在要素流动方面,由于信息技术在生产服务上的全面应用,数据自由流动成为生产要素中的焦点。如何在允许数据自由流动,促进贸易发展的同时,维护贸易安全,保障经济安全是一个挑战。世界各国出于信息安全等方面的考虑,基本都对数据信息的自由流动施加较为严格的管理。这种管理方式等于是为本国数据信息设立了一张安全网,但是也导致相应管理环节的增多,使得服务成本上升。从发展趋势看,信息技术在现代服务业中的应用越来越广,并且将引致翻天覆地的产业技术革命。一旦发达国家在新一轮国际贸易投资规则谈判中就信息数据自由流动达成共识,将对发展中国家的网络和数据安全带来极大影响。这将意味着互联网等信息将全面开放,包括对各国来说都较为敏感的金融资本市场。以往由于金融领域的特殊性,无论是发展中国家还是发达国家,都会采取一定措施对资本项下的跨境流转加以限制。相比较而言,无论从国家安全还是金融系统成熟度等方面来看,中国目前都还没有做好这方面的准备。对我国贸易安全来说,寻找有效的管理办法将是一个极其艰巨的任务。

（四）缺乏全球跨国公司方面的短板逐渐显现

通过服务业的开放，国际贸易发展变化之一就是将从公司间贸易向公司内贸易转型。未来的国际贸易将是跨国公司之间的竞争。跨国公司在国际贸易中的作用将越来越突出，对一国贸易活动的掌控能力逐步增强，只有真正拥有具备全球资源调配能力的大型跨国公司，才能增加在国际贸易中的话语权，否则缺少跨国公司就等于缺少全球资源整合能力，只会在各国贸易活动的相互竞争中陷于被动。从最新的数据来看，2014 年，入选世界 500 强榜单的中国企业已经达到 100 个（包括港台地区 9 个企业），已经占到五分之一的规模，其中在前 10 名中就有 3 家中国企业：中国石化、中国石油和国家电网。这三家巨无霸型的企业，是伴随着我国经济实力的壮大而发展起来的，其在行业内都具有一定的垄断性特征，主营业务基本都在国内市场，国外市场份额相对较低，有待开拓。近几年，虽然不少企业已经实施国际化经营战略大举扩张，主要集中在矿产资源等投资领域，但是在核心技术研发和国际营销渠道构建等方面离国际一流的企业标准存在不小差距。

在服务业领域，未来高新技术跨国公司将比传统企业迎来更好的发展机遇。我国引领科技发展前沿的企业较少，预计短期内难以出现像苹果、谷歌这样的高科技企业。因为这类尖端的高科技企业，不单单需要开发核心技术作为基础，还需要一整套适合企业成长的配套制度，包括人才培养、投资环境等各个方面。我国在这些方面尚处于起步阶段，虽然华为、中兴等一批国际型企业迅速崛起，但是整个创新创业的培育体制还有待在实践中完善。只有拥有大量高科技跨国公司，才能说明一国真正具备了在国际分工体系中高附加值领域站稳脚跟的实力。如果没有高科技跨国公司，就无法获取开发先进技术带来的垄断竞争收益，在知识密集型产品的服务贸易竞争中处于劣势。贸易安全未来要靠高科技跨国公司的发展，特别是其具备的技术研发能力和尖端人才将成为关键因素。近期，国内资本市场正在全力支持企业融资，通过金融措施整合资源，增强高科技跨国公司的发展水平，实现技术创新。这将成为未来贸易安全稳定发展的基础。

三、服务业全面开放条件下中国贸易安全与监管的对策

针对我国贸易安全面临的挑战，一方面应该从国际环境、国内体制、产业策略和企业发展等角度考虑，促进国际贸易发展。毕竟巩固贸易安全的最好办法是提高国际贸易竞争力。另一方面应该从监管能力提升、监管制度建设和监管经验积累等方面思考，完善贸易监管体系。在新一轮国际贸易发展中降低风险系数，最大限度地保障我国贸易安全。

（一）服务业全面开放条件下巩固中国贸易安全的思路

1. 敢于争夺国际贸易投资规则话语权

贸易安全的关键在于争夺规则制定的话语权和主导权。这种争夺体现在两个方面。一方面，参与发达国家主导的自贸协议谈判，通过谈判对规则制定施加必要的影响，化解被动局面。对于 TPP、TISA 等国际协议谈判，由于我国尚未批准成为正式成员，无法直接参与，应该积极关注谈判进程，学习研究其文本，争取提前做些基础性准备，避免届时被动接受的情况发生。对于中美 BIT 投资协定，由于我国已经与美方开启谈判，谈判基础是美国 2012BIT 模板，这成为我国对贸易规则施加影响的直接通道。既要尊重高标准规则的发展趋势，也应该按照贸易发展实际水平充分表达主张，在部分明显超越承受能力的条款上争取相应调整和缓冲时间。谈判必定充斥着两国贸易利益的激烈博弈，重点是在开放我国服务业的同时，要求美国对等开放，特别是我国急需的高新技术等方面，最终实现双方互惠共赢。

另一方面，随着经济实力的增强，我国在全球贸易治理及规则制定中的地位显著提升。应该发挥规则制定的主动性，完善我国自贸区谈判的战略布局，制定既符合国际贸易发展趋势，又顺应我国与贸易伙伴实际发展需要的贸易投资规则，例如在多边领域的 FTAAP（亚太自贸区）谈判、中国—东盟自贸区升级版，双边领域的中韩自贸区、中澳自贸区，国内的 CEPA 升级版（即《关于内地在广东与香港基本实现服务贸易自由化的协议》《关于内地在广东与澳门基本实现服务贸易自由化的协议》）等。充分利用这些自贸协议途径，借助亚投行、"一带一

路"战略政策的实施,敢于主动争夺国际规则制定的主导权。在规则制定层面就全力维护我国贸易安全,为我国最大限度获取贸易利益服务。

2. 勇于改革国内贸易管理体系

贸易安全的保障在于国内贸易管理体系的改革。首要任务就是调整服务业开放有关的法律法规体系,为服务贸易的发展做好准备。第一,在外资管理方面,《外国投资法(草案)》2015年年初公布,向全社会征求意见。草案以法律条文形式对准入前国民待遇和负面清单模式进行了界定,强化了投资促进等职能,对安全审查制度、事中事后监管制度等均作出了明确规定。第二,建议尽快修订《中华人民共和国对外贸易法》,制定政策措施促进服务出口。同时,对境外投资出台专项法规给予政策扶持,创造条件培育一批跨国公司。第三,推进贸易相关法律法规体系的整合和修改。对涉及服务行业的法律法规按照最新签署的双边或区域贸易协定(例如中韩自由贸易协定等)进行系统整理,废除过时条款,修订妨碍贸易自由化的条款,增加预警和监管条款,为贸易安全建设一个透明公正的法律支持体系。

其次,尽快建立一个保障贸易安全的管理体系。按照"权力清单""负面清单""责任清单"的相关要求,在国内探索形成与高标准规则相衔接的管理体系。促进外商投资和对外投资管理制度由审批制转为备案制,推动政府管理由事前审批向事中事后监管转变,创造一个最大限度保证贸易自由化措施公正运行的体系。建议采取贸易调查制度,充分掌握服务贸易运行情况。同时,有必要建立专门的主管办公室,协调部委、地方等各个层面的政策,推动服务贸易的整体发展。

最后,可以考虑建立针对性更强的服务贸易促进体系。从近几年贸易数据来看,服务贸易表现出持续逆差的状态,促进服务贸易出口成为当务之急。当前的贸易促进体系主要集中在货物贸易方面,服务贸易出口促进措施较为匮乏,而货物贸易在促进体系建设方面已经积累了很多成功经验,完全可以为服务贸易促进体系提供借鉴。建议通过在海外设立专门的服务贸易办公室以及开展专项展销会等措施,促进服务贸易出口。通过设立贸易质量评价指标体系,以质量为导向来系统评价贸易发展状况,为后续制定国际贸易促进措施提供决策依据。

3. 精于制定产业体系优化措施

贸易安全的前提是拥有国际竞争力的产业体系。贸易安全与产业安全是一

种相互依存、相互促进的关系。只有促进产业发展，培育产业竞争力，才能为贸易安全提供保障。贸易安全的前提一定是有一个运转良好的产业体系在支持。而贸易安全的实现，又会带动和推进产业升级，构筑更加合理的产业结构，在产业安全层次上更进一步。因此，在产业体系上采取优化措施，将对贸易安全产生积极的推动作用。

第一，加快产业转型升级。在传统行业领域，对于部分低技术行业，例如纺织、鞋帽等，一直是我国贸易出口的主要产品，随着生产要素成本的变化，其比较优势正在退化，产业转型迫在眉睫。建议鼓励企业加快自主品牌建设、自有技术创新研发，将低端制造环节外包出去。在制造业领域，由于国际分工体系已经细化为产品内生产环节和生产工序分工，因此加工制造升级的方向，不仅要从低技术产业向高技术产业调整，而且要在生产工序上实现由低附加值环节向高附加值环节的升级。全面实施《中国制造2025》行动纲要，争取在第三次工业革命来临之际占据一席之地。在服务业领域，除了发挥建筑、旅游等传统行业的优势以外，还需要形成更具竞争力的服务产业结构。一方面，可以引导更多外资流向现代服务业，通过知识溢出效应来带动本土企业的发展，形成有利于整个国民经济的服务业结构；另一方面，支持互联网金融、跨境电子商务等技术密集型新兴业态发展，加快形成具有我国发展特色的优势产业。

第二，推进产业转移。抓住"一带一路"战略契机，加强与周边国家的互联互通，以优质的软硬件设施为中西部地区贸易快速发展营造有利条件。促进东部劳动密集型企业向中西部转移，优化国内产业布局，形成东部与西部区域之间的分工体系。东部要利用现有加工制造领域的规模优势，加快数字化改造，以引领个性化消费等商业模式创新提高产业控制力。中西部地区在承接东部产业转移的过程中，要推动贸易、投资和创新能力的全面发展，既具备为东部地区产业链配套的能力，又形成具有地方特色的产业集群。

第三，稳步实施服务业开放。在服务业开放上，必须实施差异化开放策略，按照行业特性及其对贸易安全造成的影响，采取有区别的开放策略。对于有利于激发市场经济活力的行业要优先开放，对于能提高人民物质生活水平的服务业要尽快开放，对于能提高制造业生产水平的生产性服务业要重点开放，对于涉及国家战略安全的领域要谨慎开放。同时，加大重点服务出口行业的支持力度，

尤其要重视国际服务外包行业的发展,这将成为发展中国家快速扩大服务贸易的切入点,也有助于培育相关服务业的竞争能力。

4. 勤于推动跨国公司发展壮大

企业是实现贸易安全的基础。一方面,企业作为市场经济中最基本的组成单位,其活跃度将直接影响一国贸易活动的开展。一国的企业具备实力,则一国的国际贸易必定具有竞争力。另一方面,随着跨国公司在全球价值链体系中的作用越来越明显,其将在资源整合方面体现出重要价值。因此,推动跨国公司发展壮大,成为贸易安全的重要组成部分。

第一,组建跨国公司。在扩大服务业开放的背景下,外资将大规模进入服务业领域,在这种情况下维护我国贸易安全的基础环节就是提升企业的经营能力。我国应该努力组建自己的跨国公司,形成企业自己的国际分工体系,从参与价值链向主导价值链迈进,力求最大限度地吸收和利用全球生产要素,发展和延长国内价值链。近几年,有充足的外汇储备作为保障,我国企业对外投资力度不断加大,开始逐步建设自己的跨境生产经营网络。虽然处于起步阶段,但是通过借助"一带一路"、亚投行、金砖国家银行等战略计划实施,只要把握住机遇,完全可以向海外延伸自己主导的全球供应链。通过收购、直接投资等方式把公司内部产品或流程之间的分工面向全球布局,在转移富余产能的同时,掌控价值链高端环节,实现资源全球化配置。

第二,为民营企业提供平等发展机遇。在服务业全面开放的背景下,要给民营企业提供同等机会,提前尝试竞争中立原则,对内资外资都要采取统一的市场准入制度和标准,保证内资企业平等进入开放领域,避免以往外资享受超国民待遇的情况。只有内资企业通过和外资的竞争与合作逐渐成长起来,才能在企业层面形成动力,为贸易安全构筑牢固基础。在外资之前就向民营企业开放服务业领域,有助于打破服务业存在的市场垄断现象,提升服务效率,推动服务业新模式、新业态的创新发展。

第三,激发中小企业潜力。中小企业是国际贸易的重要力量,是一国"金字塔"型企业整体结构的基础部分。建议挖掘资本市场功能,发挥股权融资作用,支持中小型企业上市,培育一批具有创新能力的中坚力量,促进中小企业以"抱团出海"的形式抢占世界市场。同时,推动和培育行业协会发展,发挥其在沟通、

组织方面的特殊优势,弥补政府在协调等功能方面的不足,为中小企业发展提供支持与帮助。

(二) 服务业全面开放下提升中国贸易监管的策略

1. 推动监管体制变革发展

在服务业开放背景下,贸易监管的核心在于推动制度建设与完善。第一,推动负面清单管理模式下监管制度改革。以往我国在 GATS 及双边自贸区协议中采取"正面清单"模式,开放承诺水平较低。通过中美 BIT 谈判确立准入前国民待遇加负面清单的开放模式以后,我国已经在中韩自贸协定等谈判上提前尝试"负面清单"承诺方式,贸易自由化程度大幅提升,因此需要尽快在规范管理标准等方面形成一套新的监管体系。在实施负面清单模式时,要做好风险防范制度建设。一方面,在负面清单内容上对于需要谨慎开放的领域,详细制定与国民待遇不符的措施。同时为未来可能出现的业态创新预留政策调整空间,如果出现风险性较强的产业,能够依照管理机制纳入负面清单实施监管。另一方面,引入国家安全审查制度,在实施负面清单管理模式时,设立国家重大安全例外条款、金融服务例外条款等,通过这一措施,对涉及重大安全问题的贸易行为进行有效管制。加快对贸易相关行业由注重事前审批向注重事中事后监管转变,动态化管控经济活动,维护市场秩序和贸易安全。

第二,谨慎采纳国家争端解决机制(ISDS)。对投资者采用 ISDS 的适用范围进行限制,我国应以充分保障本国利益为基础,在采用这一机制时,应力求在穷尽东道国救济措施之后再适用 ISDS。同时,在完善 ISDS 方面,应该更加明确投资定义、界定因投资产生争议的范围以及对有权提起仲裁的投资者进行严格界定等,保留我国对服务业的更多外资管辖权。[①]

第三,创建服务贸易相关的贸易救济制度与统计制度。与货物贸易相比,我国服务贸易救济制度尚不完善,可以考虑建立符合服务贸易特点的援助机制,既为保护我国服务贸易拓展市场提供扶持,也对国外企业侵害我国贸易利益找到

---

① 李钢、聂平香、李西林:《新时期我国扩大服务业开放的战略与实施路径》,《国际贸易》2015 年第 2 期,第 4-9 页。

维权路径。而对于统计制度来说，只有全面了解一国贸易的发展状况，才能有效实施贸易监管。相比于货物贸易较为完善的统计制度，我国服务贸易统计还处于较为落后的状态。在最基本的统计分类上，我国服务贸易统计分类就与国际通行分类标准不一致，需要尽快调整实现接轨。建议参照国际服务贸易分类标准及统计方法，扩大统计范围和数据采集手段，纳入新兴服务贸易领域，为我国服务贸易相关决策提供数据支持。

2. 设立自贸试验区积累监管经验

为适应国际贸易投资高标准规则，需要设立自贸区对扩大服务业开放提前进行压力测试。2013 年 9 月，中国（上海）自由贸易试验区挂牌成立。通过选择部分服务业领域对外开放，旨在实践中摸索和总结经验，探索建立适应服务业开放的贸易监管措施。近一年半的试验以来，上海自贸区已经初步形成了由投资管理制度、金融创新制度、贸易监管制度、事中事后监管制度等领域构成的试验推进框架，并取得了不俗成绩。截至目前，已有两批次成功经验面向全国推广①。但是仍有不少试验内容需要深入推进，例如负面清单的格式、内容等均有待完善，金融领域改革步伐需要加快，服务业领域有待进一步扩大开放等。2015 年 4 月，天津、福建、广东等第二批自贸区正式设立，其方案内容均显示出富有地方经济特色、定位明确的特点。不仅是将改革试点面向沿海地区加紧布局，更是将贸易监管试验向深层次更进一步。

下一步，要以四个自贸区建设为窗口，探索国际贸易投资新规则实现国内接轨的路径，推动市场开放和运行机制改革，为在扩大服务业开放的背景下维护我国贸易安全做好准备。应充分认识到，影响贸易安全的潜在风险尚未完全显现，金融服务等领域的试验需要稳步推进，做好贸易投资活动的实时监测，加强风险预防工作的准备。在对服务业扩大开放的领域，按照风险程度、激发经济活力的重要性等不同角度，分层次采取不同的监管策略，坚持贸易便利化原则监管优先

---

① 2014 年上海自贸区已经有 27 项试验经验成功推广，其中投资管理方面 13 项，包括工商登记制度改革等；贸易便利化措施 10 项，包括先进区后报关等；金融领域试验成果 4 项，包括跨境人民币资金集中应用等。2015 年 2 月，国务院印发《关于推广中国（上海）自由贸易试验区可复制改革试点经验的通知》，正式向全国推广上海自贸区 28 项制度创新成果，其中包括投资管理制度改革、贸易便利化、金融创新和服务业开放的 23 项措施，事中事后监管的 5 项措施。另外，还有海关和检验检疫部门的 6 项措施。

开放领域,以逐步深入原则监管平稳开放领域,以风险防范原则监管谨慎开放领域。此外,对于服务贸易领域展现出的新特征,例如跨境电子数据流动自由化、加强自然人流动等趋势,可以考虑在自贸区原有方案基础上适当增加试验内容,探索和寻求更加科学有效的信息治理及人员管理模式。这对丰富服务业开放下贸易安全监管的内容具有重要作用。

3. 创新职能部门监管服务

为应对服务业扩大开放对贸易安全监管提出的新要求,海关、检验检疫等监管职能部门的服务创新是重要方面。以上海自贸区内监管服务创新为例,海关、检验检疫先后推出多方面创新举措,大大减少了货物入库时间,降低了企业的物流成本。两大监管部门又联动实施了"一次申报、一次查验、一次放行"监管试点,提高了通关效率,催生出一批跨境电子商务、文化贸易等新型贸易业态。但是,应该看到这些海关和检验检疫部门的监管创新成果及其推广的经验基本上都与货物贸易息息相关。再从自贸区内开展服务贸易的企业来看,其业务开展也基本来源于货物贸易的延伸服务,行业领域较为狭窄,导致区内实行的服务贸易监管措施还保留着较强的货物贸易管理措施痕迹,已经较难适应快速变化的服务贸易监管需求。在自贸区成立之前,外高桥保税区等组成部分都偏重物流与货物贸易便利化,而在自贸区成立之后,重点已经转向投资与服务贸易便利化。但是由于服务贸易涉及的领域宽泛,关联部门较多,造成综合监管的难度不小。服务贸易是未来国际贸易的发展热点,自贸区应该在服务贸易监管创新方面多做试验、多做总结。尽快改变这种以货物贸易监管方式为主体来管理服务贸易的状况,针对服务贸易的特点制定适合的监管措施,在区内促进服务贸易便利化。

随着改革与开放逐步迈入深水区,政府与市场的关系将更加明晰,作为职能部门的监管方式也面临转型,要从监督具体贸易活动转向注重法律制定和政策引导。各职能部门应该在坚持贸易监管和贸易便利化并重的原则下,加强监管职能服务创新,加快监管信息平台建设,在部门间建立信息共享机制,切实降低企业运营成本。此外,可以把创新经验向中西部地区及时推广,加强东部与中西部地区口岸管理部门的协作,帮助其提升管理水平,激发中西部地区的贸易活力,在后续发展中建立有效的监管合作体系。

第十四章
中国贸易安全与贸易管制执法

贸易管制是国家保障贸易安全的有效手段,全方位、多角度的贸易管制已经成为现代国家的一个极为重要的管理职能。海关等监管机构的执法方式和执法能力,对贸易管制措施的实施效果有着决定性作用,进而对贸易安全带来重大影响。在对外贸易快速发展同时贸易安全威胁有所增长的当前,以海关为主的贸易管制执法机构应当从服务国家外贸战略的高度,全面评估并科学处置贸易管制执法中存在的各种风险因素,在职能、流程、方式、手段等多方面主动开展改革,优化执法方式,提高监管能力,确保贸易管制措施得到正确的实施,在推动贸易便利的同时有效保障贸易安全。

一、贸易管制执法对保障贸易安全的价值分析

(一) 贸易管制执法概述

贸易管制(import and export trade control 或 foreign trade control)是对外贸易管制、进出口贸易管制的简称,是指一国政府从国家的宏观经济利益、国内外政策需要以及为履行所缔结或加入国际条约的义务出发,为对本国的进出口贸易活动实现有效的管理而颁布施行的各种制度措施以及所设立相应机构活动

的总称。① 贸易管制按其性质,可分为进口贸易管制和出口贸易管制;按其手段,可分为关税贸易管制和非关税贸易管制;按其对象,可分为货物进出口贸易管制、技术进出口贸易管制和国际服务贸易管制。

　　贸易管制在本质上是国家层面对进出口贸易进行的宏观管理,是政府行使国家主权、实现其监督调控职能的重要体现,它由政府通过制定国内立法、作出行政决定和缔结国际条约的方式予以实现。贸易管制措施在各国的具体选用实施也不尽相同,主要包括进出口许可、进口配额、进口禁令、自愿出口限制、当地含量要求、卫生与动植物检疫措施、贸易救济(反倾销、反补贴、保障措施)、技术型贸易壁垒、知识产权壁垒,以及准入限制、外国股权限制、社会壁垒(社会责任标准)等。② 伴随着世界经济和国际交流的逐步发展以及世界格局的变化,政治、军事、外交等越来越多的非经济因素渗入了国际贸易中,特别是随着近年来全球性金融危机的持续蔓延,国际贸易摩擦不断增多,国际社会对国际贸易中的质量安全、物种保护、防扩散、环境保护、技术垄断和保护等因素的关注程度也日益提升,全方位、多角度的贸易管制已经成为现代国家的一个极为重要的管理职能和手段。

　　作为国家层面的宏观管理行为,贸易管制需要以政府机构之间合理分工为基础,通过各尽其责、通力合作来实现。各国负责贸易管制的机构有的是综合式,有的是归口管理,其余是部门配合。③ 海关通常是各国贸易管制政策的具体执行者,在贸易管制执法中扮演着关键性角色。作为进出关境的监督管理机关,海关依据法律所赋予的权力,代表国家在口岸行使监督管理职能,这种特殊的管理职能决定了海关执法是实现贸易管制目标的有效行政管理手段。海关通过执行贸易

---

① 徐台宁:《海关贸易管制法律问题研究》,中国政法大学硕士学位论文,2010 年。
② 王传丽:《国家贸易法》,中国政法大学出版社 2004 年版。
③ 例如,美国对外贸易的国家调节职权属于国会,根据美国联邦宪法规定,联邦政府则根据国会立法制定和执行外贸政策,但美国在制定和执行对外贸易政策方面的职权在很大程度上分散于政府许多部门,没有一个集中的政府管理部门。英国对外贸易管理机构则集中在贸工部。贸工部既管外贸也管国内商业、旅游、服务行业、海运和空运,下设 20 余个司。日本通商产业省是日本政府制定外贸政策的主要部门。主要机构是贸易会议和通产省进出口贸易审议会。前者主席为内阁总理大臣,副主席是通产省大臣,主要任务是讨论综合性和长期性的贸易政策。后者是通商产业大臣的咨询机构,主要任务是对贸易政策进行分析研究与审议。参见何茂春:《国际服务贸易:自由化与规则:兼论扩大开放与国家经济安全》,世界知识出版社 2007 年版。

管制政策制定部门的决定,验核相关政府机构签发的进出口许可证件和其他单证,对实际进出口货物的合法性进行监督管理。海关对货物及技术的贸易管制主要通过以下两个手段:一是对物的管理,属于物流监控的范围;二是对单证的管理,对海关管理相对人进出口行为合法性的管理。由于一国进出口贸易管制政策是通过相关主管部门依据国家贸易管制政策发放各类许可证件,最终由海关依据许可证件和其他单证对实际进出口货物合法性的监督管理来实现的,因此贸易管制离不开海关对单、证、货的有效管理。海关在对外贸易管制工作处于整个工作链条的最后一个环节,因此,有人比喻海关是"贸易管制的最后一道门"。[①]

(二)贸易管制执法对保障贸易安全的积极意义

不难发现,贸易管制与贸易安全之间有着极为密切的联系。贸易管制的外部敏感度高,能够对国际贸易直接产生影响,事关每一个国家的切身利益和国际形象,对创造良好的投资环境,推动国内经济发展有着显著影响。例如,无论哪个国家,对公众来说,都会关心是否会有受到潜在污染的农产品和不安全的消费产品进入本国;对产业界来说,其希望的是免受不公正和非法的贸易规则对待,使自身运营发展拥有一个相对稳定可预见的良好环境,同时要求合法的进口货物能够以最少的成本和通关过程中最小的延缓、阻碍来得以迅速清关。因此,贸易安全本身隐含着对贸易管制的内在需求,缺乏有效的贸易管制措施,贸易安全就难以真正实现。保障贸易安全即便不能说是制定实施贸易管制措施的唯一目的,至少可以说是其主要动因之一,这在那些与敏感技术、资源保护、产业政策相关的贸易管制措施上,表现得尤其明显。而那些根据国际条约、双边和多边协议而采取的贸易管制措施,也往往是国家从全局和长远考虑,通过一定程度局部范围的让步,换取对整体贸易安全的保障,并尽可能地赢取在其他方面采取某些贸易管制措施的空间。

作为贸易管制的执法机关,海关等机构的执法方式和执法能力对贸易管制措施的实施效果有着至关重要的影响。执法机构对贸易管制措施的正确执行,确保了贸易管制措施对贸易安全保障作用和功能真正得以实现。没有执法机构

---

① 徐台宁:《海关贸易管制法律问题研究》,中国政法大学硕士学位论文,2010年。

的执行,贸易管制措施只能停留在纸面上,对贸易安全的保障也就无从谈起。特别是如果海关等执法机构在实施贸易管制时采取了不恰当的方式,容易导致国际纠纷和贸易争端,甚至触发其他国家的贸易报复和国际制裁,反而对贸易安全带来损害。从这个意义上来说,贸易管制执法改革对于保障贸易安全有着非常积极的支持作用和实用价值。

随着经济全球化的进一步发展,各国需要在更大范围、更广领域和更高层次上参与国际的竞争和合作,特别是在 WTO 框架下,反倾销、反补贴和贸易保障措施等是允许各国作为保护本国产业发展的手段。在国际贸易和对外经济中充分运用这些规则,达到国家经济利益最大化的效果,是由国家实施科学合理的进出口贸易管制来实现的。而进入 21 世纪后,全球恐怖主义活动日益猖獗,跨国组织犯罪和武器、毒品走私活动、国际洗钱活动等对全球贸易安全日益构成严重威胁;商界也要求海关在打击走私、低开发票、原产地瞒骗、误归类、侵犯知识产权等方面更为公平和高效。[①] 海关等口岸执法机构需要通过准确地执行国家各项贸易管制规定,有效维护国家利益和对外形象,同时通过严格货物进出口管制,禁止和限制影响国计民生的商品进出口,防止国外产品不正当竞争,支持国内企业扩大出口,维护正常进出口贸易秩序,保护国内产业良性发展和维持出口市场健康稳定。

二、贸易安全视角下中国贸易管制执法的风险审视

(一)中国贸易管制执法的现行做法

我国目前贸易管制的主管部门众多,包括商务部、国家质检总局、环保部、农业部、林业局、卫生与计划生育委员会、文化部、国家体育总局、工业和信息化部、国防科学技术委员会、国家食品药品监督管理局、国家新闻出版广播电影电视总局、中国人民银行总行、国家发展和改革委员会、国家文物局、国土资源部等。涉及的商品种类具有各自行业特点,均不相同,如环保部涉及固体废物、有毒化学品,农

---

① WCO:"21st Century Customs",http://www.wcoomd.org,June 2008;张树杰、马永飞:《WCO〈21 世纪海关〉及其对我国海关监管体系建设的启示》,《上海海关学院学报》2011 年第 1 期。

业部涉及农药、兽药,林业局涉及濒危野生动植物种等。除涉及检验检疫管理外,大部分管制要求涉及的商品是相互单列没有交叉的,但个别管制商品有重合,如进口废纸,目前需要三种管制要求,即环保部门审批的《废物进口许可证》,商务部门签发的《自动进口许可证》,检验检疫部门签发的《入境货物通关单》。①

在我国对外贸易管制法律体系的框架结构中,进出口许可制度是一项基本制度,它在商务部等贸易管制主管部门表现为部门的审批权,主管部门与进出口企业间形成行政许可法律关系。海关与主管部门之间是决策制定者与具体执行者的关系,与企业之间是管理与被管理的关系。贸易管制的实际履行是通过商务部门及国家其他行业主管部门根据其工作职责对进出口商品的数量、品质做出限定,或为其所承担的国际公约义务等方面做出各种规定,发放各类许可证件,最终由海关等机构通过执行验核相关机构签发的进出口许可证件和其他单证,对实际进出口货物的合法性进行监督管理。

以进口废物管理为例,海关贸易管制的执法依据包括《固体废物污染环境防治法》《废物进口环境保护管理暂行规定》《限制进口可用作原料的废物目录》《自动进口许可管理类可用作原料的废物目录》等。废物利用单位向环境保护部门提出废物进口申请,由国家环境保护总局批定的机构审查批准,取得国家环境保护总局签发的"进口废物批准证书"后组织进口。进口废物运抵口岸后,口岸商检机构凭此证及其他必要单证受理报验,经检验未发现不符合环境保护要求的,向报检人出具"中华人民共和国入境货物通关单",海关则凭有效"进口废物批准证书"及"中华人民共和国入境货物通关单"办理通关手续放行。

表14-1 部分贸易监管证件名称代码②

代码	证件名称	签发机关与具体含义
1	进口许可证	商务部配额许可证事务局或其授权机关签发的进口许可证。
2	两用物项和技术进口许可证	商务部签发的两用物项和技术进口许可证。

---

① 徐台宁:《海关贸易管制法律问题研究》,中国政法大学硕士学位论文,2010年。
② 根据海关内网资料整理。

（续表）

代码	证件名称	签发机关与具体含义
3	两用物项和技术出口许可证	商务部签发的两用物项和技术出口许可证。
4	出口许可证	商务部配额许可证事务局或其授权机关签发的出口许可证。
5	纺织品临时出口许可证	商务部配额许可证事务局或其授权机关签发的纺织品临时出口许可证。
6	旧机电产品禁止进口	商品编码后有此代码的商品,其旧品禁止进口。
7	自动进口许可证	进口商品实行自动进口许可管理,由商务部及其授权机构签发自动进口许可证。
A	入境货物通关单	国家质量监督检验检疫机构根据《进出口商品检验法》《动植物检疫法》和《食品卫生法》等有关法律、法规,对列入《出入境检验检疫机构实施检验检疫的进出境商品目录》的进口商品签发的入境货物通关单。
B	出境货物通关单	国家质量监督检验检疫机构根据《进出口商品检验法》《动植物检疫法》和《食品卫生法》等有关法律、法规,对列入《出入境检验检疫机构实施检验检疫的进出境商品目录》的进口商品签发的出境货物通关单。
D	出/入境货物通关单	为履行我国国际义务,制止"冲突钻石"非法交易,国家质检总局、海关总署等六部委联合发布 2002 年第 132 号公告,对毛坯钻石进口实施管理,毛坯钻石进出口时,授权检验检疫机构签发的出/入境货物通关单。
E	濒危物种出口允许证	根据《野生动物保护法》及相关法律法规,对列入《国家重点保护野生动物名录》一、二级保护的野生动物及其产品和列入《濒危野生动植物国际贸易公约》附录一、二、三级的动物、动物产品和植物、植物产品,出口时由国家濒危物种进出口管理办公室或其办事机构签发的允许出口证明书。
F	濒危物种进口允许证	根据《野生动物保护法》及相关法律法规,对列入《国家重点保护野生动物名录》一、二级保护的野生动物及其产品和列入《濒危野生动植物国际贸易公约》附录一、二、三级的动物、动物产品和植物、植物产品,进口时由国家濒危物种进出口管理办公室或其办事机构签发的允许进口证明书。

（续表）

代码	证件名称	签发机关与具体含义
G	两用物项和技术出口许可证（定向）	列入《向特定国家（地区）出口易制毒化学品管理目录》的商品，向特定国家出口时由商务部签发的易制毒化学品定向出口许可证。
I	精神药物进（出）口准许证	根据《药品管理法》和《精神药品管理办法》及相关法律法规，国家对精神药品的进（出）口实行进（出）口准许证管理制度。对列入"精神药品管制品种目录"的商品，国家药品监督管理局核发的《精神药品进（出）口准许证》或《携带麻醉药品、精神药品证明》。
J	黄金及其制品进出口准许证	根据《金银管理条例》及相关法律法规，对进出口黄金及其制品，由中国人民银行签发的准许进出境证件。
L	药品进出口准许证	为规范蛋白同化制剂、肽类激素的进出口管理，国家食品药品监督管理局根据《蛋白同化制剂、肽类激素进出口管理办法（暂行）》签发的进出口准许证。
O	自动进口许可证（新旧机电产品）	根据外经贸部、海关总署、国家质检总局2001年第10号令《机电产品进口管理办法》和《机电产品自动进口许可管理实施细则》，进口实行自动进口许可管理的机电产品，进口单位应当在办理海关报关手续前，向商务部或地方外经贸主管机构、部门机电办申领《自动进口许可证》。
P	进口废物批准证书	根据《固体废物污染环境防治法》和《废物进口环境保护管理暂行规定》及相关法律法规，对列入《国家限制进口的可用作原料的废物目录》的进口商品，由国家环保总局签发的进口废物批准证书。
Q	进口药品通关单	根据《药品管理法》及相关法律法规，对列入《进口药品管理目录》的药品，国家药监局及其授权机构签发的进口药品通关单。
S	进出口农药登记证明	根据《农药管理条例》及有关法律法规，对列入《进出口农药登记证明管理名录》和《进出口列入事先知情同意程序（PIC）农药登记证明管理名录》的商品，进出口时，农业部签发的进出口农药登记证明。

（续表）

代码	证件名称	签发机关与具体含义
W	麻醉药品进出口准许证	根据《药品管理法》和国务院《麻醉药品管理办法》及相关法律法规，国家对麻醉药品的进（出）口实行进（出）口准许证管理制度。对列入"麻醉药品管制品种目录"的商品，国家药品监督管理局核发的《麻醉药品进（出）口准许证》或《携带麻醉药品、精神药品证明》。
X	有毒化学品环境管理放行通知单	列入《中国禁止或严格限制的有毒化学品名录》的进出口化学品，由国家环境保护总局签发的放行通知单。
Z	音像制品（成品）进口批准单或节目提取单	指国家实行进口管理的音像制品，由新闻出版总署签发的《音像制品（成品）进口批准单》或广播电影电视总局及其授权部门签发的《进口广播电影电视节目带（片）提取单》。

表14-2　部分监管证件对应的贸易管制措施①

类别	主管部门	主要管理范围	通关要求	证件代码
禁止进出口商品	商务部	《禁止进出口商品目录》以及根据《中华人民共和国货物进出口管理条例》，其他法律、行政法规规定禁止进口或禁止出口的商品	列入国家公布禁止（停止）进出口商品目录的商品，任何企业不得经营进出口。确需进出口列入国家公布禁止（停止）进出口商品目录的商品，海关凭国务院相关部门签发的进（出）口许可证件验放。	6、8、9
进出口许可证管理	商务部	《进口许可证管理商品目录》和《出口许可证管理商品目录》	进口实行进口许可证管理的商品，海关凭商务部授权发证机关签发的《进口许可证》验放。出口实行出口许可证管理的商品，海关凭商务部及其授权发证机关签发的《出口许可证》验放。	1、4、x、y

---

① 根据海关内网资料整理。

（续表）

类别	主管部门	主要管理范围	通关要求	证件代码
两用物项及相关技术进出口管制	商务部、国防科学技术工业委员会	《两用物项和技术进口许可证管理目录》和《两用物项和技术出口许可证管理目录》，《两用物项和技术出口许可证管理目录》包括《核出口管制清单》《核两用品及相关技术出口管制清单》《导弹及相关物项和技术出口管制清单》《生物两用品及相关设备和技术出口管制清单》《有关化学品及相关设备和技术出口管制清单》等所列物项和技术	无论以任何贸易方式进出口《两用物项和技术进口许可证管理目录》和《两用物项和技术出口许可证管理目录》所列的两用物项和技术，均应按规定领取两用物项和技术进出口许可证，并在向海关申报时主动出示，海关凭两用物项和技术进出口许可证接受申报并办理验放手续。海关有权对进出口经营者进出口的货物是否属于两用物项和技术提出质疑，进出口经营者应按规定向商务部申办进出口许可或不属于管制范围的相关证明。进出口经营者未能出具进出口许可证或相关证明的，海关不予办理有关手续。	2、3、G
货物自动进口许可管理	商务部	《自动进口许可管理货物目录》	进口属于自动进口许可管理的货物，进口经营者应当在向海关申报前，向商务部授权的自动进口许可证发证机构领取《自动进口许可证》。海关凭《自动进口许可证》办理验放手续。	7、O、V
出入境检验检疫管理	国家质量监督检验检疫总局	列入《出入境检验检疫机构实施检验检疫的进出境商品目录》的进出境货物；外商投资财产价值鉴定；进口可再利用的废物原料；旧机电产品进口；出入境货物运输设备；进出境货物发生短少、残损或其他质量问题需对外索赔时，其赔付的进境货物；对外经济技术援助物资；其他未列入《目录》的，但国家有关法律、行政法规明确由出入境检验检疫机构负责检验检疫的货物	进出口《出入境检验检疫机构实施检验检疫的进出境商品目录》中列名商品以及有关法律、法规明确由出入境检验检疫机构负责检验检疫的进出口货物，海关凭进出口口岸出入境检验检疫机构出具的《入/出境货物通关单》验放。	A、B、D

（续表）

类别	主管部门	主要管理范围	通关要求	证件代码
濒危物种进出口管理	国家濒危物种进出口管理办公室	《进出口野生动植物种商品目录》等	进出口列入《进出口野生动植物种商品目录》管理范围的野生动植物及其产品，其中进出口属于《濒危野生动植物种国际贸易公约》规定的，海关凭《濒危野生动植物种国际贸易公约允许进出口证明书》验放；进出口属于我国规定的，海关凭《中华人民共和国濒危物种进出口管理办公室野生动植物允许进出口证明书》验放。 列入《进出口野生动植物种商品目录》中属于国际公约附录及国家重点保护野生动植物以外的野生动植物种，以及含野生动植物成分的纺织品，海关凭《非进出口野生动植物种商品目录物种证明》验放。另外，对进出口货物、物品包装或说明中标注含有《进出口野生动植物种商品目录》所列野生动植物成分的，经营者应如实向海关申报，海关对实际含有该野生动植物的商品进行监管。	F、E
纺织品临时出口许可管理	商务部	《对美出口纺织品临时管理商品目录》、《输欧盟纺织品出口临时管理商品目录》	输往美国、欧盟等国家实行临时出口管理的纺织品，海关凭商务部授权的发证机构签发的《纺织品临时出口许可证》验放。对属法定检验目录的纺织品，海关还应验核检验检疫机构出具的《出境货物通关单》。	5
进出口药品管理	国家食品药品监督管理局	《进口药品管理目录》、《麻醉药品管制品种目录》、《精神药品管制品种目录》、《兴奋剂目录》等	进口列入《进口药品管理目录》的药品，海关凭国家食品药品监督管理局授权的口岸药品检验所签发的《进口药品通关单》及其他有关单证办理验放手续。 进（出）口精神药品，包括精神药品标准品及对照品，不论用于何种用途，海关凭国家食品药品监督管理局核发的《精神药品进（出）口准许证》办理验放手续。 进（出）口麻醉药品，包括麻醉药品标准品及对照品，不论用于何种用途，海关凭国家食品药品监督管理局核发的《麻醉药品进（出）口准许证》办理验放手续。 进（出）口兴奋剂目录中的蛋白同化制剂、肽类激素，海关凭国家食品药品监督管理局授权发证机构签发的兴奋剂《药品进（出）口准许证放行》；进出口兴奋剂目录所列其他物质如麻醉药品、精神药品等，按照相关管理规定办理有关手续。	Q、W、I、L

（续表）

类别	主管部门	主要管理范围	通关要求	证件代码
进出口农药管理	农业部	《中华人民共和国进出口农药登记证明管理名录》和《中华人民共和国进出口列入事先知情同意程序(PIC)农药登记证明管理名录》	进出口列入《中华人民共和国进出口农药登记证明管理名录》的农药(包括原药、制剂或成品)，进出口单位须向农业部提出申请，符合条件的，由农业部农药检定所签发《进出口农药登记证明》。海关凭《进出口农药登记证明》办理验放手续。进出口列入《中华人民共和国进出口列入事先知情同意程序(PIC)农药登记证明管理名录》的农药，进出口单位须向农业部提出申请。对进口的农药，由农业部审批，农药检定所签发《进口农药登记证明》；对出口的农药，农业部征得进口国主管部门同意后农药检定所签发《出口农药登记证明》。海关凭《进出口农药登记证明》办理验放手续。	S
进口废物管理	环境保护部	国家对废物实行分类管理，分为禁止进口废物、限制进口类可用作原料的废物及自动进口许可管理类可用作原料的废物	列入《禁止进口废物目录》的废物禁止进口。进口列入《限制进口类可用作原料的废物目录》、《自动进口许可管理类可用作原料的废物目录》任何废物，海关凭国家环境保护总局签发并盖有"国家环境保护总局废物进口审批专用章"字样的《进口废物批准证书》、口岸检验检疫机构出具的《入境货物通关单》及其他有关单据办理验放手续。上述目录以外的废物禁止进口。	P
有毒化学品进出口环境管理	环境保护部	《中国禁止或严格限制的有毒化学品目录》	进出口列入《中国禁止或严格限制的有毒化学品目录》的有毒化学品，海关凭国家环境保护总局签发的《有毒化学品进(出)口环境管理放行通知单》验放。	X

（二）中国贸易管制执法存在的风险因素

1. 应对国际贸易新变化的能力不足引发的风险

长期以来，贸易管制主要是对进出口商品进行数量限制配额管理。近几年来，虽然其涉及的商品目录范围有所减少，但由于执法业务量连年高速递增，使得贸易管制执法传统职能的业务量大幅增加，且监管要求更高、难度更大。同时，贸易管制执法的范围日益拓展，除传统比较重视的进口管制外，出口管制的地位也不断提升；生态保护、食品安全、技术标准、资源和濒危动物保护、国家安全、反恐、防扩散的监管任务越发繁重；对履行国际公约的军品、易制毒化学品、废物、农药、消耗臭氧层物质、两用物项和技术等方面的监管责任进一步突出，贸易管制执法正面临传统职能不断加重同时非传统职能逐渐增加的双重挑战。[①]由于贸易管制涉及面广，政策规定调整频繁，即决认定专业性强，而逃避贸易管制禁限管理的手法不断翻新，特别是在贸易安全机制尚不完善、贸易便利有可能存在隐患的情况下，如何降低监管风险进而处理好执法监管中高效运作与严密监管的关系，对海关等机构的执法能力提出了很大的挑战。

此外，由于进出口商品的种类几乎涉及了所有的领域，因此贸易管制措施也几乎涉及了所有行业。贸易管制的技术性、基础性、复杂性特别突出。某些贸易管制措施比较专业，对于执法人员自身的专业知识要求较高。如化工产品，一般只有具备化工相关专业知识的执法人员才能较准确地对该类商品进行审核。但目前各执法机构内部从事贸易管制工作的配备力量薄弱，专家队伍的建设和发展比较缓慢，特别是基层单位从事贸易管制执法人员无论从数量、结构还是专业素质方面都存在明显的差距。[②]

2. "被动执法"和"机械执法"的错误倾向引发的风险

由于具体负责执行相关贸易管制政策，直接面对受贸易管制政策影响的广大进出口企业，详细掌握着进出口商品数量及其结构等庞大的第一手统计数据，使得海关等执法机构完全有条件、有能力、有优势对国家贸易管制政策的制定提出具体建议和趋势分析，并为国家调整优化外贸战略提供有力的决策支持。但

---

① 徐台宁：《海关贸易管制法律问题研究》，中国政法大学硕士学位论文，2010 年。
② 陈立国：《贸易管制职能实现的障碍分析及对策研究》，海关内网资料。

从海关贸易管制的执法实践看,海关对于完成年度税收任务往往极为重视,并在审单、征税、稽查等业务方面投入大量的人力和物力,贸易管制执法方面的资源分配相对较少。同时海关在日常工作中接触到的涉及贸易管制工作的各类证件种类繁多,涉及的商品成千上万,证件、商品与各项具体措施结合到一起更是一个庞大的组合,贸易管制执法人员的主要精力陷入对进出口相关单证日常的事务性、程序化审核中,"被动执法""机械执法"成了海关在贸易管制工作中的写照,在贸易管制政策和外贸战略制定等方面提供宏观决策参考的态度不够主动,成果不明显。[①] 这容易导致贸易管制政策制定机构难以获得准确及时的反馈,一些过时甚至错误的措施无法得到快速纠正。

3. 内外沟通协调的阻滞不畅引发的风险

贸易管制涉及领域众多,主管部门相对纷繁复杂,涉及的商品种类具有各自行业的特点,如环保部涉及固体废物、有毒化学品,农业部涉及农药、兽药,林业局涉及濒危野生动植物种等。由于政府主管部门对商品实际进出口状态和一线执法监管状况不甚了解,为避免失职,往往倾向于选择"宁严勿漏"的管理理念,政策出台具有明显的本位主义,管理思路和管制要求往往会与实际情况不符。[②]这导致海关等执法机构在执行贸易管制措施的过程中,经常会遇到对于具体贸管政策的解释需要与相关部门进行沟通的情况。但是在现实工作中,往往由于各部门之间执法认识的不同以及执法能力、执法水平存在差距,使海关等执法机构在与其他相关政策主管部门就贸易管制政策进行沟通和协调时产生障碍。[③]

---

① 林群波:《我国海关贸易管制工作现状及对策研究》,海关内网资料。

② 例如,2006 年商务部曾制定出台《易制毒化学品进出口管理规定》,将含易制毒化学品的混合物均纳入管制范围,且未明确比例要求。这就意味着类似油漆、稀释剂等在生产、生活中被广泛使用的常用商品,因必然少量含有甲苯、乙烯等易制毒化学品,而导致其出口都需凭出口许可证验放。固然对易制毒化学品加强了管制,但也造成了大量油漆、稀释剂类化学品通关受阻。参见陶黎:《贸易便利化影响下我国海关贸易管制价值取向的转变》,海关内网资料。

③ 例如,上海某公司曾向海关申报进口一种名为"消疤灵软膏"的货物,该软膏呈软管包装,是一种涂覆在皮肤上使用的外用药膏。根据《协调制度》归类原则,海关要求按零售包装的药品归入税目 3 004,进口需验凭药品监督管理部门出具的《进口药品通关单》才能放行。但是该产品的主管部门——国家食品药品监督管理局却将其作为医疗器械归入了税目 9 018,因此上海市药品监督管理局以其属于医疗器械范畴为由,拒绝为企业办理《进口药品通关单》。经多方协调,国家食品药品监督管理局同意口岸药品监督管理局根据海关意见,为相关企业办理《进口药品通关单》,才使问题最终得以解决。参见黄晓芸等:《关于完善进出口贸易管制编码化管理的若干思考》,《上海海关学院学报》2009 年第 3 期。

较大比例的工作精力投入到了与各贸管立法部门的协调沟通，一定程度上影响了相关贸易管制政策和措施实施的有效性。有时海关等执法机构在查扣了相关货物后，由于与相关主管部门之间协调不畅，导致案件久拖不决，甚至引发诉讼风险。

与此同时，在海关等执法机构内部，贸易管制执法体系合力作用也不明显，信息的流转和信息共享还存在较多问题，如海关贸易管制部门与关税、风险、审单、缉私、稽查、加贸等部门之间缺乏有效的衔接，对货物实际验放、货物存在争议的管理等环节支持保障力度不够，也在一定程度上影响了贸易管制执法的整体效能。

4. 执法程序和行为的不规范引发的风险

目前的贸管管制法律系统中国家有关行政主管部门是通过制定部分的、未成体系的具体的政策和法规来解决进出口贸易中的问题，其中程序化的规定基本没有涉及，直接导致贸管政策的实现往往无章可循。由于海关等执法机构缺乏一部规范贸易管制工作程序的立法，要求提供许可证件在什么情况下作出、作出时对企业的告知如何履行、企业不能提供许可证件时执法机构如何决定，等等，在实际操作中处于无法可依、执法不统一的状态。[1]

以海关为例，尽管海关总署为规范海关贸易管制执法，曾于 2004 年制定出台了《海关贸易管制规程》，但它只是海关内部规范性文件，效力层次低，并且对诸如超过许可证审核具体时限后的责任认定等没有做出具体规定，使得海关在具体执法过程中面临潜在的执法风险。[2] 此外，随着通关系统参数化程度不断提高，一线执法人员对参数依赖性不断增强，有的关员对相关政策不了解，系统有提示的就审核证件，系统未提示的就给予放行，给海关贸易管制执法带来较大

---

[1] 杨宇：《试论当前海关处罚贸易管制违法行为之法律规定的现状、不足和完善途径》，海关内网资料。

[2] 例如，上海海关曾发生一起两用物项进口许可证管理引发的行政诉讼案件。因涉嫌出口敏感物项商品，海关要求企业提供出口许可证或不属于管制范围的相关证明。原告不能提供相关证明，遂申请退关退货，但海关没有接受，在 2 年内也未予办理退关退货手续，企业遂以海关行政不作为为由提起行政诉讼。虽然该案最终因涉及国防、外交利益，属于国防、外交有关的国家行为，不属于行政诉讼受案范围而驳回起诉。但从中反映了问题，即海关在上述情况下不予办理退关退货手续，并无明确和公开的法律依据，承担了不应有的行政执法风险。

的系统性风险。[①] 随着国家出台的贸易管制政策越来越多、越来越复杂,很多在规定中有明确规定的事项却很难对其进行 HS 编码化,这就造成了关员在实际监管过程中无法作出迅速而准确的判断,也在一定程度上造成了执法偏差。如2009 年新的许可证管理规定中增加了混合物中含有许可证商品需按许可证商品管理的新规定,使许可证商品与 HS 编码不再如以往可以一一对应,造成了实际监管中,很多现场海关都对此产生了执法困惑,在事实上形成了监管漏洞,容易为不法企业逃避许可证件监管提供空间和条件。

5. 信息化应用程度相对狭窄引发的风险

运用信息化技术,研发电子系统发展自动化审核监管,是提高贸易管制执法效率、实现严密监管与高效运作统一的有效手段。例如,对于大部分贸易管制措施,海关通过细化分解贸易管制商品目录,在 H2000 通关管理系统中对 7 500 多种商品设置了 30 余种监管证件代码,占全部商品编号的 60% 以上。在现场的实际审单过程中,执法人员很大程度上还是依赖于 H2000 系统的审证提示,以此为基础审核货物是否需要提供相应的监管证件。

但是,到目前为止,受制于技术及其他一些客观条件的约束,还有相当一部分贸易管制的政策和措施无法通过监管证件的代码化充实进 H2000 的参数数据库中,如《医疗用毒性药品进出口批件》《军品出口许可证》《人类遗传资源材料出口、出境证明》等。这在当前的确给执法机构特别是现场执法人员造成了很大的困惑,给其审核带来了一定的困难。由于不能准确掌握这些未联网核查证件的发证情况,难以杜绝使用伪证、变造证件事件的发生。

三、基于贸易安全的贸易管制执法改革:以上海为例

(一) 总体思路

从国民经济全局来看,现阶段我国外贸依存度依然较高,国民经济水平的提高离不开外贸的发展,而过度的管制范围和不当的管制手段会束缚国家对外贸

[①] 龙泉霖:《贸易管制当前存在的问题及其在综合治税中的作用》,海关内网资料;徐台宁:《海关贸易管制法律问题研究》,中国政法大学硕士学位论文,2010 年。

易发展的进程,不利于国家利益的实现和企业活力的提升。贸易管制的诉求不是单纯的管制,而是管制与发展相融合,以管制促发展。因此,在贸易管制执法过程中,必须更新管理理念,重组管理程序,将平衡贸易安全与贸易便利作为重要的战略考虑融入贸易管制,真正体现和挖掘贸易管制应有的价值。[①]

当前,上海正积极推进国际贸易中心建设,自由贸易试验区建设如火如荼。如何结合自身条件,调整贸易战略,优化贸易结构,进一步提升城市贸易功能,营建具有国际竞争力的投资发展环境,是上海市政府需要面对的挑战。2013年1月起施行的《上海市推进国际贸易中心建设条例》指出,"市口岸服务、商务等部门应当在国家有关部门的指导下,加强通关协调服务,支持口岸查验机构优化通关流程和服务、加快口岸监管模式创新,推动进出口货物通关便利化。"同时还要求"市商务、财政部门应当会同市有关部门引导企业以及相关行业协会、商会,按照国际贸易规则和惯例应对反倾销、反补贴、保障措施、知识产权、技术性贸易措施等贸易摩擦案件,加强国外相关措施对进出口贸易影响的统计和分析;指导受进口产品冲击的行业、企业向国家有关部门申请贸易救济,跟踪分析相关措施对产业的救济效果"。所有这些,对海关等口岸部门的管理质量和执法水平实际上也提出了更高的要求。

近年来,上海海关、检验检疫等口岸执法机构相继推出包括提前报关、预约通关、"5+2"工作制、"一单两报"、企业协调员制度、无纸化通关等在内的一系列改革,使得通关效率大大提高,赢得了社会和商界的广泛赞誉。然而,在大力推行贸易便利的同时,如何有效实施监管,确保贸易安全,对于上海口岸执法机构而言仍然任重道远。[②] 2013年9月,中国(上海)自由贸易试验区外商投资准入特别管理措施(即"负面清单")公布,使得贸易管制政策与海关执法措施在一定程度上成为焦点。尽管国内外的关注更多地集中在领域开放范围和市场准入条件等贸易管制政策的决策内容方面,但毋庸置疑的是,执行的效率、程序和方式等也将对政策的实施效果产生积极影响,是不可忽视的重要因素。以海关为主

[①] 陶黎:《贸易便利化影响下我国海关贸易管制价值取向的转变》,海关内网资料。
[②] 参见新浪网:《上海海关两月查获近四百标箱洋垃圾》,http://news.sina.com.cn/c/2013-04-11/174026799004.shtml,2013年11月30日访问。

的贸易管制执法机构应当全面深入地推进合作,在职能、流程、方式、手段等多方面主动开展改革,科学平衡贸易安全与贸易便利的矛盾关系,在加强监管质量、保障管制政策落实的同时,为企业提供恰当的便利和优质的服务,尽可能减少国内外贸易管制对守法企业的不利影响,为有效提升上海的产业竞争力和企业竞争力作出应有的贡献。

(二) 措施建议:基于海关的视角

1. 决策支持方面

(1) 组建团队开展前瞻性专题研究。建议上海海关以监管通关处贸易管制科人员为班底,联合兄弟海关特别是长三角地区海关,抽调贸易管制方面的业务骨干组成团队,围绕上海外贸发展中贸易管制方面的新问题,如自贸区海关监管模式创新、主要贸易伙伴贸易管制规定影响及趋势分析、跨境电子商务监管模式创新、推动上海外贸结构优化、服务贸易发展与海关职能拓展、重点税号与敏感商品的科学归类等开展专项研究,提出具有较强操作性的建议措施,研究成果及时报送总署和市政府相关部门。

(2) 推进贸易管制政策影响追踪评估。依靠基层海关和现场执法人员,充分利用现有的风险管理平台和进出口贸易管制措施海关监测系统,掌握涉证商品进出口地总体情况、分布状况、发展趋势。通过分析挖掘海关统计数据资源,构建完善贸易管制执法效果评估指标体系,对前期贸易管制政策的实施效果进行评估,同时通过关企恳谈、实地调研、问卷调查、网上访谈等形式,了解掌握贸易管制执法中发现的新情况、新问题,以月度报告、季度报告和年度报告的形式,积极向相关贸易管制主管部门、海关总署和上海市政府反映情况,为贸易管制政策完善调整提供参考性建议。

2. 能力建设方面

(1) 探索建立贸易管制执法专家制度。上海海关可考虑与海关总署政法司合作,采用个人自荐与部门推荐的形式,通过业务交流、论文评选、课题研究等途径,考察发掘一批贸易管制方面的业务骨干,并积极提供发展提升机遇,推荐安排其参加海关院校培训、兄弟海关交流、口岸单位挂职、国外海关考察学习等,持续提高其理论水平和业务能力,培养和促进海关贸易管制执法专家队伍的形成。

（2）探索调整贸易管制岗位设置。充实上海海关相关贸易管制部门的力量，并尝试在业务现场设置贸易管制专职岗位，强化对现场的指导和对实际货物的有效监控。在岗位设置上充分考虑贸易管制执法工作的重要性和专业特点，保持贸易管制专业性岗位的相对固定，以便在执行政策的末端保持专业人员的人力资源配置。对现行的人员配备结合专业背景和技能素养进行整合，要尽可能地把他们安排在最适合的岗位上，充分发挥其自身特长，更有效地执行贸易管制政策。

（3）重视抓好贸易管制相关业务培训。上海海关应针对不同的需求，面向所有与贸易管制相关的业务岗位，建立系统完整的分级培训体系，依托上海海关学院，采用岗位培训、在职培训、专题培训、实地调研、跟班作业等各种方式，提高各层次培训的针对性和有效性。[①] 在内容方面，除商品归类知识技能外，还应加强对国际经济形势、政策法规、行业状况、监controls分析、税则税率、数据挖掘等方面的培训，使每一位关员都能了解贸易管制政策制定的背景和目的，熟知每个监管方式的应证范围和免证范围，在工作中主动地发现贸易管制执法的风险所在，提升海关贸易管制执法的能力。

3. 风险防控方面

（1）健全贸易管制风险管理机制。应充分利用现有风险管理平台和贸易管制措施监测系统有关数据，筛选和下发高风险商品目录清单，加强对重点商品和相关企业数据的跟踪分析，查找近期贸易管制政策落实中存在的风险，及时向现场部门反馈，使业务关员能实时把握风险有效进行控制。此外，在很多管制商品无法 HS 编码化的情况下，审单部门应发挥其专业优势，加强对该类商品的审核，同时风险管理部门也应相应调整风险参数，对这些商品提供有针对性的风险提示，弥补 H2000 参数设置缺陷而带来的监管漏洞。

（2）建立贸易管制执法质量考评制度。对贸易管制执法质量实行定期考评和动态跟进检查相结合，通过综合执法检查、专项执法检查、统计监测等方式和

---

① 例如，近期国家濒管办上海办事处与上海海关在上海海关学院联合举办了濒危物种进出口管理专题培训班。参见海关资讯：《国家濒管办上海办事处与上海海关联合举办濒危物种进出口管理专题培训班》，海关内网资料。

审单监控系统、风险管理平台两个系统,确保领导层及时掌握海关贸易管制执行情况,并强化执法的自我纠错机制与功能。明确评估考核的要点和领域范围,强调考核的可操作性。将通关效率、监管质量、执法程序、岗位规范等作为基本要素,科学合理地设置具体考核指标,通过系统的自动采集比对和考核人员的抽查相结合及时发现存在的问题。积极探索建立海关贸易管制的长三角虚拟管理中心,实现长三角海关之间密切协作、信息互通和优势互补,提高执法的统一性。

(3) 提供贸易风险信息监测预警。上海海关应密切关注主要贸易伙伴国贸易管制政策的变动趋势,对其政策可能给本市相关行业及企业经营产生的影响进行预先评估,及时向市进出口商会、市国际服务贸易行业协会、进出口企业和新闻媒体等发布预警信号,并提供相应的风险提示和应对建议。充分发挥海关统计的监控分析作用,掌握自主品牌和自主知识产权产品、高科技产品、汽车、能源、重要原材料、紧缺消费品等重要商品进出口变动情况,并通过海关统计资讯网以及中国(上海)国际贸易中心网等平台对外公布,减少企业因商品价格、技术标准等方面遭受贸易调查和制裁而引发的风险。[①]

4. 系统完善方面

(1) 加快企业"证明书"签发系统的升级改造。针对企业"海关注册登记证明书"电子上传的需求以及证明书签发过程中的其他相关问题,上海一直在向海关总署提出相关建议。海关总署已同意对证明书签发系统进行升级改造,并委托上海海关实施相关论证设计和开发。目前,证明书签发系统升级改造项目正在按照相关流程开展,已初步通过技术立项和业务论证阶段,应在选择若干企业试点的基础上,总结经验作进一步完善,及早投入实际应用。

(2) 完善海关贸易管制的技术参数设置。针对部分贸易管制措施在 H2000 系统没有参数提示的问题,建议海关总署在 H2010 系统中尽快推进通关环节的证件参数调整。当前可以在现有的海关 HS 编码体系下,由海关总署集中整合法规、归类、审单、技术等部门的力量,开展联合研究和专题攻关,进一步推动贸易管制商品的 HS 编码化,逐步实现所有管制措施都能在证件管理栏目内有提示。对于确实暂时无法在 H2000 系统维护的,可比照海关估价系统在 H2000

---

① 柳坤:《金融危机以来美国贸易中的政府管制行为分析》,中共江苏省委党校硕士学位论文,2013 年。

系统外挂,关员在审核报关单时可以同时打开外挂系统同步审核。[①]

（3）推动进出口许可证件联网监管。目前进口货物涉及相关证书,如进口机电证,无法采用无纸化申报,暂不能享受无纸化在清关速度上的优势。由于监管证件数据联网比对尚未有效实现,进口货物涉及的相关许可证件除商检通关单以外均为纸质验放,尚不具备电子通关的条件。海关总署已明确提出要推动监管证件的电子数据联网传输比对,上海海关应积极配合,主动推进与贸易管制主管部门和口岸其他执法机构的证件联网监管机制,逐步实现电子数据许可证取代纸质许可证模式,有效化解伪造假单证的风险。

（4）探索完善舱单电子数据采集和应用。要充分发挥舱单在物流实际监控中的作用,帮助海关借助舱单实际掌握货物的真实品名以及收发货单位等,确定风险要素并进行信息比对,使货物申报进入监管区能够最大限度地实现"一线放开"的需求。目前的舱单数据尚无法满足贸易统计的基本要求,且舱单数据承载的信息量较小,对于相关贸易管制货物缺乏有效的风险分析和监管依据。对此,上海海关应结合自由贸易试验区建设,积极研究解决舱单电子数据在海关通关管理系统的直接转化和自动比对问题,切实提高监管的有效性和便利化。

5. 推进协作方面

（1）整合执法信息共享平台。以上海自贸区建设为契机,加强与商检、工商、外汇等管理部门的信息共享,继续推进"一单两报""三个一"（一次申报、一次查验、一次放行）等合作项目,真正实现"一个窗口"对外服务,通过技术手段消除部门合作的障碍与藩篱。在此基础上,由上海市口岸办牵头海关、商检等部门,协商研究信息平台的整合与共享事宜,按照简化手续、便于监管、提高效率的原则,对原有的贸易管制执法流程进行评审、归纳和总结,建立完善相关口岸监管部门、外贸管制主管部门可以共享使用的基于电子数据交换的"单一自动系统"。

（2）深化海关内部的执法合作。贸易管制措施的落实涉及海关的各个职能部门和现场业务部门,虽然监管通关部门（或法规部门）是贸易管制措施执行落实的主管部门,但是要真正完全有效地落实这些措施,必须要各个职能部门及现

---

① 田桂琴:《试论海关落实贸易管制政策的执法风险及对策》,海关内网资料。

场业务部门密切配合。上海海关应通过职务交流和共同培训等途径,进一步加强贸管部门与归类、监管、审单、关税、统计、稽查、缉私及风险部门人员之间的联系和理解,提高贸易管制执法的合作力量与管理有效性。

(3)加强国际层面的沟通合作。依托 WCO 亚太培训中心(上海),定期开展贸易管制相关专题项目的研讨与执法争议的磋商,扩大与国外海关的业务交流,并搭建我国海关与外国海关的技术合作平台,将我国相关贸易管制政策、贸易管制商品信息以及关员在贸易管制执法过程中发现的风险信息等均发布在该平台上,实现情报资源共享。同时,充分利用中国海关作为 WCO 归类研讨成员的优势,派员积极参与制定或修订协调制度商品分类标准,努力通过协商解决贸易争端,切实维护我国的经济利益。

第十五章
整体性治理观下的中国贸易安全监管体系重构

　　整体性治理(Holistic Governance)理论是 20 世纪 90 年代后期基于对新公共管理的反思和批判基础上提出来的后公共治理理论。在 20 世纪 70 年代末，英国政府针对传统的官僚制公共服务模式的结构僵化和效率低下，通过市场化、分权化、专业化等手段，大量建立分散化和小型化的执行机构并引入竞争机制来提高政府运作效率，但同时忽略了部门间的合作协调机制，导致了服务碎片化，遇到需要跨部门、跨功能的社会问题便异常棘手。针对这一问题，佩里·希克斯认为新公共管理改革强调竞争、效率等市场的管理理念，忽视了政治治理与市场监管在本质上的不同；各部门在追求效率最大化的同时，忽略了政府治理的整体性以及部门之间的合作，无法创造整体长久的效益。作为修正，他提出了整体性治理理论，旨在通过政府机构组织间的沟通与合作、协调与整合，使彼此的政策目标连续一致、政策手段相互配合，达成合作无间的治理目标。与此同时，随着互联网的迅速普及，办公信息化成为趋势。这为政府各部门之间突破层级和地域界限，进行紧密、深层次的沟通合作提供了条件。[①]

　　在目前我国贸易监管体系中，垂直管理体制更多的致力于职能机构上下对应，并承担相应的职责权限上。各个业务条线在全力追求本领域监管效能最大化的同时，条线之间尚未形成良好的协作配合机制。同时，在目前的贸易监管体系中，从"管理—被管理"到互利合作政企关系的理念转变还有待进一步推进。

---

① 范玮琪：《整体性治理和海关大监管体系建设》，复旦大学 2011 年版。

而整体性治理理论是对新公共管理批判性的继承,立足于信息化,倡导组织机构、信息资源和服务平台的整合,[①]致力于"碎片化"管理弊端的治理。[②] 因此针对当今我国贸易监管所面临的问题,整体性治理理论无疑是一剂良药。

在经济全球化和区域经济一体化的带动下,货物、服务、资本和技术跨境流动规模持续增长,新型贸易业态不断涌现。同时,国际贸易规则面临重建,全球贸易安全与便利标准框架正在逐步实施。这为中国贸易监管体系提出了新的挑战。而我国加快转变经济发展方式在经济、社会领域引发的深刻变革、与国际社会政治、经济、文化全方位的深入合作交往,贸易监管主体反恐、环境卫生、知识产权保护等诸多非传统职能的拓展迫切要求监管体系的创新。

因此,在新形势的要求下,整体性治理观下的中国贸易监管体系重构需要依照以下路径进行。以国际通行规则为依据,深入研究与国际投资、贸易通行规则相衔接的政府管理方式和监管模式,进一步理顺政府和市场关系,构建既充分发挥市场在资源配置中的决定性作用,又更好发挥政府作用的政府管理机制。在此基础上,以扩大服务业对外开放,引进国际先进经验,提高服务业能级和水平为目标,探索中国贸易监管体系重构的制度化路径。

本部分内容将在整体性治理理念下,探索重构中国贸易监管体系的新框架,这一新框架由重构监管体系、提高监管效能、优化贸易管理体制三个层面组成,在下文将分别展开论述。

一、第一层面:重构监管体系

重构监管体系的组织架构是整体性治理理念下贸易监管体系重构的第一层面。一个符合整体性治理理念的组织结构,应当在保留各部门专业分工的基础之上,进而整合协调部门间、不同层级政府组织及其他组织资源,以结果和目标

---

① 龙生平:《基于整体性治理的我国电力监管体制改革研究》,华中师范大学 2011 年版。
② 赵茜:《论我国地方政府部门间关系的协调与整合——整体性治理理论视角》,首都经济贸易大学,2013年。

为导向对组织架构重新设计,提高组织机构的效能。[①] 因此,这一部分将从监管目标、监管主体、监管范围、监管过程和责任四个方面出发,论述整体性治理理念下贸易监管体系组织架构的重构途径。

(一) 监管目标

整体性治理理念整体性治理强调预防导向,公民需求导向和结果导向。中国作为世界第一大贸易体,在贸易便利化的前提下,贸易监管体系应当结合国际经济新秩序和国内经济结构转型,在监管目标中凸显出预防导向、需求导向和结果导向。

1. 预防导向

监管体系架构的预防导向是当前贸易监管形势的必然要求。随着贸易监管业务量的高速增长,监管资源特别是监管人力资源不足的矛盾异常突出。面对这一基本事实,要优化贸易监管体系,提升服务水平,监管目标不能仅仅表现为应对和处置风险,而更应当表现为承认和承担风险。以风险式管理的理念,从整体上统筹规划贸易监管模式、整合业务改革,提升风险管理在实际监管工作中的应用水平。

在目前以海关为代表的贸易监管体系中,对风险管理的基本内涵、运作机制、方法手段的研究、认识和实践尚处于起步阶段,协调运作的工作机制尚有待完善,风险管理的信息化建设相对滞后,风险管理工作的整体意识还有待进一步强化。同时,目前风险管理研究中的前沿方法、技术与实践结合不够,理性的思维尚未充分转化为科学的行动,未对贸易监管的实践形成有效支撑。

突出贸易监管体系架构的预防导向,提升贸易监管体系的风险管理能力,在组织架构上需要进行整体性的规划。首先应当优化风险管理主管部门,以现有垂直管理体制为基础,在各级贸易监管机构设立风险管理部门,对信息进行归类总结,及时更新,并加强互相沟通,达到资源共享。同时,各部门的风险管理岗位应根据专业化分工与归口设置,避免职能交叉。

---

① 黄金梅:《政府食品安全监管体系再造研究——基于整体性治理理论视角》,《经济研究导刊》2014 年第34 期。

2. 需求导向

需求导向是整体性治理理念下贸易监管体系重新架构的一个重要目标。需求导向是相对于政府供给导向而言的,政府作为贸易监管重要主体掌握着有限的公共资源,并提供一定的公共服务,资源的有限性与公共需求的无限性之间的矛盾要求政府在公共服务的提供中做出选择。

具体到市场监管行为方面,从公共需求出发,为所有的企业提供公平、公正的市场环境是理想的导向目标。在贸易监管职能层面,贸易监管主体应致力于建设好的市场经济,为贸易经济的发展提供政策环境,同时应明确规范政府权力运作的范围与方式,真正使市场在资源配置中起到基础性作用。

3. 结果导向

与程序导向相对,结果导向指在政府职能行使评价中侧重于结果而不是程序。而目前贸易监管体系中一定程度上存在着“重程序,轻结果”的导向,管理制度和监管体系过于强调程序限定及监管,这相悖于贸易监管体系需求导向的目标。贸易监管体系追求的最终目标是为公众提供更低成本、更优质的公共服务。因此以结果为导向是整体性治理理念下贸易监管体系重新架构的应有之义。

在贸易监管体系框架的设计中,应当以提升整体监管效能和服务质量为最终目标,建立合理的以结果为导向的评价体系。同时,框架下的各业务部门在实际监管中必须将部门利益及目标置于整体监管大局中权衡考虑,在各司其职的基础上加强联系配合,为公众提供优质、无缝隙的监管与服务。[①]

(二) 监管主体

在当今贸易新形势下,传统政府与企业间的“监管—被监管”关系的理念已经不再符合发展趋势。新型贸易监管体系应是企业、中间组织、政府组织、国际间组织的四位一体。企业、中间组织、政府组织、国际间组织作为这一监管体系的参与者,实现互赢与共同发展。

1. 监管体系中政府组织的角色

在市场经济的条件下,政府组织应积极提供各类公共物品,包括完善的市场

[①] 范玮琪:《整体性治理和海关“大监管”体系建设》,复旦大学,2011 年。

经济法律法规体系、方便的交通通信基础设施、为企业提供各类专业化服务的中介机构以及各类职业培训教育,创造一个有利于提升一国生产率的良好的制度环境。在"市场失灵"的情况下,需要政府的政策来矫正市场的不完善。具体到贸易监管中,政府组织的首要任务是完善市场经济体制,为企业创造公平竞争的环境,鼓励企业竞争和创新,积极推动自由贸易。[①]

2. 监管体系中企业的参与

企业是市场的主体,致力于守法企业贸易便利化的贸易监管体系的建设是离不开企业参与的。贸易监管体系通过政府与企业建立合作伙伴关系,共同构建和谐的贸易环境。以海关为例,政府监管机构应增强执法透明度,帮助企业全面了解海关监管规定及改革举措。同时应当引导企业守法自律,自觉配合海关监管履行义务,自主提高申报质量,使海关工作由"事后纠错式"变为"事前培训式"。另外,还应建立社会共管、行业协管、企业自管的立体监管体系,将海关从繁杂的事务中解脱出来,提高海关管理的效能。

3. 中间组织的参与

通常说来,社会中介组织是指按照一定的法律、法规、规章或受政府的委托,遵循独立、客观、公正的原则,在社会经济活动中发挥服务、沟通、监督、鉴定、公证等功能,实施社会性、技术性、执行性、服务性行为的社会组织。因此,中间组织是政府、市场和社会关系调整的产物。

社会中间组织种类繁多,与贸易监管有密切关系的主要是监督鉴定类、商务咨询类中介以及部分行业协会类。贸易监管体系引入中间组织主要是指,借助中间组织对从事贸易活动的企业进行监督管理,以确保企业遵守国家各项保税法规及政策。在贸易监管体系中,政府应探索把监管职能"让渡"或部分"外包"给社会中间组织的方法和途径,从而提高贸易监管效能。

以海关为例,在口岸监管工作中引入社会中间主要是指借助社会管理资源协助海关核查核销,从中介获取专业知识和技能,弥补海关人力和专业技术方面的不足,获得监管所需的真实、全面、客观的信息和专业协助,从而为海关监管工作提供客观科学、准确的决策辅助依据的机制,充分发挥社会中间组织的桥梁和

① 沈瑶:《国际贸易新理论中政府作用的定位》,《南开经济研究》2002 年第 4 期。

纽带作用。因此,从理论和现实需要出发,在贸易监管体系中引入社会中间组织,对健全监管效能是十分必要的。

4. 国际间组织的意义

在全球经济治理机制不断推进,我国参与全球经济治理机会不断增加的背景下。国际间组织标准接轨,为我国贸易监管体系的重构提出了新的要求。在贸易监管体系的重构中,应当按照 WTO 的规则要求,并结合我国的实际情况加以改革与完善,提高我国贸易监管体系的市场化与国际化水平。

(三) 监管范围

在目前国际贸易新形势下,贸易监管的内容与范围发生了深刻变化。在重构的贸易监管体系中,"一切可能危害国家安全的贸易"都应当被纳入监管范围。这些贸易涉及国家能源安全、粮食安全、技术安全、政治安全和金融安全的基本领域。

1. 国家能源安全领域

能源贸易安全是国家能源安全的重要组成部分。石油、天然气、煤炭是全球大宗能源贸易的主要品种。就中国而言,石油是能源进口的最主要品种,其贸易量远大于天然气和煤炭的贸易量。当前和今后一段时期,中国的能源安全问题将集中体现在石油安全上。[①]

针对目前我国石油贸易中的一系列风险问题,为了保障石油供应和能源安全,我国一方面积极扩大石油来源,通过购买、合作等方式保证自己的石油供应源,另一方面不断谋求新的运输通道,以分散过分依赖海上运输带来的石油运输安全问题。因此,贸易监管体系的重构需要服务于我国当前能源贸易布局的需求。

2. 粮食安全领域

粮食安全被称为当今经济发展的三大安全问题之一,使民众得到安定的粮食供应,对于任何国家的政府来说,都是其基本职责。我国由于受到人口基数、耕地面积条件的限制,粮食供应与国际粮食市场难以分割,国内巨大的粮食需求

---

① 孙小兵:《中国的能源安全问题及相关对策》,《资源与产业》2014 年第 4 期。

要求政府必须将粮食贸易安全放在社会经济发展的重要位置。

我国传统的粮食安全监管主要依靠计划手段,监管方式主要是直接的行政干预,在渐进的改革中,逐渐设立了一些符合市场经济的现代监管模式。但从总体上看,目前粮食贸易的监管方式仍然没有脱离传统计划经济模式,基本上是采取以强制为基础的传统的直接行政干预式的监管方式。该监管方式的滞后导致当前我国粮食安全监管存在监管主体多元化及职能交叉、监管范围狭窄、缺乏其他有效监管手段等多种缺陷。[①] 显然,旧监管方式已经无法满足国家维持粮食安全供应的现实需求。

在重构的贸易监管体系下,需要通过对当前粮食安全监管方式的分析与反思,积极探索新型的粮食安全监管方式,以提高粮食安全监管的有效性。

3. 政治安全领域

当代中国同世界的关系发生了历史性变化,中国的前途命运日益紧密地同世界的前途命运联系在一起。因此,在当今国际贸易监管中,海关的非传统职能更加凸显,这些非传统职能集中体现在国家政治安全的"边境保护"职能上。

"边境保护"职能是指中国海关为积极应对新形势下非传统安全威胁对国家安全所产生的危害和影响,履行作为国家进出境监督管理机关应尽的职责。这一职能是在"进"与"出"中国边境这两个环节上,预防、查缉和打击危害国家整体安全的各种非传统安全因素,维护国家的整体安全。海关"边境保护"职能涵盖国土安全、经济安全、社会安全和文化安全四个方面,是从传统职能对涉及危险因素的进出口货物、物品和运输工具等予以禁止性和限制性监管中发展、延伸或独立出来的,并能够形成以应对非传统安全为核心的理论体系和制度架构。与传统职能仅进行常规性监管的被动性和间接性相比,这一职能要做到对各种非传统安全因素的预防、查缉和打击,体现出了鲜明的主动性和直接性,其变化是根本性的。

因此,探索符合国际贸易中国家"政治安全"要求的监管机制,也是在贸易监管体系重构中的重要内容。

---

① 曾志华:《双管齐下:中国粮食安全监管的方式转变》,《河北法学》2013年第9期。

4. 技术安全领域

技术对人类社会发展的作用日益显得重要，技术对政治、经济、军事、文化的影响也愈加深刻。一个国家的安全，不仅体现在政治、军事、经济、文化上，也体现在技术上，技术安全是国家安全的重要因素和支撑。保护技术安全，已经成为人们关注的重点和十分现实的问题，是当今时代一个世界性的课题，也是一个关系到民族生存和国家安全的重大问题。

在目前国际贸易新形势下，国家技术安全面临新的挑战，同样是贸易监管体系中的重要内容。在贸易监管体系的重构中，要树立国家安全的新思维，加强和深化国际环境中对我国国家安全影响的研究，建立起一套国家安全风险的应对机制，同时正确处理好维护国家技术安全与促进国际技术交流的关系。[①]

5. 金融安全领域

金融体系的安全问题是一国金融稳定的重大安全问题，它涉及国家、企业和人民的多重利益，一旦金融体系出现安全问题，所造成的经济损失和社会危害是巨大的。当前金融全球化的发展给各国金融市场带来机遇的同时，也给各国金融监管工作带来了诸多新挑战。中共中央十八届三中全会通过的《中共中央关于全面深化改革若干重大问题的决定》以及十二届全国人大二次会议的政府工作报告中均提出，要进一步扩大金融业对内对外的有序开放、深化金融监管体制的改革等目标。因此，在重构的贸易监管体系中，金融安全领域的监管处于重要地位。[②]

目前我国开放背景下的金融监管从整体上看存在着诸多不足之处，其中不同监管机构之间缺乏协调性是一个重要体现。因此在整体性治理理念下，在重构的贸易监管体系中，统一、综合的功能性监管将是金融安全领域进一步改革的重点。

（四）监管过程和责任

上文叙述了在整体性治理理念下贸易监管体系的重构中，监管体系的目标、

---

① 杨春平：《国家技术安全体系研究》，大连理工大学，2007 年。

② 曹胜亮：《金融开放、金融安全与涉外金融监管》，《中南财经政法大学学报》2014 年第 3 期。

主体与范围。在这一监管体系的具体架构中，还需要进一步明确监管过程和责任，理顺中央与地方、各部门之间、企业、中间组织、政府组织、国际间组织的职能划分和控制流程。

1. 中央与地方、部门之间的职能划分与责任

理顺政府职能、更好地满足公共需求，是政府职能转变的方向，但政府职能转变是一项非常复杂的工程，需要理顺纵向、横向各种府际关系。

首先，需要理顺纵向层级的职能关系，明确中央和地方政府在贸易监管方面的职能重点。在服务型政府建设中，地方政府职能需要在纵横向层次上重新划分与配置。其中的核心问题是，哪一层级的政府最能够有效地承担各种贸易监管职能。在改革中，应该按照不同的政府层级，列出不同的职能重点，并以法律的形式确定下来。从长远看，只有在中央与地方、各层级政府之间的权力与利益关系明确划分并得到法律的确认和保障的时候，纵向层次上的职能才能得到科学合理的配置。

其次，需要理顺横向层次的职能关系。横向层次职能调整的核心问题是，每一层级政府的贸易监管的职能应当如何履行。在理顺纵向职能的基础上，地方政府要结合当地的比较优势和竞争优势，基于地区发展战略，克服贸易监管职能分割过细、协调不灵的弊端及带来的各种问题。

2. 企业、中间组织、政府组织之间的职能划分与责任

在贸易监管体系的重构中，明确企业、中间组织、政府组织之间的职能划分，规范政企关系是一个重要课题。

在贸易监管体系中，政府与企业的关系应当从"管理-被管理"关系转向共赢关系，从特殊关系转向普遍关系，要从对企业提供个别服务转向提供公共服务。规范的政企关系对于建设好的市场经济，促进贸易经济的健康发展具有十分重要的意义。

同时，在贸易监管体系重构中，应当培育与发展社会中间组织，共同致力于贸易监管体系建设，从而为社会提供更为高效的公共服务。近年来，我国社会中间组织发展迅速，但在定位、性质与功能等基本问题上有较大的争论，社会中介组织也普遍存在着官办色彩或赢利色彩过浓的问题。在贸易监管体系的重构中，政府应当根据市场经济发展的需要，鼓励、引导社会中间组织参与市场的公

平竞争,积极承担政府职能转变所剥离的职能,使之成为自主经营的社会中介实体。此外,要加强对社会中介组织的管理,抓紧制定社会中介组织条例或法规,对其性质、地位、功能,尤其是权利、义务等做出明确的法律规定,把中介组织的建设和管理纳入法制的轨道,使社会中介组织的发展获得法律的保障。[①]

3. 国际间组织的职能与责任

在当今国际社会交往日益密切的发展趋势下,国际组织在国际社会中发挥着越来越重要的作用。在国际贸易领域,贸易安全与便利化得到了以 WTO 为代表的经济领域国际组织的广泛关注。

WTO 是贸易便利化议题的主要国际场所,也是贸易便利化进程推进的焦点,其框架下的主要进程包括贸易便利化谈判、有关技术援助和能力建设活动。其他致力于推动贸易便利化的主要国际组织还有联合国欧洲经济委员会(UNECE)、联合国贸易与发展大会(UNCTAD)、世界银行(Word Bank)与国际货币基金组织(IMF)等。

目前世界海关组织(WCO)作为世界范围内唯一研究和协调海关事务的政府间组织,以帮助各成员海关提高工作效益和效率,增强海关在贸易管理、贸易便利化、税收、社会保护、供应链安全等方面的能力为职责,从而促进国际贸易发展、经济繁荣和社会发展。

在国际体制下,国际组织的主要作用主要体现在贸易规则的谈判与实施,技术规则和标准的制定与推广,提高对贸易便利化重要性的认识,加强能力建设等方面。在贸易监管体系的重构中,国际组织的职责主要在于制定的规则、标准、工具是各国和地区实施贸易便利化的必要且重要的参考体系。[②]

二、第二层面:提高监管效能

提高监管效能是整体性治理理念下贸易监管体系重构的第二层面。首先,在贸易和投资自由化、便利化的目标之下,贸易监管体系的重构应在政府管理机

---

① 张岚:《公共需求导向的服务型政府研究》,浙江大学,2008 年。
② 张树杰:《国际组织框架下的贸易便利化议题与进程——发展与趋势》,《海关法评论》2010 年。

制上进行突破创新。具体操作中在行政透明度、竞争中立、政府采购体系、争端解决机制四个方面参照国际惯例和各国有效经验,结合本国对外开放需求,在政府管理机制上进行突破创新。其次,在提高政府监管效能方面,贸易监管体系的重构应当重点关注贸易监管的协作机制、贸易监管的审查机制、贸易监管的预警机制、贸易监管的追溯机制四个方面,注重内调目标和手段的关系,注重信约、责任感和制度化。最后,在具体措施上,贸易监管体系的重构应强调整合信息技术、简化网络、提供一站式服务等方式。

以下将围绕这三方面内容展开论述。

(一) 政府管理机制上的突破创新

在政府管理机制上进行突破创新,是整体性治理理念下重构贸易监管体系的首要环节。其中行政透明度、竞争中立、政府采购体系、争端解决机制应作为重点突破的内容。在具体实践中,对国际惯例与各国有效经验的借鉴,以及与我国需求的结合是必不可少的。

1. 行政透明度

透明行政理论作为一种政治理论,起源于 19 世纪中期的西方国家公民政治民主权利得到保障的历史背景下。随后,西方各国在相应的想法与法律中对公民的知情权利加以确定,公民与国家的关系也由以往的对立状态逐步转变为互动局面。在当今,以美国为代表的西方国家在透明政府的建设中,在促使政府信息自由公开、政务公开方面的经验值得借鉴。在近年来,随着我国法治文明与民主政治的建设与发展,"行政透明度"已成为时下社会各界热议的话题。在目前全球化的大背景下,中国亦就政府信息公开、保障公民知情、行政决策透明、行政行为公开、行政执法规范、行政行为规范提出了构建透明政府的主张。[1]

就贸易监管体系而言,面对目前监管效率不高,管理体制、公共监督机制尚不够完善的状态,提高行政透明度是重构贸易监管体系一个亟待解决的突破点。推行行业信息公开的过程,实际上是权力运作逐步规范化、制度化的过程。转变贸易监管理念,需要公开信息,接受社会各界的监督,同时落实行政问责制度。

---

① 刘莹:《论透明行政与中国透明政府的构建》,天津师范大学,2008 年。

只有在内外环境的共同监督下,才能保证监管行政权力边界的清晰,以及内部监督制度的建立。

2. 竞争中立

随着经济全球化进程的深入,在国际贸易、跨国投资活动的发展中,全球统一的市场逐渐形成。而"竞争中立"被看做是保证在世界市场范围内竞争行为公平有效的重要途径。

简单而言,竞争中立规则强调国有企业和私有企业间的平等市场竞争地位。这一概念最早在1993年由澳大利亚政府提出。2011年以来,美国高层多次在外交场合提及竞争中立概念,并积极在经济合作与发展组织(OECD)、联合国贸易和发展会议(UNCTAD)等国际组织中推进有关竞争中立框架的制定和推广,试图在双边、多边贸易投资协定中加入有关限制国有企业竞争优势的条款,使得竞争中立规则获得了国际市场的广泛关注。其中,规范国有企业的行为,建设公平的无歧视的市场,是竞争中立规则的目的所在。就我国而言,这一竞争中立规则对我国国有企业"走出去"战略,以及我国参与区域贸易自由化、参与全球经济治理提出了挑战。[1]

为适应经济全球化下的这一挑战,我国贸易监管体系承担着创造公平市场环境,与国际规则接轨的重要职责。借鉴竞争中立规则的做法,贸易监管体系的重构,需要以如何创造一个公平的市场环境为着力点,健全与竞争中立相关的法规制度建设,规范行业秩序,理清政府与企业间的关系,最终创造国有企业、私营企业能够进行平等竞争的贸易监管环境。[2]

3. 政府采购体系

政府采购是指公共部门为了开展日常政务活动或为公众提供公共服务的需要,在财政的监督下,以法定的方式、方法和程序(按国际规定一般应以招标采购为主要方式),利用国家财政性资金和政府借款,从市场上为政府部门或所属公共部门购买商品和服务的行为。在其中,政府采购监管对确保政府采购的公开、公平、公正和实现政府采购的效益最大化具有重要的意义。

---

[1] 李晓玉:《"竞争中立"规则的新发展及对中国的影响》,《国际问题研究》2014年第2期。
[2] 唐宜红:《竞争中立——国际市场新规则》,《国际贸易》2013年第3期。

对政府采购的立法工作起源于 18 世纪末的西方国家,1761 年美国便颁布了《联邦政府采购法》,而英国政府也在 1782 年建立政府采购制度。在 20 世纪末经济全球化的背景下,世贸组织于 1980 年通过了《政府采购协议》并正式生效,这意味着政府采购的国际化。在西方国家经过长期发展,较为成熟的政府采购体系中,完整、完善和实用的制度法规、环环相扣的法定程序、对采购过程的全程监控以及完善的责任追究制度是必备的。[①]

而与西方国家相比,我国的政府采购体系建设时间较短,相关监管制度的立法较为混乱,管理存在缺失,而相关监管部门也未能形成合力。这一监管体系与西方国家差距较为明显。这种状况不仅为违规行为、贪污腐败现象留下隐患,也使我国在对外贸易经济活动中处于不利地位。[②] 因此,在整体性治理理念下贸易监管体系的重构中,对于政府采购的监管应从整体性出发,完善立法体系,建设系统的、专业的政府采购监管部门。

4. 争端解决机制

争端解决机制包括国内与国际争端解决机制两部分。与国际社会相比,由于国内社会形成较早,国内争端解决机制已处于较为发达的阶段。而随着国际社会的形成和发展,国际争端解决的方法在不断改进,从野蛮走向文明,从权力导向走向规则导向。

在目前国际贸易争端解决机制中,WTO 争端解决机制居于中心地位,它保障了组织成员方已得到的权利与义务的平衡,是多边贸易机制的支柱,对多边贸易体制的安全和预报起着中心作用。[③]

在区域性贸易组织中,北美自由贸易区争端解决机制吸收了其他争端解决机制的经验,并进行了一系列创新,将服务贸易、与贸易有关的知识产权、环境保护、劳工等问题都纳入其范围之内,并且放宽了对第三方缔约国参与程序的种种限制,形成了一个全面的较完善的争端解决机制。[④]

在目前国际贸易新趋势下,争端解决机制的研究对于我国制定关于 WTO

---

① 赵雪峰:《政府采购监管体系研究》,上海交通大学,2007 年。
② 王婷:《竞争中立——国际贸易与投资规则的新焦点》,《国际经济合作》2012 年第 9 期。
③ 毛燕琼:《WTO 争端解决机制问题与改革》,华东政法大学,2008 年。
④ 费赫夫:《北美自由贸易区争端解决机制研究》,广西师范大学,2004 年。

争端解决机制有效应对策略有着重要意义。因此针对争端解决机制的建设理应成为贸易监管体系重构中的重要内容。

(二) 提高政府监管效能

在提高政府监管效能方面,贸易监管的协作机制、贸易监管的审查机制、贸易监管的预警机制、贸易监管的追溯机制是整体性治理理念下贸易监管体系重构应当予以关注的内容。

1. 贸易监管协作机制

从目前情况来看,部门间、区域间协作机制不够完善,成为制约贸易监管体系发展的一个瓶颈。以海关的贸易监管职能为例,目前与区域一体化经济趋势存在着诸多不整合之处。这些协作机制的不完善首先体现在区域间较为显著的执法不统一问题。究其原因,执法规范不统一、业务管理体制分散的现象较为突出。另外,监管体系对于跨经济区域生产要素的流动仍存在诸多障碍,其中业务职能部门的多头指挥仍然是导致通关效率较低的重要原因。[①] 由此可知,协作机制不足已成为目前制约贸易监管体系监管效能提升的重要制约因素,对于这一协作机制的完善应当成为整体性理念下贸易监管体系重构的重要内容。

2. 贸易监管审查机制

目前关于我国国际贸易的审查机制虽已进行一系列立法工作,但是这些立法零星分散,与以美国为代表的贸易审查机制标准相差甚远。这一状况亦是制约我国当前贸易监管体系监管效能的重要因素。关于我国国际贸易审查机制的改良工作,学界已提出若干建议,这些建议集中体现在法律体系的重新整理编纂、专门法律的制定与中国特色国际贸易法院的建立上。这些措施的实行对于贸易监管体系效能的提升无疑具有重要研究价值。

3. 贸易监管预警机制

贸易监管预警机制是指贸易监管部门为有效预防和避免市场无序状态的发生,通过对各种相关的、潜在的市场无序信息进行及时搜集、分类整理及动态评估,准确、及时地对市场运行接近无序状态的临界点提供警示,进行适当防范的

---

① 马海涛:《区域经济一体化背景下的中国海关监管职能优化研究》,复旦大学,2011 年。

一整套工作机制。预警机制属于贸易监管的事前管理阶段,在某种程度上,这一预防措施比事中、事后解决问题更为重要,与贸易监管过程中别的阶段相比较而言,预警管理是一种既经济又简便的方法。因此,预警机制是贸易监管体系监管效能的重要体现。

近年来,我国国内出现的一些市场无序现象已成为发展与改革的重要障碍,成为社会普遍关注的焦点,而国际市场的复杂性为我国贸易监管体系的预警机制提出了更高的要求。国内、国际市场无序性限制了市场竞争机制作用的发挥,而且严重地损害了市场主体和消费者的合法权益,影响社会和谐稳定,阻碍经济的协调发展,给国家和人民利益造成重大损失。而市场这些无序现象的出现除了与市场监管法律法规不够健全、市场主体法制观念淡薄和商业道德素养不高等因素有关外,与市场监管部门收集监测市场秩序信息不足、预警机制不完善也密切相关。[①] 在这种情势下,提升贸易监管体系的预警机制是整体性治理理念下贸易监管体系重构、提高监管效能所不可或缺的内容。

4. 贸易监管可追溯机制

可追溯机制是指企业销售的商品可以通过一系列信息记录查出该产品原料、运输、生产、流通、销售每个环节的具体细节,最终发现产品责任单位和责任人。由于这一机制能够比较有效地控制产品质量,同时能有效地处理危机事件,因此首先出现在药品、食品安全领域的市场监管中。

可追溯机制包括四个环节:生产企业、流通企业、消费者和政府监管机构,这四个环节之间形成了一个信息输送、互动交流的信息网络。四个环节通过建立不同制度,并通过相应的联动关系密切联系,实现了任何产品都可追溯的目的,使责任达到了明确化。

通过可追溯机制,贸易监管部门可以对市场进行强制性监管,明确了生产者、流通者、销售者的责任,对于确保市场的良好秩序,保障消费者的最大权益意义重大,是一种对所有参与市场交易的企业进行有效控制的手段,体现出了市场

---

① 林春雷:《市场监管预警机制研究》,《中国工商管理研究》2010 年第 8 期。

监管制度的较高效能。①

因此,整体性治理理念下贸易监管体系的重构中,集中使用于药品、食品市场监管的可追溯机制是值得借鉴和推广的。在信息化的基础上,对贸易监管各环节实现可追溯性,明确贸易各环节的责任,这对于提升贸易监管体系的监管效能具有重要意义。

(三) 监管体系效能提升的具体措施

在以上关于监管体系效能提升的突破点中,整合信息技术、简化网络、提供"一站式服务"是提升贸易监管体系监管效能应当首先实行的具体措施。

1. 整合信息技术

对监管过程的全面信息化控制是提升贸易监管效能最为基本的要素之一,完善信息数据建设,整合信息技术是贸易监管体系重构的基础性措施。以海关贸易监管为例,在完善企业信息数据库的基础上,建立信息共享机制,提高风险管理效能是目前的当务之急。

第一,在贸易监管的实践中,利用信息技术的支持,建立完善的包含进出境企业贸易活动、资产信用、守法情况的信息档案,以便贸易监管部门全面掌握从事进出境活动的企业的情况。

第二,在贸易监管体系内部应建立起信息共享机制,在监管链条的各个环节中实现对企业信息的共享,使这些信息能够被监管者及时、准确、全面地汇总与运用。同时还应当与其他相关政府部门间实现信息资源的共享,提升对企业活动情况的掌控能力。②

第三,在以上信息化建设的基础上,贸易监管体系应当提高风险管理的应用水平。在目前我国海关监管体系中,风险管理虽已成为通关作业改革的一个重要部分,在日常监管与执法活动中也取得了一定的成绩,积累了不少经验,信息化建设也取得了一定的成果,但是从总体上来看,风险管理作为一种管理理念与

---

① 刘圣中:《可追溯机制的逻辑与运用:公共治理中的信息、风险与信任要素分析》,《公共管理学报》2008年第2期。

② 马海涛:《区域经济一体化背景下的中国海关监管职能优化研究》,复旦大学,2011年。

方法,在实际应用中的系统理解、把握和运用还处于起步阶段,风险管理工作的整体性意识还有待于加强。究其原因,一方面在于与风险管理相关的信息化基础建设相对滞后;另一方面在于前沿的方法、技术与实践结合不够,风险管理的效能只是在部分环节和局部监管过程中有所体现,而整体性、系统性和封闭性工作机制有待建立和健全。

提高信息化水平是实现风险管理的基础,也是提高贸易监管效能的必经之路。因此,整合信息技术的具体措施应放在贸易监管体系重构整体性的规划下来重点实施。

2. 简化监管网络

促进贸易便利化是贸易监管体系改革的要求,而简化监管网络、为守法企业提供便利是提高监管效率、提升监管体系效能的重要途径。

目前海关贸易监管体系下,在监管服务理念的逐步建立中,简化监管网络、提升服务水平的各种具体措施不断出台,为贸易便利化的建设提供了丰富的经验。例如,在优化风险管理、完善企业分类管理的基础上,应进一步深化实施差别化的监管作业方式是目前海关监管体系改革重点研究与建设的内容之一。通过引进两次申报、通关无纸化等作业方式,为守法企业提供通关便利,提高海关自身作业效率,缓解各类监管资源紧张的矛盾,可以达到政企双赢的效果。同时,在服务理念的转变中,"首问负责制"等措施的实行显示了对以往机械执法弊端的改变,以及以服务心态加强监管的决心。

然而,在目前的贸易监管体系中,尤其对于跨区域生产要素的流动,在监管网络上仍存在着监管体系"条块"不清晰、执法标准不统一、执法流程标准化不够等诸多障碍,因此贸易监管体系的重构中,简化监管网络的具体工作措施仍值得从整体上认真规划,继续推行。[①]

3. 提供一站式服务

在政府部门中,一站式服务最早运用在英国的出口贸易监管活动中。1993年英国政府对出口企业推行了一项新的服务,其做法是把所有涉及企业出口管理的政府部门审批活动集中到一起办公,从而可以一次性办完所有的手续。这

---

① 张彦:《海关监管职能的优化研究》,上海交通大学,2009年。

种做法产生了较好的反响,并且迅速扩展到其他国家,这种政府部门一站式服务的理念开始流行。

在国内外的实践经验中,一站式服务对于行政管理体制改革,推行政府管理创新,提升政府服务理念、办事能力与效率意义重大。在贸易监管体系中采用一站式服务,很大程度上简化了货物跨境、跨区域流动的手续,是对贸易便利化、区域经济一体化潮流的适应,对于提高服务效率,提升贸易监管体系效能意义重大。在目前,一站式服务模式在我国贸易监管工作中的试行已取得不少经验。[①]

然而,一站式服务在贸易监管体系中由点及面的推广,背后需要的是信息技术的支持,以及现有政府组织结构、运行方式、监管流程的优化和重组。然而目前我国贸易监管体系中管理机构间、管理机构与企业间的信息系统集成并不完善,而涉及跨地域、跨部门的监管活动,由于目前各种贸易监管体系垂直管理制度的条块分割,更难以组织和实现。

因此,在实践中一站式服务的推行背后需要政府职能转变的支持,在监管体系中,需要以需求为导向的管理机构设置,以结果为导向的绩效管理目标。同时对行政透明度、信息化程度也提出了新的要求。推行一站式服务是提升贸易监管效能的有效途径,与此同时这一措施在贸易监管体系中的推广,需要在整体性理念下贸易监管体系重构中各环节的支持。

三、第三层面:优化贸易管理体制

优化贸易管理体制是在整体性治理理念下贸易监管体系重构的第三层面。这一部分的讨论将围绕国有企业公平竞争、财税制度优化、劳工权益、知识产权保护和环境保护五方面贸易管理体制的优化进行,在建立符合全球经济治理规则的目标下,理顺政府和市场关系,促进市场环境公平,从而实现政府对整个国际贸易管理体制的优化。

---

① 郑岩:《政府"一站式服务"问题研究》,长春工业大学,2012年。

（一）符合参与全球经济治理需要

1. 参与全球经济治理是中国经济战略的必然选择

随着信息技术革命的深入,经济全球化进程的加快,在全球层次实施一定程度的治理变得必要。全球治理的理论框架在 20 世纪 90 年代提出,并于 1992 年在联合国成立"全球治理委员会"。在 2009 年,G20 机制正式被确立为讨论全球经济议题的主要平台,同时关于全球经济治理的提法和系统研究开始产生。

全球经济治理是对全球化市场经济运行的一种管理,是对市场经济失灵的一种调节以及经济运行结果不公平的一种合理纠正机制,是政府干预、调节和规制国内经济在全球范围内的扩展。在经济全球化的条件下,维护全球经济的稳定、均衡和公平,纠正全球经济的失衡和缩小全球收入差距,是全球经济治理涉及的范围与管理目标。

经济全球化使得中国与世界经济变得更加紧密相连,而中国作为崛起中的大国,不能做国际制度的免费搭车者,需要争取参与全球经济治理的改革创新,在全球经济治理、维护世界经济稳定中发挥影响,并在多边合作机制上探索建设性的领导作用。[1]

2. 符合参与全球经济治理需要是贸易监管体系优化的重要目标

在目前全球经济治埋的进程中,"贸易全球化"与"贸易管理的非全球化"是其中一对重要矛盾。建立符合全球经济治理需要的贸易监管体系是解决这一对矛盾的途径。

首先,目前中国参与全球经济治理的方式在于改变自身,积极转变传统发展模式,贸易监管体系应当跟上经济改革的步伐,提高监管效率,促进贸易便利化,与国际接轨。在国内范围内解决好本国贸易监管体系中出现的问题不仅是对全球经济治理的一种贡献,也是在全球经济治理中掌握更多主导权的基础。

其次,针对全球贸易规则制定权由西方国家主导的局面,中国应当参与全球贸易监管规则的制定和实施,有效利用国际合作组织,积极探索有效的监管模式,推动全球经济治理中贸易监管机制的转型,为全球经济治理做出更大的

---

[1] 申丽娟:《全球经济治理与中国参与的战略选择》,广东外语外贸大学,2014 年。

贡献。

（二）理顺政府和市场的关系，促进市场环境的公平

政府与市场的关系是当代各国经济发展中的一个基本问题。政府对经济增长可以发挥积极的作用，而政府往往又会成为经济衰退的重要原因。贸易监管体系作为政府调控市场经济、管控市场的重要途径，对于市场经济的发展兴衰意义重大。因此理顺政府和市场的关系，促进市场环境的公平是优化贸易管理体制的必经之路。

在新形势下，传统的政府与市场经济关系理论已无法适应经济发展的实践，从各国经济发展的里程来看，政府对市场的自由放任或过度干预都制约了经济发展水平的提高与经济规模的增大。而对于能够积极适应新形势的国家，在整体上使市场发挥资源基础配置作用的前提下，稳定经济政策，提高政府办事效率，恰当地利用政府干预解决市场自主调节的不足，从而促进了市场经济的持续发展与稳定增长。

对于我国而言，在政府与市场关系的问题上，政府的首要任务是完善市场经济体制。在贸易监管体系层面的任务则是为企业创造公平竞争的环境，提供便利的贸易流通途径，积极推动自由贸易；同时应当提供完善的监管法律法规体系，打造公平公正的监管执法环境，创造一个有利于公平竞争的良好制度环境。[①]

（三）优化贸易管理体制的具体内容

以参与全球经济治理规则为目标，以理顺政府和市场关系、促进市场环境公平为基本途径，整体性治理理念下贸易监管体制的优化，需要围绕国有企业公平竞争、财税制度优化、劳工权益、知识产权保护和环境保护五方面的具体内容进行。

1. 国有企业公平竞争

公平竞争是市场经济运行规律的体现，是市场经济发展的根本要求。稳定

---

① 刘翔：《21世纪初政府与市场关系的中外比较》，中共浙江省委党校，2012年。

的市场经济秩序的建立有赖于公平竞争环境的形成,没有公平竞争的规则和环境,就无法实现社会资源的有效配置,市场机制也就失去了应有的作用。

由于公有制经济在我国国民经济中的主体地位,国有企业与政府紧密相连的巨大优势使得其在很多经济领域拥有垄断地位,更易于获得优惠政策。这些优势不仅体现在税收、信贷、土地、许可、准入等各个方面,也体现在贸易监管的某些政策法规对不同所有制企业歧视性的规定,以及对货物跨经济区域流通的障碍上。这导致了目前国有企业与民营企业不公平的竞争环境。①

在目前,在遵循公平竞争的市场规则的基础上,大批民营企业以消费者为目标导向,以创新为竞争力获得了发展,同时公平竞争的市场环境也造就了一些新兴行业的崛起。而国有企业的竞争某种程度上仍处于依靠权力对资源的分配,这种不公平的竞争环境导致了以地方保护主义下恶性竞争为代表的后果。

对国有企业进行彻底改革,促进国有企业公平竞争除需要厘清国有企业法人地位,建立各种所有制企业平等的市场准入原则,解决国有企业负担过重的问题之外,在贸易监管方面也需要从整体上进行规划,优化贸易监管制度,致力于打造国有企业与其他所有制企业平等的竞争环境。②

首先,目前各地区、各部门为保护各自相关企业的利益而违背市场规律封关、设卡、划地为牢,阻止商品流通的行为依然存在。这严重妨碍了生产要素的区域间交流和资源的合理配置,影响了统一市场的形成,与区域经济一体化潮流相悖而行。针对这一不公平竞争的问题,贸易监管体制的优化需要打破地区、部门对市场的分割和封锁,取消地区、部门制定的带有排他性、歧视性和垄断性的规定和政策,并制定统一的市场监管规则,建立与健全全国统一的贸易监管体系,为国有企业进入市场公平竞争创造条件。

其次,贸易监管制度的优化应着力于制止企业间不正当的竞争行为,维护公平的市场秩序,保证市场经济的正常运行。在具体监管制度上应当借鉴国内外市场经济发展的经验教训,通过建立一系列规范法律法规,把各种所有制企业间公平竞争的监管制度法律化,鼓励与保护公平竞争,制止不正当行为,实现市场

---

① 华本良:《国有企业公平竞争论》,《商业研究》2001 年第 6 期。
② 郓健钳:《构建国有企业和民营企业公平竞争的市场经济》,《现代经济信息》2014 年第 5 期。

经济的稳定发展。

2. 财税制度优化

在目前,财税制度优化,是我国改革收入分配格局的重要举措。而在国际贸易发展迅速,全球化进程日益深入的今天,一国的财税制度对外贸状况的作用变得越来越显著。

在我国目前的财税制度中,间接税一直占据主导地位;同时健全的环境税制在我国尚未形成,与发达国家存在较大差距;而我国目前的税制中收入再分配功能的弱化导致了收入分配差距的扩大。这些因素导致了目前我国国际贸易的不均衡发展,对经济增长质量、居民福利水平的提高产生严重影响。

因此,优化财税制度对于促进我国国际贸易均衡发展具有重要意义,而财税制度的优化也应当成为目前我国贸易监管制度优化中的重要内容。整体性治理理念下贸易监管体系的重构,应当充分考虑财税制度优化的方向,符合促进我国国际贸易均衡发展。

第一,在财税制度的优化中,应稳定出口退税政策,改变政策目标的短期化倾向,由以往的利用出口退税政策刺激经济转向为利用政策优化出口商品结构,引导产业结构的转变,提高产品的附加值与核心竞争力,加强我国对外贸易整体竞争力的提高,从而改善我国对外贸易的环境,缓解我国当前在国际贸易中的压力。

第二,优化财税制度应当改革资源税费体系,在完善现行资源税制的基础上,开设征收专门的环境税,通过环境税收把环境生态成本纳入商品的价格中,这样在提高我国商品的环境竞争力,减轻绿色壁垒对我国对外贸易压力的同时,也有利于转变当前粗放型的外贸增长方式,在日益健全的环境税制下,减少间接税对市场经济的扭曲。

第三,优化财税制度应当进一步规范招商引资政策,坚持数量与质量并重,改变目前外资投资集中于加工贸易领域的局面,改善我国对外贸易的平衡。在具体实施中应当完善相关法律法规,统一政策的制定与实施,同时加强政策的鼓励与引导性,提高引进外资的质量。[①]

---

① 陈志勇:《中国国际贸易均衡与财税制度转型》,《中南财经政法大学学报》2012 年第 1 期。

3. 劳工权益

切实重视和保护劳动者权益是一个国家的义务和责任。随着经济全球化进程的不断深入，国际贸易的迅猛发展，劳工权益保护问题不再局限于一国之内，已经逐渐渗透至国际法领域。伴随着劳工标准等社会问题日益成为各国所普遍关注的焦点，各种国际国内组织不断寻求劳动立法的"国际化"或者"趋同化"。

我国长期以来作为劳动密集型商品的出口国，劳工权益问题的国际化与我国国际贸易的发展关系重大，因此我国必须正视自身在劳动者权益保护问题上存在的机遇与挑战。在加入 WTO 后，我国在劳工权益上存在的问题不断凸显。首先，我国当前的劳工立法与国际劳工标准存在差距，这导致了针对我国商品的贸易制裁增多，以劳工标准为核心的贸易壁垒不断出现。同时，我国当前劳工立法体系本身规划不够完善，体系不够健全，监管执法力度不够，也缺足够有效的仲裁、审判与救济机制。而在国际社会上，鉴于我国现实国情一些相关国际公约我国至今仍未批准，这在一定程度上造成了我国政府在参加一些国际组织活动中陷于被动，影响我国大国形象的树立。

因此，在整理性治理理念下贸易监管体系的重构中，劳工权益问题也是其中需要整体性规划的重要内容之一，贸易监管制度的优化必须体现于劳工权益领域政策法规的优化、国际化水平的提高。首先，我国需要对照国际劳工权益保护标准，制定与完善劳工权益立法体系。完善在就业方面有关歧视的法律规范，同时健全劳工权益的监察制度，完善劳动争议处理机制，切实保障劳工权益不受侵犯。其次，在政策引导方面，政府应当制定以满足剩余劳动力就业、安置需求，产业结构的升级为目的的劳动力市场政策。在针对与国际贸易挂钩的出口企业劳工权益问题时，重点提高保护标准，加大监管力度。第三，在改善国内劳工权益环境的同时，我国应积极参与国际劳工标准的讨论与制定，参与并争取更多的发言权，争取有利的制度安排，在未来的国际贸易中占据更加主动的位置。[①]

---

① 何艳：《国际贸易体制中的劳工权益保护研究》，黑龙江大学，2011 年。

4. 知识产权保护

随着国际贸易的发展,知识产权与国际贸易开始紧密联系起来。从 20 世纪 80 年代起,在新兴技术不断兴起,经济全球化进程不断深入的背景下,货物、服务、资本、技术、人力资源在全球市场的配置逐渐形成。国际贸易与知识产权的保护随之迅速发展。一方面,国际贸易中的知识产权保护重要性增强;另一方面,知识产权国际保护制度成为国际贸易体制不可分割的一部分。加入 WTO 以来,我国在对外贸易中的知识产权保护进入了迅速发展时期。在知识产权保护制度的建设上取得了初步成就,在法律法规建设领域初步建立了知识产权的保护体系。

从目前来看,这些关于知识产权立法建设的成就是否能够得到有效执行,仍然是目前我国知识产权保护中的一个重要问题。近年来,在知识产权保护具体实施的行政监管方面,虽然对知识产权保护法的执行力度得到加强,对国际贸易中知识产权的保护逐渐成为贸易监管工作的一个重要领域,但仍然存在诸多问题。而各类侵权违法犯罪活动频发,加之在国际贸易中知识产权保护措施增强趋势使得关于知识产权的贸易摩擦增多,使得国际贸易中关于知识产权保护问题的解决已经刻不容缓。因此,知识产权保护应当成为贸易监管制度优化中重点解决的问题之一。

第一,知识产权的执法依据不统一是知识产权贸易监管中的一大问题。各部门、各地方法律法规缺乏协调,而各行政部门监管执法活动也缺乏集中与协作,工作效率低下。同时,对知识产权的保护管理缺乏监督,在各种利益的驱使下时常发生有法不依与执法不严的问题。

第二,从更深层次来看,我国目前与知识产权保护能够配套的法律、政策和市场环境还不健全,政府与企业对知识产权价值的认识,对知识产权创造、保护与管理的水平也有待提高。这使得知识产权保护的建设缺乏足够理想的外围环境。

因此,我国目前国际贸易中知识产权保护的战略一方面需要大力建设知识产权的创新机制,另一方面则需要完善国际贸易中知识产权保护的基础设施。在贸易监管体系的重构中,应当建设与国际接轨的知识产权法律制度,以及对外贸易中知识产权的监管体系。通过制度创新,建立起集中、高效的管理体制,在

知识产权法律体系不断健全的趋势下，加强执法力度，更加有效地保护知识产权，在此基础上提高我国在国际贸易中知识产权保护的话语权，参与并推动知识产权多边协定的制定，营造健康的国际竞争环境。①

5. 环境保护

20 世纪末以来，全球生态环境的恶化使得环境保护意识不断增强。在国际贸易中，越来越多的协定措施出台，通过限制贸易的措施来达到环境保护的效果。当今的国际经济贸易秩序，对包括中国在内的发展中国家带来了巨大的环境压力。

加入 WTO 以来，国际贸易中"绿色壁垒"对我国的影响日益加深。这使得我国劳动密集型产品的出口由于绿色技术标准的设置成本大大增加。同时，由于我国环境标准相对较低，关于环境保护的监管标准过于宽松，大量低环保水平产品进入我国市场，一些危害环境的工业项目迁入我国境内，甚至出现把危险废物运至我国境内进行加工的"洋垃圾事件"。这不仅为国内企业带来巨大竞争压力，也为我国环境保护管理提出新的挑战。

国际贸易发展带来的生态环境破坏的问题，目前已经引起我国的高度重视。"国家生态安全"概念的提出表明了我国按照 WTO 可持续发展的要求，加快环境保护相关法律法规建设，监管制度创新进程，治理与保护生态环境的决心。而在贸易监管制度的优化中，环境保护也理所应当成为需要解决的重要问题之一。

从目前来看，我国现行的环境保护法律体系中仍然有着不少缺陷，其主体由行政法规与规章构成，并且与 WTO 规则有关的法律、法规透明度要求不符。针对这一问题，我国应在比较研究西方国家环境保护法律体系的基础上，对现行的有关法律、法规进行整理、修改，与 WTO 环境资源规则接轨，同时应当不断完善与之相配套的地方性法规与实施细则规定，为我国对国际贸易中环境保护的监管提供有效的法律支持与执法依据。

另外，我国目前环境保护监管在具体实施过程中缺乏有效的组织，存在着诸多与 WTO 要求不符的做法。在各种利益的驱使下，环境行政执法部门与地方政府部门中环境保护监管不力、监管混乱，甚至缺位的现象大量存在。在当前贸

---

① 范超：《经济全球化背景下国际贸易中的知识产权保护问题研究》，东北财经大学，2011 年。

易监管体系的重构中,应当进一步加大环境保护行政执法机制的改革,在有关法律、法规体系不断健全的基础上,通过制度创新,理顺各方利益,建立起高效、集中的环境保护行政执法体系。①

---

① 费凯:《WTO体制下自由贸易与环境保护之协调》,大连海事大学,2007年。

参考文献

中文部分

[1]【阿塞拜疆】A. A. 阿里耶夫:《海关业务与世界经济发展》,方宁等译,中国海关出版社
2006 年版。

[2]【美】比尔·克林顿:《希望与历史之间》,金灿荣等译,海南出版社 1998 年版。

[3]【美】戴斯勒:《美国贸易政治》,王恩冕等译,中国市场出版社 2006 年版。

[4]【美】加里·M·沃尔顿,休·罗考夫:《美国经济史(第 10 版)》,王珏等译,中国人民大
学出版社 2011 年版。

[5]【美】加里·纳什等编著:《美国人民:创建一个国家和一种社会》上卷,刘德斌主译,北京
大学出版社 2008 年版。

[6]【美】加里·纳什等编著:《美国人民:创建一个国家和一种社会》上卷,刘德斌主译,北京
大学出版社 2008 年版。

[7]【美】加里·皮萨诺,威利·史:《制造繁荣:美国为什么需要制造业复兴》,机械工业信息
研究院战略与规划研究所译,机械工业出版社 2014 年版。

[8]【美】金德尔伯格:《1929—1933 年世界经济萧条》,宋承先等译,上海译文出版社 1986 年
版。

[9]【美】凯瑟琳·德林克·鲍恩:《民主的奇迹:美国宪法制定的 127 天》,郑明萱译,新星出
版社 2013 年版。

[10]【美】普莱斯·费希拜克,斯坦利·恩格曼等:《美国经济史新论》,张燕等译,中信出版社
2013 年版。

[11]【美】托马斯·孟:《英国得自对外贸易的财富》,袁南宇译,商务印书馆 2014 年版。

[12]【美】瓦科拉夫·斯米尔:《国家繁荣为什么离不开制造业》,李凤海等译,机械工业出版
社 2014 年版。

[13]【美】约翰·兰开斯特:《国家安全战略草案引起五角大楼和国务院之间的辩论》,《华盛
顿邮报》,1994 年 3 月 3 日,转引自王荣:《美国国家安全战略报告》,时事出版社 2014 年
版。

[14] 【美】约瑟夫·斯托里:《美国宪法评注》,毛国权译,上海三联书店 2006 年版。

[15] 【美】詹姆斯·巴克斯:《贸易与自由》,黄鹏等译,上海人民出版社 2013 年版。

[16] 【英】亚当·斯密:《国富论》,郭大力等译,译林出版社 2011 年版。

[17] Luc De Wulf 主编:《海关现代化手册》,中国海关出版社 2008 年版。

[18] 白桦、潘吉红、李赫:《跨境电子商务如何监管》,《中国国门时报》2014 年 6 月 17 日。

[19] 保罗·R·克鲁格曼,茅瑞斯·奥伯斯法尔德:《国际经济学:理论与政策(第八版)》,中国人民大学出版社 2014 年版。

[20] 蔡莉妍:《基于 P3 联盟的国际班轮运输协议法律规制》,《水运管理》2014 年第 3 期。

[21] 蔡鹏:《中国进口煤炭运输船队发展规划研究》,大连海事大学,2014。

[22] 曹胜亮:《金融开放、金融安全与涉外金融监管》,《中南财经政法大学学报》2014 年第 3 期。

[23] 曾志华:《双管齐下:中国粮食安全监管的方式转变》,《河北法学》2013 年第 9 期。

[24] 陈和:《入世后我国行政审批制度改革研究》,《学术论坛》2011 年第 10 期。

[25] 陈晖　邵铁民:《海关法理论与实践》,上海:立信会计出版社 2008 年版。

[26] 陈立国:《贸易管制职能实现的障碍分析及对策研究》,海关内网资料。

[27] 陈龙江、温思美:《经济复苏下的国际贸易保护措施新趋势及中国的对策》,《世界经济研究》2011 年第 7 期。

[28] 陈璐:《天然气在我国能源结构中的比较优势及其战略地位研究》. 长江大学,2014 年。

[29] 陈剩勇、孙仕祺:《产能过剩的中国特色、形成机制与治理对策——以 1996 年以来的钢铁业为例》,《南京社会科学》2013 年第 5 期。

[30] 陈苏明:《AEO 制度及国际海关 AEO 互认研究》,《国际商务研究》2012 年第 5 期。

[31] 陈志勇:《中国国际贸易均衡与财税制度转型》,《中南财经政法大学学报》2012 年第 1 期。

[32] 程亦君:《俄罗斯经济衰退的内在原因分析》,《俄罗斯中亚东欧研究》2009 年第 6 期。

[33] 储玉坤:《克林顿的贸易政策及其出口战略的评述》,《国际经贸探索》1996 年第 1 期。

[34] 崔建平:《经济转轨以来俄罗斯居民收入变化趋势》,《俄罗斯中亚东欧研究》2011 年第 5 期。

[35] 崔经纬:《论经济全球化与人的自由流动》,《中国集体经济》2010 年第 6 期。

[36] 董岗:《中资船舶境外注册的衡量指标和比较分析》,《中国港口》2011 年第 11 期。

[37] 董娟:《国际能源结构转型趋势及典型路径比较分析》,《中外能源》2014 年第 10 期。

[38] 董云庭、陈水芬:《电子信息产业损害预警机制构建研究》,《中国软科学》2002 年第 9 期。

[39] 范超:《经济全球化背景下国际贸易中的知识产权保护问题研究》,东北财经大学,2011 年版。

[40] 范青竹:《美国出口管制法及对中美经济贸易影响的法律分析》,复旦大学硕士学位论文 2010 年。

[41] 范玮琪:《整体性治理和海关"大监管"体系建设》,复旦大学,2011 年。

[42] 费赫夫:《北美自由贸易区争端解决机制研究》,广西师范大学,2004 年。

[43] 费凯:《WTO体制下自由贸易与环境保护之协调》,大连海事大学,2007年。

[44] 高际香:《俄罗斯应对国际金融危机措施述评》,《俄罗斯中亚东欧研究》2009年第2期。

[45] 顾海兵、刘玮、周智高:《俄罗斯的国家经济安全:经验与借鉴》,《湖南社会科学》2007年第1期。

[46] 顾海兵、王鑫琦:《国家经济安全研究的方法论问题》,《中国人民大学学报》2011年第6期。

[47] 顾海兵、姚佳、张越:《俄罗斯国家经济安全法律体系的分析》,《湖南社会科学》2009年第3期。

[48] 哈奔:《我国重要能源资源进口风险评价与渠道选择研究》,西安科技大学,2014。

[49] 韩露:《出口管制与自由贸易区关系探析》,《经济》2013年第5期。

[50] 何传添:《加入WTO有利于中国的贸易安全》,《国际经贸探索》2002年第1期。

[51] 何传添:《开放经济下的贸易安全:内涵、挑战与应对思路》,《国际经贸探索》2009年第3期。

[52] 何传添:《开放经济下的贸易安全:内涵、挑战与应对思路》,《国际经贸探索》2009年第3期。

[53] 何剑、徐元:《贸易安全问题研究综述》,《财经问题研究》2009年第11期。

[54] 何力:《巴厘早期收获与〈贸易便利化协定〉》,《上海对外经贸大学学报》2014年第2期。

[55] 何力:《世界海关组织及法律制度研究》,法律出版社2012年版。

[56] 何茂春:《国际服务贸易:自由化与规则:兼论扩大开放与国家经济安全》,世界知识出版社2007年版。

[57] 何顺果:《美国历史十五讲》,北京大学出版社2007年版。

[58] 何顺果:《美利坚文明论——美国文明与历史研究》,北京大学出版社2008年版。

[59] 何思因:《美国贸易政治》,时英出版社1994年版。

[60] 何滔、郭周明:《中国天然气供需趋势及进口促进策略研究》,《宏观经济研究》2014年第8期。

[61] 何艳:《国际贸易体制中的劳工权益保护研究》,黑龙江大学,2011年。

[62] 何志鹏、崔悦:《人本主义:国际贸易法治的价值导向》,高鸿钧主编:《清华法治论衡:全球化时代的中国与WTO(上)》,清华大学出版社2014年版。

[63] 宏康:《C-TPAT最低安全标准》,《中国海关》2009年第3期。

[64] 侯坤:《中美贸易失衡中美国出口管制的影响分析》,《中国市场》2012年第49期。

[65] 胡奥林,余楠:《国外天然气战略储备及其启示与建议》,《天然气技术与经济》2013年第8期。

[66] 胡稼祥:《国际投资准入前国民待遇法律问题分析》,《上海交通大学学报》2014年第1期。

[67] 胡稼祥:《国际投资准入前国民待遇法律问题分析》,《上海交通大学学报》2014年第1期。

[68] 华本良:《国有企业公平竞争论》,《商业研究》2001年第6期。

[69] 黄焕山:《论当代国际贸易的重大变化》,《武汉商业服务学院学报》2006年第3期。

［70］黄焕山：《论当代国际贸易的重大变化》，《武汉商业服务学院学报》2006 年第 3 期。

［71］黄金梅：《政府食品安全监管体系再造研究——基于整体性治理理论视角》，《经济研究导刊》2014 年第 34 期。

［72］黄仁伟：《美国全球战略的经济因素及对我国经济安全的影响》，《世界经济研究》2004 年第 2 期。

［73］黄晓芸等：《关于完善进出口贸易管制编码化管理的若干思考》，《上海海关学院学报》2009 年第 3 期。

［74］黄怡园、王浩：《中国跨境电子商务市场的路径探索》，《新西部（中旬刊）》2013 年第 11 期。

［75］金灿荣：《国会与美国贸易政策的制定——历史和现实的考察》，《美国研究》2000 年第 2 期。

［76］孔锐：《中国油气市场与战略储备研究》，成都理工大学，2012 年。

［77］孔小霞：《论后危机时期中国对国际服务贸易的法律管制》，《中州学刊》2010 年第 1 期。

［78］匡增杰、凌定成：《我国海关实施贸易便利化的困难及对策研究》，《世界贸易组织动态与研究》2009 年第 9 期。

［79］匡增杰：《贸易安全与便利视角下提升我国海关估价水平的对策建议》，《世界贸易组织动态与研究》2013 年第 9 期。

［80］李晨：《我国海运服务贸易国际竞争力研究》，《中国海洋大学学报》2013 年第 4 期。

［81］李钢、聂平香、李西林：《新时期我国扩大服务业开放的战略与实施路径》，《国际贸易》2015 年第 2 期。

［82］李巍：《制度变迁与美国国际经济政策》，上海人民出版社 2010 年版。

［83］李文丰：《港口国外籍船舶监督问题探析与对策建议》，厦门大学硕士学位论文，2013 年。

［84］李晓华：《后危机时代我国产能过剩研究》，《财经问题研究》2013 年第 6 期。

［85］李晓玉：《"竞争中立"规则的新发展及对中国的影响》，《国际问题研究》2014 年第 2 期。

［86］李雪平：《贸易自由化与国家对外贸易管制——从中国和平发展遭遇的贸易保护主义谈起》《武汉大学学报（哲学社会科学版）》2006 年第 6 期。

［87］联合国贸发会议：《电子商务与发展报告》，2002 年。

［88］联合国贸发会议：世界投资报告，2005 年。

［89］梁燕君：《发达国家食品安全监督管理及对我国的启示》，《中国标准化》2004 年第 9 期。

［90］林春雷：《市场监管预警机制研究》，《中国工商管理研究》2010 年第 8 期。

［91］林珏：《2000—2012 年中加能源安全指标的测度及双边能源合作前景》，《国际经贸探索》2014 年第 5 期。

［92］林群波：《我国海关贸易管制工作现状及对策研究》，海关内网资料。

［93］林治华、赵小姝：《俄罗斯经济安全状况的动态分析——以两次世界金融危机的影响为例》，《东北亚论坛》2010 年第 1 期。

［94］刘海燕、顾睿：《船舶关税待遇初探》，《海关与经贸研究》2014 年第 6 期。

［95］刘海燕：《海关国际合作对上海集装箱运输的影响及启示》，《中国航海》2010 年第 2 期。

［96］ 刘圣中：《可追溯机制的逻辑与运用：公共治理中的信息、风险与信任要素分析》，《公共管理学报》，2008 年第 2 期。

［97］ 刘双萍：《统一贸易管制执法标准的理性思考》，海关内网资料。

［98］ 刘翔：《21 世纪初政府与市场关系的中外比较》，中共浙江省委党校，2012 年。

［99］ 刘绪贻、李存训：《美国通史》第 5 卷，人民出版社 2002 年版。

［100］ 刘洋、熊超、许昊等：《跨境电子商务的安全问题和监管建议》，《电子商务》2014 年第 11 期。

［101］ 刘莹：《论透明行政与中国透明政府的构建》，天津师范大学，2008 年。

［102］ 柳坤：《金融危机以来美国贸易中的政府管制行为分析》，中共江苏省委党校硕士学位论文，2013 年。

［103］ 龙春燕：《论贸易自由化与国家对外贸易管制》，《四川经济管理学院学报》2008 年第 4 期。

［104］ 龙生平：《基于整体性治理的我国电力监管体制改革研究》，华中师范大学，2011 年。

［105］ 罗振兴：《美国出口管制体系改革的最新进展及变化》，浦东美国经济研究中心，武汉大学美国加拿大经济研究所编：《世界经济新格局下的中美经贸关系》，上海社会科学院出版社 2014 年版。

［106］ 罗佐县等：《中国与东盟油气合作的现状及前景探析——兼论油气合作在共建海上丝绸之路中的地位》，《西南石油大学学报（社会科学版）》2015 年第 1 期。

［107］ 马丁、杨哲：《技术性贸易壁垒对我国出口贸易的影响及对策》，《生产力研究》2006 年第 4 期。

［108］ 马海涛：《区域经济一体化背景下的中国海关监管职能优化研究》，复旦大学，2011 年。

［109］ 马蔚云：《俄罗斯经济安全中的经济结构问题》，《俄罗斯中亚东欧研究》2011 年第 2 期。

［110］ 毛燕琼：《WTO 争端解决机制问题与改革》，华东政法大学，2008 年。

［111］ 冒洁生、费兴旺：《简论日本贸易立国战略及对中国的启迪》，《求是学刊》1998 年第 1 期。

［112］ 美国国家情报委员会编：《全球趋势 2030——变换的世界》，中国现代国际关系研究院美国研究所译，时事出版社 2013 年版。

［113］ 美国国务院国际信息局：《美国政府概况》，辽宁教育出版社 2003 年版。

［114］ 苗银春：《贸易安全——国际反恐新领域》，《国际金融报》2002 年 11 月 4 日。

［115］ 苗迎春：《布什政府的对外贸易政策评析》，《世界经济研究》2005 年第 7 期。

［116］ 那军：《跨国公司技术创新要素的国际流动特性》，《国际经济合作》2008 年第 1 期。

［117］ 潘锐等：《美国国际经济政策研究》，上海人民出版社 2013 年版。

［118］ 彭倩、姚兰、胡国松：《中国能源安全及对策》，《财经科学》2014 年第 10 期。

［119］ 钱旦平：《〈全球贸易安全与便利标准框架〉视野下我国海关贸易管制执法的实践探析》，海关内网资料。

［120］ 秦宣仁、韩立华：《普京发展经济的新思路》，《国际石油经济》2004 年第 10 期。

［121］ 裘红萍：《2012 年全球贸易救济案件综述》，《中国贸易救济》2013 年第 8 期。

[122] 全毅、翁东玲、张旭华：《跨越技术性贸易壁垒——理论分析、经济影响与对策研究》，经济科学出版社 2006 年版。

[123] 让·皮埃尔·莱曼：《贸易管制的灾难》，《中国企业家》2013 年第 15 期。

[124] 上海社会科学院经济研究所课题组：《中国跨境电子商务发展及政府监管问题研究》，《上海经济研究》2014 年第 9 期。

[125] 佘丽：《多边贸易体制下新贸易保护措施对中国外贸影响研究》，西南交通大学硕士学位论文，2011 年。

[126] 申丽娟：《全球经济治理与中国参与的战略选择》，广东外语外贸大学，2014 年。

[127] 沈瑶：《国际贸易新理论中政府作用的定位》，《南开经济研究》2002 年第 4 期。

[128] 沈玉良著：《上海国际贸易中心建设研究》，上海人民出版社 2009 年版。

[129] 石良平、黄丙志等：《贸易便利化与上海国际贸易中心建设》，中国海关出版社 2011 年版。

[130] 世界海关组织召开第 101/102 届年会：中国海关与各国海关共商国际贸易安全与便利[EB/OL]，http://www.people.com.cn/GB/shizheng/1027/1937727.html，2003 - 06 - 26。

[131] 司玉琢：《海商法详论》，大连海事大学出版社 1995 年版。

[132] 宋国友：《试析美国的区域贸易协定政策》，《现代国际关系》2003 年第 12 期。

[133] 宋长虹：《克林顿贸易政策的转变与沿袭》，《世界经济》1994 年第 6 期。

[134] 孙小兵：《中国的能源安全问题及相关对策》，《资源与产业》2014 年第 4 期。

[135] 孙玉琴：《大萧条时期美国贸易政策与中美贸易》，《美国研究》2012 年第 1 期。

[136] 唐宜红：《对外开放和维护国家经济安全》，《思想理论教育导刊》2003 年 10 期。

[137] 唐宜红：《竞争中立——国际市场新规则》，《国际贸易》2013 年第 3 期。

[138] 唐颖峰：《我国海运服务市场开放与海运服务贸易自由化》，《世界贸易组织动态与研究》2011 年第 6 期。

[139] 唐朱昌、杨特：《试论政府在经济转型和改革过程中的作用——中印俄三国之比较分析》，《世界经济研究》2007 年第 3 期。

[140] 陶黎：《贸易便利化影响下我国海关贸易管制价值取向的转变》，海关内网资料。

[141] 田春荣：《2013 年中国石油和天然气进出口状况分析》，《国际石油经济》2014 年第 3 期。

[142] 田桂琴：《试论海关落实贸易管制政策的执法风险及对策》，海关内网资料。

[143] 屠新泉：《党派政治与美国贸易政策的变迁》，《美国研究》2007 年第 4 期。

[144] 汪素芹：《中国对外贸易发展中的产业安全问题》，《国际经贸探索》2005 年第 4 期。

[145] 王宝莹：《初探国内贸易管制措施的规则》，《法制与社会》2010 年第 19 期。

[146] 王传丽：《国家贸易法》，中国政法大学出版社 2004 年版。

[147] 王春蕊：《对外贸易管理体制的研究》，《公共商务信息导报》2005 年第 1 期。

[148] 王洪梅：《俄罗斯技术性贸易壁垒分析》，《对外经贸》2012 年第 8 期。

[149] 王蕾、史春林：《关于目前中国航运法规安全问题研究》，《长春理工大学学报（社会科学版）》2013 年第 2 期。

[150] 王蕾、史春林：《关于目前中国航运法规安全问题研究》，《长春理工大学学报（社会科学

版)》2013 年第 2 期。

[151] 王荣：《美国国家安全战略报告》，时事出版社 2014 年版。

[152] 王树春：《俄罗斯的国家安全战略——从安全观转型评析俄罗斯的国家安全构想》，《欧洲研究》2003 年第 1 期。

[153] 王婷：《竞争中立——国际贸易与投资规则的新焦点》，《国际经济合作》2012 年第 9 期。

[154] 王维然：《俄罗斯对外贸易实证分析》，《新疆财经大学学报》2008 年第 3 期。

[155] 王希：《原则与妥协：美国宪法的精神与实践》，北京大学出版社 2005 年版。

[156] 王雅楠：《浅谈中国贸易安全》，《科技咨询导报》2007 年第 6 期。

[157] 王永县：《国外的国家经济安全研究与战略》，经济科学出版社 2000 年版。

[158] 王智辉：《俄罗斯资源依赖型经济的产期增长》，《东北亚论坛》2008 年第 1 期。

[159] 王自立：《国家贸易安全提出的三个阶段》，《求索》2008 年第 11 期。

[160] 王自立等：《中国贸易安全报告：预警与风险化解》，红旗出版社 2009 年版。

[161] 威尔·马歇尔：《克林顿变革方略》，新华出版社 1993 年版。

[162] 吴景峰：《俄罗斯贸易体制政策调整及中国的应对对策》，《求是学刊》2008 年第 5 期。

[163] 吴英娜：《国家贸易安全评价体系构建》，《商业时代》2008 年第 2 期。

[164] 夏晴：《论货物贸易与服务贸易的协同发展》，《国际贸易问题》2004 年第 8 期。

[165] 夏兴园、王瑛：《论经济全球化下的国家贸易安全》，《经济评论》2001 年第 6 期。

[166] 谢锐、赵果梅：《基于贸易国内增加值视角的中国外贸依存度研究》，《国际商务——对外经济贸易大学学报》2014 年第 5 期。

[167] 邢玉升：《俄罗斯经济发展模式的转变》，《俄罗斯中亚东欧研究》2009 年第 2 期。

[168] 熊伊眉：《俄罗斯政府制定 2020 年前长期对外贸易战略》，《经济参考报》2008 年 10 月 30 日。

[169] 徐台宁：《海关贸易管制法律问题研究》，中国政法大学硕士学位论文，2010 年。

[170] 许勤华：《中国能源生产与消费取向：自发达国家行为观察》，《改革》2014 年第 8 期。

[171] 薛荣久：《经济全球化下贸易保护主义的特点、危害与遏制》，《国际贸易》2009 年第 3 期。

[172] 燕秋梅：《国际贸易便利化发展状况及我国的应对措施》，《商业时代》2010 年第 33 期。

[173] 杨春平：《国家技术安全体系研究》，大连理工大学，2007 年。

[174] 杨新宅：《港口国监督》，大连海事大学出版社 2000 年版。

[175] 杨宇：《试论当前海关处罚贸易管制违法行为之法律规定的现状、不足和完善途径》，海关内网资料。

[176] 殷建平、张晶：《美国能源对外依存度的变化及其启示》，《对外经贸实务》2013 年第 7 期。

[177] 鄞健钳：《构建国有企业和民营企业公平竞争的市场经济》，《现代经济信息》2014 年第 5 期。

[178] 尹学英：《我国加工贸易的发展与海关监管研究》，《经济与社会发展》2004 年第 6 期。

[179] 於世成、胡正良、郑丙贵：《美国航运政策、法律与管理体制研究》，北京大学出版社

2008 年版。

[180] 于春海:《失衡、危机与再平衡——对美国贸易赤字的再思考》,中国青年出版社 2014 年版。

[181] 余国合:《美国能源独立战略对中国能源安全的启示》,《中国矿业》2013 年第 1 期。

[182] 余敬、王小琴、张龙:《2AST 能源安全概念框架及集成评价研究》,《中国地质大学学报(社会科学版)》2014 年第 3 期。

[183] 余军华、谢洪涛:《中国电子信息产业对外贸易现状及政策调整》,《对外经贸实务》2006 年第 9 期。

[184] 余万里:《美国贸易决策机制与中美关系》,时事出版社 2013 年版。

[185] 余志森主编:《美国通史》第 4 卷,人民出版社 2002 年版。

[186] 袁媛:《当前经济形势下对加强和改进贸易管制工作的理性思考》,《中国商界》2010 年第 5 期。

[187] 张峰:《基于分工理论的中国国际航运中心战略的经济学分析》,《河海大学学报》2012 年第 3 期。

[188] 张峰:《上海国际航运中心国家战略的政治经济学研究》,《中国流通经济》2012 第 9 期。

[189] 张宏乐、陈兵:《出口贸易管制制度与中国的实践》,《特区经济》2006 年第 1 期。

[190] 张建华:《美国复兴制造业对中国贸易的影响》,上海人民出版社 2014 年版。

[191] 张建民:《贸易创新论》,中国经济出版社 2001 年版。

[192] 张建新:《美国的战略性贸易政策》,《美国研究》2003 年第 1 期。

[193] 张建新:《美国贸易政治》,上海人民出版社 2014 年版。

[194] 张建新:《权力与经济增长:美国贸易政策背后的政治经济学》,上海人民出版社 2006 年版。

[195] 张健:《九十年代美国贸易政策趋向》,《美国研究》1993 年第 3 期。

[196] 张健荣:《俄罗斯入世及其影响》,《国际关系研究》2013 年第 2 期。

[197] 张岚:《公共需求导向的服务型政府研究》,浙江大学,2008 年。

[198] 张立:《产业安全问题的国际政治经济学分析》,《天府新论》2007 年第 4 期。

[199] 张鲁青:《贸易便利化及中国的应对策略》,《首都师范大学学报》2009 年第 5 期。

[200] 张树杰:《国际组织框架下的贸易便利化议题与进程——发展与趋势》,《海关法评论》2010 年。

[201] 张涛:《建立和完善加工贸易后续监管机制有效制防范"两个风险"》,《上海海关学院学报》,2009 年第 1 期。

[202] 张天舒:《从国际法角度评〈武器贸易条约〉》,《中国国际法年刊 2013》,法律出版社 2014 年版。

[203] 张向晨:《发展中国家与 WTO 的政治经济关系》,法律出版社 2000 年版。

[204] 张彦:《海关监管职能的优化研究》,上海交通大学,2009 年。

[205] 张一弓、高昊、崔俊富:《中国国家经济安全战略的演进及内涵》,《财经问题研究》2010 年第 3 期。

[206] 张友伦主编:《美国通史》第 2 卷,人民出版社 2002 年版。

[207] 张幼文:《要素的国际流动与开放型发展战略——经济全球化的核心与走向》,《世界经济与政治论坛》2008 年第 3 期。

[208] 赵瑾:《日美贸易摩擦的历史演变及其在经济全球化下的特点》,《世界经济》2002 年第 2 期。

[209] 赵蒲、孙海:《上海信息产业发展的现状、问题及对策研究》,《上海综合经济》2004 年第 4 期。

[210] 赵茜:《论我国地方政府部门间关系的协调与整合——整体性治理理论视角》,首都经济贸易大学,2013 年。

[211] 赵世璐:《欧洲一体化进程中海关职能的演变与发展》,陈晖主编《海关法评论》第 2 卷,法律出版社 2011 年版。

[212] 赵雪峰:《政府采购监管体系研究》,上海交通大学,2007 年。

[213] 郑春芳:《略论战略性贸易政策在中国电子信息产业的适用性——基于市场结构视角》,《经济问题》2008 年第 7 期。

[214] 郑海东:《"强权之法"与"公平贸易论"——评美国贸易法 301 条》,《财经研究》1996 年第 4 期。

[215] 郑玲丽:《WTO 海运服务贸易自由化谈及中国的因应措施》,《法治研究》2007 年第 7 期。

[216] 郑通汉:《经济全球化中的国家经济安全问题》,国防大学出版社 1999 年版。

[217] 郑岩:《政府"一站式服务"问题研究》,长春工业大学,2012 年。

[218] 中国企业联合会"去产能化"调研组:《当前部分行业产能过剩情况及化解建议》,《中国经贸导刊》2013 年 4 月下。

[219] 周冲:《美国能源安全战略及中国对其的借鉴》,中国海洋大学,2013 年。

[220] 周岳检:《浅谈我国的贸易便利与贸易管制的关系》,《国际商贸》2012 年第 3 期。

[221] 朱简:《构建浙江省"四位一体"贸易预警机制跨越国外贸易壁垒》,《改革与战略》2012 年第 6 期。

[222] 朱孔嘉(译):《2009—2013 年度美国海关贸易战略概述》,海关内网资料。

[223] 朱宗尧:《上海现代信息服务业发展研究》,东华大学,2012 年。

[224] 邹时荣:《中国市场全面开放后的贸易产业安全思考》,《商品储运与养护》2008 年第 2 期。

英文部分

[1] Arthur S. Link, ed. , "The paper of Woodrow Wilson", Vol. 56, Princeton University Press, 1966.

[2] Bill Clinton, "Remarks at the American University Centennial Celebration", February 26,1993.

[3] BP. Statistical review of world energy 2013 [EB/OL]. 2013 - 06 - 12, http://www. bp. com/statisticalreview.

[4] Carsten Daugbierg,"Ideas in Two-Level Games The EU-United States Dispute Over Agriculture in the GATT Uruguay Round",Comparative Political Studies, Volume 41 Number 9 September 2008, pp. 1267 – 1268.

[5] Christopher Preble,"The Power Problem: How American Military Dominance Makes Us Less Safe, Less Prosperous, and Less Free",Cornell University Press, 2009. p. 45.

[6] Clark Murdock, Kevin Kallmyer,"Applied Grand Strategy: Making Tough Choices in an Era of Limits and Constraint", Orbis, Fall 2011, p. 543.

[7] Council on Foreign Relations,"US Trade and Investment Policy",Independent Task Force Report 2011 No. 67.

[8] Gordon Adams, "The Politics of Defense Contracting: The Iron Triangle",Transaction Books, 1982, p. 24.

[9] Jason C. T. Chuah, "Law of International Trade: Cross-Border Commercial Transactions", 4th ed. Sweet & Maxwell, 2009, p. 1.

[10] Joel P. Trachtman, "Toward Open Recgnnition _____ Standardization and Regional Intergratoin under Article XXIV of GATT ", Journal of international economic law , No. 2,2003.

[11] Lloyd C. Gardner,"Economic Aspects of New Deal Diplomacy", Beacon Press, 1971, p. 287.

[12] Logistics and customs clearance in Russia. Article Alley:http://www. articlealley. com/.

[13] Prasad, Ramjee, Technology Trends in Wireless Communication [M],Artech House Publishers, 2003.

[14] Richard E. Feinberg, "The Political Economy of United States Free Trade Agreements",The World Economy, July 2003, p. 1020.

[15] Senator John Heinz,"U. S . Strategic Trade:An Export Control System for the 1990s", West Press, p. 3.

[16] Sergey Kiselev, Roman Romashkin, Possible Effects of Russia's WTO Accession on Agricultural Trade and Production, ICTSD Pgrogramme on Agricultural Trade and Sustainable Development. See http://ictsd. org/downloads/2012/04/possible-effects-of-russias-wto-accession-on-agricultural-trade-and-production. pdf.

[17] The White House, "A National Security Strategy for a New Century", December 1999.

[18] The White House,"A National Security Strategy of Engagement and Enlargement", July 1994.

[19] The White House,"A New Approach to Safeguarding Americans", August 6,2009.

[20] The White House,"The National Security Strategy of the United States of American", September 2002.

[21] The WTO Work Program on Electronic Commerce (WT/L/274, adopted 25 September 1998).

[22] Trang Nguyen,"Changes to the role of US Customs and Border Protection and the

impact of the 100% container scanning law", World Customs Journal, Volume 6, Number 2, p. 115.

[23] U. S Customs and Border Protection, "Performance and Accountability Report, Fiscal Year 2013", p. 3.

[24] WCO Annual Report 2011－2012, p. 38.

[25] William J. Clinton, "A New Covenant for American Security", Georgetown University. December 12. 1991. pp. 3－11. Remarks Prepared for Delivery. Governor Bill Clinton. Foreign Policy Association. New York. April 1. 1992. pp. 5－11.

[26] World Trade Organization International Trade Statistics 2014, pp. 8－9.

日文部分

［1］【日】石井孝:《日本開国史》,【日】吉川弘文館,2010 年 4 月。

［2］【日】資源エネルギー庁(资源能源厅):《エネルギー動向》(能源动向),《エネルギー白書》(能源白皮书),【日】2006 年版,第 2 部。

后　记

　　本专著是上海市社会科学创新研究基地(上海国际贸易中心建设方向)和上海市人民政府决策咨询研究基地"石良平工作室"2015年的研究成果,同时也是上海社会科学院创新型智库"上海国际贸易中心建设研究"团队的研究成果。

　　"石良平工作室"成立于2009年。当时我在上海海关学院从事教学与科研工作。由于在海关系统的原因,工作室一开始主要从海关的视角研究我国国际贸易的状况。我们关注贸易便利化与贸易监管,关注关税制度和贸易壁垒,关注无纸化通关和区域通关一体化等问题。2009年正逢上海综合保税区成立,由于综保区实际上就是海关特殊监管区,也就是我们研究的范围,所以我们就与浦东新区一起研究上海综保区成立后"三港三区"的联动发展问题。随着研究的不断深入,我们认为对上海国际贸易中心建设这样一个大课题,停留在一般性的研究上已经远远不能满足形势的需要了,必须对那些与上海国际贸易中心建设相关的每一个重要问题进行系统的、深入的研究。因此,从2011年开始,我们工作室每年都会选择一个与上海国际贸易中心建设密切相关的主题展开深入研究,并形成一本蓝皮书。2011年我们关注的主题是"贸易便利化与上海国际贸易中心建设",2012年我们关注的主题是"供应链整合与上海国际贸易中心建设",2013年我们关注的主题是"海关特殊监管区域转型升级与上海国际贸易中心建设",2014年我们关注的主题是"中国(上海)自由贸易试验区建设与上海国际贸易中心转型升级"。这些研究成果发表后,在社会上引起了广泛关注,其中以2011年和2012年蓝皮书为原型的研究成果《贸易便利化、供应链整合与上海国际贸易

中心建设》于 2013 年 12 月荣获第九届上海市决策咨询研究成果一等奖。

2013 年底我调入上海社会科学院经济研究所工作后,申请并获批了以"上海国际贸易中心建设"为主要方向的上海社会科学院首批创新型智库团队。我把上海社科院经济所和上海海关学院的两支力量整合在一起,拓展了有关上海国际贸易中心建设的课题研究领域,开始从更高层面关注中国国际贸易的发展走势和上海国际贸易中心建设的关系。

随着我国对外开放领域的扩大,尤其是服务贸易领域的不断开放,开始涉及一系列的贸易安全问题。在我国与国外进行的各类双边或多边贸易与投资谈判中,也开始涉及贸易安全问题,一些谈判之所以长期没有结果,也是因为对扩大开放和贸易安全之间的边界不易划清。我们查了以前的研究资料,发现我国在这方面的研究比较少,以至于有关贸易安全、经济安全、产业安全之间的关系也很少有人说得很清楚,各类观点也比较针锋相对。例如,有人认为贸易安全、产业安全都属于经济安全范畴之列,没有必要单独进行研究。但是美国政府从 20 世纪 90 年代开始,就把贸易安全作为国家安全战略的三大支柱之一,这是为什么? 2014 年 10 月,我有机会去北京参加了国家安全委员会组织的一次有关《维护国家经济安全政策建议》稿的专家咨询会,与会专家们对经济安全的定义也产生了一些分歧。由此更让我们意识到现阶段研究贸易安全的重要性。因此,我们就把今年的研究主题确定为"经济大国的贸易安全与贸易监管"。

本书是由上海社会科学院经济研究所、上海海关学院和复旦大学等单位的科研人员共同研究完成的。最初由本人、黄丙志(上海海关学院海关管理系主任,教授)、沈桂龙(上海社会科学院经济研究所所长助理,研究员)共同研究后提出了一个详细的研究大纲,然后由课题组成员进行了广泛而深入的讨论。由于在某些观点上课题组成员的分歧较大,因此我们采取了分阶段研究、分阶段讨论的方法逐步推进。第一阶段专门研究了贸易安全的定义与概念,包括基本理论、指标体系、基本框架等。在大家达成了共识后,我们展开了第二阶段的研究,主要研究了国外有关贸易安全与监管的政策与方针。第三阶段我们按领域的重要性展开了我国贸易安全与监管的研究,最后形成了一个重构的中国贸易安全与监管体系框架。现在看来,我们在这方面的研究还是比较初步的,希望能够引起同行们的进一步深入探讨。

本书的导论由本人和姚磊撰写,第一章由匡增杰撰写,第二章由莫兰琼撰写,第三章由汤蕴懿撰写,第四章由周阳撰写,第五章由何力撰写,第六章由王菲易撰写,第七章由孙浩撰写,第八章由王瑜撰写,第九章由张慧撰写,第十章由刘海燕撰写,第十一章由段景辉撰写,第十二章由周欣撰写,第十三章由姚磊撰写,第十四章由陈振海撰写,第十五章由周阳和杨敬敏撰写。初稿完成后,我与黄丙志、沈桂龙、姚磊共同讨论了对全书进行统稿与修改的方案,然后由姚磊统了第一稿,再由我统了第二稿,并最后定稿。在整个研究与讨论过程中,黄复兴先生一直积极参与,并给了课题组成员许多真知灼见,在此表示感谢。尽管我们以前已经出版了四部关于上海国际贸易中心建设的蓝皮书,但我认为这本书是我们花费精力最多,也是写作最为艰辛的一本书。

本书的完成要感谢上海市人民政府发展研究中心原主任周振华先生和现主任肖林先生,感谢中心原副主任朱金海先生以及中心科研处处长吴苏贵先生,他们对我的工作室以及我们每年的蓝皮书都给予了极大的关注和支持。同时,我也要感谢课题组的全体成员,我在与他们的合作与研究中学到了许多,提高了许多,也感受到了课题组成员之间的友谊和信任。

书中不当之处,敬请读者指正。

石良平

2015 年 7 月于上海社会科学院经济研究所